U0362166

高等院校会计学专业在线课程新形态教材

纳税实务

荣红霞 ◎ 主 编

崔艳辉 孟祥丽 ◎ 副主编

清华大学出版社
北京

内 容 简 介

本书按从理论到实际、从单项到综合的逻辑将内容分为 8 章。第 1 章为纳税实务基础,对纳税理论与税法进行介绍,同时通过纳税程序的讲解培养对纳税实务的基本认知奠定基础。第 2 章至第 7 章分别介绍了各类实际常见的税种,结构上分为基本法规、税额计算、会计处理和实务模拟操作四部分。第 8 章结构上按市场主要行业分类,介绍各自纳税实务,重点以工业企业为例进行综合模拟。本书通过由易到难、由简到繁的练习发挥培养应用型人才实践能力的作用。

本书适合应用型本科院校相关专业作为教材使用,也可供社会企业工作人员阅读参考。

本书封面贴有清华大学出版社防伪标签,无标签者不得销售。

版权所有,侵权必究。举报:010-62782989,beiqinquan@tup.tsinghua.edu.cn。

图书在版编目(CIP)数据

纳税实务 / 荣红霞主编. -- 北京 :清华大学出版社,2025. 1. --(高等院校会计学专业在线课程新形态教材).
ISBN 978-7-302-67981-3

Ⅰ. F812.423

中国国家版本馆 CIP 数据核字第 2025MP6369 号

责任编辑:刘士平
封面设计:张鑫洋
责任校对:刘 静
责任印制:丛怀宇

出版发行:清华大学出版社
　　　　　网　　　址:https://www.tup.com.cn,https://www.wqxuetang.com
　　　　　地　　　址:北京清华大学学研大厦 A 座　　邮　　编:100084
　　　　　社 总 机:010-83470000　　邮　　购:010-62786544
　　　　　投稿与读者服务:010-62776969,c-service@tup.tsinghua.edu.cn
　　　　　质量反馈:010-62772015,zhiliang@tup.tsinghua.edu.cn
　　　　　课件下载:https://www.tup.com.cn,010-83470410
印 装 者:三河市君旺印务有限公司
经　　销:全国新华书店
开　　本:185mm×260mm　　印　　张:25.5　　字　　数:613 千字
版　　次:2025 年 2 月第 1 版　　印　　次:2025 年 2 月第 1 次印刷
定　　价:69.50 元

产品编号:106833-01

应用型本科院校的人才培养目标是面对现代社会生产、建设、管理、服务等一线岗位,培养能直接从事实际工作、解决具体问题、维持工作有效运行的高等应用型人才。优化教材建设是深化教育教学改革的重要组成部分,并在一定意义上起着先导作用。目前国内应用型本科院校所采用的教材往往只是对理论性较强的本科院校教材的简单删减,针对性、应用性不够突出,因材施教的目的难以达到。因此,我们组织既具有深厚的理论功底又长期实践于税收征纳工作一线的教师编写了本书,以满足当前人才培养的需求。

本书在编写过程中,突出与办学定位、教学目标的一致性和适应性,既严格遵照学科体系的知识构成和教材编写的一般规律,又针对应用型本科人才培养目标及与之相适应的教学特点,精心设计写作体例,科学安排知识内容,围绕应用讲授理论,做到"专业理论管用、基础知识够用、实践技能实用"。基于此,本书具有以下特点。

1. 勇担时代使命,培育守法公民

本书以立德树人为根本任务,突出课程思政建设,设立价值目标与素养相关案例,培养学生遵纪守法和诚信纳税的意识,引导学生践行社会责任,强化人民性税收价值理念培育。

2. 理论体系完整,政策与时俱进

本科应用型人才的培养首先要求为学生打下扎实的理论基础,使其掌握完整的学科理论体系,既有利于学生深造学习,又有利于其实践能力与创新能力的培养与发挥。本书展现了完整的税制体系,包括程序性税收制度与实体性税收制度。程序性税收制度介绍了税收管理、纳税管理、发票管理等内容,实体性税收制度介绍了流转税、所得税、资源税等税种的有关纳税人、征税对象、税率、纳税地点等内容。本书在知识内容介绍与讲解中,注重实际工作对知识内容的要求,依据现行税收法规、税收实务操作要求、实际工作中的业务动态,实现学生所学知识与实际需求零距离。在知识内容广度的把握上以"够用"为标准,不求面面俱到,重点介绍和讲解基本税收法规、基本税务处理方法与基本税收实务操作方法。

3. 实践应用突出,对应人才培养目标

本书是站在纳税人的角度进行编写的,把现在的学生作为未来的纳税人,全面体现纳税人应该掌握的税收法律制度及相关岗位职业能力。在税额计算与税款征收方面,充分考虑现实生活中纳税人的实际情况,注重理论联系实际,符合应用型本科院校人才培养需要。

4. 教学资源丰富,为读者提供便利

本书提供智慧树平台同步线上课程、拓展材料、教学大纲、配套习题等教学资源,形成一套独具特色的立体化教学资源库,让学生更好地接受税法知识,更快地把握税法精髓与思想。

本书共分 8 章,第 1 章为纳税实务基础,通过对税收与税法的基本理论进行讲解,为以后各章学习提供基础,又通过对纳税程序的讲解,使学生熟悉税款征纳的一般过程。第 2 章至第 7 章是按税种进行安排的,每章的内容包括四部分:一是该税种的基本法规;二是该税种应纳税额的计算;三是该税种涉税业务的会计处理;四是该税种纳税实务模拟操作,突出对各税种基本知识的讲解和对学生各税种纳税实务实践能力的培养。第 8 章为企业纳税实务综合模拟操作,首先对各主要行业的纳税实务进行综述,然后重点以工业企业为例进行纳税实务的综合模拟,目的是培养学生综合运用知识的能力,从而形成纳税实务的职业综合操作能力。

本书由荣红霞教授任主编,崔艳辉教授、孟祥丽老师任副主编。具体分工如下:第 1 章、第 8 章由哈尔滨金融学院崔艳辉编写;第 2 章由哈尔滨金融学院荣红霞编写;第 3 章由哈尔滨金融学院刘禹尧编写;第 4 章由哈尔滨金融学院聂旖晴编写;第 5 章由哈尔滨金融学院刘海悦编写;第 6 章由哈尔滨金融学院付洋编写;第 7 章由哈尔滨金融学院孟祥丽编写。本书由荣红霞教授拟定全书的编写原则、编写体例并对全书进行了统纂定稿。

本书在编写过程中,依据现行税收法规,密切结合最新税收政策,参考最近出版的税法教材、税务会计教材、纳税申报教材及其他纳税实务类教材,密切结合税收征纳实务工作,吸纳了税务系统一线工作者的宝贵建议,清华大学出版社的编辑也给予了大力支持并提出不少有见地的建议,借此机会向他们表示衷心的感谢。

由于编者水平和时间所限,书中疏漏不足之处实属难免,敬请各位专家和读者提出宝贵意见。

编 者

2024 年 8 月

目 录
CONTENTS

第1章

纳税实务基础

【学习目标】

　　通过本章的学习，了解税收、税法的基本概念；熟悉税收和税法的分类，账簿、凭证和发票的管理要求，纳税的一般程序；掌握税法构成要素、纳税申报和税款征收的方式与方法、税务登记表的填制方法。

【内容框架】

```
                              ┌ 税收的概念
                   税收概述 ┤  税收的特征
                              └ 税收的分类

                              ┌ 税法的概念
                   税法概述 ┤  税法构成要素
                              │  税收法律关系
纳税实务基础 ┤              └ 税法的分类

                              ┌ 税务登记
                              │  账簿、凭证和发票的管理
                   税收征纳一般程序 ┤  纳税申报
                              └ 税款征收

                   纳税实务基础模拟操作
```

1.1 税 收 概 述

1.1.1 税收的概念

税收是国家为了满足一般的社会公共需要,凭借政治权力,按照法律规定的标准和程序,无偿地参与社会产品或国民收入的分配,以取得财政收入的一种形式。

国家通过征税,将一部分社会产品由纳税人所有转变为国家所有,因此征税的过程实际上是国家参与社会产品的分配过程。税收分配关系主要体现为以下三点。

(1)税收分配的主体是国家,而一般分配的主体是某个经济实体或个人。

(2)税收分配的依据是国家的政治权力,而一般分配的依据是该经济实体或个人的财产权利。

(3)税收分配的价值流向具有单向性,即纳税人的财富单方面无偿地向国家转移,而一般分配的价值流向具有双向性,即各经济实体或个人之间的财富分配或交换是按照有偿原则等价交换的。

1.1.2 税收的特征

税收作为国家最主要的财政收入形式,与其他财政收入手段相比,具有无偿性、强制性和固定性的特征,这三个特征通常被称为税收的"三性"。

(1)无偿性。税收的无偿性是指国家在征税以后,纳税人的部分财富即变为国家所有,成为财政收入,国家不再直接返还给纳税人,也不向纳税人支付任何报酬。税收的无偿性是税收"三性"的核心。

(2)强制性。税收的强制性是指国家以政治权力为依托,用法律形式加以规定,并依照法律强制征收。税收的强制性,是由税收的无偿性决定的。因为税收分配不是有偿的等价交换,纳税人不会自愿将一部分财富交给国家,国家只能凭借政治权力强制分配。

(3)固定性。税收的固定性是指国家在征税之前,就以法律的形式预先规定了每个税种的纳税人、征税对象、计税依据、征税比例(即税率)、纳税期限等,以便征收机关和纳税人共同遵守。

1.1.3 税收的分类

税收按不同的划分标准分为不同的种类。

1. 按照征税对象划分

按照征税对象划分,可以将税收划分为流转税、资源税和环境保护税、所得税、特定目的税、财产和行为税。

流转税包括增值税、消费税、关税,主要在生产、流通或者服务业中发挥调节作用。

资源税和环境保护税,包括资源税、环境保护税和城镇土地使用税,主要是对因开发和利用自然资源差异而形成的级差收入发挥调节作用。

所得税包括企业所得税、个人所得税和土地增值税,主要是在国民收入形成后,对生产经营者的利润和个人的纯收入发挥调节作用。

特定目的的税包括城市维护建设税、土地增值税、车辆购置税、耕地占用税、烟叶税和船舶吨税,主要是为了达到特定目的,对特定对象和特定行为发挥调节作用。

财产和行为税包括房产税、车船税、契税、印花税,主要是对某些财产和行为发挥调节作用。

2. 按照税收与价格之间的关系划分

按照税收与价格之间的关系划分,可以将税收划分为价内税和价外税。

价内税是指税金包含在价格之中,构成价格的一部分的税种,其计税依据为含税价格,如消费税、增值税等。

价外税是指税金不包含在价格中,而是价格之外的附加部分的税种,其计税依据为不含税价格,如增值税等。

3. 按照税收的管理和使用权限划分

按照税收的管理和使用权限划分,可以将税收划分为中央税、地方税和中央与地方共享税。

4. 按照税收征收与负担的对象划分

按照税收征收与负担的对象划分,可以将税收划分为直接税和间接税。

直接税是指税收负担不能或不易转嫁给他人的税种。直接税的纳税人同时为负税人,如企业所得税、个人所得税等。

间接税是指税收负担可以通过商品或劳务的供求转嫁给他人的税种。间接税的纳税人不是负税人,如增值税等。

5. 按照税收的计量形式划分

按照税收的计量形式划分,可以将税收划分为从价税和从量税。

从价税是指按征税对象的价值量为标准征收的税种,如增值税、企业所得税等。

从量税是指按征税对象的重量、容积、体积、面积等为标准征收的税种,如土地使用税等。

1.2　税　法　概　述

1.2.1　税法的概念

税法是国家制定的用以调整税收分配过程中所形成的国家与纳税人之间权利义务关系的法律规范的总和。它的表现形式有法律、条例、决定、命令、规章等,是税收制度的主要构成部分,是税收制度的核心。

1.2.2　税法构成要素

税法构成要素是指所有税收法律、法规中都应具备的一些共同要素。税法由税收实体法和税收程序法构成,通常所说的税法构成要素是指税收实体法构成要素,主要包括纳税人、征税对象、税率、减税免税、纳税环节、纳税期限、纳税地点、违章处理等。

1. 纳税人

纳税人是纳税义务人的简称,也叫作纳税主体,是指国家税收法律、法规规定的直接负有纳税义务的单位和个人,包括一切应履行纳税义务的法人、自然人和其他组织。

在此,应注意区分与纳税人相关的两个概念:一是负税人,二是扣缴义务人。

1)负税人

负税人是指税款的最终实际负担者。负税人不能等同于纳税人,当纳税人所缴纳的税款是由自己负担时,纳税人同时是负税人;当纳税人将税负转嫁给他人时,纳税人就不是负税人。每个公民基本上都是负税人,但不一定都是纳税人。

2)扣缴义务人

扣缴义务人是指税收法律、法规规定的负有代扣代缴、代收代缴税款义务的单位和个人,包括代扣代缴义务人和代收代缴义务人。代扣代缴义务人是指税法规定的有义务从纳税人应得的收入中,扣除其应纳税款并代为缴纳的单位或个人;代收代缴义务人是指税法规定的有义务借助经济往来关系,向纳税人收取应纳税款并代为缴纳的单位或个人。

2. 征税对象

征税对象也叫作课税对象,又称纳税客体,是指税收法律关系中征纳双方权利义务所共同指向的标的物,是区别不同税种的主要标志。例如,增值税的征税对象是商品或劳务在生产和流通过程中的增值额;企业所得税征税对象是企业的生产经营所得、其他所得和清算所得。

在税法的制定和执行过程中,应注意区分征税对象与征税范围、税目及计税依据的关系。

1)征税范围

征税范围是指税法规定应税内容的具体区间,是征税对象的具体范围,体现了征税的广度。

2)税目

税目是各个税种所规定的具体征税项目,是征税对象的具体化。例如,消费税规定了15个税目。税目解决了征税对象确定后如何界定具体内容的问题。确定税目的方法通常有两种,即概括法和列举法。概括法适用于种类繁杂、界限不易划清的征税对象;列举法适用于税源大、界限清楚的征税对象。必要时概括法和列举法可以结合使用。

3)计税依据

计税依据是计算国家征税或纳税人纳税的依据,是征税对象数量的表现。一般情况下,计税依据通常是根据征税对象的名称来确定的。例如,增值税的计税依据是增值额,企业所得税的计税依据是应纳税所得额等。

计税依据经常采用价值计量形态和实物计量形态,它与采用税率的形式紧密相关。

3. 税率

税率是指应纳税额与征税对象数量之间的法定比例,体现征税的深度。税率的高低,直接反映国家的经济政策,影响国家的财政收入和纳税人的切身利益,是税法的核心。目前,我国税率主要有比例税率、定额税率、超额累进税率及超率累进税率四种形式。

1)比例税率

比例税率即对同一征税对象,不分数额大小,规定相同的征收比例。我国的增值税、城市维护建设税、企业所得税等采用的是比例税率。

2）定额税率

定额税率即按征税对象确定的计算单位,直接规定一个固定的税额。目前,我国采用定额税率的有城镇土地使用税、车船税等。

3）超额累进税率

超额累进税率即把征税对象按数额的大小分成若干等级,每一等级规定一个税率,税率依次提高,每一纳税人的征税对象则依所属等级同时适用几个税率分别计算,将计算结果相加后得出应纳税款。目前,我国采用这种税率的是个人所得税。

4）超率累进税率

超率累进税率即把征税对象按数额的相对率划分若干级距,分别规定相应的差别税率,相对率每超过一个级距的,对超过的部分就按高一级的税率计算征税。目前,我国采用这种税率的是土地增值税。

4. 减税免税

减税免税是国家为了实行某种政策,达到一定的政治经济目的,而对某些纳税人和征税对象采取免予征税或者减少征税的特殊规定。减税免税是国家对纳税人的税收优惠措施,是税法原则性与灵活性相结合的具体体现,是税法的重要组成部分。

减税是指按照税法规定对应纳税额减少征收一部分。减税基本上有两种方法:一是减率,即对征税对象的税率减少或减到一定程度;二是减额,即直接规定对纳税人的应纳税额减少一个固定的数额。而免税是指按照税法规定对应纳税额的全部免征。

在实际工作中,税收减免主要有三种形式,即税基式减免、税率式减免和税额式减免。

此外,与减免税有关的需要注意理解起征点与免征额这两个概念。起征点是指按照税法规定,征税对象达到开始征税的数量界限。征税对象数额未达到起征点的不征税;达到或超过起征点的,就其全部数额征税。免征额是指按照税法规定,在全部征税对象数额中预先确定一个免于征税的数额。即不论征税对象数额大小,首先将免征额部分扣除,只对超过免征额的部分征税。

5. 纳税环节

纳税环节是指税法规定的征税对象在从生产到消费的流转过程中应当缴纳税款的环节。由于社会再生产存在生产、交换、分配、消费等多个环节,确定哪个环节纳税,关系到税款能否及时入库,关系到地区之间的收入分配,也关系到税收职能的发挥。纳税环节可以根据不同情况划分为一次课征制、两次课征制和多次课征制。

6. 纳税期限

纳税期限是指纳税人发生纳税义务后向国家缴纳税款的法定期限,是税收强制性和固定性在时间上的体现。

我国现行税制的纳税期限有以下三种形式。

（1）按期纳税。按期纳税即根据纳税义务的发生时间,通过确定纳税间隔期,实行按日纳税。如增值税法规定,按期纳税的纳税间隔期分为1日、3日、5日、10日、15日、1个月或1个季度。

（2）按次纳税。按次纳税即根据纳税行为的发生次数确定纳税期限。如车辆购置税、耕地占用税以及临时经营者个人所得税中的劳务报酬所得等均采取按次纳税的办法。

（3）按年计征，分期预缴或缴纳。如企业所得税按规定的期限预缴税款，年度结束后汇算清缴，多退少补。房产税、城镇土地使用税实行按年计算，分期缴纳。这是为了对按年度计算税款的税种及时、均衡地取得财政收入而采取的一种纳税期限。分期预缴一般是按月或按季预缴。

7. 纳税地点

纳税地点是指根据各个税种征税对象、纳税环节等，为有利于对税款的源泉控制而规定纳税人（包括代征、代扣、代缴义务人）应该缴纳税款的具体地点。在实际工作中可以分为机构所在地纳税、经营行为发生地纳税、由总机构汇总纳税等多种形式。

8. 违章处理

违章处理是指对纳税人违反税收法律的行为采取的处罚措施，是税收强制性的具体表现。

违章行为包括偷税、欠税、骗税、抗税、不按规定向税务机关提供有关纳税资料和不配合税务机关的纳税检查等。纳税人发生违章行为时，首先必须限期补缴税款、办理登记、提供有关资料并接受检查等，然后再视情节轻重加以处罚。处罚措施包括罚款、罚金、加收滞纳金、追究刑事责任等。纳税人对税务机关的处罚不服，在接受处罚措施的前提下，可以向税务执行机关的上一级税务机关申请复议，如对复议结果不服，可以向人民法院提起行政诉讼，以维护自己的合法权益。

1.2.3 税收法律关系

税收法律关系是指在国家进行税收分配活动过程中，通过税收法律规范予以确认和调整的国家与纳税人之间发生的权利与义务关系。

1. 税收法律关系的构成

税收法律关系一般由构成这种关系的主体、客体以及法律关系的内容三部分组成。

1）税收法律关系的主体

税收法律关系的主体是指在税收法律关系中享有权利并承担义务的单位和个人。在我国税收法律关系中，税收法律关系的主体一方是代表国家行使征税职责的职能机关，包括国家各级税务机关、海关和财政机关，其中税务机关是最重要、最基本的主体；另一方是履行纳税义务的单位和个人，包括法人、自然人和其他组织，在华的外国企业、组织、外籍人、无国籍人，以及虽未设立机构、场所，但有来源于中国境内所得的外国公司、企业或其他经济组织。

在税收法律关系中，征纳主体双方的权利与义务不对等，但权利主体双方法律地位是平等的。

2）税收法律关系的客体

税收法律关系的客体是指税收法律关系权利主体双方的权利、义务所共同指向的对象，也就是征税的客体。例如，企业所得税税收法律关系的客体是企业的生产经营所得、其他所得和清算所得，消费税税收法律关系的客体是应税消费品等。

3）税收法律关系的内容

税收法律关系的内容是指权利主体在征纳中依法享有的权利和应该承担的义务，这是税收法律关系中最实质的组成部分，也是税法的灵魂。它规定权利主体可以有什么作为，不可以有什么作为,若违反了这些规定,必须承担相应的法律责任。

国家税务机关的权利主要表现在依法征税、税务检查以及对违章者进行处罚等方面;国家税务机关的义务主要是向纳税人宣传、咨询、辅导税法,及时把征收的税款缴入国库,依法受理纳税人对税收争议的申诉等。

纳税人的权利主要是与纳税有关的知情权、保密权、延期申报权、延期纳税权、依法申请减免税权、多缴税款申请退还权、申请复议和提起诉讼权等;纳税人的义务主要有按税法规定办理税务登记、依法管理账簿和凭证、纳税申报、按时缴纳税款、接受税务检查等。

2. 税收法律关系的产生、变更与消灭

税法是引起税收法律关系的前提条件,但税法本身并不能产生具体的税收法律关系。税收法律关系的产生、变更和消灭必须有能够引起税收法律关系产生、变更或消灭的客观情况,也就是由税收法律事实来决定。税收法律事实可以分为税收法律事件和税收法律行为。税收法律事件是指不以税收法律关系权力主体的意志为转移的客观事件。例如,自然灾害可以导致税收减免,从而改变税收法律关系内容的变化。税收法律行为是指税收法律关系主体在正常意志支配下做出的活动。如纳税人开业经营即产生税收法律关系,纳税人转业或停业即造成税收法律关系的变更或消灭。

3. 税收法律关系的实质

税收法律关系说到底是征纳双方的利益分配关系。因此,保护税收法律关系实质上就是保护国家正常的经济秩序,保障国家财政收入,维护纳税人的合法权益。税收法律关系的保护形式和方法有很多,税法中关于限期纳税、征收滞纳金和罚款的规定,刑法中对构成偷税、抗税罪给予刑事处罚的规定等都是对税收法律关系的直接保护。税收法律关系的保护对权利主体双方是对等的,不能只对一方保护,而对另一方不予保护;对权利享有者的保护,就是对义务承担者的制约。

1.2.4 税法的分类

按照税收法律效力不同进行分类,税法可分为税收法律、税收法规和税收规章。

1. 税收法律

税收法律是指享有国家立法权的国家最高权力机关,依照法律程序制定的规范性税收文件。我国税收法律是由全国人民代表大会及其常务委员会制定的,其法律地位仅次于宪法,而高于税收法规和税收规章。在我国现行税法体系中,《中华人民共和国个人所得税法》《中华人民共和国企业所得税法》《中华人民共和国税收征收管理法》属于税收法律。

2. 税收法规

税收法规是指国家最高行政机关、地方立法机关根据其职权或国家最高权力机关的授权,依据宪法和税收法律,通过一定法律程序制定的规范性税收文件。我国目前税法体系主要组成部分是税收法规,由国务院制定的税收行政法规和由地方立法机关制定的地方税收法规两部分组成,具体形式主要是"条例"或"暂行条例",如《中华人民共和国增值税暂行条例》《中华人民共和国消费税暂行条例》等,税收法规的效力低于宪法、税收法律,而高于税收规章。

3. 税收规章

税收规章是指国家税收管理职能部门、地方政府根据其职权和国家最高行政机关的授权,依据有关法律、法规制定的规范性税收文件。在我国,具体是指财政部、国家税务总局、海关总署,以及地方政府在其权限范围内制定的有关税收的"办法""规则""规定"等,如国家税务总局于 2023 年 9 月 22 日发布的《财政部、税务总局关于保险保障基金有关税收政策的通知》。税收规章可以增强税法的灵活性和可操作性,是税法体系的必要组成部分,但其法律效力比较低。

1.3　税收征纳一般程序

税收征纳程序的确立不仅有利于税务机关加强税收征收管理,也有利于纳税人依法行使纳税人的权利,履行纳税人应尽的义务,减少由于不懂得纳税程序而带来的困难。本节详细介绍了纳税人如何进行税务登记,如何做好账簿凭证和发票的管理,如何进行纳税申报及采用何种税款缴纳方式。

1.3.1　税务登记

1. "五证合一、一照一码"登记制度

2016 年 6 月 30 日,《国务院办公厅关于加快推进"五证合一、一照一码"登记制度改革的通知》(以下简称《通知》),对在全面实施工商营业执照、组织机构代码证、税务登记证"三证合一"登记制度改革的基础上,再整合社会保险登记证和统计登记证,实现"五证合一、一照一码"做出部署。《通知》要求,从 2016 年 10 月 1 日起正式实施"五证合一、一照一码",在更大范围、更深层次实现信息共享和业务协同。

需要明确的是,"五证合一"登记制度改革并非是取消了税务登记。税务登记的法律地位仍然存在,只是政府简政放权将此环节改为工商行政管理部门一口受理,核发一个加载法人和其他组织统一社会信用代码的营业执照,这个营业执照在税务机关完成信息补录后,具备税务登记证的法律地位和作用。

新设立企业、农民专业合作社领取由工商行政管理部门核发加载法人和其他组织统一社会信用代码的营业执照后,无须再次进行税务登记,不再领取税务登记证。企业办理涉税事宜时,在完成补充信息采集后,凭加载统一代码的营业执照可代替税务登记证使用。

除以上情形外,其他税务登记按照原有法律制度执行。

过渡期间,未换发"五证合一、一照一码"营业执照的企业,原税务登记证件继续有效,如企业申请注销,税务机关按照原规定办理。

2. 变更税务登记

变更税务登记是指纳税人有关税务登记的内容发生变化,依法向税务机关申报办理税务变更登记手续的行为。

1) 变更税务登记的适用范围

纳税人办理税务登记后,如果发生以下情形之一,就应当办理变更税务登记,包括:变更注册资本,改变注册登记类型,改变核算方式及投资方,改变纳税人名称或识别号,改变生产、经营方式或经营范围,改变经济性质,隶属关系,注册地点或经营地址迁移,改变法定代表人或负责人,改变承包、承租人,改变银行基本存款账户或纳税专用账户(包括开户银行账号）等。

2）变更税务登记需要提供的资料

因工商行政管理部门登记发生变更而需变更税务登记内容的，提供如下资料：书面申请、营业执照及工商变更登记表复印件、纳税人变更登记内容的决议及有关证明文件、承继原纳税人债权债务及账务连续核算证明、主管税务机关发放的原税务登记证件（税务登记证正本、副本和税务登记表等）、主管税务机关需要的其他资料。

非工商行政管理部门登记变更因素而变更税务登记内容的，提供如下资料：纳税人变更登记内容的决议及有关证明文件、主管税务机关发放的原税务登记证件（税务登记证正本、副本和税务登记表等）、主管税务机关需要的其他资料。

3. 注销税务登记

注销税务登记是指纳税人办理税务登记以后，发生特定的情形，需要在所登记的税务机关终止纳税而注销其登记的行为。

1）注销税务登记的适用范围

注销税务登记的适用范围包括：纳税人经营期限届满而自动解散；企业由于改组、分立、合并等原因而被撤销；企业因资不抵债而破产或终止经营、纳税人因住所、经营地点变动而涉及改变税务机关；纳税人被工商行政机关吊销营业执照而终止经营；纳税人依法中止纳税义务的其他情形。

2）注销税务登记的时间要求

从事生产、经营的纳税人发生解散、破产、撤销及其他情形依法终止纳税义务的，应当在向工商行政管理机关或者其他机关办理注销登记之前，向原税务登记管理机关申报办理注销税务登记。

按照规定不需要在工商行政管理机关或者其他机关办理注销登记的纳税人，应当从有关机关批准或者宣告终止之日起 15 日内，向原税务登记机关申报办理注销税务登记。

纳税人由于住所、经营地点变动而涉及改变税务登记机关的，应当在向工商行政管理机关或者其他机关申请办理变更或者注销登记之前，或者住所、经营地点变动之前，向原税务登记机关办理注销税务登记，并在 30 日内向迁达地税务机关申办税务登记。

纳税人被工商行政管理机关吊销营业执照或者被其他机关撤销登记的，应当从营业执照被吊销或者被撤销之日起 15 日内，向原税务登记机关申报办理注销登记。

3）注销税务登记需要提供的资料

纳税人除提供有各环节签署意见的注销税务登记申请审批表外，还需提交如下资料：主管部门或董事会（职代会）的决议以及其他有关证明文件、当期（月）申报表资料及完税凭证。营业执照被吊销的应提交工商行政管理部门发放的吊销决定，主管税务机关原发放的税务登记证件正本、副本及税务登记表，需要的其他资料、证件。

4. 停业、复业登记

停（复）业登记只适用于定期定额的双定征收纳税人，查账征收的纳税人不予办理停（复）业登记，其在核定的纳税期内如果无经营收入或其他收入的，应办理零申报。实行定期定额征收方式缴纳税款的纳税人，在营业执照核准的经营期限内需停业时，应在停业前向税务机关提出停业申请。纳税人的停业期限不得超过一年。

5. 外出经营报验登记

纳税人外出经营税收的管理包括纳税人外出经营活动的税收管理和外埠纳税人经营活动的税收管理。

纳税人到外埠销售货物的,外出经营活动税收管理证明有效期限一般为 30 日,最长不超过 180 天;到外埠从事建筑安装工程的,有效期限按合同确认,一般为 1 年。因工程需要延长的,应当向核发税务机关重新申请。

1.3.2 账簿、凭证和发票的管理

1. 账簿、凭证的管理

从事生产、经营的纳税人应当在领取营业执照之日起 15 日内按照规定设置总账、明细账、日记账以及其他辅助性账簿,其中总账、日记账必须采用订本式。

生产经营规模小又确无建账能力的个体工商户,可以聘请注册会计师或者经主管国家税务机关认可的财会人员代为建账和办理账务;聘请注册会计师或者经主管国家税务机关认可的财会人员有实际困难的,经县(市)以上国家税务局批准,可以按照国家税务机关的规定,建立收支凭证粘贴簿、进货销货登记簿或者使用税控装置等。扣缴义务人应当自税收法律、行政法规规定的扣缴义务发生之日起 10 日内,按照所代扣、代收的税种,分别设置代扣代缴、代收代缴税款账簿。

从事生产、经营的纳税人应当自领取税务登记证件之日起 15 日内,将其财务、会计制度或者财务、会计处理办法报送主管税务机关备案。纳税人、扣缴义务人采用计算机记账的,应当在使用前将其记账软件、程序和使用说明书及有关资料报送主管税务机关备案。

账簿、凭证必须依据有关的法律规定进行使用和保管,其中,从事生产、经营的纳税人、扣缴义务人必须按照国务院财政、税务主管部门规定的期限(通常为 10 年)保管账簿、记账凭证、完税凭证及其他有关资料;外商投资企业和外国企业、私营企业的会计凭证、账簿的保存期限为 15 年。

2. 发票的管理

1) 发票的印制与领购

在全国范围内统一式样的发票,由国家税务总局确定。在省、自治区、直辖市范围内统一式样的发票,由省、自治区、直辖市税务局确定。禁止私印、伪造、变造发票。

采用扣税法计算征收增值税的一般纳税人以及采用简易办法计算征收增值税的一般纳税人,可以领购并自行开具增值税专用发票。

纳税信用 A 级的纳税人可一次领取不超过 3 个月的增值税发票用量,纳税信用 B 级的纳税人可一次领取不超过 2 个月的增值税发票用量,手续齐全的,按照规定即可办理。

按照规定,增值税专用发票只限于增值税一般纳税人领购使用,小规模纳税人和非增值税纳税人不能领购增值税专用发票。

2) 发票的开具与保管

(1) 发票的开具。销售商品、提供劳务和从事其他经营活动的各类单位及个人,对外发生经济业务收取款项,收款方应当向付款方开具发票;在特殊情况下(如收购单位和扣缴义务人向个人支付款项的时候),由付款方向收款方开具发票。

各类单位和从事生产、经营活动的个人,在购买商品、接受劳务和从事其他经营活动支付款项的时候,应当向收款方取得发票,并不得要求变更商品、项目名称和金额。开具发票应当按照规定的时限和顺序,逐栏、全部联次一次如实开具,并加盖单位财务印章或者发票专用章。

增值税一般纳税人销售货物、提供加工修理修配劳务和发生应税行为时,应使用新系统开具增值税专用发票、增值税普通发票、机动车销售统一发票、二手车销售统一发票、增值税电子普通发票。

纳入新系统推行范围的小规模纳税人,应使用新系统开具增值税普通发票、机动车销售统一发票、二手车销售统一发票、增值税电子普通发票。

(2)发票的保管。开具发票的单位和个人应当建立发票使用登记制度,设置发票登记簿,并定期向税务机关报告发票使用情况。发票的存放和保管应当按照税务机关的规定办理,不得丢失和擅自损毁。如果丢失发票,应当在当天报告税务机关,并通过报刊等媒介公告作废。已经开具的发票存根联和发票登记簿,应当保存5年;保存期满,报经税务机关查验以后可以销毁。在办理变更或者注销税务登记的时候,应当同时办理发票和发票领购簿的变更、缴销手续。

1.3.3　纳税申报

纳税申报是在纳税义务发生后,纳税人按期向征税机关申报与纳税有关的各类事项的一种制度。纳税申报是连接税务机关与纳税人的重要纽带,是建立税收征纳关系的重要环节。

1. 纳税申报的主体

纳税申报的主体可分为以下三种情况。

(1)依法已向国家税务机关办理税务登记的纳税人。其主要包括:各项收入均应当纳税的纳税人;按税收法律规定,全部或部分产品、项目或者税种享受减税、免税照顾的纳税人;当期营业额未达到起征点或没有营业收入的纳税人;实行定期定额纳税的纳税人;应当向国家税务机关缴纳企业所得税以及其他税种的纳税人。

(2)按规定不需向国家税务机关办理税务登记,以及应当办理而未办理税务登记的纳税人。其主要包括:临时取得应税收入或发生应税行为的纳税人;只缴纳个人所得税或车船税的纳税人。

(3)扣缴义务人或国家税务机关规定的代征人。扣缴义务人必须依照法律、行政法规规定,或者税务机关依照法律、行政法规的规定确定的申报期限、申报内容,如实报送代扣代缴、代收代缴税款报告表以及税务机关根据实际需要要求扣缴义务人报送的其他有关资料。

2. 纳税申报的主要内容

所谓申报内容,是指税收法律、行政法规规定的或者税务机关根据法律、行政法规的规定确定的纳税人、扣缴义务人向税务机关申报应纳或者应解缴税款的内容。

纳税人、扣缴义务人的纳税申报或者代扣代缴、代收代缴税款报告表的主要内容包括:纳税人名称、税种、税目,应纳税项目或者应代扣代缴、代收代缴税款项目,适用税率或者单位税额,计税依据,扣除项目及标准,应纳税额或者应代扣代缴、代收代缴税额,税款所属期限等。

此外,纳税人和扣缴义务人应根据情况报送下列相关材料:财务会计报表及其说明材料;与纳税有关的合同和协议书;外出经营活动税收管理证明;境内外公证机构出具的有关证明文件;税务机关规定应当报送的其他有关证件、材料。

3. 纳税申报的延期

一般来说,当纳税期限最后一天为法定节假日时,可顺延至节假日后第一个工作日;若有 3 日以上的法定节假日,则可按节假日天数顺延。

此外,纳税人、扣缴义务人按照规定的期限办理纳税申报或者报送代扣代缴、代收代缴税款报告表确有困难(如受到不可抗力的影响,财务会计处理上有特殊情况等)需要延期的,应当在规定的期限内向税务机关提出书面延期申请,经税务机关核准,可以在核准的期限内办理。

经过核准延期办理上述申报、报送事项的,应当在纳税期内按照上期实际缴纳的税额或者税务机关核定的税额预缴税款,并在核准的延期期限内办理税款结算。

4. 纳税申报的方式

纳税人、扣缴义务人可以直接到税务机关办理纳税申报或者报送代扣代缴、代收代缴税款报告表;经过税务机关批准,纳税人、扣缴义务人也可以按照规定采取邮寄、数据电文或者其他方式办理纳税申报事宜。

纳税人采取邮寄方式办理纳税申报的,应当使用统一的纳税申报专用信封,并以邮政部门的收据作为申报凭据,以寄出的邮戳为实际申报日期。

纳税人采取电子方式办理纳税申报的,应当按照税务机关规定的期限和要求保存有关资料,并定期书面报送税务机关。

实行定期定额缴纳税款的纳税人,可以实行简易申报、简并征期等申报纳税方式。

1.3.4 税款征收

税款征收是整个税收征收管理的中心环节,是纳税人依法履行纳税义务和征税机关依法将税款征收入库的最重要的阶段。在税款征收制度中,包含着税收程序法中的一些重要制度,它们对于保障征纳双方的权利和义务起着十分重要的作用。

1. 税款征收方式

1) 查账征收

查账征收是指税务机关根据纳税人提供的会计资料所反映的情况,依照税法相关规定计算征收税款的一种征收方式。查账征收适用于经营规模较大、财务会计制度健全、能够如实核算和提供生产经营状况,并能正确计算税款,如实履行纳税义务的单位和个人。实施查账征收的纳税人,可以采取自报自缴方式,即由纳税人自行计算申报应纳税款、自行填写缴款书、自行向当地银行缴纳税款;也可以采取自报核缴的方式,即由纳税人自行计算申报应纳税款后,经税务机关审核并开具缴款书,由纳税人据以向当地银行缴纳入库。

2) 查定征收

查定征收是指税务机关根据纳税人的从业人员、生产设备、原材料耗用情况等因素,查实核定其在正常生产经营条件下应税产品的数量、销售额,并据以征收税款的一种征收方式。查定征收适用于会计账册不健全、生产不稳定的从事产品生产的纳税人,如小型厂矿和作坊等。

3)查验征收

查验征收是指税务机关对纳税人的应税商品,通过查验数量,按市场销售价格计算其销售额并据以征税的一种征收方式。查验征收适用于经营品种比较单一,经营地点、时间和商品来源不固定的纳税人,如城乡集贸市场的临时经营和机场、码头等场所经销商品的税款征收。

4)定期定额征收

定期定额征收是指税务机关根据纳税人的生产经营情况,按期核定应纳税额,分期征收税款的一种征收方式。这种征收方式主要适用于难以查清真实收入、账册不全的个体工商户。

5)代扣代缴、代收代缴

代扣代缴、代收代缴是指扣缴义务人在向纳税人支付或收取款项时,对纳税人的应纳税额依法代为扣缴或收缴的一种征收方式。这种方式有利于加强税收的源泉控制,降低征税成本,但税务机关应按税法规定向扣缴义务人支付手续费。

6)委托代征

委托代征是指由税务机关委托有关单位代为征收税款的一种征收方式。这种方式通常适用于征收少数零星、分散的税收。税务机关应向受托单位颁发委托代征证书,受托单位应按照代征证书的要求,以税务机关的名义依法征收税款。

无论采取何种征收方式,税务机关在征收税款和扣缴义务人代扣、代收税款时,必须给纳税人开具完税凭证。完税凭证包括各种完税证、缴款书、印花税票、扣(收)税凭证以及其他完税证明。

2.税收保全措施

税收保全措施是指税务机关在纳税人的某些行为将导致税款难以保证的情况下,于规定的纳税期之前采取的限制纳税人处理或者转移商品、货物或其他财产的强制措施,其目的是保证税款按期、足额征收入库。

税务机关有根据认为从事生产、经营的纳税人有逃避纳税义务的行为,可以在规定的纳税期之前,责令限期缴纳应纳税款;在限期内发现纳税人有明显的转移、隐匿其应纳税的商品、货物以及其他财产或者应纳税收入迹象的,税务机关可以责成纳税人提供纳税担保。如果纳税人不能提供纳税担保,经县以上税务局(分局)局长批准,税务机关可以采取以下税收保全措施。

(1)书面通知纳税人开户银行或者其他金融机构冻结纳税人的账户金额,相当于应纳税款的存款。

(2)扣押、查封纳税人的价值,相当于应纳税款的商品、货物或者其他财产。

由此不难看出,税收保全措施是指税务机关对可能由于纳税人的行为或者某种客观原因,导致以后税款的征收不能保证或难以保证时所采取的限制纳税人处理或转移商品、货物或其他财产的措施。在税款征收环节,税收保全措施只适用于有逃避纳税义务行为的从事生产、经营的纳税人。对非从事生产、经营的纳税人,或对扣缴义务人和纳税担保人,不能使用该措施。

对纳税人采取税收保全措施,必须符合以下两个条件。

(1)纳税人有逃避纳税义务的行为。在规定期限内不缴纳税款,同时有明显的转移、隐匿其应纳税的商品、货物以及其他财产或者应纳税款的迹象。

（2）纳税人不能提供纳税担保。纳税担保是税务机关为使纳税人在发生纳税义务后能够保证依法履行纳税义务而采取的一种事前防备、控制措施。如果纳税人不能提供纳税担保，就会发生税款的征收不能保证或难以保证的后果。

3．税收强制执行措施

税收强制执行措施是指纳税人、扣缴义务人不按照规定期限缴纳或者解缴税款，纳税担保人不按照规定期限缴纳所担保的税款，或者当事人不履行税收法律、行政法规规定的义务，税务机关依法采取的强制追缴手段。税收强制执行是保障税收安全，维护国家税法尊严的重要措施。

1）税收强制执行措施的适用对象

与税收保全措施只适用于纳税人不同，税收强制执行措施的适用对象既包括纳税人，又包括扣缴义务人、纳税担保人及其他当事人。

（1）从事生产、经营的纳税人、扣缴义务人。这里有两种情况：一是未按规定期限缴纳税款的从事生产、经营的纳税人；二是在税务机关依法进行检查时，有逃避纳税义务行为，并有明显的转移、隐匿其应纳税的商品、货物以及其他财产或者应纳税收入迹象的，以及未按照规定期限解缴税款的从事生产、经营的扣缴义务人。

（2）未按照规定期限缴纳所担保税款的纳税担保人。

（3）对税务机关的处罚决定逾期不申请行政复议也不向人民法院起诉，又不履行的当事人。

《中华人民共和国税收征收管理法法》（以下简称《税收征管法》）既有针对纳税人、扣缴义务人的处罚条款，也有对其他单位和个人违反税收法律、行政法规的处罚规定。因此，上述当事人的范围是非常广泛的，而不仅限于纳税人、扣缴义务人。

2）税收强制执行措施的实施范围

税收强制执行措施的实施范围包括应纳税款、滞纳金和罚款。

《税收征管法》明确了税务机关对应纳税款、滞纳金、罚款都可以实施强制执行措施，但执行的程序和时限有所不同。与税收保全措施不同的是，强制执行措施无论在征收管理阶段还是在检查阶段实施，都是对已超过纳税期的税款进行追缴，因此，税款与滞纳金都是一同执行的。而对罚款的强制追缴必须等复议申请期和起诉期满后才能执行。

3）税收强制执行措施的实施

税务机关可以采取的强制执行措施有以下两种。

（1）书面通知开户银行或其他金融机构从其存款中扣缴税款、滞纳金或者罚款。

（2）扣押、查封、依法拍卖或者变卖其价值相当于应纳税款、滞纳金或者罚款的商品、货物或其他财产，以拍卖或变卖所得抵缴税款、滞纳金或者罚款。

1.4　纳税实务基础模拟操作

1.4.1　模拟操作案例

1．企业概况

（1）纳税人名称：哈尔滨市黄河实业有限公司。

(2) 纳税人类型：有限责任公司(增值税一般纳税人)。

(3) 法定代表人：赵兵。

(4) 地址及电话：哈尔滨市香坊区公滨路 210 号　0451-89874665。

(5) 开户行及账号：工商银行哈尔滨市香坊区支行　3500043109006690353。

(6) 统一社会信用代码：230110960855686377。

(7) 主管税务机关：哈尔滨市香坊区税务局。

(8) 经营范围：汽车轮胎的生产与销售。

2. 业务资料

(1) 公司章程如下。

……

第十八条：哈尔滨市黄河实业有限公司注册资本 5 000 万元，由国有企业长江实业集团、李天和张勇共同发起成立。其中长江实业集团投资 4 500 万元，占投资比例 90%；李天投资 300 万元，占投资比例 6%；张勇投资 200 万元，占投资比例 4%。各方按出资比例，承担风险，分配利润。

……

(2) 企业法人营业执照(见图 1-1)。

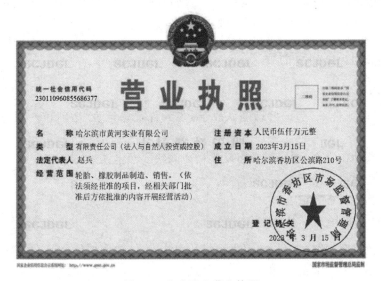

图 1-1　企业法人营业执照

(3) 企业的其他有关信息。

邮政编码：150030。

从业人数：200 人，其中专业财务人员 6 人。

法定代表人：赵兵，身份证号码：230105×××10153021。

财务负责人：方正，身份证号码：230103×××07302446。

办税人员：王力，身份证号码：230104×××07135658。

会计报表种类：资产负债表、利润表、现金流量表；预计年销售额 200 万元。

低值易耗品摊销方法：一次摊销。

折旧方式：直线法；固定资产原值：400 万元。

E-mail 地址：huanghe0451@163.com。

统一社会信用代码：230110960855686377。

（4）哈尔滨市黄河实业有限公司办税员王力于 2023 年 3 月 15 日到哈尔滨市香坊区税务局办理税种认定及增值税一般纳税人认定等事宜。

（5）哈尔滨市黄河实业有限公司办理税种认定后，需要使用增值税专用发票和增值税普通发票，申请领购增值税专用发票中文三联 10 万元版一本和两联增值税普通发票万元版 20 本。由于首次领购发票，办税员王力于 2023 年 4 月 25 日到主管税务机关办理发票领购业务。

（6）哈尔滨市黄河实业有限公司为了进一步扩大生产规模，经董事会决议，于 2023 年 5 月增加投资 500 万元人民币，由民生集团以设备和技术投资入股。2023 年 5 月 20 日，在增资到位并经信恒会计师事务所验资后，到工商行政管理局办理了工商变更登记。随后，办税员王力到哈尔滨市香坊区税务局办理变更税务登记。

（7）哈尔滨市黄河实业有限公司股东会于 2024 年决定解散公司，依法终止纳税义务，办税员王力核查该公司的计税资料，送交主管税务机关，相关计税资料有：应缴增值税 300 万元，所得税 150 万元，均已缴纳无误；应缴未缴印花税总计 1 万元，并应缴纳滞纳金 0.05 万元；香坊区国税局核发的发票领购簿一本，增值税专用发票 25 份尚未使用。该公司于 2024 年 3 月 20 日办理注销税务登记手续。

1.4.2 模拟操作要求与指导

1. 模拟操作要求

（1）填写"多证合一"登记信息确认表、纳税人税种登记表、增值税一般纳税人申请认定表。

（2）填写票种核定表、增值税专用发票最高开票限额申请单。

（3）填写变更税务登记表。

（4）填写注销税务登记表。

2. 模拟操作指导

（1）向学生讲解填写"多证合一"登记信息确认表、纳税人税种登记表、增值税一般纳税人申请认定表的方法并指导其填写。

（2）向学生讲解填写票种核定表、增值税专用发票最高开票限额申请单的方法并指导其填写。

（3）向学生讲解填写变更税务登记表、注销税务登记表的方法并指导其填写。

1.4.3 模拟操作执行

（1）根据营业执照等资料填写"多证合一"登记信息确认表、纳税人税种登记表、增值税一般纳税人资格登记表（见表 1-1～表 1-3）。

尊敬的纳税人：

以下是您在工商机关办理注册登记时提供的信息。为保障您的合法权益，请您仔细阅读，对其中不全的信息进行补充，对不准确的信息进行更正，对需要更新的信息进行补正，以便为您提供相关服务。

表 1-1　"多证合一"登记信息确认表

一、以下信息非常重要，请您务必仔细阅读并予以确认

纳税人名称	哈尔滨市黄河实业有限公司		统一社会信用代码	23011096085568377	
登记注册类型	有限责任公司	批准设立机关	哈尔滨市香坊区工商行政管理局	开业（设立）日期	2023 年 3 月 15 日
生产经营期限起	2023 年 3 月 15 日	生产经营期限止	20 年	注册地址邮政编码	150030	注册地址联系电话	0451-8987465
注册地址	黑龙江省哈尔滨市香坊区公滨路 210 号				
生产经营地址	黑龙江省哈尔滨市香坊区公滨路 210 号				
经营范围	汽车轮胎的生产与销售				
	币种（注册资本）	人民币		金额（注册资本）	5 000 万

投资方名称	证件类型	证件号码	投资比例	国籍或地址
长江实业集团	统一社会信用代码	23011096085568369	90%	中国
李天	自然人	230104×××04215632	6%	中国
张勇	自然人	230104×××07135422	4%	中国

联系人	项目	姓名	证件类型	证件号码	固定电话	移动电话
		王力	身份证	230104×××07135658	0451-87308584	15234567×××

二、以下信息比较重要，请您根据您的实际情况予以确认

法定代表人电子邮箱	zhaobing1991@163.com	财务负责人电子邮箱	fangzheng1980@163.com
	币种（投资总额）	人民币	金额（投资总额）	5 000 万

若您是总机构，请您确认

分支机构名称		分支机构统一社会信用代码	

若您是分支机构，请您确认

总机构名称		总机构统一社会信用代码	

经办人：王力　　　　　　　　　　纳税人（签章）

2023 年 3 月 15 日

表 1-2　纳税人税种登记表

纳税人识别号：230110960855686377

纳税人名称：哈尔滨市黄河实业有限公司　　　　　　　　　　　法定代表人：赵兵

一、增值税：

类别	1. 销售货物 ☑ 2. 加工　　□ 3. 修理修配　□ 4. 其他　　□	货物或项目名称	主营	汽车轮胎的生产和销售
			兼营	

纳税人认定情况	1. 增值税一般纳税人□；2. 小规模纳税人□；3. 暂认定增值税一般纳税人☑
经营方式	1. 境内经营货物☑；2. 境内加工修理□；3. 自营出口□； 4. 间接出口□；5. 收购出口□；6. 加工出口□

备注：

二、消费税：

类别	1. 生产　　　□ 2. 委托加工　□ 3. 零售　　　□	应税消费品名称	1. 烟□；2. 酒□；3. 高档化妆品□；4. 贵重首饰及珠宝玉石□；5. 鞭炮、焰火□；6. 成品油□；7. 摩托车□；8. 小汽车□；9. 高尔夫球及球具□；10. 高档手表□；11. 游艇□；12. 木制一次性筷子□；13. 实木地板□；14. 电池□

经营方式	1. 境内销售　☑；2. 委托加工出口□；3. 自营出口□； 4. 境内委托加工□

备注：

三、企业所得税：

法定或申请纳税方式	1. 按实纳税☑；2. 核定利润率计算纳税□；3. 按经费支出换算收入计算纳税□；4. 按佣金率换算收入纳税□；5. 航空、海运企业纳税方式□；6. 其他纳税方式□

非生产性收入占总收入的比例(%)

备注：季度预缴方式：1. 按上年度四分之一□；2. 按每季度实际所得☑

四、城市维护建设税：1. 市区☑；2. 县城镇□；3. 其他□

五、教育费附加：3%

六、其他费用：

　　以上内容纳税人必须如实填写，如内容发生变化，应及时办理变更登记。

　　(2) 填写纳税人领用发票票种核定表、领取增值税专用发票最高开票限额申请单(见表 1-4、表 1-5)。

表 1-3　增值税一般纳税人资格登记表

纳税人名称	哈尔滨市黄河实业有限公司		纳税人识别号		2301109608556377
法定代表人（负责人、业主）	赵兵	证件名称及号码	身份证 230105×××10153021	联系电话	0451-89874665
财务负责人	方正	证件名称及号码	身份证 230103×××0730246	联系电话	0451-87308584
办税人员	王力	证件名称及号码	身份证 230104×××0715658	联系电话	0451-87308584
税务登记日期	2023 年 3 月 15 日				
生产经营地址	黑龙江省哈尔滨市香坊区公滨路 210 号				
注册地址	黑龙江省哈尔滨市香坊区公滨路 210 号				

纳税人类别：企业☑　非企业性单位□　个体工商户□　其他□

主营业务类别：工业☑　商业□　服务业□　其他□

会计核算健全：是☑

一般纳税人资格生效之日：当月 1 日☑　次月 1 日□

纳税人（代理人）承诺：

上述各项内容真实、可靠、完整。如有虚假，愿意承担相关法律责任。

经办人：王力　　　　　法定代表人：赵兵　　　　　代理人：

2023 年 3 月 15 日

以下由税务机关填写	
主管税务机关受理情况	受理人：

主管税务机关（章）

年　月　日

填表说明：
1. 本表由纳税人如实填写。
2. 表中"证件名称及号码"相关栏次，根据纳税人的法定代表人、财务负责人、办税人员的居民身份证、护照等有效身份证件及号码填写。
3. 表中"一般纳税人资格生效之日"由纳税人自行勾选。
4. 主管税务机关（章）请各省税务服务厅业务专用章。
5. 本表一式两份，主管税务机关和纳税人各留存一份。

表 1-4　纳税人领用发票种类核定表

纳税人识别号				230110960855688377			
纳税人名称				哈尔滨市黄河实业有限公司			
操作类型	领票人				身份证件类型		身份证件号码
	王力				身份证		230104×××0713565
操作类型	发票种类代码	发票种类名称	单份发票最高开票限额	单位	每月最高购票数量	每次最高购票数量	持票最高购票数量	领票方式

操作类型	发票种类代码	发票种类名称	单份发票最高开票限额	单位	每月最高购票数量	每次最高购票数量	持票最高购票数量	领票方式	离线开票时限	离线开票累计限额
委托代开标志										
否	1130	增值税专用发票（中文三联无金额限制版）	10 万元	份	25	25	25	验旧领新	0	

定额发票累计购票金额	0.0

纳税人（签章）：　　　　　　法定代表人（业主、负责人）：赵兵

经办人：王力　　　　　　　　填表日期：2023 年 4 月 25 日

发票专用章印模：

表 1-5　增值税专用发票最高开票限额申请单

<table>
<tr><td rowspan="9">申 请 事 项 （ 由 纳税人 填写 ）</td><td>纳税人名称</td><td colspan="2">哈尔滨市黄河实业有限公司</td><td>纳税人识别号</td><td colspan="2">230110960855686377</td></tr>
<tr><td>地　　址</td><td colspan="2">黑龙江省哈尔滨市香坊区公滨路 210 号</td><td>联系电话</td><td colspan="2">0451-87308584</td></tr>
<tr><td>购票人信息</td><td colspan="5"></td></tr>
<tr><td rowspan="3">申请增值税专用发票（增值税税控系统）最高开票限额</td><td colspan="5">☑初次　　□变更　　（请选择一个项目并在□内打"√"）</td></tr>
<tr><td colspan="5">□一亿元　　□一千万元　　□一百万元</td></tr>
<tr><td colspan="5">☑十万元　　□一万元　　　□一千元
（请选择一个项目并在□内打"√"）</td></tr>
<tr><td rowspan="3">申请货物运输业增值税专用发票（增值税税控系统）最高开票限额</td><td colspan="5">□初次　　　□变更　　　（请选择一个项目并在□内打"√"）</td></tr>
<tr><td colspan="5">□一亿元　　□一千万元　　□一百万元</td></tr>
<tr><td colspan="5">□十万元　　□一万元　　　□一千元
（请选择一个项目并在□内打"√"）</td></tr>
<tr><td colspan="6">申请理由：
　　我单位将建立健全专用发票管理制度，严格遵守有关专用发票领购、使用、保管的法律和法规。

经办人（签字）：王力　　　　　　　　　　　　　纳税人（印章）：哈尔滨市黄河实业有限公司
2023 年 4 月 25 日　　　　　　　　　　　　　　　　2023 年 4 月 25 日</td></tr>
<tr><td rowspan="6">区 县 税 务 机 关 意 见</td><td colspan="3">发票种类</td><td colspan="3">批准最高开票限额</td></tr>
<tr><td colspan="3">增值税专用发票（增值税税控系统）</td><td colspan="3">10 万元</td></tr>
<tr><td colspan="3">货物运输业增值税专用发票
（增值税税控系统）</td><td colspan="3"></td></tr>
<tr><td colspan="6"></td></tr>
<tr><td colspan="6"></td></tr>
<tr><td colspan="6">经办人（签字）：　　　　　　批准人（签字）：　　　　　　税务机关（印章）：
　　年　月　日　　　　　　　　年　月　日　　　　　　　年　月　日</td></tr>
</table>

注：本申请表一式两联；第一联由申请纳税人留存；第二联由区县税务机关留存。

（3）填写变更税务登记表、注销税务登记申请审批表（见表1-6、表1-7）。

表1-6　变更税务登记表

纳税人名称	哈尔滨市黄河实业有限公司	纳税人识别号	230110960855686377

变更登记事项：

序号	变更项目	变更前内容	变更后内容	批准机关名称及文件
1	注册资本	5 000万元人民币	5 500万元人民币	哈尔滨市香坊区工商行政管理局

送缴证件情况：董事会决议、企业变更申请书、会计师事务所验资报告、工商执照及工商变更登记表复印件。

纳税人：

因增加注册资本，依据《中华人民共和国税收征管法》第十六条规定，特申请办理变更税务登记。

经办人：王力　　　　　法定代表人（负责人）：赵兵　　　　纳税人（签章）
2023年5月20日　　　　　　2023年5月20日　　　　　　2023年5月20日

经办税务机关审核意见：

经办人：　　　　　　负责人：　　　　　　税务机关（签章）
　年　月　日　　　　　　年　月　日　　　　　　年　月　日

表 1-7　注销税务登记申请审批表

纳税人名称	哈尔滨市黄河实业有限公司	纳税人识别号	230110960855686377
注销原因	因解散而无法继续经营		
附送资料			

纳税人：		
经办人：王力	法定代表人（负责人）：赵兵	纳税人（签章）
2024 年 3 月 20 日	2024 年 3 月 20 日	2024 年 3 月 20 日

以下由税务机关填写

受理时间	经办人： 年　月　日	负责人： 年　月　日
清缴税款、 滞纳金、 罚款情况	应缴增值税 300 万元,所得税 150 万元,均已缴清,补缴印花税 1 万元,缴纳滞纳金 0.05 万元。 经办人： 年　月　日	负责人： 年　月　日
缴销发票情况	香坊区国税局核发的发票领购簿一本,增值税专用发票 25 份未使用。 经办人： 年　月　日	负责人： 年　月　日
税务检查意见	检查人员： 年　月　日	负责人： 年　月　日

收缴税务证件情况	种类	税务登记证正本	税务登记证副本	临时税务登记证正本	临时税务登记证副本
	收缴数量	已收缴	已收缴		
	经办人： 年　月　日		负责人： 年　月　日		

批准意见	部门负责人： 年　月　日	税务机关（签章） 年　月　日

注：本表一式两份,一份税务机关留存,一份交纳税人。

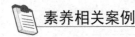

素养相关案例

税惠红利增强企业创新动能

　　国家税务总局近期公布的数据显示，从2023年企业所得税预缴申报情况来看，企业累计享受研发费用加计扣除金额1.85万亿元，同比增长13.6%，其中制造业企业享受加计扣除金额1.1万亿元，占比近六成。税收大数据显示，享受研发费用加计扣除优惠政策企业的利润率为7.4%，高出全部企业平均水平。

　　"2023年，国家激励企业加大研发投入的税收优惠政策不断'加码'，政策落实更加精准，政策效应逐步显现，真金白银的减税降费红利，有效增强了企业研发投入的信心和底气，为企业创新发展注入更大动能。"国家税务总局新闻发言人、办公厅主任黄运表示。

　　据了解，2023年3月，我国将符合条件的企业研发费用加计扣除比例由75%提高至100%，并明确作为一项制度性安排长期实施。在此基础上，进一步聚焦集成电路和工业母机行业高质量发展，对上述两个行业符合条件企业的研发费用加计扣除比例再提高至120%。同时，按照国务院部署，国家税务总局会同财政部在原有10月企业所得税预缴申报和年度汇算两个时段享受研发费用加计扣除政策的基础上，新增7月预缴申报期作为政策享受时点，引导企业更早更及时地享受政策红利。

　　为帮助创新企业及时享受政策，税务部门利用税收大数据，分时点、有侧重地开展政策精准推送，多措并举实现"政策找人"。在山西，银圣科技有限公司多年来不断加大研发投入，全力攻克技术难关，实现了从一个生产初级氧化镁产品的小工厂到国家级专精特新"小巨人"企业的转变。该公司财务人员表示，2023年前三季度，仅研发费用加计扣除一项，公司就享受了500余万元的税收优惠，有效帮助企业开展后续项目研发。

　　云南无敌制药有限公司2023年度享受研发费用加计扣除290万元。"不只是税务分局的工作人员会到企业做纳税辅导，税务局纪检部门的同志也会来督导，看各项税费优惠政策落实得是否到位，办税缴费是否便利。"该公司财务负责人表示。

　　"推动经济高质量发展，科技创新是重要实现路径。企业的研发活动是科技创新成果向经济效益、社会效益转化的最后一个环节。对企业而言，科技创新需要投入大量人财物等资源，同时面临一定风险。因此，科技创新尤其需要税收政策的支持。"北京理工大学副教授韩燕认为，近年来我国支持企业创新的税收政策不断优化升级，政策落地扎实有力，激励效果非常突出，体现了面向高质量发展精准施策。

　　在一系列税收政策的大力支持下，我国创新产业加快成长，高端制造实现创新突破。增值税发票数据显示，2023年高技术产业销售收入保持较快增速，占全国企业销售收入比重较2022年提高0.5个百分点，且逐年提升，反映出近年来创新产业产出成效显著。此外，2023年装备制造业销售收入同比增长6.4%，较制造业平均增速高2.9个百分点，占制造业比重较2022年提高1.2个百分点。其中，电动载人汽车、锂离子蓄电池、太阳能电池"新三样"产品相关行业销售收入合计同比增长22.4%。

　　黄运表示，税务部门将按照中央经济工作会议部署要求，认真落实支持科技创新的税费优惠政策，不断提升享受政策的便利化水平，更好地助力高水平科技自立自强和企业创新发展。

（资料来源：经济日报.税惠红利增强企业创新动能［EB/OL］.［2024-02-01］.https://baijiahao.baidu.com/s?id=1789648090943588043&wfr=spider&for=pc）

思考：从企业获得的税收会怎样反馈回企业？税收优惠政策与税收"取之于民，用之于民"的使命冲突吗？

 练习题

一、单项选择题

1. 一般认为，税收是国家凭借（　　）参与社会产品的分配。
   A. 政治权力　　　　　B. 经济权力　　　　　C. 所有者权力　　　D. 财产权力

2. 税收行政法规由（　　）制定。
   A. 全国人民代表大会　　　　　　　　B. 地方人民代表大会
   C. 财政部和国家税务总局　　　　　　D. 国务院

3. 税目是征税对象的具体项目，以下关于税目的说法正确的是（　　）。
   A. 税目具体规定一个税种的税收负担，体现征税的深度
   B. 税目具体规定一个税种的征税范围，体现征税的广度
   C. 税目具体规定一个税种的征税范围，体现征税的深度
   D. 税目具体规定一个税种的税收负担，体现征税的广度

4. 体现国家税收政策、作为税收制度中心环节的税收要素是（　　）。
   A. 纳税义务人　　　B. 征税对象　　　C. 纳税环节　　　D. 税率

5. 纳税义务人是指（　　）。
   A. 最终负担税收的单位和个人　　　B. 直接负有纳税义务的单位和个人
   C. 代扣代缴税款的单位和个人　　　D. 受托代征的单位和个人

6. 从事生产经营的纳税义务人应自其领取工商营业执照之日起（　　）按照规定设置账簿。
   A. 5日内　　　　　B. 10日内　　　　　C. 15日内　　　　D. 30日内

7. 采取税收保全措施的时间是（　　）。
   A. 纳税期满前　　　B. 纳税期满后　　　C. 申报期满前　　　D. 申报期满后

8. 我国大多数税种由（　　）征收。
   A. 国家各级税务机关　　　　　　　B. 国家各级财政机关
   C. 国家各级农业主管机关　　　　　D. 海关

9. 如果因为不可抗力或财务会计处理上的特殊情况等原因，纳税义务人不能按期申报，扣缴义务人不能按期报送代扣代缴税款报告表的，经税务机关核准，可以（　　）。
   A. 不必纳税申报　　　　　　　　　B. 延期申报
   C. 不必向税务机关提出书面延期申请　D. 延期纳税

10. 按照规定不需要在工商行政管理机关或者其他机关办理注销登记的纳税人，应当从有关机关批准或者宣告终止之日起（　　）日内，向原税务登记机关申报注销税务登记。
    A. 5　　　　　　　B. 10　　　　　　　C. 15　　　　　　D. 30

二、多项选择题

1. 一般认为，税收的形式特征包括（　　）。
    A. 强制性　　　　　　 B. 无偿性　　　　　　 C. 广泛性　　　　　 D. 固定性

2. 下列税收法律属于国务院制定的税收行政法规的有（　　）。
    A.《增值税暂行条例》　　　　　　　　 B.《消费税暂行条例》
    C.《税收征收管理法》　　　　　　　　 D.《企业所得税法》

3. 按税收的管理使用权限标准进行分类，可以将税收分为（　　）。
    A. 国家税　　　　　　　　　　　　　　 B. 中央税
    C. 地方税　　　　　　　　　　　　　　 D. 中央地方共享税

4. 构成税法的三个最重要的基本要素包括（　　）。
    A. 纳税义务人　　　　 B. 征税对象　　　　 C. 税目　　　　　 D. 税率

5. 关于查账征税方式，下列说法正确的是（　　）。
    A. 查账征收适用于经营规模较大、财务会计制度健全的单位和个人
    B. 查账征收要求纳税人能够如实核算和提供生产经营状况，并正确计算税款
    C. 查账征收要求纳税人如实地履行纳税义务
    D. 实施查账征收的纳税人，可以采取自报自缴的方式，也可以采取自报核缴的方式

6. 税务登记的种类包括（　　）。
    A. 开业登记　　　　 B. 纳税登记　　　　 C. 变更登记　　　　 D. 注销登记

7. 税务机关采取税收保全措施的方法主要有（　　）。
    A. 书面通知纳税义务人开户银行或其他金融机构暂停支付纳税义务人相当于应纳税额的存款
    B. 通知纳税义务人开户银行或其他金融机构从其存款中扣缴税款
    C. 查封、扣押纳税义务人的价值相当于应纳税款的商品、货物和其他财产，责令纳税义务人限期缴纳
    D. 查封、扣押、拍卖其价值相当于应纳税款的商品、货物或其他财产，以拍卖所得抵缴税款

8. 税务机关的税收强制执行措施有（　　）。
    A. 扣缴税款入库　　　　　　　　　　 B. 纳税担保
    C. 拍卖物品抵缴税款　　　　　　　　 D. 限制出境

9. 下列项目中属于税收优惠措施的是（　　）。
    A. 减税　　　　　　 B. 免税　　　　　　 C. 加成征税　　　　 D. 起征点

10. 纳税申报主体可分为以下（　　）三种情况。
    A. 依法已向国家税务机关办理税务登记的纳税人
    B. 按规定不需要向国家税务机关办理税务登记，以及应当办理而未办理税务登记的纳税人
    C. 扣缴义务人和国家税务机关确定的委托代征人
    D. 从属于纳税企业的自然人

三、判断题

1. 国家征税的依据是国家财产所有权。　　　　　　　　　　　　　　　　　　（　　）

2．税收法律中,权力主体是代表国家行使征税职责的国家税务机关,权力客体是指履行纳税义务的人。　　　　　　　　　　　　　　　　　　　　　　　（　　）

3．国家税法规定的纳税义务人,可以是法人,也可以是自然人。　　（　　）

4．税率能体现国家征税的尺度或深度。　　　　　　　　　　　　（　　）

5．国家征税的目的是实现国家各项职能。　　　　　　　　　　　（　　）

6．税收法律关系的产生、变更或消灭,是由税法的制定、变更或废止所决定的。（　　）

7．税收保全措施是税收强制执行措施的必要前提,税收强制执行措施是税收保全措施的必然结果。　　　　　　　　　　　　　　　　　　　　　　　（　　）

8．中央税是指维护国家权益、实施宏观调控所必需的税种,具体包括增值税、消费税、关税等。　　　　　　　　　　　　　　　　　　　　　　　　　　　（　　）

9．定额税率的最大优点是计算简便,但税额受商品价格变动的影响。　（　　）

10．按税收和价格的关系分类,税收可分为从价税和从量税。　　　（　　）

四、操作题

1．哈尔滨市红马大酒店餐饮有限公司由哈尔滨市奇峰商贸有限公司(国企)与哈尔滨市福满楼餐饮有限公司(港资)合资成立。中方占40%,外方占60%,由哈尔滨市香坊区工商局批准设立,批准日期为2019年3月23日;住所为哈尔滨市中山路98号;法定代表人为李维波;注册资金为500万元;经济性质为有限责任公司(私营);经营范围为餐饮服务;营业执照有效日期为自2019年3月23日至2039年3月22日;统一社会信用代码为230107100071482080;财务经理为张佳慧;企业有员工50人,财务人员4人。该公司委派办税人员邢洪嘉到税务机关办理登记手续。

问题：(1)办税人员刑洪嘉如何到税务机关办理税种认定及增值税一般纳税人认定事宜?

(2)要求提供附送资料和填制相关表格。

2．哈尔滨市红马大酒店餐饮有限公司开业后需要餐饮发票,2019年4月15日办税人员邢洪嘉到相关部门进行票种核定和增值税专用发票最高开票限额申请,后到主管税务机关购买发票。

要求：请写出发票购领资格认定程序并填写相关表格。

3．哈尔滨市红马大酒店餐饮有限公司开业后经营状况良好,经公司董事会决议,准备在本市南直路102号开设分店。2019年12月10日办税人员邢洪嘉按照税务管理办法,应到主管税务机关办理税务变更手续。

问题：邢洪嘉到税务机关如何准备办理变更手续资料?

4．假设哈尔滨市红马大酒店餐饮有限公司2020年5月20日申请注销。在向工商管理局注销前,需要进行税务注销。注销原因：经营不善,无力继续经营。相关税款已缴清,增值税专用发票有4本还未使用需缴销。

问题：办税人员邢洪嘉如何办理注销税务登记?

第2章

增值税纳税实务

【学习目标】

通过本章的学习,了解增值税专用发票的使用和管理相关规定;熟悉增值税的纳税义务人、征税范围、税目和税率及征收管理规定;掌握增值税销项税额、进项税额、应纳税额的计算方法;熟练掌握增值税业务会计处理方法;熟练掌握增值税纳税申报表的填制方法。

【内容框架】

```
                              ┌ 增值税的纳税义务人
                              │ 增值税的征税范围
                  增值税基本法规 ┤ 增值税的税率
                              │ 增值税的优惠政策
                              └ 增值税的征收管理

                              ┌ 增值税专用发票领购使用范围
                              │ 增值税专用发票的开具范围
                  增值税专用发票的管理 ┤ 红字专用发票开具
                              │ 增值税专用发票的开具要求
                              └ 全面数字化电子发票

                              ┌ 进口货物增值税应纳税额的计算
增值税纳税实务  ┤  增值税应纳税额的计算 ┤ 小规模纳税人增值税应纳税额的计算
                              └ 一般纳税人增值税应纳税额的计算

                              ┌ 进口货物增值税的会计处理
                  增值税的会计处理 ┤ 小规模纳税人增值税的会计处理
                              └ 一般纳税人增值税的会计处理

                  出口货物、劳务和跨境应税行为退(免)税和征税
                  增值税纳税实务模拟操作
```

2.1　增值税基本法规

增值税是对在我国境内销售货物或者提供加工、修理修配劳务(以下简称"应税劳务")、销售服务(以下简称"应税服务")、无形资产或者不动产,以及进口货物的企业单位和个人,就其销售货物、销售劳务、销售服务、无形资产、不动产以及进口货物金额为计税依据而课征的一种流转税。

增值税具有只对增值额征收、征收范围广泛、计征采用税款抵扣法、实行价外征收的方式等特点。

2.1.1　增值税的纳税义务人

1. 增值税纳税义务人的基本规定

凡在我国境内销售货物或者加工、修理修配劳务,销售服务、无形资产、不动产以及进口货物的单位和个人,为增值税的纳税人。

(1) 单位是指一切从事销售或进口货物、提供劳务,销售服务、无形资产、不动产的单位,包括企业、行政单位、事业单位、军事单位、社会团体及其他单位。

(2) 个人是指从事销售或进口货物、提供劳务,销售服务、无形资产、不动产的个人,包括个体工商户和其他个人。

单位以承包、承租、挂靠方式经营的,承包人、承租人、挂靠人(以下统称承包人)以发包人、出租人、被挂靠人(以下统称发包人)名义对外经营并由发包人承担相关法律责任的,以该发包人为纳税人。否则,以承包人为纳税人。

资管产品运营过程中发生的增值税应税行为,以资管产品管理人为增值税纳税人。

增值税法规对扣缴义务人也进行了规定,扣缴义务人是指中华人民共和国境外单位或个人在境外销售服务、无形资产或者不动产,在境内未设有经营机构的,其应纳税款以境内代理人为扣缴义务人;在境内没有代理人的,以购买方为扣缴义务人。

2. 增值税纳税人的分类与认定

由于增值税实行凭增值税专用发票抵扣税款的制度,因此要求增值税纳税人会计核算健全,并能够准确核算销项税额、进项税额和应纳税额。为了严格进行增值税的征收管理,将纳税人按其经营规模大小及会计核算健全与否划分为一般纳税人和小规模纳税人。对一般纳税人实行凭发票扣税的计税方法;对小规模纳税人规定简便易行的计税方法和征收管理办法。

1) 小规模纳税人的认定

小规模纳税人是指年销售额在规定标准以下,并且会计核算不健全,不能按规定报送有关税务资料的增值税纳税人。

根据《财政部税务总局关于统一增值税小规模纳税人标准的通知》(财税〔2018〕33号)规定,自2018年5月1日起,增值税小规模纳税人标准统一为年应征增值税销售额500万元及以下。

按照《增值税暂行条例实施细则》第二十八条规定已登记为增值税一般纳税人的单位和

个人,转登记日前连续 12 个月(以一个月为 1 个纳税期限)或者连续 4 个季度(以一个季度为一个纳税期累计销售额未超过 500 万元的一般纳税人,在 2018 年 12 月 31 日前,可转登记为小规模纳税人,其未抵扣的进项税额作转出处理)。

年应税销售额超过小规模纳税人标准的其他个人按小规模纳税人纳税;年应税销售额超过规定标准但不经常发生应税行为的单位和个体工商户,以及非企业性单位、不经常发生应税行为的企业,可选择按照小规模纳税人纳税。

2) 一般纳税人的认定

根据 2018 年 2 月 1 日开始执行的《增值税一般纳税人登记管理办法》(国家税务总局令第 43 号)增值税纳税人年应税销售额超过财政部、国家税务总局规定的小规模纳税人标准(以下简称规定标准)的,除按照政策规定选择按照小规模纳税人纳税的和年应税销售额超过规定标准的其他个人,应当向主管税务机关办理一般纳税人登记。

年应税销售额是指纳税人在连续不超过 12 个月或 4 个季度的经营期内累计应征增值税销售额,包括纳税申报销售额、稽查查补销售额、纳税评估调整销售额。

销售服务、无形资产或者不动产(以下简称应税行为)有扣除项目的纳税人,其应税行为年应税销售额按未扣除之前的销售额计算。纳税人偶然发生的销售无形资产、转让不动产的销售额,不计入应税行为年应税销售额。

经营期是指在纳税人存续期内的连续经营期间,含未取得销售收入的月份或季度。

纳税申报销售额是指纳税人自行申报的全部应征增值税销售额,其中包括免税销售额和税务机关代开发票销售额。稽查查补销售额和纳税评估调整销售额计入查补税款申报当月(或当季)的销售额,不计入税款所属期销售额。

除国家税务总局另有规定外,纳税人登记为一般纳税人后,不得转为小规模纳税人。

2.1.2　增值税的征税范围

1. 增值税征税范围的一般规定

1) 销售货物

货物是指有形动产,包括电力、热力、气体在内。销售货物是指有偿转让货物的所有权。有偿是指从购买方取得货币、货物或者其他经济利益。

2) 销售劳务

劳务是指加工和修理修配劳务。加工是指接收来料承做货物,加工后的货物所有权仍属于委托者的业务,即通常所说的委托加工货物,委托方提供原料及主要材料,受托方按照委托方的要求制造货物并收取加工费的业务;修理修配是指受托人对损伤和丧失功能的货物进行修复,使其恢复原状和功能的业务。

提供加工和修理修配劳务是指有偿提供加工和修理修配劳务。单位或者个体工商业户聘用的员工为本单位或者雇主提供加工、修理修配劳务的则不包括在内。

供电企业利用自身输变电设备对并入电网的企业自备电厂生产的电力产品进行电压调节,属于提供加工劳务。供电企业进行电力调压并按照电量向电厂收取的并网服务费,应当征收增值税。

自2020年5月1日起,纳税人受托对垃圾、污泥、污水、废气等废弃物进行专业化处理(即运用填埋、焚烧、净化、制肥等方式,对废弃物进行减量化、资源化和无害化处理处置)后产生货物,且货物归属委托方的,受托方属于提供加工劳务;货物归属受托方的,受托方将产生的货物用于销售时,属于销售货物。

3)销售服务

销售服务是指提供交通运输服务、邮政服务、电信服务、建筑服务、金融服务、现代服务、生活服务。

(1)交通运输服务是指使用运输工具将货物或者旅客送达目的地,使其空间位置得到转移的业务活动,包括陆路运输服务、水路运输服务、航空运输服务和管道运输服务。

(2)邮政服务是指中国邮政集团公司及其所属邮政企业提供邮件寄递、邮政汇兑和机要通信等邮政基本服务的业务活动,包括邮政普遍服务、邮政特殊服务和其他邮政服务。

(3)电信服务是指利用有线、无线的电磁系统或者光电系统等各种通信网络资源,提供语音通话服务,传送、发射、接收或者应用图像、短信等电子数据和信息的业务活动,包括基础电信服务和增值电信服务。

(4)建筑服务是指各类建筑物、构筑物及其附属设施的建造、修缮、装饰,线路、管道、设备、设施等的安装以及其他工程作业的业务活动,包括工程服务、安装服务、修缮服务、装饰服务和其他建筑服务。

固定电话、有线电视、宽带、水、电、燃气、暖气等经营者向用户收取的安装费、初装费、开户费、扩容费以及类似收费,按照安装服务缴纳增值税。

(5)金融服务是指经营金融保险的业务活动,包括贷款服务、直接收费金融服务、保险服务和金融商品转让。

(6)现代服务是指围绕制造业、文化产业、现代物流产业等提供技术性、知识性服务的业务活动,包括研发和技术服务、信息技术服务、文化创意服务、物流辅助服务、租赁服务、鉴证咨询服务、广播影视服务、商务辅助服务和其他现代服务。

(7)生活服务是指为满足城乡居民日常生活需求提供的各类服务活动,包括文化体育服务、教育医疗服务、旅游娱乐服务、餐饮住宿服务、居民日常服务和其他生活服务。

4)销售无形资产

销售无形资产是指有偿转让无形资产所有权或者使用权的业务活动。

无形资产是指不具备实物形态,但能带来经济利益的资产,包括技术、商标、著作权、商誉、自然资源使用权和其他权益性无形资产。

5)销售不动产

销售不动产是指有偿转让不动产所有权的业务活动。

不动产是指不能移动或者移动后会引起性质、形状改变的财产,包括建筑物、构筑物等。

转让建筑物有限产权或者永久使用权的,转让在建的建筑物或者构筑物所有权的,以及在转让建筑物或者构筑物时一并转让其所占土地的使用权的,按照销售不动产缴纳增值税。

6)进口货物

进口货物是指申报进入我国海关境内的货物。确定一项货物是否属于进口货物,必须看其是否办理了报关进口手续。通常,境外产品要输入境内,必须向我国海关申报进口,并办理有关报关手续。只要是报关进口的应税货物,均属于增值税征税范围。

下列情形不征收增值税。

（1）代为收取的同时满足以下条件的政府性基金或者行政事业性收费。

① 由国务院或者财政部批准设立的政府性基金，由国务院或者省级人民政府及其财政、价格主管部门批准设立的行政事业性收费。

② 收取时，开具省级以上（含省级）财政部门监（印）制的财政票据。

③ 所收款项全额上缴财政。

（2）单位或者个体工商户聘用的员工为本单位或者雇主提供取得工资的服务。

（3）单位或者个体工商户为聘用的员工提供的服务。

（4）各党派、共青团、工会、妇联、中科协、青联、台联、侨联收取党费、团费、会费以及政府间国际组织收取会费，属于非经营活动，不征收增值税。

（5）存款利息。

（6）被保险人获得的保险赔付。

（7）财政部和国家税务总局规定的其他情形。

2. 增值税征税范围的特殊项目

货物期货（包括商品期货和贵金属期货）在期货的实物交割环节纳税；执法部门和单位查处的商品，对经营单位购入拍卖物品再销售的，应当征收增值税；电力公司向发电企业收取的过网费，应当征收增值税。

单用途商业预付卡的规定：单用途卡发卡企业或售卡企业销售单用途卡，或者接受单用途卡持卡人充值取得的预收资金，不缴纳增值税。售卡方因发行或者销售单用途卡并办理相关资金收付结算业务取得的手续费、结算费、服务费、管理费等收入，应当征收增值税。

支付机构预付卡的规定：支付机构销售多用途卡取得的等值人民币资金，或者接受多用途卡持卡人充值取得的充值资金，不缴纳增值税。支付机构因发行或者受理多用途卡并办理相关资金收付结算业务取得的手续费、结算费、服务费、管理费等收入，应当征收增值税。

发售加油卡、加油凭证销售成品油的纳税人在售卖加油卡、加油凭证时，应按预收账款方法作相关账务处理，不征收增值税。

3. 增值税征税范围的特殊行为

视同销售行为、符合条件的混合销售行为和兼营非应税劳务行为，是属于增值税征收范围的特殊行为，须按规定缴纳增值税。

1）视同销售行为

以下行为视同销售，按规定征收增值税。

（1）将货物交付其他单位或者个人代销。

（2）销售代销货物。

（3）设有两个以上机构并实行统一核算的纳税人，将货物从一个机构移送到其他机构用于销售，但相关机构设在同一县（市）的除外。

（4）将自产或委托加工的货物用于非增值税应税项目。

（5）将自产、委托加工的货物用于集体福利或个人消费。

（6）自产、委托加工或购买的货物作为投资，提供给其他单位或个体工商户。

（7）将自产、委托加工或购买的货物分配给股东或投资者。

（8）将自产、委托加工或购买的货物无偿赠送给其他单位或者个人。

（9）单位和个体工商户向其他单位或者个人无偿提供服务，无偿转让无形资产或者不动产，但用于公益事业或者以社会公众为对象的除外。

（10）财政部和国家税务总局规定的其他情形。

2）混合销售

一项销售行为如果既涉及货物又涉及服务，为混合销售。从事货物的生产、批发或者零售的单位和个体工商户的混合销售行为，按照销售货物缴纳增值税；其他单位和个体工商户的混合销售行为，按照销售服务缴纳增值税。

本条所称从事货物的生产、批发或者零售的单位和个体工商户，包括以从事货物的生产、批发或者零售为主，并兼营销售服务的单位和个体工商户。

自 2017 年 5 月 1 日起，纳税人销售活动板房、机器设备、钢结构件等自产货物的同时提供建筑、安装服务的，不属于混合销售，应分别核算货物和建筑服务的销售额，分别适用不同的税率或者征收率。

3）兼营

纳税人兼营销售货物、劳务、服务、无形资产或者不动产，适用不同税率或者征收率的，应当分别核算适用不同税率或者征收率的销售额；未分别核算的，从高适用税率。

2.1.3　增值税的税率

自 2019 年 4 月 1 日起，增值税一般纳税人，发生增值税应税销售行为或者进口货物，原适用 16% 税率的，税率调整为 13%；原适用 10% 税率的，税率调整为 9%。《财政部、税务总局、海关总署关于深化增值税改革有关政策的公告》（财政部、税务总局、海关总署公告 2019 年第 39 号文件）。

1. 一般纳税人的税率

1）13% 税率

纳税人销售货物、劳务、有形动产租赁服务或者进口货物的，适用税率为 13%。

2）9% 税率

纳税人销售交通运输、邮政、基础电信、建筑、不动产租赁服务，销售不动产，转让土地使用权，销售或者进口农产品等货物的，适用税率 9%。

3）6% 税率

纳税人销售服务、无形资产以及增值电信服务的，除另有规定外，适用税率为 6%。

4）零税率

纳税人出口货物和劳务或者境内单位和个人跨境销售服务、无形资产、不动产的，税率为零。

2. 小规模纳税人征收率

从 2009 年 1 月 1 日起，小规模纳税人的征收率统一调整为 3%。

根据"营改增"规定，营业税改征增值税中的小规模纳税人适用 3% 的征收率。

自 2019 年 4 月 1 日起：

(1) 小规模纳税人发生销售货物或者加工和修理修配劳务以及销售服务、无形资产的应税行为；一般纳税人发生按规定适用或者可以选择适用简易计税方法计税的特定应税行为,但适用 5% 征收率的除外,征收率均为 3%。

(2) 销售不动产；符合条件的经营租赁不动产(土地使用权)；转让营改增前取得的土地使用权；房地产开发企业销售、出租自行开发的房地产老项目；符合条件的不动产融资租赁；选择差额纳税的劳务派遣、安全保护服务；一般纳税人提供人力资源外包服务,发生以上这些应税行为,征收率均为 5%。

(3) 个人出租住房,按照 5% 的征收率减按 1.5% 计算应纳税额。

(4) 纳税人销售旧货；小规模纳税人(不含其他个人)以及符合规定情形的一般纳税人销售自己使用过的固定资产,可按 3% 的征收率减按 2% 征收增值税。

2.1.4 增值税的优惠政策

1. 法定免税项目

(1) 农业生产者销售的自产农业产品。

(2) 避孕药品和用具。

(3) 古旧图书。

(4) 直接用于科学研究、科学试验和教学的进口仪器、设备。

(5) 外国政府、国际组织无偿援助的进口物资和设备。

(6) 由残疾人组织直接进口供残疾人专用的物品。

(7) 销售自己使用过的物品。

2. 特定减免税项目

(1) 对承担粮食收储任务的国有粮食购销企业销售的粮食免征增值税。

(2) 自 2015 年 5 月 1 日起,对承担粮食收储任务的国有粮食购销企业销售的粮食增值税免税政策使用范围由粮食扩大到粮食和大豆,并可对免税业务开具增值税专用发票。

(3) 政府储备食用植物油的销售免征增值税

(4) 除豆粕以外的其他粕类饲料产品,均免征增值税。

(5) 自 2012 年 1 月 1 日起,蔬菜流通环节免征增值税。

(6) 自 2012 年 10 月 1 日起,部分鲜活肉蛋产品流通环节免征增值税。

(7) 对供热企业向居民个人供热而取得的采暖费收入免征增值税。

3. 营业税改征增值税试点过渡政策的规定

1) 下列项目免征增值税

(1) 托儿所、幼儿园提供的保育和教育服务。

(2) 养老机构提供的养老服务。

(3) 残疾人福利机构提供的育养服务。

(4) 婚姻介绍服务。

(5) 殡葬服务。

(6) 残疾人员本人为社会提供的服务。

(7) 学生勤工俭学提供的服务。

（8）农业机耕、排灌、病虫害防治、植物保护、农牧保险以及相关技术培训业务,家禽、牲畜、水生动物的配种和疾病防治服务。

（9）纪念馆、博物馆、文化馆、文物保护单位管理机构、美术馆、展览馆、书画院、图书馆在自己的场所提供文化体育服务取得的第一道门票收入。

（10）寺院、宫观、清真寺和教堂举办文化、宗教活动的门票收入。

（11）福利彩票、体育彩票的发行收入。

（12）社会团体收取的会费。

（13）医疗机构提供的医疗服务。

（14）从事教育的学校提供的教育服务。

（15）军队转业干部就业。

① 从事个体经营的军队转业干部,自领取税务登记证之日起,其提供的应税服务3年内免征增值税。

② 为安置自主择业的军队转业干部就业而新开办的企业,凡安置自主择业的军队转业干部占企业总人数60%(含)以上的,自领取税务登记证之日起,其提供的应税服务3年内免征增值税。

享受上述优惠政策的自主择业的军队转业干部必须持有师以上部队颁发的转业证件。

（16）随军家属就业。

① 为安置随军家属就业而新开办的企业,自领取税务登记证之日起,其提供的应税服务3年内免征增值税。

享受税收优惠政策的企业,随军家属必须占企业总人数的60%(含)以上,并有军(含)以上政治和后勤机关出具的证明。

② 从事个体经营的随军家属,自办理税务登记事项之日起,其提供的应税服务3年内免征增值税。

随军家属必须有师以上政治机关出具的可以表明其身份的证明。

按照上述规定,每一名随军家属可以享受一次免税政策。

（17）同时符合下列条件的合同能源管理服务。

① 节能服务公司实施合同能源管理项目相关技术,应当符合国家质量监督检验检疫总局(现为国家市场监督管理总局)和国家标准化管理委员会发布的《合同能源管理技术通则》(GB/T 24915—2010)规定的技术要求。

② 节能服务公司与用能企业签订节能效益分享型合同,其合同格式和内容,符合《中华人民共和国合同法》和《合同能源管理技术通则》(GB/T 24915—2010)等规定。

（18）台湾航运公司、航空公司从事海峡两岸海上直航、空中直航业务在大陆取得的运输收入。

（19）纳税人提供的直接或者间接国际货物运输代理服务。

① 纳税人提供直接或者间接国际货物运输代理服务,向委托方收取的全部国际货物运输代理服务收入,以及向国际运输承运人支付的国际运输费用,必须通过金融机构进行结算。

② 纳税人为大陆与香港、澳门、台湾地区之间的货物运输提供的货物运输代理服务参照国际货物运输代理服务有关规定执行。

③ 委托方索取发票的,纳税人应当就国际货物运输代理服务收入向委托方全额开具增值税普通发票。

(20) 自 2001 年 1 月 1 日起,铁路系统内部单位修理货车业务免征增值税。

(21) 自 2022 年 1 月 1 日起,法律援助补贴免征增值税。

(22) 个人转让著作权。

(23) 纳税人提供技术转让、技术开发和与之相关的技术咨询、技术服务。

技术转让、技术开发是指《销售服务、无形资产、不动产注释》中"转让技术""研发服务"范围内的业务活动。技术咨询是指就特定技术项目提供可行性论证、技术预测、专题技术调查、分析评价报告等业务活动。

与技术转让、技术开发相关的技术咨询、技术服务是指转让方(或者受托方)根据技术转让或者技术开发合同的规定,为帮助受让方(或者委托方)掌握所转让(或者受托开发)的技术,而提供的技术咨询、技术服务业务,且这部分技术咨询、技术服务的价款与技术转让或者技术开发的价款应当在同一张发票上开具。

(24) 个人销售自建自用住房免征增值税。

(25) 涉及家庭财产分割的个人无偿转让不动产、土地使用权。

(26) 将土地使用权转让给农业生产者用于农业生产。

(27) 土地所有者出让土地使用权和土地使用者将土地使用权归还给土地所有者。

(28) 县级以上地方人民政府或自然资源行政主管部门出让、转让或收回自然资源使用权(不含土地使用权)。

(29) 军队空余房产租赁收入。

(30) 以下利息收入免征增值税。

① 金融机构农户小额贷款。

② 国家助学贷款。

③ 国债、地方政府债。

④ 人民银行对金融机构的贷款。

⑤ 住房公积金管理中心用住房公积金在指定的委托银行发放的个人住房贷款。

⑥ 外汇管理部门在从事国家外汇储备经营过程中,委托金融机构发放的外汇贷款。

⑦ 统借统还业务中,企业集团或企业集团中的核心企业以及集团所属财务公司按不高于支付给金融机构的借款利率水平或者支付的债券票面利率水平,向企业集团或者集团内下属单位收取的利息。

(31) 被撤销金融机构以货物、不动产、无形资产、有价证券、票据等财产清偿债务。

(32) 保险公司开办的一年期以上人身保险产品取得的保费收入。

一年期以上人身保险是指保险期间为一年期及以上返还本利的人寿保险、养老年金保险,以及保险期间为一年期及以上的健康保险和其他年金保险。

境内保险公司向境外保险公司提供的完全在境外消费的再保险服务,免征增值税。

试点纳税人提供再保险服务(境内保险公司向境外保险公司提供的再保险服务除外),实行与原保险服务一致的增值税政策。再保险合同对应多个原保险合同的,所有原保险合同均适用免征增值税政策时,该再保险合同适用免征增值税政策。否则,该再保险合同应按规定缴纳增值税。

原保险服务是指保险分出方与投保人之间直接签订保险合同而建立保险关系的业务活动。

（33）下列金融商品转让收入。

① 合格境外投资者（QFII）委托境内公司在我国从事证券买卖业务。

② 香港市场投资者（包括单位和个人）通过沪港通买卖上海证券交易所上市 A 股。

③ 对香港市场投资者（包括单位和个人）通过基金互认买卖内地基金份额。

④ 证券投资基金（封闭式证券投资基金、开放式证券投资基金）管理人运用基金买卖股票、债券。

⑤ 个人从事金融商品转让业务。

（34）金融同业往来利息收入。

（35）创新企业境内发行存托凭证试点阶段有关税收政策。

为支持实施创新驱动发展战略，创新企业境内发行存托凭证（以下简称创新企业 CDR）试点阶段涉及的增值税政策如下：

① 对个人投资者转让创新企业 CDR 取得的差价收入，暂免征收增值税。

② 对单位投资者转让创新企业 CDR 取得的差价收入，按金融商品转让政策规定免征增值税。

③ 自试点开始之日起，对公募证券投资基金（封闭式证券投资基金、开放式证券投资基金）管理人运营基金过程中转让创新企业 CDR 取得的差价收入，3 年内暂免征收增值税。

④ 对合格境外机构投资者（QFII）、人民币合格境外机构投资者（RQFII）委托境内公司转让创新企业 CDR 取得的差价收入，暂免征收增值税。

试点开始之日是指首只创新企业 CDR 取得国务院证券监督管理机构的发行批文之日。

2）增值税即征即退

（1）资源综合利用产品和劳务。

一般纳税人销售自产的资源综合利用产品和提供资源综合利用劳务，可享受增值税即征即退政策。

（2）修理修配劳务。

飞机维修劳务，对其增值税实际税负超过 3％的部分实行即征即退政策。

（3）软件产品。

增值税一般纳税人销售其自行开发生产的软件产品，按 13％税率征收增值税后，对其增值税实际税负超过 3％的部分实行即征即退政策。

增值税实际税负，是指纳税人当期提供应税销售行为实际缴纳的增值税额占纳税人当期提供应税销售行为取得的全部价款和价外费用的比例。

（4）动漫企业。

对动漫企业增值税一般纳税人销售其自主开发生产的动漫软件，按照适用税率征收增值税后，对其增值税实际税负超过 3％的部分实行即征即退政策。

（5）安置残疾人。

对安置残疾人的单位和个体工商户，由税务机关按纳税人安置残疾人的人数，限额即征即退。

$$本期应退增值税额＝本期所含月份每月应退增值税额之和$$

月应退增值税额＝纳税人本月安置残疾人员人数×本月最低工资标准的 4 倍

（6）黄金期货交易。

上海期货交易所会员和客户通过上海期货交易所销售标准黄金（持上海期货交易所开具的黄金结算专用发票），发生实物交割但未出库的，免征增值税；发生实物交割并已出库的，由税务机关按照实际交割价格代开增值税专用发票，并实行增值税即征即退政策，同时免征城市维护建设税和教育费附加。

实际交割单价是指不含上海期货交易所收取的手续费的单位价格。

其中，标准黄金是指成色为 AU9999、AU9995、AU999、AU995，规格为 50 克、100 克、1 公斤、3 公斤、12.5 公斤的黄金。

（7）铂金交易。

为规范黄金、铂金交易，加强黄金、铂金交易的税收管理，铂金及铂金制品的税收政策明确如下。

① 对进口铂金免征进口环节增值税。

② 对中博世金科贸有限责任公司通过上海黄金交易所销售的进口铂金，以上海黄金交易所开具的上海黄金交易所发票（结算联）为依据，实行增值税即征即退政策。

③ 中博世金科贸有限责任公司进口的铂金没有通过上海黄金交易所销售的，不得享受增值税即征即退政策。

④ 国内铂金生产企业自产自销的铂金也实行增值税即征即退政策。

（8）管道运输服务。

一般纳税人提供管道运输服务，对其增值税实际税负超过 3％的部分实行增值税即征即退政策。

（9）有形动产融资租赁服务。

经人民银行、银监会或者商务部批准从事融资租赁业务的试点纳税人中的一般纳税人，提供有形动产融资租赁和有形动产融资性售后回租服务，对其增值税实际税负超过 3％的部分实行即征即退政策。

（10）风力发电。

自 2015 年 7 月 1 日起，对纳税人销售自产的利用风力生产的电力产品，实行增值税即征即退 50％的政策。

（11）增值税的退还。

纳税人本期已缴增值税额小于本期应退税额不足退还的，可在本年度内以前纳税期已缴增值税额扣除已退增值税额的余额中退还，仍不足退还的可结转本年度内以后纳税期退还。

年度已缴增值税额小于或等于年度应退税额的，退税额为年度已缴增值税额；年度已缴增值税额大于年度应退税额的，退税额为年度应退税额。年度已缴增值税额不足退还的，不得结转以后年度退还。

4. 起征点

对个人销售额未达到规定起征点的，免征增值税。增值税起征点的适用范围限于个人，不包括认定为一般纳税人的个体工商户。

(1) 按期纳税的,起征点为月销售额 5 000~20 000 元(含本数)。

(2) 按次纳税的,起征点为每次(日)销售额 300~500 元(含本数)。

但是根据《国家税务总局关于增值税小规模纳税人减免增值税等政策有关征管事项的公告》(国家税务总局公告〔2023〕1 号)规定,增值税小规模纳税人月销售额未超过 10 万元(以 1 个季度为 1 个纳税期的,季度销售额未超过 30 万元)的,免征增值税。

起征点的调整由财政部和国家税务总局规定。省、自治区、直辖市财政厅(局)和国家税务局应当在规定的幅度内,根据实际情况确定本地区适用的起征点,并报财政部和国家税务总局备案。

5．减免税其他规定

(1) 纳税人兼营免税、减税项目的,应当分别核算免税、减税项目的销售额;未分别核算销售额的,不得免税、减税。

(2) 纳税人发生应税销售适用免税规定的,可以放弃免税,依照规定缴纳增值税。纳税人放弃免税优惠后,在 36 个月内不得再申请免税;其他个人代开增值税发票时,放弃免税权不受"36 个月不得享受减免税优惠限制",仅对当次代开发票有效,不影响以后申请免税代开。

(3) 纳税人发生应税行为同时适用免税和零税率规定的,可以选择适用免税或者零税率。

(4) 生产和销售免征增值税货物或劳务的纳税人要求放弃免税权,应当以书面形式提交放弃免税权声明,报主管税务机关备案。纳税人自提交备案资料的次月起,按照现行有关规定计算缴纳增值税。

(5) 放弃免税权的纳税人符合一般纳税人认定条件尚未认定为增值税一般纳税人的,应当按现行规定认定为增值税一般纳税人,其销售的货物或劳务可开具增值税专用发票。

(6) 纳税人一经放弃免税权,其生产销售的全部增值税应税货物或劳务均应按照适用税率征税,不得选择某一免税项目放弃免税权,也不得根据不同的销售对象选择部分货物或劳务放弃免税权。

2.1.5 增值税的征收管理

1．增值税的纳税义务发生时间

纳税义务发生时间是指纳税人发生应税行为应当承担纳税义务的起始时间。按销售结算方式的不同,可以采取以下几种收款方式。

(1) 采取直接收款方式销售货物的,不论货物是否发出,内税义务发生时间均为收到销售额或取得索取销售额的凭据,并将提货单交给买方的当天。

采取直接收款方式销售货物,已将货物移送对方并暂估销售收入入账,但既未取得销售款或取得索取销售款凭据也未开具销售发票的,其增值税纳税义务发生时间为取得销售款或取得索取销售款凭据的当天;先开具发票的,为开具发票的当天。

(2) 采取托收承付和委托银行收款方式销售货物的,其纳税义务发生时间为发出货物并办妥托收手续的当天。

(3) 采取赊销和分期收款方式销售货物的,其纳税义务发生时间为书面合同约定的收款日期当天。无书面合同的或者书面合同没有约定收款日期的,为货物发出的当天。

(4) 采取预收货款方式销售货物的,其纳税义务发生时间为货物发出的当天,但生产销售生产工期超过12个月的大型机械设备、船舶、飞机等货物,为收到预收款或者书面合同约定的收款日期当天。

(5) 委托其他纳税人代销货物的,其纳税义务发生时间为收到代销单位的代销清单的当天或者收到全部或部分销货款的当天;未收到代销清单及货款的,为发出代销货物满180日的当天。

(6) 销售应税劳务的,其纳税义务发生时间为提供劳务同时收讫销售额或取得索取销售额的凭据的当天。

(7) 纳税人发生除将货物交付其他单位或者个人代销和销售代销货物以外视同销售货物的行为,其纳税义务发生时间为货物移送的当天。

(8) 纳税人提供租赁服务采取预收款方式的,其纳税义务发生时间为收到预收款的当天。

(9) 纳税人从事金融商品转让的,其纳税义务发生时间为金融商品所有权转移的当天。

(10) 纳税人发生视同销售服务、无形资产、不动产的,其纳税义务发生时间为服务、无形资产转让完成的当天或者不动产权属变更的当天。

(11) 纳税人提供建筑服务,被工程发包方从应付的工程款中扣押的质保金、保证金,未开具发票的,以纳税人实际收到质保金、保证金的当天为纳税义务发生时间。

2. 增值税的纳税期限

增值税的纳税期限分别为1日、3日、5日、10日、15日、1个月或者1个季度。纳税人的具体纳税期限,由主管税务机关根据纳税人应纳税额的大小分别核定。不能按照固定期限纳税的,可以按次纳税。

以1个季度为纳税期限的规定适用于小规模纳税人、银行、财务公司、信托投资公司、信用社,以及财政部和国家税务总局规定的其他纳税人。

按固定期限纳税的小规模纳税人可以选择以1个月或者1个季度为纳税期限,一经选择,一个会计年度内不得变更。

3. 增值税的纳税地点

为了保证纳税人按期申报纳税,根据企业跨地区经营和搞活商品流通的特点及不同情况,税法具体规定了增值税的纳税地点如下。

1) 固定业户的纳税地点

(1) 固定业户应当向其机构所在地主管税务机关申报纳税。总机构和分支机构不在同一县(市)的,应当分别向各自所在地的主管税务机关申报纳税;经国务院财政、税务主管部门或者其授权的财政、税务机关批准,可以由总机构汇总向总机构所在地的主管税务机关申报纳税。

(2) 固定业户到外县(市)销售货物或者劳务的,应当向其机构所在地主管税务机关报告外出经营事项,并向其机构所在地主管税务机关申报纳税。未报告的,应当向销售地或者劳务发生地主管税务机关申报纳税;未向销售地或者劳务发生地主管税务机关申报纳税,由其机构所在地或者居住地主管税务机关补征纳税。

2）非固定业户的纳税地点

非固定业户销售货物的，应当向销售地或者劳务发生地的主管税务机关申报纳税；未向销售地或者劳务发生地主管税务机关申报纳税，由其机构所在地或者居住地主管税务机关补征纳税。

3）进口货物的纳税地点

进口货物应当由进口人或其代理人向报关地海关申报纳税。

4）扣缴义务人的扣税地点

扣缴义务人应当向其机构所在地或者居住地主管税务机关申报缴纳扣缴的税款。

2.2　增值税专用发票的管理

2.2.1　增值税专用发票领购使用范围

1. 专用发票的领购

一般纳税人凭发票领购簿、IC卡和经办人身份证明领购增值税专用发票。一般纳税人有下列情形之一的，不得领购开具增值税专用发票。

（1）会计核算不健全，不能向税务机关准确提供增值税销项税额、进项税额、应纳税额数据及其他有关增值税税务资料的。

上述其他有关增值税税务资料的内容，由省、自治区、直辖市和计划单列市税务局确定。

（2）有《中华人民共和国税收征收管理法》规定的税收违法行为，拒不接受税务机关处理的。

（3）有下列行为之一，经税务机关责令限期改正而仍未改正的：

① 虚开增值税专用发票；

② 私自印制增值税专用发票；

③ 向税务机关以外的单位和个人买取增值税专用发票；

④ 借用他人增值税专用发票；

⑤ 未按要求开具发票；

⑥ 未按规定保管专用发票和专用设备。

有下列情形之一的，为未按规定保管增值税专用发票和专用设备：

a. 未设专人保管增值税专用发票和专用设备；

b. 未按税务机关要求存放增值税专用发票和专用设备；

c. 未将认证相符的增值税专用发票抵扣联、认证结果通知书和认证结果清单装订成册；

d. 未经税务机关查验，擅自销毁增值税专用发票基本联次。

⑦ 未按规定申请办理防伪税控系统变更发行。

⑧ 未按规定接受税务机关检查。

有上列情形的，如已领购增值税专用发票，主管税务机关应暂扣其结存的增值税专用发票和IC卡。

（4）新办纳税人首次申领增值税发票的规定。

① 同时满足下列条件的新办纳税人首次申领增值税发票,主管税务机关应当自受理申请之日起2个工作日内办结,有条件的主管税务机关可当日办结:

a. 纳税人的办税人员、法定代表人已经进行实名信息采集和验证(需要采集、验证法定代表人实名信息的纳税人范围由各省税务机关确定);

b. 纳税人有开具增值税发票需求,主动申领发票;

c. 纳税人按照规定办理税控设备发行等事项。

② 新办纳税人首次申领增值税发票主要包括发票票种核定、增值税专用发票(增值税税控系统)最高开票限额审批、增值税税控系统专用设备初始发行、发票领用等涉税事项。

③ 税务机关为符合第(1)项规定的首次申领增值税发票的新办纳税人办理发票票种核定,增值税专用发票最高开票限额不超过10万元,每月最高领用数量不超过25份;增值税普通发票最高开票限额不超过10万元,每月最高领用数量不超过50份。各省税务机关可以在此范围内结合纳税人税收风险程度,自行确定新办纳税人首次申领增值税发票票种核定标准。

2.2.2　增值税专用发票的开具范围

(1) 一般纳税人发生应税销售行为,应向购买方开具增值税专用发票。

(2) 商业企业一般纳税人零售的烟、酒、食品、服装、鞋帽(不包括劳保专用部分)、化妆品等消费品不得开具增值税专用发票。

(3) 增值税小规模纳税人需要开具增值税专用发票的。

(4) 销售免税货物不得开具增值税专用发票,法律、法规及国家税务总局另有规定的除外。

(5) 纳税人发生应税销售行为,应当向索取增值税专用发票的购买方开具增值税专用发票,并在增值税专用发票上分别注明销售额和销项税额。属于下列情形之一的,不得开具增值税专用发票:

① 应税销售行为的购买方为消费者个人的;

② 发生应税销售行为适用免税规定的。

(6) 增值税小规模纳税人(其他个人除外)发生增值税应税行为,需要开具增值税专用发票的,可以自愿使用增值税发票管理系统自行开具。选择自行开具增值税专用发票的小规模纳税人,税务机关不再为其代开增值税专用发票。增值税小规模纳税人应当就开具增值税专用发票的销售额计算增值税应纳税额,并在规定的纳税申报期内向主管税务机关申报缴纳。

自愿选择自行开具增值税专用发票的小规模纳税人销售其取得的不动产,需要开具增值税专用发票的,税务机关不再为其代开。

小规模纳税人应当就开具增值税专用发票的销售额计算增值税应纳税额,并在规定的纳税申报期内向主管税务机关申报缴纳。在填写增值税纳税申报表时,应当将当期开具增值税专用发票的销售额,按照3%和5%的征收率,分别填写在增值税纳税申报表(小规模纳税人适用)第2栏和第5栏"税务机关代开的增值税专用发票不含税销售额"的"本期数"相应栏次中。

(7) 小规模纳税人月销售额超过10万元的,使用增值税发票管理系统开具增值税普通发票、机动车销售统一发票、增值税电子普通发票。

已经使用增值税发票管理系统的小规模纳税人，月销售额未超过 10 万元的，可以继续使用现有税控设备开具发票；已经自行开具增值税专用发票的，可以继续自行开具增值税专用发票，并就开具增值税专用发票的销售额计算缴纳增值税。

2.2.3　红字专用发票开具

纳税人开具增值税专用发票后，发生销货退回、开票有误、应税服务中止等情形但不符合发票作废条件，或者因销货部分退回及发生销售折让，需要开具红字增值税专用发票的，按以下方法处理。

（1）购买方取得增值税专用发票已用于申报抵扣的，购买方可在新系统中填开并上传开具红字增值税专用发票信息表（以下简称信息表），在填开信息表时，不填写相对应的蓝字增值税专用发票信息，应暂依信息表所列增值税税额从当期进项税额中转出，待取得销售方开具的红字增值税专用发票后，与信息表一并作为记账凭证。

购买方取得增值税专用发票未用于申报抵扣、但发票联或抵扣联无法退回的，购买方填开信息表时，应填写相对应的蓝字增值税专用发票信息。

销售方开具增值税专用发票尚未交付购买方，以及购买方未用于申报抵扣并将发票联及抵扣联退回的，销售方可在新系统中填开并上传信息表。销售方填开信息表时，应填写相对应的蓝字增值税专用发票信息。

（2）主管税务机关通过网络接收纳税人上传的信息表，系统自动校验通过后，生成带有"红字发票信息表编号"的信息表，并将信息同步至纳税人端系统中。

（3）销售方凭税务机关系统校验通过的信息表开具红字增值税专用发票，在新系统中以销项负数开具。红字增值税专用发票应与信息表一一对应。

（4）纳税人也可凭信息表电子信息或纸质资料到税务机关对信息表内容进行系统校验。

纳税人开具增值税普通发票后，如发生销货退回、开票有误、应税服务中止等情形但不符合发票作废条件，或者因销货部分退回及发生销售折让，需要开具红字发票的，应收回原发票并注明"作废"字样或取得对方有效证明。

纳税人需要开具红字增值税普通发票的，可以在所对应的蓝字发票金额范围内开具多份红字发票。红字机动车销售统一发票需与原蓝字机动车销售统一发票一一对应。

2.2.4　增值税专用发票的开具要求

增值税专用发票统一规定为三联，各联次必须按规定用途使用；第一联为记账联，销货方做销售的记账凭证；第二联为税款抵扣联，购货方作扣税凭证；第三联为发票联，购货方作付款的记账凭证。

增值税专用发票基本内容包括：购销双方纳税人名称、纳税人识别号、纳税人地址电话；开户银行及账号、销售货物或应税劳务的名称、计量单位和销售数量；不包括增值税在内的单位售价及货款金额；增值税税率、税额；发票填开日期、发票号码、密码区。

增值税专用发票的表样如图 2-1 所示。

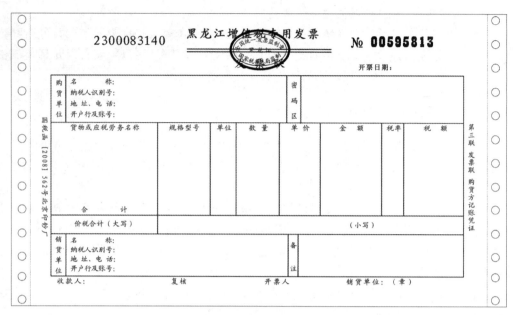

图 2-1　增值税专用发票(发票联)

1. 专用发票开具的一般要求

任何填开发票的单位和个人必须在发生经营业务并确认营业收入时,才能开具发票,如果未发生经营业务则一律不得开具发票。专用发票必须按下列要求开具:字迹清楚,不得涂改。如果填写错误,应另行开具专用发票,并在误填的专用发票上注明"误填作废"四字;如果专用发票开具后因购货方不索取而成为废票的,也应按填写错误办理。项目填写齐全;票、物相符,票面金额与实际收取的金额相符;各项目内容正确无误。全部联次一次填开,各联的内容和金额一致;发票联和抵扣联加盖财务专用章或发票专用章。按照规定的时限(纳税义务发生时)开具专用发票;不得开具伪造的专用发票;不得开具票样与国家税务总局统一制定的票样不相符合的专用发票。

开具的专用发票有不符合上列要求的,不得作为扣税凭证,购买方有权拒收。

2. 专用发票开具地点的要求

发票限于领购单位和个人在本省范围内开具,未经批准不得跨规定使用区域携带、邮寄或者运输发票,更不得携带、邮寄或者运输发票出入国境。

2.2.5　全面数字化电子发票

(1) 截至 2023 年 12 月 1 日,各省(区、市)均已在部分纳税人中开展全面数字化的电子发票(以下简称数电票)试点,试点纳税人通过电子发票服务平台开具发票的受票方范围为全国,并作为受票方接收全国其他数电票试点省(区、市)纳税人开具的数电票。

(2) 数电票的法律效力、基本用途等与现有纸质发票相同。其中,带有"增值税专用发票"字样的数电票,其法律效力、基本用途与现有增值税专用发票相同;带有"普通发票"字样的数电票,其法律效力、基本用途与现有普通发票相同;带有"航空运输电子客票行程单"字样的数电票,其法律效力、基本用途与现有航空运输电子客票行程单相同;带有"铁路电子客票"字样的数电票,其法律效力、基本用途与现有铁路车票相同。

（3）数电票由各省（区、市）税务局监制。数电票无联次,基本内容包括：发票号码、开票日期、购买方信息、销售方信息、项目名称、规格型号、单位、数量、单价、金额税率/征收率、税额、合计、价税合计（大写、小写）、备注、开票人等,如图 2-2 所示。

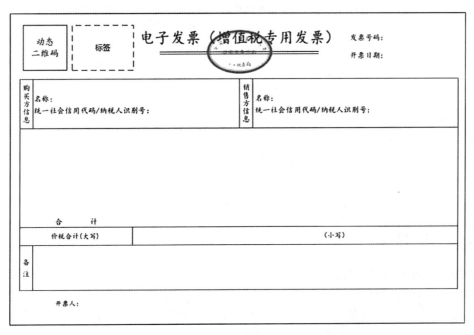

图 2-2　电子发票（增值税专用发票）

（4）电子发票服务平台支持开具增值税纸质专用发票和增值税纸质普通发票（折叠票）。

（5）试点纳税人通过实人认证等方式进行身份验证后,无须使用税控专用设备即可通过电子发票服务平台开具发票,无须进行发票验旧操作。其中,数电票无须进行发票票种核定和发票领用。

（6）税务机关对使用电子发票服务平台开具发票的试点纳税人开票实行发票总额度管理。发票总额度是指一个自然月内,试点纳税人发票开具总金额（不含增值税）的上限额度。

（7）试点纳税人通过电子发票服务平台税务自动交付数电票,也可通过电子邮件、二维码等方式自行交付数电票。

2.3　增值税应纳税额的计算

2.3.1　进口货物增值税应纳税额的计算

纳税人进口货物,按照组成计税价格和规定的税率计算应纳税额,不得抵扣任何税额。

1. 组成计税价格

若进口货物为不征消费税的货物,其组成计税价格公式为

$$组成计税价格＝关税完税价格＋关税$$

若进口货物为应征消费税的货物,其组成计税价格公式为

$$组成计税价格＝关税完税价格＋关税＋消费税$$

或

$$组成计税价格＝(关税完税价格＋关税)÷(1－消费税税率)$$

式中,

$$关税＝关税完税价格×关税税率$$

2. 应纳税额计算

$$应纳增值税税额＝组成计税价格×增值税税率$$

【例 2-1】 霞飞化妆品公司 2023 年 5 月进口一批高档化妆品,该批高档化妆品关税完税价格为 1 020 000 元,关税税率为 20％,高档化妆品的消费税税率为 15％,请计算该批高档进口环节应纳的增值税税额。

$$进口关税＝1 020 000×20％＝204 000(元)$$
$$组成计税价格＝(1 020 000＋204 000)÷(1－15％)＝1 440 000(元)$$
$$应纳增值税税额＝1 440 000×13％＝187 200(元)$$

2.3.2 小规模纳税人增值税应纳税额的计算

小规模纳税人销售货物、劳务、服务、无形资产、不动产,按照简易方法计算,即按销售额和征收率计算应纳税额,不得抵扣进项税额。应纳税额计算公式为

$$应纳税额＝(不含税)销售额×征收率＝含税销售额÷(1＋征收率)×征收率$$

【例 2-2】 颐园装饰材料商店为小规模纳税人,2023 年 3 月装饰材料销售收入为 61 800 元(含税),以银行存款结算,货款已收到,开具了增值税专用发票。

$$销售装饰材料应纳增值税额＝61 800÷(1＋3％)×3％＝1 800(元)$$

2.3.3 一般纳税人增值税应纳税额的计算

1. 销项税额的确认与计算

销项税额是指纳税人销售货物、劳务、服务、无形资产、不动产,按照销售额和规定的税率计算并向购买方收取的增值税额。其计算公式为

$$销项税额＝(不含税)销售额×增值税税率$$

1) 计算销项税额的时间限定

计算销项税额的时间应根据不同的销售方式和结算方式确定。

(1) 采取直接收款方式销售货物,不论货物是否发出,计算销项税额的时间均为收到销售额或取得索取销售额的凭据,并将提货单交给买方的当天。

采取直接收款方式销售货物,已将货物移送对方并暂估销售收入入账,但既未取得销售款或取得索取销售款凭据也未开具销售发票,其计算销项税额的时间为取得销售款或取得索取销售款凭据的当天;先开具发票的,为开具发票的当天。

(2) 采取托收承付和委托银行收款方式销售货物的,其计算销项税额的时间为发出货物并办妥托收手续的当天。

(3) 采取赊销和分期收款方式销售货物的,其计算销项税额的时间为书面合同约定的

收款日期当天。无书面合同的或者书面合同没有约定收款日期的,为货物发出的当天。

（4）采取预收货款方式销售货物的,其计算销项税额的时间为货物发出的当天,但生产销售生产工期超过 12 个月的大型机械设备、船舶、飞机等货物,为收到预收款或者书面合同约定的收款日期的当天。

（5）委托其他纳税人代销货物的,其计算销项税额的时间为收到代销单位的代销清单的当天或者收到全部或部分销货款的当天；未收到代销清单及货款的,为发出代销货物满180 日的当天。

（6）销售应税劳务,其计算销项税额的时间为提供劳务同时收讫销售额或取得索取销售额的凭据的当天。

（7）纳税人发生除将货物交付其他单位或者个人代销和销售代销货物以外视同销售货物的行为,其计算销项税额的时间为货物移送的当天。

（8）纳税人提供租赁服务采取预收款方式的,其计算销项税额的时间为收到预收款的当天。

（9）纳税人从事金融商品转让的,其计算销项税额的时间为金融商品所有权转移的当天。

（10）纳税人发生视同销售服务、无形资产、不动产的,其计算销项税额的时间为服务、无形资产转让完成的当天或者不动产权属变更的当天。

（11）纳税人提供建筑服务,被工程发包方从应付的工程款中扣押的质保金、保证金,未开具发票的,以纳税人实际收到质保金、保证金的当天为计算销项税额的时间。

2）一般销售方式下的销售额

在增值税税率一定的情况下,计算销项税额的关键在于正确、合理地确定销售额。

销售额为纳税人发生应税销售行为收取的全部价款和价外费用,但是不包括收取的销项税额。具体来说,应税销售额包括以下内容。

（1）销售货物、劳务、服务、无形资产、不动产从购买方所收取的全部价款。

（2）向购买方收取的各种价外费用,具体包括手续费、补贴、基金、集资费、返还利润、奖励金、违约金（延期付款利息）、包装费、包装物租金、储备费、优质费、运输装卸费、代收款项、代垫款项及其他各种性质的价外收费。价外费用无论会计制度如何核算,都应并入销售额计税。但价外费用不包括以下费用。

① 受托加工应征消费税的货物,而由受托方向委托方代收代缴的消费税。这是因为代收代缴消费税只是受托方履行法定义务的一种行为,此项税金虽然构成委托加工货物售价的一部分,但它同受托方的加工业务及其收取的应税加工费没有内在关联。

② 同时符合以下两个条件的代垫运费：承运部门的运费发票开具给购买方,并且由纳税人将该项发票转交给购买方的。在这种情况下,纳税人仅仅是为购货人代办运输业务,而未从中收取额外费用。

③ 销售货物的同时代办保险等而向购买方收取的保险费,以及向购买方收取的代购买方缴纳的车辆购置税、车辆牌照费。

税法规定,纳税人销售货物、劳务、服务、无形资产、不动产时向购买方收取的各种价外费用均要并入计税销售额计算征税,目的是防止纳税人以各种名目的收费减少计税销售额,逃避纳税。同时应注意,根据国家税务总局规定,纳税人向购买方收取的价外费用和包装物押金,应视为含税收入,在并入销售额征税时,应将其换算为不含税收入再并入销售额征税。

④ 代为收取的同时满足以下条件的政府性基金或者行政事业性收费:由国务院或者财政部批准设立的政府性基金,由国务院或者省级人民政府及其财政、价格主管部门批准设立的行政事业性收费;收取时开具省级以上(含省级)财政部门监(印)制的财政票据;所收款项全额上缴财政。

(3) 消费税税金。由于消费税属于价内税,因此,凡征收消费税的货物在计征增值税额时,其应税销售额应包括消费税税金。

销售额以人民币计算。纳税人以人民币以外的货币结算销售额的,应当折合成人民币计算。折合率可以选择销售额发生的当天或者当月 1 日的人民币汇率中间价。纳税人应事先确定采用何种折合率,确定后 1 年内不得变更。

(4) 自 2020 年 1 月 1 日起,纳税人取得的财政补贴收入,与其销售货物、劳务、服务、无形资产、不动产的收入或者数量直接挂钩的,应按规定计算缴纳增值税。纳税人取得的其他情形财政补贴收入,不属于增值税应税收入,不征收增值税。

3) 特殊销售方式的销售额

(1) 折扣方式销售。

折扣方式销售是指销货方在纳税人销售货物、提供应税劳务,销售服务、无形资产或者不动产时,因购买方需求量大等原因,而给予的价格方面的优惠。按照现行税法规定:纳税人采取折扣方式销售货物,如果销售额和折扣额在同一张发票上分别注明,可以按折扣后的销售额征收增值税。销售额和折扣额在同一张发票上分别注明是指销售额和折扣额在同一张发票上的“金额”栏分别注明,未在同一张发票“金额”栏注明折扣额,而仅在发票的“备注”栏注明折扣额的,折扣额不得从销售额中减除。如果将折扣额另开发票,不论其在财务上如何处理,均不得从销售额中减除折扣额。在这里应该注意以下几点。

① 折扣销售有别于销售折扣(又称现金折扣),销售折扣通常是为了鼓励购货方及时偿还货款而给予的折扣优待,销售折扣发生在销货之后,而折扣销售则是与实现销售同时发生的。

② 销售折扣与销售折让是不同的,销售折让通常是指由于货物的品种或质量等原因引起销售额的减少,即销货方给予购货方未予退货状况下的价格折让。销售折让可以通过开具红字增值税专用发票从销售额中减除,未按规定开具红字增值税专用发票的,不得扣减销项税额或销售额。

对于纳税人销售货物并向购买方开具增值税专用发票后,由于购货方在一定时期内累计购买货物达到一定数量,或者由于市场价格下降等原因,销货方给予购货方相应的价格优惠或补偿等折扣、折让行为,销货方可按现行规定开具红字增值税专用发票。

需要着重说明的是:税法中对纳税人采取折扣方式销售货物销售额的核定,之所以强调销售额与折扣额必须在同一张发票上注明,主要是从保证增值税征收管理的需要,即征税、扣税相一致考虑的;如果允许对销售额开具一张销货发票,对折扣额再开具一张退款红字发票,就可能造成销货方按减除折扣额后的销售额计算销项税额,而购货方却按未减除折扣额的销售额及其进项税额进行抵扣,显然会造成增值税计算征收上的混乱。

(2) 以旧换新方式销售货物。

以旧换新销售是指纳税人在销售过程中,折价收回同类旧货物,并以折价款部分冲减货物价款的一种销售方式。税法规定,纳税人采取以旧换新方式销售货物的(金银首饰除外),应按新货物的同期销售价格确定销售额。

(3)还本销售方式销售货物。

还本销售是指销货方将货物出售之后,按约定的时间,一次或分次将购货款部分或全部退还给购货方,退还的货款即为还本支出。纳税人采取还本销售方式销售货物的,不得从销售额中减除还本支出。

(4)采取以物易物方式销售。

以物易物是一种较为特殊的购销活动,是指购销双方不是以货币结算,而是以同等价款的货物相互结算,实现货物购销的一种方式。采取以物易物方式销售货物的双方都应作购销处理,以各自发出的货物核算销售额并计算销项税额,以各自收到的货物核算购货额及进项税额。需要强调的是,在以物易物活动中,双方应各自开具合法的票据,且必须计算销项税额,但如果收到货物不能取得相应的增值税专用发票或者其他增值税扣税凭证,不得抵扣进项税额。

(5)直销企业增值税销售额确定。

直销企业的经营模式主要有两种:一是直销员按照批发价向直销企业购买货物,再按照零售价向消费者销售货物;二是直销员仅起到中介介绍作用,直销企业按照零售价向直销员介绍的消费者销售货物,并另外向直销员支付报酬。根据直销企业的经营模式,直销企业增值税销售额的确定方式分以下两种。

① 直销企业先将货物销售给直销员,直销员再将货物销售给消费者的,直销企业的销售额为其向直销员收取的全部价款和价外费用。直销员将货物销售给消费者时,应按照现行规定缴纳增值税。

② 直销企业通过直销员向消费者销售货物,直接向消费者收取货款,直销企业的销售额为其向消费者收取的全部价款和价外费用。

纳税人发生有关应税行为,开具增值税专用发票后,发生开票有误或者销售折让、中止、退回等情形的,应当按照规定开具红字增值税专用发票;未按照规定开具红字增值税专用发票的,不得扣减销项税额或者销售额。

(6)包装物押金计税问题。

包装物是指纳税人包装本单位货物的各种物品。为了促使购货方尽早退回包装物以便周转使用,一般情况下,销货方向购货方收取包装物押金,购货方在规定的期间内返回包装物,销货方再将收取的包装物押金返还。根据税法规定,纳税人为销售货物而出租、出借包装物收取的押金,单独记账的、时间在 1 年内又未过期的,不并入销售额征税;但对逾期未收回不再退还的包装物押金,应按所包装货物的适用税率计算纳税。这里需要注意两个问题:一是"逾期"的界定,"逾期"是指按合同约定实际逾期或以 1 年(12 个月)为期限,对收取 1 年以上的押金,无论是否退还,均并入销售额征税;二是押金属于含税收入,应先将其换算为不含税销售额再并入销售额征税。另外,包装物押金与包装物租金不能混淆,包装物租金属于价外费用,在收取时便并入销售额征税。

对销售除啤酒、黄酒以外的其他酒类产品收取的包装物押金,无论是否返还以及会计上如何核算,均应并入当期销售额征税。

（7）销货退回或销售折让计税问题。

纳税人在销售货物时，因货物质量、规格等原因而发生销货退回或销售折让，由于销货退回或折让不仅涉及销货价款或折让价款的退回，还涉及增值税的退回，因此，销货方应对当期销项税额进行调整。税法规定，一般纳税人因销货退回和折让而退还给购买方的增值税额，应从发生销货退回或折让当期的销项税额中扣减。

（8）贷款服务增值税销售额确定。

贷款服务以提供贷款服务取得的全部利息及利息性质的收入为销售额。

银行提供贷款服务按期计收利息的，结息日当日计收的全部利息收入，均应计入结息日所属期的销售额，按照现行规定计算缴纳增值税。

自 2018 年 1 月 1 日起，金融机构开展贴现、转贴现业务，以其实际持有票据期间取得的利息收入作为贷款服务销售额计算缴纳增值税。此前贴现机构已就贴现利息收入全额缴纳增值税的票据，转贴现机构转贴现利息收入继续免征增值税。

（9）直接收费金融服务增值税销售额确定。

直接收费金融服务以提供直接收费金融服务收取的手续费、佣金、酬金、管理费、服务费、经手费、开户费、过户费、结算费、转托管费等各类费用为销售额。

4）视同销售行为销售额的确定

视同销售行为是增值税税法规定的特殊销售行为。由于视同销售行为一般不以资金形式反映出来，因而会出现视同销售无销售额的情况。根据《增值税暂行条例》，纳税人发生应税销售行为的价格明显偏低并无正当理由的，由主管税务机关按照下列顺序核定其计税销售额。

（1）按纳税人最近时期同类货物、服务、无形资产或者不动产的平均销售价格确定。

（2）按其他纳税人最近时期同类货物、服务、无形资产或者不动产的平均销售价格确定。

（3）用以上两种方法均不能确定其销售额的情况下，按组成计税价格确定销售额。公式为

$$组成计税价格＝成本×（1＋成本利润率）$$

属于应征收消费税的货物，其组成计税价格应加计消费税税额。其计算公式为

$$组成计税价格＝成本×（1＋成本利润率）＋消费税税额$$

或

$$组成计税价格＝成本×（1＋成本利润率）÷（1－消费税税率）$$

式中，货物"成本"分为两种情况，属于销售自产货物的为实际生产成本；属于销售外购货物的为实际采购成本。货物"成本利润率"10％。但属于应征消费税的货物，其组成计税价格公式中的成本利润率，为消费税政策中规定的成本利润率。成本利润率由国家税务总局确定。

5）含税销售额的换算

现行增值税实行价外税，即纳税人向购买方销售货物、劳务、服务、无形资产、不动产所收取的价款中不应包含增值税税款，价款和税款在增值税专用发票上分别注明。一部分纳税人（包括一般纳税人和小规模纳税人）在销售货物、劳务、服务、无形资产、不动产时，将价款和税款合并定价，发生销售额和增值税额合并收取的情况。在这种情况下，就必须将含税

销售额换算为不含税的销售额,作为增值税的税基。其计算公式为

$$不含税销售额＝含税销售额÷(1＋税率)$$

2. 进项税额的确认与计算

1)准予从销项税额中抵扣的进项税额

根据《增值税暂行条例》和"营改增"的规定,准予从销项税额中抵扣的进项税额,限于下列增值税扣税凭证上注明的增值税税额和按规定的扣除率计算的进项税额。

(1)从销售方取得的增值税专用发票上注明的增值税额。

(2)从海关取得的海关进口增值税专用缴款书上注明的增值税额。

(3)购进农产品进项税额的扣除。

① 纳税人购进农产品,取得一般纳税人开具的增值税专用发票或海关进口增值税专用缴款书的,以增值税专用发票或海关进口增值税专用缴款书上注明的增值税额为进项税额。

② 从按照简易计税方法依照3%征收率计算缴纳增值税的小规模纳税人取得增值税专用发票的,以增值税专用发票上注明的金额和9%的扣除率计算进项税额。

③ 纳税人取得(开具)农产品销售发票或收购发票的,以农产品销售发票或收购发票上注明的农产品买价和9%的扣除率计算进项税额。

④ 纳税人购进用于生产或者委托加工13%税率货物的农产品,按照10%的扣除率计算进项税额。其中,9%是凭票据实抵扣或凭票计算抵扣进项税额,1%是在生产领用农产品当期加计抵扣进项税额。其计算公式如下:

$$加计扣除农产品进项税额＝\frac{当期生产领用农产品已按}{规定扣除率(税率)抵扣税额}÷扣除率(税率)×1\%$$

纳税人凭完税凭证抵扣进项税额的,应当具备书面合同、付款证明和境外单位的对账单或者发票。资料不全的,其进项税额不得从销项税额中抵扣。

⑤ 对烟叶税的纳税人按规定缴纳的烟叶税,准予并入烟叶产品的买价计算增值税的进项税额,并在计算缴纳增值税时予以抵扣。即购进烟叶准予抵扣的增值税进项税额,按照规定的收购烟叶实际支付的价款总额和烟叶税以及法定扣除率计算。其计算公式如下:

$$烟叶税应纳税额＝收购烟叶实际支付的价款总额×烟叶税税率(20\%)$$

$$准予抵扣的烟叶进项税额＝(收购烟叶实际支付的价款总额＋烟叶税应纳税额)$$
$$×扣除率$$

⑥ 部分行业试点增值税进项税额核定扣除方法。具体范围包括以购进农产品为原料生产销售液体乳及乳制品、酒及酒精、植物油的增值税一般纳税人(具体办法见本节"三、进项税额抵扣的特殊规定")。

(4)纳税人购进国内旅客运输服务未取得增值税专用发票准予扣除的进项税额的确定。

① 取得增值税电子普通发票的,为发票上注明的税额。电子普通发票上注明的购买方"名称""纳税人识别号"等信息,应当与实际抵扣税款的纳税人一致,否则不予抵扣。

② 取得注明旅客身份信息的航空运输电子客票行程单的,为按照下列公式计算的进项税额:

$$航空旅客运输进项税额＝(票价＋燃油附加费)÷(1＋9\%)×9\%$$

③ 取得注明旅客身份信息的铁路车票的,为按照下列公式计算的进项税额:

$$铁路旅客运输进项税额＝票面金额÷(1+9\%)×9\%$$

④ 取得注明旅客身份信息的公路、水路等其他客票的,为按照下列公式计算的进项税额:

$$公路、水路等其他旅客运输进项税额＝票面金额÷(1+3\%)×3\%$$

⑤ 国内旅客运输服务,限于与本单位签订了劳动合同的员工,以及本单位作为用工单位接受的劳务派遣员工发生的国内旅客运输服务。纳税人允许抵扣的国内旅客运输服务进项税额是指纳税人 2019 年 4 月 1 日及以后实际发生,并取得合法有效增值税扣税凭证注明的或依据其计算的增值税税额。以增值税专用发票或增值税电子普通发票为增值税扣税凭证的,为 2019 年 4 月 1 日及以后开具的增值税专用发票或增值税电子普通发票。

(5) 纳税人支付的道路、桥、闸通行费抵扣进项税额。

① 纳税人支付的道路通行费,按照收费公路通行费增值税电子普通发票上注明的增值税额抵扣进项税额。

② 纳税人支付的桥、闸通行费,暂凭取得的通行费发票上注明的收费金额,按照下列公式计算可抵扣的进项税额:

$$桥、闸通行费可抵扣进项税额＝桥、闸通行费发票上注明的金额÷(1+5\%)×5\%$$

通行费是指有关单位依法或者依规设立并收取的过路、过桥和过闸费用。

(6) 建筑业进项税额抵扣的特殊规定。

建筑企业与发包方签订建筑合同后,以内部授权或者三方协议等方式,授权集团内其他纳税人(以下称第三方)为发包方提供建筑服务,并由第三方直接与发包方结算工程款的,由第三方向发包方开具增值税发票,发包方可凭实际提供建筑服务的纳税人开具的增值税专用发票抵扣进项税额。

(7) 自 2018 年 1 月 1 日起,纳税人租入固定资产、不动产,既用于一般计税方法计税项目,又用于简易计税方法计税项目、免征增值税项目、集体福利或个人消费的,其进项税额准予从销项税额中全额抵扣。

(8) 生产、生活性服务业允许加计抵减进项税额(具体规定见本节"三、进项税额抵扣的特殊规定")。

(9) 煤炭采掘企业增值税进项税额抵扣有关事项。

自 2015 年 11 月 1 日起,煤炭采掘企业增值税进项税额抵扣有关事项政策如下。

① 煤炭采掘企业购进的下列项目,其进项税额允许从销项税额中抵扣:

巷道附属设备及其相关的应税货物、劳务和服务;

用于除开拓巷道以外的其他巷道建设和掘进,或者用于巷道回填、露天煤矿生态恢复的应税货物、劳务和服务。

② 巷道是指为采矿提升、运输、通风、排水、动力供应、瓦斯治理等而掘进的通道,包括开拓巷道和其他巷道。其中,开拓巷道是指为整个矿井或一个开采水平(阶段)服务的巷道。巷道附属设备是指以巷道为载体的给排水、采暖、降温、卫生、通风、照明、通信、消防、电梯、电气、瓦斯抽排等设备。

(10) 保险服务进项税额的抵扣。

① 提供保险服务的纳税人以实物赔付方式承担机动车辆保险责任的,自行向车辆修理劳务提供方购进的车辆修理劳务,其进项税额可以按规定从保险公司销项税额中抵扣。

② 提供保险服务的纳税人以现金赔付方式承担机动车辆保险责任的,将应付给被保险人的赔偿金直接支付给车辆修理劳务提供方,不属于保险公司购进车辆修理劳务,其进项税额不得从保险公司销项税额中抵扣。

③ 纳税人提供的其他财产保险服务,比照上述规定执行。

(11) 不动产进项税额的抵扣。

自 2019 年 4 月 1 日起,纳税人取得不动产或者不动产在建工程的进项税额不再分 2 年抵扣。此前按照规定尚未抵扣完毕的待抵扣进项税额,可自 2019 年 4 月税款所属期起从销项税额中抵扣。

(12) 自境外单位或者个人购进劳务、服务、无形资产或者境内的不动产,从税务机关或者代扣代缴义务人取得的代扣代缴税款的完税凭证上注明的增值税额,准予从销项税额中抵扣。

(13) 进口环节进项税额的抵扣。

增值税税法对进口环节进项税额抵扣条件作了特殊如下规定:对海关代征进口环节增值税开具的增值税专用缴款书上标明有两个单位名称,即既有代理进口单位名称,又有委托进口单位名称的,只准予其中取得专用缴款书原件的一个单位抵扣税款。申报抵扣税款的委托进口单位,必须提供相应的海关代征增值税专用缴款书原件、委托代理合同及付款凭证,否则,不予抵扣进项税额。

(14) 纳税人认定或登记为一般纳税人前进项税额抵扣问题。

纳税人自办理税务登记至认定或登记为一般纳税人期间,未取得生产经营收入,未按照销售额和征收率简易计算应纳税额申报缴纳增值税的,其在此期间取得的增值税扣税凭证,可以在认定或登记为一般纳税人后抵扣进项税额。

【例 2-3】　某生产企业为增值税一般纳税人,生产的产品均适用 13% 的增值税税率。2022 年 10 月销售产品取得不含税销售额为 200 万元,当月从农业生产者购进农产品作为生产原材料,收购发票上注明买价为 70 万元,当月领用 56 万元农产品用于加工;另购进其他原材料,取得增值税专用发票注明的金额为 100 万元,税额为 13 万元。请计算当月该企业应纳增值税。

$$销项税额 = 200 \times 13\% = 26(万元)$$
$$进项税额 = 70 \times 9\% + 56 \times 9\% \div 9\% \times 1\% + 13 = 19.86(万元)$$
$$当月该企业应纳增值税 = 26 - 19.86 = 6.14(万元)$$

2) 进项税额的加计扣减政策

(1) 先进制造业企业增值税加计抵减政策(财政部、税务总局公告 2023 年第 43 号)

① 自 2023 年 1 月 1 日至 2027 年 12 月 31 日,允许先进制造业企业按照当期可抵扣进项税额加计 5% 抵减应纳增值税税额。

本公告所称先进制造企业是指高新技术企业(含所属的非法人分支机构)中的制造业一般纳税人,高新技术企业是指按照《科技部、财政部国家税务总局关于修订印发〈高新技术企业认定管理办法〉的通知》(国科发火〔2016〕32 号)规定认定的高新技术企业。先进制造业企业具体名单,由各省、自治区、直辖市、计划单列市工业和信息化部门同同级科技、财政、税务部门确定。

② 先进制造业企业按照当期可抵扣进项税额的 5% 计提当期加计抵减额。按照现行规

定不得从销项税额中抵扣的进项税额,不得计提加计抵减额;已计提加计抵减额的进项税额,按规定作进项税额转出的,应在进项税额转出当期,相应调减加计抵减额。

③ 先进制造业企业按照现行规定计算一般计税方法下的应纳税额(以下称抵减前的应纳税额)后,区分以下情形加计抵减:

a. 抵减前的应纳税额等于零的,当期可抵减加计抵减额全部结转下期抵减;

b. 抵减前的应纳税额大于零,且大于当期可抵减加计抵减额的,当期可抵减加计抵减额全额从抵减前的应纳税额中抵减;

c. 抵减前的应纳税额大于零,且小于或等于当期可抵减加计抵减额的,以当期可抵减加计抵减额抵减应纳税额至零;未抵减完的当期可抵减加计抵减额,结转下期继续抵减。

④ 先进制造业企业可计提但未计提的加计抵减额,可在确定适用加计抵减政策当期一并计提。

⑤ 先进制造业企业出口货物劳务、发生跨境应税行为不适用加计抵减政策,其对应的进项税额不得计提加计抵减额。

先进制造业企业兼营出口货物劳务、发生跨境应税行为且无法划分不得计提加计抵减额的进项税额,按照以下公式计算:

$$\text{不得计提加计抵减额} = \text{当期无法划分的全部进项税额} \times \text{当期出口货物劳务和发生跨境应税行为的销售额} \div \text{当期全部销售额}$$

⑥ 先进制造业企业应单独核算加计抵减额的计提、抵减、调减、结余等变动情况。骗取适用加计抵减政策或虚增加计抵减额的,按照《中华人民共和国税收征收管理法》等有关规定处理。

⑦ 先进制造业企业同时符合多项增值税加计抵减政策的,可以择优选择适用,但在同一期间不得叠加适用。

(2) 享受增值税加计抵减政策的集成电路企业清单(工信部联电子函〔2023〕228 号)

根据《财政部、税务总局关于集成电路企业增值税加计抵减政策的通知》(财税〔2023〕17 号)有关规定,为做好 2023 年度享受加计抵减政策的集成电路企业清单制定工作,现将管理方式、享受政策的企业条件通知如下。

① 本通知所称清单是指财税〔2023〕17 号中提及的享受增值税加计抵减政策的集成电路设计、生产、封测、装备、材料企业清单。

② 申请列入清单的企业应于 2023 年 9 月 1 日至 9 月 20 日在信息填报系统中提交申请,并生成纸质文件加盖企业公章,连同必要佐证材料(电子版、纸质版)报各省、自治区、直辖市及计划单列市、新疆生产建设兵团工业和信息化主管部门。

③ 各省、自治区、直辖市及计划单列市、新疆生产建设兵团工业和信息化主管部门和发展改革委(以下简称地方工信和发改部门)根据企业条件(见附件 1),对企业申报信息进行初核推荐后,于 10 月 10 日前将初核通过名单报送至工业和信息化部、国家发展改革委。

④ 工业和信息化部会同国家发展改革委组织第三方机构,根据企业申报信息开展复核。根据第三方机构复核意见,工业和信息化部、国家发展改革委、财政部、税务总局进行联审并确认最终清单。

⑤ 企业可于 10 月 31 日后,从信息填报系统中查询是否被列入清单。清单印发后,企

业可在当期一并计提前期可计提但未计提的加计抵减额。

⑥ 清单有效期内,如企业发生更名、分立、合并、重组以及主营业务重大变化等情况,应于完成变更登记之日起 45 日内向省级工业和信息化部门报告,省级工业和信息化主管部门于企业完成变更登记之日起 60 日内,将核实后的企业重大变化情况表(附件 3)和相关材料报送工业和信息化部,工业和信息化部、国家发展改革委会同相关部门确定发生变更情形后是否继续符合享受优惠政策的企业条件。企业超过本条前述时间报送变更情况说明的,地方工业和信息化部门不予受理,该企业自变更登记之日起停止享受 2023 年度相关政策。

⑦ 地方工信和发改委部门会同财政、税务部门对清单内企业加强日常监管。在监管过程中,如发现企业存在以虚假信息获得减免税资格的情况,应及时联合核查,并联合上报工业和信息化部、国家发展改革委进行复核。工业和信息化部、国家发展改革委会同相关部门复核后对确不符合企业条件的企业,函告财政部、税务总局按相关规定处理。

⑧ 企业对所提供材料和数据的真实性负责。申报企业应签署承诺书,承诺申报出现失信行为,接受有关部门按照法律、法规和国家有关规定处理。

⑨ 本通知自印发之日起实施。工业和信息化部、国家发展改革委会同相关部门,根据产业发展、技术进步等情况,对符合政策的企业条件适时调整。

3) 增值税留抵退税制度

根据《财政部、税务总局关于进一步加大增值税期末留抵退税政策实施力度的公告》(财政部、税务总局公告 2022 年第 14 号)、《国家税务总局关于进一步加大增值税期末留抵退税政策实施力度有关征管事项的公告》(国家税务总局公告 2022 年第 4 号)和《财政部、税务总局关于扩大全额退还增值税留抵税额政策行业范围的公告》(财政部、税务总局公告 2022 年第 21 号),为支持小微企业和制造业、批发零售业等行业发展,进一步加大增值税期末留抵退税实施力度,落实以下税收政策。

(1) 试行增值税期末留抵税额退税

① 同时符合下列条件的纳税人,可向主管税务机关申请退还增量留抵退税:

a. 自 2019 年 4 月税款所属期起,连续 6 个月(按季纳税的,连续 2 个季度)增量留抵税额均大于零,且第六个月增量留抵税额不低于 50 万元;

b. 纳税信用等级为 A 级或者 B 级;

c. 申请退税前 36 个月未发生骗取留抵退税、出口退税或虚开增值税专用发票情形的;

d. 申请退税前 36 个月未因偷税被税务机关处罚两次及以上的;

e. 2019 年 4 月 1 日起未享受即征即退、先征后返(退)政策的。

② 允许退还的增量留抵税额的计算:

$$允许退还的增量留抵税额＝增量留抵税额×进项构成比例×60\%$$

增量留抵税额是指与 2019 年 3 月底相比新增加的期末留抵税额。

进项构成比例,为 2019 年 4 月至申请退税前一税款所属期内已抵扣的增值税专用发票(含税控机动车销售统一发票)、海关进口增值税专用缴款书、解缴税款完税凭证注明的增值税占同期全部已抵扣进项税额的比重。

(2) 先进制造业期末留抵退税

① 自 2019 年 6 月 1 日起,同时符合以下条件的部分先进制造业纳税人,可以自 2019 年 7 月及以后纳税申报期向主管税务机关申请退还增量留抵税额:

a. 自 2019 年 4 月税款所属期起,连续 6 个月(按季纳税的,连续 2 个季度)增量留抵税额均大于零,且第六个月增量留抵税额不低于 50 万元;

b. 纳税信用等级为 A 级或者 B 级;

c. 申请退税前 36 个月未发生骗取留抵退税、出口退税或虚开增值税专用发票情形的;

d. 申请退税前 36 个月未因偷税被税务机关处罚两次及以上的;

e. 2019 年 4 月 1 日起未享受即征即退、先征后返(退)政策的。

部分先进制造业纳税人是指按照《国民经济行业分类》,生产并销售非金属矿物制品、通用设备、专用设备及计算机、通信和其他电子设备销售额占全部销售额的比重超过 50% 的纳税人。

销售额比重根据纳税人申请退税前连续 12 个月的销售额计算确定;申请退税前经营期不满 12 个月但满 3 个月的,按照实际经营期的销售额计算确定。

增量留抵税额是指与 2019 年 3 月 31 日相比新增加的期末留抵税额。

② 部分先进制造业纳税人当期允许退还的增量留抵税额,按照以下公式计算:

$$允许退还的增量留抵税额 = 增量留抵税额 × 进项构成比例 × 100\%$$

进项构成比例,为 2019 年 4 月至申请退税前一税款所属期内已抵扣的增值税专用发票(含税控机动车销售统一发票)、海关进口增值税专用缴款书、解缴税款完税凭证注明的增值税占同期全部已抵扣进项税额的比重。

自 2021 年 4 月 1 日起,将部分先进制造业纳税人退还增量留抵税额有关政策扩大至先进制造业,增加医药、化学纤维、铁路、船舶、航空航天和其他运输设备、电气机械和器材、仪器仪表销售额占全部销售额的比重超过 50% 的纳税人。

(3) 小微企业和制造业等行业期末留抵退税

① 自 2021 年 4 月 1 日起,加大小微企业增值税期末留抵退税政策力度,将先进制造业按月全额退还增值税增量留抵税额政策范围扩大至符合条件的小微企业(含个体工商户,下同),并一次性退还小微企业存量留抵税额。

② 自 2021 年 4 月 1 日起,加大"制造业""科学研究和技术服务业""电力、热力、燃气及水生产和供应业""软件和信息技术服务业""生态保护和环境治理业"和"交通运输、仓储和邮政业"(以下简称制造业等行业)增值税期末留抵退税政策力度,将先进制造业按月全额退还增值税增量留抵税额政策范围扩大至符合条件的制造业等行业企业(含个体工商户,下同),并一次性退还制造业等行业企业存量留抵税额。

③ 小微企业和制造业等行业纳税人办理期末留抵退税,需同时符合以下条件:

a. 纳税信用等级为 A 级或者 B 级;

b. 申请退税前 36 个月未发生骗取留抵退税、出口退税或虚开增值税专用发票情形的;

c. 申请退税前 36 个月未因偷税被税务机关处罚两次及以上的;

d. 2019 年 4 月 1 日起未享受即征即退、先征后返(退)政策的。

④ 增量留抵税额,区分以下情形确定:

纳税人获得一次性存量留抵退税前,增量留抵税额为当期期末留抵税额与 2019 年 3 月 31 日相比新增加的留抵税额。

纳税人获得一次性存量留抵退税后,增量留抵税额为当期期末留抵税额。

(4) 存量留抵税额,区分以下情形确定:

纳税人获得一次性存量留抵退税前,当期期末留抵税额大于或等于 2019 年 3 月 31 日期末留抵税额的,存量留抵税额为 2019 年 3 月 31 日期末留抵税额;当期期末留抵税额小于 2019 年 3 月 31 日期末留抵税额的,存量留抵税额为当期期末留抵税额。

纳税人获得一次性存量留抵退税后,存量留抵税额为零。

(5) 纳税人按照以下公式计算允许退还的留抵税额:

$$允许退还的增量留抵税额 = 增量留抵税额 × 进项构成比例 × 100\%$$
$$允许退还的存量留抵税额 = 存量留抵税额 × 进项构成比例 × 100\%$$

① 进项构成比例,为 2019 年 4 月至申请退税前一税款所属期内已抵扣的增值税专用发票(含带有"增值税专用发票"字样全面数字化的电子发票、税控机动车销售统一发票)、收费公路通行费增值税电子普通发票、海关进口增值税专用缴款书、解缴税款完税凭证注明的增值税额占同期全部已抵扣进项税额的比重。

② 在计算允许退还的留抵税额进项税额构成比例时,纳税人在 2019 年 4 月至申请退税前一税款所属期内按规定转出的进项税额,无须从已抵扣的增值税专用发票(含带有"增值税专用发票"字样全面数字化的电子发票、税控机动车销售统一发票)、收费公路通行费增值税电子普通发票、海关进口增值税专用缴款书、解缴税款完税凭证注明的增值税额中扣减。

③ 纳税人可以选择向主管税务机关申请留抵退税,也可以选择结转下期继续抵扣。纳税人应在纳税申报期内,完成当期增值税纳税申报后申请留抵退税。纳税人可以在规定期限内同时申请增量留抵退税和存量留抵退税。

④ 纳税人取得退还的留抵税额后,应相应调减当期留抵税额。

⑤ 纳税人出口货物劳务、发生跨境应税行为,适用免抵退税办法的,应先办理免抵退税。免抵退税办理完毕后,仍符合规定条件的,可以申请退还留抵税额;适用免抵退税办法的,相关进项税额不得用于退还留抵税额。

⑥ 纳税人自 2019 年 4 月 1 日起已取得留抵退税款的,不得再享受增值税即征即退、先征后返(退)政策。纳税人可以在 2022 年 10 月 31 日前一次性将已取得的留抵退税款全部缴回后,按规定申报享受增值税即征即退、先征后返(退)政策。

纳税人自 2019 年 4 月 1 日起已享受增值税即征即退、先征后返(退)政策,可以在 2022 年 10 月 31 日前一次性将已退还的即征即退、先征后返(退)税款全部缴回后,按规定申请退还留抵税额。

⑦ 自 2022 年 7 月 1 日起,将制造业等行业按月全额退还增值税增量留抵税额、一次性退还存量留抵税额的政策范围,扩大至"批发和零售业""农、林、牧、渔业""住宿和餐饮业""居民服务、修理和其他服务业""教育""卫生和社会工作"和"文化、体育和娱乐业"。

4) 不得从销项税额中抵扣的进项税额

(1) 下列项目的进项税额不得从销项税额中抵扣。

① 用于简易计税方法计税项目、免征增值税项目、集体福利或者个人消费的购进货物、劳务、服务、无形资产和不动产。

② 非正常损失的购进货物,以及相关的劳务和交通运输服务。

③ 非正常损失的在产品、产成品所耗用的购进货物（不包括固定资产）、劳务和交通运输服务。

④ 非正常损失的不动产，以及该不动产所耗用的购进货物、设计服务和建筑服务。

⑤ 非正常损失的不动产在建工程所耗用的购进货物、设计服务和建筑服务。

纳税人新建、改建、扩建、修缮、装饰不动产，均属于不动产在建工程。

⑥ 购进的贷款服务、餐饮服务、居民日常服务和娱乐服务。

⑦ 财政部和国家税务总局规定的其他情形。

非正常损失是指因管理不善造成货物被盗、丢失、霉烂变质，以及因违反法律法规造成货物或者不动产被依法没收、销毁、拆除的情形。

（2）适用一般计税方法的纳税人，兼营简易计税方法计税项目、免征增值税项目而无法划分不得抵扣的进项税额，按照下列公式计算不得抵扣的进项税额：

$$\begin{aligned}\text{不得抵扣的} \\ \text{进项税额}\end{aligned} = \begin{aligned}\text{当期无法划分的} \\ \text{全部进项税额}\end{aligned} \times \left(\begin{aligned}\text{当期简易计税方法} \\ \text{计税项目销售额}\end{aligned} + \begin{aligned}\text{免征增值税} \\ \text{项目销售额}\end{aligned}\right) \div \begin{aligned}\text{当期全部} \\ \text{销售额}\end{aligned}$$

（3）已抵扣进项税额的不动产，发生非正常损失，或者改变用途，专用于简易计税方法计税项目、免征增值税项目、集体福利或者个人消费的，按照下列公式计算不得抵扣的进项税额，并从当期进项税额中扣减：

$$\text{不得抵扣的进税额} = \text{已抵扣进项税额} \times \text{不动产净值率}$$

$$\text{不动产净值率} = (\text{不动产净值} \div \text{不动产原值}) \times 100\%$$

（4）纳税人从批发、零售环节购进适用免征增值税政策的蔬菜、部分鲜活肉蛋而取得的增值税普通发票，不得作为计算抵扣进项税额的凭证。

（5）有下列情形之一者，应按销售额依照增值税税率计算应纳税额，不得抵扣进项税额，也不得使用增值税专用发票：

① 一般纳税人会计核算不健全，或者不能提供准确税务资料的；

② 除另有规定外，纳税人销售额超过小规模纳税人标准，未申请办理一般纳税人认定或登记手续的。

不得抵扣进项税额是指纳税人在停止抵扣进项税额期间发生的全部进项税额，包括在停止抵扣期间取得的进项税额、上期留抵税额以及经批准允许抵扣的期初存货已征税款。纳税人经税务机关核准恢复抵扣进项税额资格后，其在停止抵扣进项税额期间发生的全部进项税额不得抵扣。

（6）纳税人接受贷款服务，向贷款方支付的与该笔贷款直接相关的投融资顾问费、手续费、咨询费等费用，其进项税额不得从销项税额中抵扣。

（7）纳税人取得的增值税扣税凭证不符合法律、行政法规或者国家税务总局有关规定的，其进项税额不得从销项税额中抵扣。

纳税人凭完税凭证抵扣进项税额的，应当具备书面合同、付款证明和境外单位的对账单或者发票。资料不全的，其进项税额不得从销项税额中抵扣。

5）进项税额抵扣时限的界定

进项税额是指纳税人购进货物、劳务、服务、无形资产或者不动产所支付或负担的增值税额，进项税额的大小，直接影响纳税人的应纳税额的多少。

自 2020 年 3 月 1 日起,增值税一般纳税人取得 2017 年 1 月 1 日及以后开具的增值税专用发票、海关进口增值税专用缴款书、机动车销售统一发票、收费公路通行费增值税电子普通发票,取消认证确认、稽核比对、申报抵扣的期限。纳税人在进行增值税纳税申报时,应当通过本省(自治区、直辖市和计划单列市)增值税发票综合服务平台对上述扣税凭证信息进行用途确认。

增值税一般纳税人取得 2016 年 12 月 31 日及以前开具的增值税专用发票、海关进口增值税专用缴款书、机动车销售统一发票,超过认证确认、稽核比对、申报抵扣期限,但符合规定条件的,仍可按照《国家税务总局关于逾期增值税扣税凭证抵扣问题的公告》(国家税务总局公告 2011 年第 50 号,国家税务总局公告 2017 年第 36 号、2018 年第 31 号修改)、《国家税务总局关于未按期申报抵扣增值税扣税凭证有关问题的公告》(国家税务总局公告 2011 年第 78 号,国家税务总局公告 2018 年第 31 号修改)规定,继续抵扣进项税额。

3. 一般纳税人应纳税额的计算

计算出销项税额和进项税额后,就可以确认应纳税额了。其计算公式为

$$应纳税额＝当期销项税额－当期进项税额$$

当期销项税额小于当期进项税额而不足抵扣时,其不足部分可以结转下期继续抵扣。

【例 2-4】 天洋纺织有限公司为增值税一般纳税人,适用增值税税率为 13%,2023 年 5 月有关生产经营业务如下:

(1) 5 月 5 日,销售毛料给龙防商城,开具增值税专用发票,取得不含税销售额 1 200 000 元;另外,因销售毛料收取送货运输费 45 200 元。

(2) 5 月 8 日,销售一批布料给洪岩服装加工厂,开具普通发票,取得含税销售额 280 800 元。

(3) 5 月 10 日,将一批涤纶布料发给本厂职工,成本价为 160 000 元,成本利润率为 10%,该新产品无同类产品市场销售价格。

(4) 5 月 12 日,购进材料取得增值税专用发票:注明支付的货款 1 046 153.85 元,进项税额 136 000 元,货物验收入库;支付购货的运输费用,取得增值税专用发票,注明金额 50 000 元。

(5) 5 月 13 日,向农业生产者收购免税棉花支付收购价 200 000 元(用于生产率 13% 的货物),支付给运输单位的运费 20 000 元(含税)取得增值税专用发票,杂费 8 000 元,棉花验收入库。

(6) 5 月 15 日,预缴增值税 45 000 元。

(7) 5 月 28 日,上月购入一批生产材料被盗,账面价值 20 672 元,该批材料成本组成为:价款 20 000 元,运费 372 元,保险费 100 元,装卸费 200 元。经批准处理:保险公司应赔偿 15 000 元,其余计入管理费用。

假设相关款项已收付,扣税凭证已认证相符。根据该企业 2023 年 5 月的各项业务计算应缴纳的增值税税额。(计算结果保留 2 位小数)

(1) 销售毛料的销项税额:

$$1\,200\,000×13\%＋45\,200÷(1＋13\%)×13\%＝161\,200(元)$$

(2) 销售布料的销项税额:

$$280\,800÷(1＋13\%)×13\%＝32\,304.42(元)$$

（3）发放涤纶布料的销项税额：
$$160\,000\times(1+10\%)\times13\%=22\,880(元)$$

（4）外购货物应抵扣的进项税额：
$$136\,000+50\,000\times9\%=140\,500(元)$$

（5）外购免税农产品应抵扣的进项税额：
$$200\,000\times10\%+20\,000\div(1+9\%)\times9\%=21\,651.38(元)$$

（6）进项税额转出：

$20\,000\times13\%+372\times9\%=2\,633.48(元)$

销项税额＝$161\,200+32\,304.42+22\,880=216\,384.42(元)$

进项税额＝$140\,500+21\,651.38=162\,151.38(元)$

应纳增值税额＝$216\,384.42-(162\,151.38-2\,633.48)-45\,000=11\,866.52(元)$

2.4　增值税的会计处理

2.4.1　进口货物增值税的会计处理

进口货物增值税的会计处理需要设置"应交税费——应交增值税（进项税额）"账户核算。

【例 2-5】 承例 2-1，假设相关款项已支付，则

进口关税＝$1\,020\,000\times20\%=204\,000(元)$

组成计税价格＝$(1\,020\,000+204\,000)\div(1-15\%)=1\,440\,000(元)$

应纳增值税税额＝$1\,440\,000\times13\%=187\,200(元)$

会计处理如下。

借：原材料　　　　　　　　　　　　　　　　　　　1 440 000

　　应交税费——应交增值税（进项税额）　　　　　　187 200

　　贷：银行存款　　　　　　　　　　　　　　　　　　　　1 627 200

2.4.2　小规模纳税人增值税的会计处理

小规模纳税人购入货物无论是否具有增值税专用发票，其支付的增值税额均不单独计入进项税额，不得从应纳税额中扣减，而应计入购货成本；销售收入按不含税价格计算；设置"应交税费——应交增值税"账户核算，不需要在"应交增值税"账户中设置专栏。

【例 2-6】 承例 2-2，颐园装饰商店本月以银行存款缴纳上月增值税 600 元；本月销售收入已实现。

会计处理如下。

（1）上缴增值税时

借：应交税费——应交增值税　　　　　　　　　　　600

　　贷：银行存款　　　　　　　　　　　　　　　　　　　600

（2）销售材料时

借：银行存款　　　　　　　　　　　　　　　　　　61 800

贷：主营业务收入　　　　　　　　　　　　　　　　　60 000

　　应交税费——应交增值税　　　　　　　　　　　　1 800

2.4.3 一般纳税人增值税的会计处理

1. 会计账户的设置

根据增值税会计核算的要求,一般纳税人应在"应交税费"总账账户下设置"应交增值税"和"未交增值税"明细账户进行核算。

1)"应交增值税"明细科目

"应交增值税"明细账户的借方发生额反映企业购进货物、劳务支付的进项税额、实际已缴纳的增值税等;贷方发生额反映销售货物、劳务应缴纳的增值税额、出口货物退税、转出已支付或应分担的增值税等;期末借方余额反映企业尚未抵扣的增值税。"应交税费——应交增值税"账户分别设置"进项税额""已交税金""减免税额""转出未交增值税""销项税额抵减""销项税额""出口退税""进项税额转出""转出多交增值税"等专栏,并且使用专用多栏式明细账页。具体格式见表2-1。

表 2-1 "应交税费——应交增值税"明细账

総第　　页
分第　　页

年		记账凭证号数	摘要	页数	借方					贷方				借或贷	余额
月	日				进项税额	已交税金	减免税额	出口抵减税额	转出未交增值税额	销项税额	出口退税	进项税额转出	转出多交增值税额		

2)"未交增值税"明细科目

为了分别反映增值税一般纳税人欠缴增值税税款和待抵扣增值税的情况,确保企业及时足额上缴增值税,避免出现企业用以前月份欠缴增值税抵扣以后月份未抵扣增值税的情况,企业应在"应交税费"账户下设置"未交增值税"明细账户,核算企业月份终了从"应交税费——应交增值税"账户转入的当月未缴或多缴的增值税;同时,在"应交税费——应交增值税"账户下设置"转出未交增值税"和"转出多交增值税"专栏。具体格式见表2-2。

表 2-2 "应交税费——未交增值税"明细账

総第　　页
分第　　页

年		记账凭证号数	摘要	页数	借方		贷方	借或贷	余额
月	日				转入多交增值税额	缴纳未交增值税额	转入未交增值税额		

月份终了,企业计算出当月应交未交的增值税,借记"应交税费——应交增值税(转出未交增值税)"账户,贷记"应交税费——未交增值税"账户;月份终了,企业计算出当月多交的增值税,借记"应交税费——未交增值税"账户,贷记"应交税费——应交增值税(转出多交增值税)"账户;经过结转后,月份终了"应交税费——应交增值税"账户的余额,反映企业尚未抵扣的增值税。

企业当月缴纳当月的增值税,借记"应交税费——应交增值税(已交税金)"账户,贷记"银行存款"账户;企业当月缴纳以前各期的增值税,借记"应交税费——未交增值税"账户,贷记"银行存款"账户。

3)"预交增值税"明细科目

预交增值税明细科目核算一般纳税人转让不动产、提供不动产经营租赁服务、提供建筑服务、采用预收款方式销售自行开发的房地产项目等,以及其他按现行增值税制度规定应预缴的增值税额。企业预缴增值税时,借记"应交税费——预交增值税"科目,贷记"银行存款"科目。月末,企业应将"预交增值税"明细科目余额转入"未交增值税"明细科目,借记"应交税费——未交增值税"科目,贷记"应交税费——预交增值税"科目。房地产开发企业等在预缴增值税后,应直至纳税义务发生时,方可从"应交税费——预交增值税"科目结转至"应交税费——未交增值税"科目。

4)"待抵扣进项税额"明细科目

该科目为"应交税费"下一级科目,核算一般纳税人已取得增值税扣税凭证并经税务机关认证,按照现行增值税制度规定准予以后期间从销项税额中抵扣的进项税额。具体包括:一般纳税人自 2016 年 5 月 1 日后取得并按固定资产核算的不动产或者不动产在建工程,按现行增值税制度规定准予以后期间从销项税额中抵扣的进项税额;实行纳税辅导期管理的一般纳税人取得的尚未交叉稽核比对的增值税扣税凭证上注明或计算的进项税额。

根据《国家税务总局关于深化增值税改革有关事项的公告》(国家税务总局公告 2019 年第 14 号)第九条规定,自 2019 年 4 月 1 日起,《不动产进项税额分期抵扣暂行办法》(国家税务总局公告 2016 年第 15 号发布)废止,纳税人取得不动产或者不动产在建工程的进项税额不再分 2 年抵扣。此前按照相关规定尚未抵扣完毕的待抵扣进项税额,可自 2019 年 4 月税款所属期起从销项税额中抵扣。自 2019 年 4 月 1 日起,对于增值税一般纳税人取得不动产发生的进项税额符合税法规定的,准予一次性从销项税额中抵扣。

自 2019 年 4 月起,企业可以将以前按规定尚未抵扣完毕的待抵扣进项税额一次性进行账务处理。

借:应交税费——应交增值税(进项税额)
　　贷:应交税费——待抵扣进项税额

5)"待认证进项税额"明细科目

待认证进项税额明细科目核算一般纳税人由于未经税务机关认证而不得从当期销项税额中抵扣的进项税额。具体包括:一般纳税人已取得增值税扣税凭证,按照现行增值税制度规定准予从销项税额中抵扣的,但尚未经税务机关认证的进项税额;一般纳税人已申请稽核但尚未取得稽核相符结果的海关缴款书进项税额。具体规定分别为:

一般纳税人购进货物、劳务、服务、无形资产或不动产,已取得增值税扣税凭证,按照现行增值税制度规定准予从销项税额中抵扣,但尚未经税务机关认证的进项税额,借记"应交税费——待认证进项税额"等科目,贷记"银行存款""应付账款"等科目。等认证合格后,再转入进项税额专栏,借记"应交税费——应交增值税(进项税额)"科目,贷记"应交税费——待认证进项税额"科目。

6) 加计抵减政策下的会计核算

财政部、税务总局和海关总署印发了《关于深化增值税改革有关政策的公告》(财政部、税务总局、海关总署公告 2019 年第 39 号)规定,自 2019 年 4 月 1 日至 2021 年 12 月 31 日,允许生产、生活性服务业纳税人按照当期可抵扣进项税额加计 10%,抵减应纳税额。《税务总局关于先进制造业企业增值税加计抵减政策的公告》(财政部、税务总局公告 2023 年第 43 号)规定,自 2023 年 1 月 1 日至 2027 年 12 月 31 日,允许先进制造业企业按照当期可抵扣进项税额加计 5%抵减应纳税额。

为此,财政部会计司就上述政策规定适用《增值税会计处理规定》(财会〔2016〕22 号)的有关问题解读如下:生产、生活性服务业纳税人取得资产或接受劳务时,应当按照《增值税会计处理规定》的相关规定对增值税相关业务进行会计处理;实际缴纳增值税时,按应纳税额借记"应交税费——未交增值税"等科目,按实际纳税金额贷记"银行存款"科目,按加计抵减的金额贷记"其他收益"科目。

7) 增值税检查调整

根据《国家税务总局关于印发〈增值税日常稽查办法〉的通知》(国税发〔1998〕44 号)的规定,增值税一般纳税人在税务机关对其增值税纳税情况进行检查后,凡涉及增值税涉税财务调整的,应设立"应交税费——增值税检查调整"专门账户。凡检查后应调减账面进项税额或调增销项税额和进项税额转出的数额,借记有关科目,贷记本科目;凡检查后应调增账面进项税额或调减销项税额和进项税额转出的数额,借记本科目,贷记有关科目;全部调账事项入账后,应结出本账户的余额,并对该余额进行处理。处理之后,本账户无余额。

2. 销项税额的会计处理

销项税额的会计处理应设置"应交税费-应交增值税(销项税额)"账户。记录企业销售货物或提供应税劳务应收取的销项税额,用蓝字登记;退回销售货物时应冲减销项税额,用红字登记。

1) 一般销售行为的会计处理

(1) 直接收款销售的会计处理

应根据销售结算凭证和银行存款进账单,以及增值税专用发票上所列税额或按普通发票上所列税款换算的增值税税额进行会计处理。

【例 2-7】　2023 年 5 月 20 日,光明办公家具制造有限公司销售给黎华家具经销有限公司办公家具 100 套,不含税售价为 2 500 元/套,单位成本为 1 800 元/套,黎华家具经销有限公司以支票付款 250 000 元、税额 32 500 元,收到银行存款进账通知。

会计处理如下。

借:银行存款 　　　　　　　　　　　　　　　　　　　282 500

　　贷:主营业务收入 　　　　　　　　　　　　　　　　250 000

　　　　应交税费——应交增值税(销项税额) 　　　　　32 500

同时,结转成本。

借:主营业务成本 　　　　　　　　　　　　　　　　　180 000

贷：库存商品   180 000

（2）分期收款销售的会计处理

采用赊销和分期收款方式销售产品，按合同约定收款日期开具增值税专用发票。

【例2-8】 2023年5月20日，安信商贸公司采用分期收款方式销售甲产品150件给圣元医药公司，不含税售价为1 000元/件，成本为750元/件。合同规定，圣元医药公司先支付货款总额的40%及相对应的税金，余款在2个月内分两次平均付清。

会计处理如下。

① 发出商品时

借：发出商品   112 500

    贷：库存商品   112 500

② 收到40%的款项时

借：银行存款   67 800

    贷：主营业务收入   60 000

        应交税费——应交增值税（销项税额）   7 800

同时，按比例（112 500元×40%＝45 000（元））结转成本。

借：主营业务成本   45 000

    贷：发出商品   45 000

③ 以后每期按合同约定日期收到货款及税款时，确认收入45 000元（1 000×150×30%）

借：银行存款   50 850

    贷：主营业务收入   45 000

        应交税费——应交增值税（销项税额）   5 850

同时，按比例结转成本。

借：主营业务成本   33 750

    贷：发出商品   33 750

（3）预收货款销售的会计处理

企业收到预收货款时，不作销售处理。货物发出的当天确认为销售，计算销项税额。

【例2-9】 2023年4月10日，天利有限公司收到圆通有限公司预购乙产品100件的货款819 000元。5月12日发出货物，不含税单价为10 000元/件，开出增值税专用发票，单位成本为8 500元/件。余款5月20日收到。

会计处理如下。

① 4月10日收到预收款时

借：银行存款   819 000

    贷：预收账款   819 000

② 5月12日发出货物时

借：预收账款   1 130 000

    贷：主营业务收入   1 000 000

        应交税费——应交增值税（销项税额）   130 000

同时，结转成本。

借：主营业务成本   850 000

　　　　贷：库存商品　　　　　　　　　　　　　　　　　　　　　850 000

　　③ 5 月 20 日收到余款时

　　借：银行存款　　　　　　　　　　　　　　　　　　311 000

　　　　贷：预收账款　　　　　　　　　　　　　　　　　　311 000

　　2）特殊销售行为的会计处理

　　（1）以物易物的会计处理

　　双方都要作购销处理，以各自发出的货物核定销售额并计算销项税额，以各自收到的货物核算购货额，并依据双方是否开具增值税专用发票决定是否抵扣进项税额。

　　【例 2-10】　2023 年 5 月 5 日，乔顿服饰有限公司用自产的服装为 200 套，总成本为 20 000 元，不含税总售价为 35 000 元，从天洋纺织公司换取一批布料，不含税购进价格为 35 000 元，双方都开具了增值税专用发票。

　　会计处理如下。

　　借：原材料　　　　　　　　　　　　　　　　　　35 000

　　　　应交税费——应交增值税（进项税额）　　　　　4 550

　　　　贷：主营业务收入　　　　　　　　　　　　　　35 000

　　　　　　应交税费——应交增值税（销项税额）　　　　4 550

　　同时，结转成本。

　　借：主营业务成本　　　　　　　　　　　　　　　20 000

　　　　贷：库存商品　　　　　　　　　　　　　　　　20 000

　　在进行会计处理时，只有得到对方开具的增值税专用发票，才能据以借记"进项税额"，而不能仅据"材料入库单"自行估算进项税额；对发出的产品必须按售价贷记"主营业务收入"，而不能直接冲减"库存商品"，漏记收入。

　　（2）以旧换新销售的会计处理

　　必须以新货物的同期正常销售价格确定计税销售额，不得扣减旧货物的回收价。

　　【例 2-11】　2023 年 5 月 1 日，苏宁电器销售有限公司在促销活动中，推出以旧换新销售电视机业务，本月共销售 WM 型平板电视机 200 台，每台电视机正常对外销售含税价为 4 520 元，单位成本为 3 000 元，采取以旧换新方式回收一台旧电视机抵付货款为 300 元，每销售一台新电视机实收款额为 4 220 元。

　　会计处理如下。

　　借：库存现金　　　　　　　　　　　　　　　　　844 000

　　　　原材料——旧电视机　　　　　　　　　　　　60 000

　　　　贷：主营业务收入　　　　　　　　　　　　　800 000

　　　　　　应交税费——应交增值税（销项税额）　　　104 000

　　同时，结转成本。

　　借：主营业务成本　　　　　　　　　　　　　　　600 000

　　　　贷：库存商品——WM 平板电视　　　　　　　　600 000

　　（3）还本销售的会计处理

　　企业采取还本销售时，应按正常销售价格记入"主营业务收入"账户，按实际支付的还本金额，借记"销售费用"账户。

【例 2-12】 2023 年 5 月 1 日,华滨手机连锁卖场为促销而采用还本方式销售手机,本月还本方式销售手机 80 部,不含税单价为 1 500 元/部,单位成本为 1 000 元/部。本月支付到期还本的款项为 6 000 元。

会计处理如下。

① 销售手机时

借:库存现金		156 000
贷:主营业务收入		120 000
应交税费——应交增值税(销项税额)		36 000

同时,结转成本。

借:主营业务成本		80 000
贷:库存商品		80 000

② 支付还本费用时

借:销售费用		6 000
贷:库存现金		6 000

(4) 兼营会计处理

纳税人兼有不同税率或者征收率的销售货物、提供加工修理修配劳务或者应税服务的,应当分别核算适用不同税率或者征收率的销售额,未分别核算销售额的,按照以下方法适用税率或者征收率。

① 兼有不同税率的销售货物,提供加工修理修配劳务或者应税服务的,从高适用税率。

② 兼有不同征收率的销售货物,提供加工修理修配劳务或者应税服务的,从高适用征收率。

③ 兼有不同税率和征收率的销售货物,提供加工修理修配劳务或者应税服务的,从高适用税率。

【例 2-13】 北京通达交通运输股份有限公司,系增值税一般纳税人下设顺义、丰台、石景山三个中心站,丰台中心站 2023 年 5 月 5 日营业收入日报显示:材料销售 22 600 元、技术转让收入 200 000 元、广告收入 8 480 元,收入均为含税价,款项收讫并转存银行。

材料销售收入应交增值税,税率为 13%;广告收入应交增值税,税率为 6%;技术转让收入免税。

材料销售应计销项税额 $= 22\,600 \div (1+13\%) \times 13\% = 2\,600$(元)

广告收入应计销项税额 $= 8\,480 \div (1+6\%) \times 6\% = 480$(元)

应计销项税额合计 $2\,600 + 480 = 3\,080$(元)

会计处理如下。

借:银行存款		231 080
贷:其他业务收入——材料销售		20 000
——广告收入		8 000
——技术转让收入		200 000
应交税费——应交增值税(销项税额)		3 080

3) 视同销售的会计处理

(1) 将货物交给他人代销与销售代销货物

第一种情形:代销商品视同买断。视同买断方式代销商品是指委托方和受托方签订合同或协议,委托方按合同或协议收取代销的货款,实际售价由受托方自定,实际售价与合同或协议之间的差额归受托方所有。如果委托方和受托方之间的协议明确标明,受托方在取得代销商品后,无论是否能够卖出、是否获利,均与委托方无关,那么,委托方和受托方之间的代销商品交易与委托方直接销售商品给受托方没有实质区别,在符合销售商品收入确认条件时,委托方应确认相关销售商品收入。如果委托方和受托方之间的协议明确标明,将来受托方没有将商品售出时可以将商品退回给委托方,或受托方因代销商品出现亏损时可以要求委托方补偿,那么,委托方在交付商品时不确认收入,受托方也不作购进商品处理,受托方将商品销售后,按实际售价确认销售收入,并向委托方开具代销清单,委托方收到代销清单时,再确认本企业的销售收入。

【例 2-14】 2023 年 5 月 10 日,柒牌服饰有限公司委托丙代理商销售服装 2 000 件,协议价为 400 元/件,该商品成本为 250 元/件,增值税率为 13%。柒牌服饰有限公司收到丙代理商开来的代销清单时开具增值税发票,发票上注明的价款 800 000 元,增值税 104 000 元。丙代理商实际销售时开具的增值税发票上注明:售价 900 000 元,增值税额 117 000 元。

柒牌服饰有限公司的会计处理如下。

① 公司将服装交付给丙代理商时

借:委托代销商品	500 000
贷:库存商品	500 000

② 柒牌服饰有限公司收到代销清单时

借:应收账款	904 000
贷:主营业务收入	800 000
应交税费——应交增值税(销项税额)	104 000

同时,结转成本。

借:主营业务成本	500 000
贷:委托代销商品	500 000

③ 收到丙代理商汇来的款项时

借:银行存款	904 000
贷:应收账款	904 000

丙代理商的会计处理如下。

① 收到服装时

借:受托代销商品	800 000
贷:受托代销商品款	800 000

② 实际销售代销商品时

借:银行存款	1 017 000
贷:主营业务收入	900 000
应交税费——应交增值税(销项税额)	117 000

同时,结转成本。

借:主营业务成本	800 000
贷:受托代销商品	800 000

③ 收到柒牌服饰有限公司开来的增值税专用发票时

借：受托代销商品款　　　　　　　　　　　　　　　　800 000

　　应交税费——应交增值税（进项税额）　　　　　104 000

　　　贷：应付账款　　　　　　　　　　　　　　　　904 000

④ 按合同协议价将款项付给柒牌服饰有限公司时

借：应付账款　　　　　　　　　　　　　　　　　　904 000

　　　贷：银行存款　　　　　　　　　　　　　　　　904 000

第二种情形：代销商品收取手续费。在收取手续费代销方式下，委托方在发出商品时通常不应确认销售商品收入，而应在收到受托方开出的代销清单时确认销售商品收入；受托方应在商品销售后，按合同或协议约定的方法计算确定的手续费确认收入。

【例 2-15】 承例 2-14，如果是第二种情形，丙代理商按每件 400 元的价格出售给顾客，柒牌服饰有限公司按售价的 10％支付丙代理商手续费。

柒牌服饰有限公司的会计处理如下。

① 将服装交付给丙代理商时

借：委托代销商品　　　　　　　　　　　　　　　　500 000

　　　贷：库存商品　　　　　　　　　　　　　　　　500 000

② 收到代销清单时

借：应收账款　　　　　　　　　　　　　　　　　　904 000

　　　贷：主营业务收入　　　　　　　　　　　　　　800 000

　　　　　应交税费——应交增值税（销项税额）　　　104 000

同时，结转成本。

借：主营业务成本　　　　　　　　　　　　　　　　500 000

　　　贷：委托代销商品　　　　　　　　　　　　　　500 000

③ 计提手续费并收到对方开具的增值税专用发票且认证通过时

借：销售费用　　　　　　　　　　　　　　　　　　80 000

　　应交税费——应交增值税（进项税额）　　　4 800（80 000×6％）

　　　贷：应收账款　　　　　　　　　　　　　　　　84 800

④ 收到丙代理商汇来的相关款项时

借：银行存款　　　　　　　　　　　　　　　　　　819 200

　　　贷：应收账款　　　　　　　　　　　　　　　　819 200

丙代理商的会计处理如下。

① 收到服装时

借：受托代销商品　　　　　　　　　　　　　　　　800 000

　　　贷：受托代销商品款　　　　　　　　　　　　　800 000

② 实际销售服装时

借：银行存款　　　　　　　　　　　　　　　　　　904 000

　　　贷：应付账款　　　　　　　　　　　　　　　　800 000

　　　　　应交税费——应交增值税（销项税额）　　　104 000

③ 收到柒牌服饰有限公司开具的增值税专用发票时

借：应交税费——应交增值税（进项税额）　104 000

　　贷：应付账款　104 000

转出代销商品。

借：受托代销商品款　800 000

　　贷：受托代销商品　800 000

④ 支付给柒牌相关款项并收取手续费时

借：应付账款　904 000

　　贷：银行存款　819 200

　　　主营业务收入（或其他业务收入）　80 000

　　　应交税费——应交增值税（销项税额）　4 800

（2）企业将自产、委托加工的货物用于集体福利、个人消费

企业将自产、委托加工的货物用于集体福利、个人消费，虽不属于销售活动，但应按正常销售价格计入收入类账户。应视同销售货物按市场销售的公允价值计算缴纳增值税，若购进货物直接用于集体福利、个人消费，购进时的进项税额不允许抵扣，因购入的货物已成为消费品进入最终消费领域，因此不作视同销售处理。

【例 2-16】　奔腾电器有限公司将本公司生产的小家电 200 台作为实物奖励发放给优秀员工，单位成本为 300 元/台，市场不含税售价为 500 元/台。

会计处理如下。

借：应付职工薪酬　113 000

　　贷：主营业务收入　100 000

　　　应交税费——应交增值税（销项税额）　13 000

同时，结转成本。

借：主营业务成本　60 000

　　贷：库存商品　60 000

（3）将自产、委托加工或购买的货物作为投资

存货投资并非销售业务，但根据会计准则的规定，如果能够确认存货与取得投资的公允价值，则应按公允价值确认销售收入，同时结转销售成本。根据税法规定，应税货物作为投资提供给其他单位或个体经营者，应视同销售按市场公允价值计算增值税。

【例 2-17】　天明建材公司于 2023 年 5 月 7 日以自产建材一批对外投资，取得甲公司 70％的股权，准备长期持有。天明建材与甲公司不存在任何关联方关系，且甲公司所持有资产、负债构成业务，天明建材公司用作合并对价的建材在购买日的公允价值为 1 356 000 元，总成本为 1 000 000 元，对该股权采用成本法核算。

会计处理如下。

借：长期股权投资　1 356 000

　　贷：主营业务收入　1 200 000

　　　应交税费——应交增值税（销项税额）　156 000

同时，结转成本。

借：主营业务成本　1 000 000

　　贷：库存商品　1 000 000

（4）将自产、委托加工或购买的货物分配给股东或投资者

这是一种实质的销售业务，属于两个不同会计主体之间的业务。这一行为虽然没有直接的现金流入或流出，但实际上它与将货物出售后取得货币资产，然后再分配利润给股东，并无实质区别，只是没有现金流入或流出，直接以货物流出的形式存在，体现的是企业内部与外部的关系。企业将货物分配给股东或投资者，一方面使货物的所有权发生转移，另一方面企业的负债减少，增加了所有者权益。因此，应按一般销售业务处理。

【例 2-18】　夏利汽车制造公司宣告以自产轿车 60 辆发放实物股利，每辆轿车制造成本为 85 000 元，不含税售价为 120 000 元。

会计处理如下。

借：应付股利　　　　　　　　　　　　　　　　　　　　8 136 000
　　贷：主营业务收入　　　　　　　　　　　　　　　　　　7 200 000
　　　　应交税费——应交增值税（销项税额）　　　　　　　936 000

同时，结转成本。

借：主营业务成本　　　　　　　　　　　　　　　　　　5 100 000
　　贷：库存商品　　　　　　　　　　　　　　　　　　　　5 100 000

（5）将自产、委托加工或购买的货物无偿赠送他人

这类业务不属于销售活动，尽管发生货物所有权的转移，但企业并未获得实际的经济利益，因此，不通过收入类账户核算。为避免因相互赠送而损害国家利益，税法规定，视同销售货物计算缴纳增值税。

【例 2-19】　圣德医药有限公司向某慈善机构捐赠账面成本为 200 000 元的药品，该批药品市场不含税售价为 300 000 元，适用增值税税率为 13%。

会计处理如下。

借：营业外支出　　　　　　　　　　　　　　　　　　　239 000
　　贷：库存商品　　　　　　　　　　　　　　　　　　　　200 000
　　　　应交税费——应交增值税（销项税额）　　　　　　　39 000

4）销货退回、折让、折扣的会计处理

在销售过程中发生因品种、规格、质量等不符合要求而退货或要求折让的情况，不论是当月销售的退货与折让，还是以前月份销售的退货与折让，均应冲减当月的主营业务收入，在收到购货单位退回的增值税专用发票或寄来的"开具红字增值税专用发票通知单"后，分别按照不同情况进行会计处理。

（1）销货退回

销货退回并收到购货方退回的增值税专用发票的发票联和抵扣联，其具体做法：一是如果属于当月销售，尚未登账，应在退回的发票联、抵扣联及本企业保存的记账联上注明"作废"字样，并作废已做的记账凭证；二是如果属于以前月份的销售，应在退回的发票联、抵扣联上注明"作废"字样，据以冲销当期的主营业务收入和销项税额的凭证。

【例 2-20】　2023 年 6 月，新宇纺织有限公司销售给祥云服装制造有限公司尚未收款的产品发生全部退货，已收到对方转来的增值税专用发票的发票联和抵扣联，上列价款为 150 000 元、税额为 19 500 元，开具红字增值税专用发票并转交购货方，退货已经全部入库，成本为 100 000 元。

会计处理如下。

借：应收账款　　　　　　　　　　　　　－169 500
　　贷：主营业务收入　　　　　　　　　　　－150 000
　　　　应交税费——应交增值税（销项税额）　　－19 500

同时，冲减成本。

借：主营业务成本　　　　　　　　　　　－100 000
　　贷：库存商品　　　　　　　　　　　　　－100 000

（2）销货折让

由于销售产品因质量等原因，购销双方协商后不需退货，按折让一定比例后的价款收取。如果购货方尚未进行会计处理也未付款，销货方应在收到购货方转来的增值税专用发票的发票联和抵扣联上注明"作废"字样。

如属当月销售，销货方尚未进行会计处理则不需要进行冲销当月主营业务收入和销项税额的会计处理，只需根据双方协商扣除折让后的价款和增值税税额重新开具增值税专用发票，并进行会计处理。

如属以前月份销售，销货方已进行会计处理，则应根据折让后的价款和增值税额重新开具增值税专用发票，按原开增值税专用发票的发票联和抵扣联与新开的增值税专用发票的记账联的差额，冲销当月主营业务收入和当月销项税额。

【例2-21】　晨阳机电设备制造公司销售给长征机电设备经销公司机电设备50套，每套不含税售价为5 000元，每台成本为3 500元，开出增值税专用发票，货已发出，货款未付。现接到长征公司通知，其中8套有质量问题，双方协商按总价款5%折让。收到长征公司转来的开具红字增值税专用发票通知单，开出红字专用发票。

会计处理如下。

借：应收账款　　　　　　　　　　　　　－14 125
　　贷：主营业务收入　　　　　　　　　　　－12 500
　　　　应交税费——应交增值税（销项税额）　　－1 625

（3）商业折扣

商业折扣也就是税法所称的折扣销售，它是在实现销售时确认的，销货方应在开出同一张增值税专用发票上分别写明销售额和折扣额，可按折扣后的金额作为计算销项税额的依据。但若将折扣额另开增值税专用发票，不论财务会计如何处理，计算销项税额都要按未折扣的销售额乘以税率，以此贷记"应交税费—应交增值税（销项税额）"。

5）包装物销售及押金的会计处理

（1）包装物销售

第一种情形：随同产品销售并单独计价的包装物。在随同产品销售并单独计价的包装物业务中，企业实际是在销售产品的同时又销售了包装物。

【例2-22】　圆通保健医疗设备制造公司销售给强健经贸有限公司医疗设备10台，包装设备的包装物单独计价。开出增值税专用发票注明：产品价款170 000元，包装物价款5 000元，增值税分别为22 100元、650元，款未收到。产品成本130 000元，包装物成本3 500元。

会计处理如下。

借：应收账款　　　　　　　　　　　　　197 750

贷：主营业务收入	170 000
其他业务收入	5 000
应交税费——应交增值税（销项税额）	22 750

同时，结转成本。

借：主营业务成本	130 000
贷：库存商品	130 000
借：其他业务成本	3 500
贷：周转材料——包装物	3 500

第二种情形：随同产品销售不单独计价的包装物。在随同产品销售包装物不单独计价的业务中，企业只是在销售产品。包装物则只作为促进产品销售的一个组成部分，其成本计入"销售费用"。

【例 2-23】 承例 2-22，若包装物不单独计价，开出的增值税专用发票注明价款 175 000 元，税款 22 750 元，其他条件同例 2-22。

会计处理如下。

借：应收账款	197 750
贷：主营业务收入	175 000
应交税费——应交增值税（销项税额）	22 750

同时，结转成本。

借：主营业务成本	130 000
贷：库存商品	130 000
借：销售费用	3 500
贷：周转材料——包装物	3 500

（2）包装物押金

一般情况下，销货方向购货方收取包装物押金，购货方在规定期间内返回包装物，销货方再将收取的包装物押金返还。根据税法规定，纳税人为销售货物而出租、出借包装物收取的押金，单独记账的、时间在 1 年内又未过期的，不并入销售额征税；但对逾期未收回不再退还的包装物押金，应按所包装货物的适用税率计算纳税。这里需要注意两个问题：一是"逾期"的界定，"逾期"是以 1 年（12 个月）为期限。二是押金属于含税收入，应先将其换算为不含税销售额再并入销售额征税。另外，包装物押金与包装物租金不能混淆，包装物租金属于价外费用，在收取时便并入销售额征税。

对销售除啤酒、黄酒以外的其他酒类产品收取的包装物押金，无论是否返还以及会计上如何核算，均应并入当期销售额征税。

【例 2-24】 鹏程商贸有限公司销售丙产品 100 件，成本价为 400 元/件，不含税售价为 650 元/件，随货发出包装物为 100 套，每套包装物收取押金为 50 元，账面成本每件为 30 元，款项已收到。

会计处理如下。

① 确认收入时

借：银行存款	73 450
贷：主营业务收入	65 000
应交税费——应交增值税（销项税额）	8 450

同时,结转成本。

借:主营业务成本　　　　　　　　　　　　　　　　　40 000

　　贷:库存商品　　　　　　　　　　　　　　　　　　　40 000

② 收取押金时

借:银行存款　　　　　　　　　　　　　　　　　　　5 000

　　贷:其他应付款　　　　　　　　　　　　　　　　　　5 000

③ 若按期归还包装物,退还押金时

借:其他应付款　　　　　　　　　　　　　　　　　　5 000

　　贷:银行存款　　　　　　　　　　　　　　　　　　　5 000

④ 若逾期未退还包装物,则没收押金时

$$销项税额=5\,000÷(1+13\%)×13\%=575.22(元)$$

借:其他应付款　　　　　　　　　　　　　　　　　　5 000

　　贷:其他业务收入　　　　　　　　　　　　　　　　　4 424.78

　　　　应交税费——应交增值税(销项税额)　　　　　　575.22

同时,结转成本。

借:其他业务成本　　　　　　　　　　　　　　　　　3 000

　　贷:周转材料——包装物　　　　　　　　　　　　　　3 000

3. 进项税额的会计处理

设置"应交税费——应交增值税(进项税额)"账户用于记录企业购入货物或接受应税劳务而支付的、准予从销项税额中抵扣的增值税额。企业购入货物或接受应税劳务支付的进项税额,用蓝字登记在借方;退回所购货物或取得折扣、折让的进项税额用红字登记在借方。

1) 可抵扣进项税额的会计处理

(1) 凭票抵扣的进项税额的会计处理

下面介绍按法定扣税凭证进行进项税额抵扣的会计处理的几种情况。

① 生产加工企业购进货物的会计处理。在材料购入阶段,会计处理应严格实行价与税分离。价与税分离的依据是增值税专用发票上注明的材料价款和增值税额。属于价款部分,计入材料的成本;属于增值税额部分,记入进项税额。在国内购进货物,根据取得的增值税专用发票、运费发票和材料入库单进行会计处理。若企业进口原材料,按照海关提供的完税凭证所注明的增值税额和货物价款记账。

【例2-25】　新世纪有限责任公司购进商品一批,增值税专用发票中注明数量为100吨、每吨2 500元,税率为13%。支付运费5 000元(含税)取得增值税专用发票,装卸费800元、保险费500元。

$$进项税额=2\,500×100×13\%+5\,000÷(1+9\%)×9\%$$
$$=32\,500+412.84=32\,912.84(元)$$

$$材料采购成本=2\,500×100+[5\,000-5\,000÷(1+9\%)×9\%]+800+500$$
$$=255\,887.16(元)$$

会计处理如下。

借:原材料　　　　　　　　　　　　　　　　　　　255 887.16

应交税费——应交增值税（进项税额）	32 912.84
贷：银行存款	288 800

【例 2-26】　宏峰股份有限公司进口一批原材料，关税完税价格为 4 000 000 元，进口关税为 400 000 元，取得海关完税凭证，材料入库。

　　　　组成计税价格＝关税完税价格＋关税＝4 000 000＋400 000＝4 400 000（元）
　　　　进口环节增值税＝4 400 000×13％＝572 000（元）

会计处理如下。

借：原材料	4 400 000
应交税费——应交增值税（进项税额）	572 000
贷：银行存款	4 972 000

② 投资转入货物的会计处理。企业接受投资转入的货物，按照专用发票注明税款，借记"应交税费——应交增值税（进项税额）"，按照投资各方确认的公允价值，借记"原材料""库存商品""周转材料"等，按照投资各方确认的接受投资方的所有者权益份额，贷记"实收资本""股本"，其差额贷记"资本公积（资本溢价）"。

【例 2-27】　南方彩钢制造有限公司接受宝山钢铁公司用 500 吨钢材作为投资，收到增值税专用发票，注明价款为 2 700 000 元，税额为 351 000 元。双方确定投资份额为 3 000 000 元。

会计处理如下。

借：原材料	2 700 000
应交税费——应交增值税（进项税额）	351 000
贷：实收资本	3 000 000
资本公积——资本溢价	51 000

③ 接受捐赠的会计处理。纳税人接受捐赠应税货物，如果捐出方提供有关发票账单的，应按发票账单上标明的金额加上有关税费作为受赠货物的实际成本；如果捐出方没有提供有关发票账单的，按以下顺序确定受赠货物的实际成本：存在同类或类似货物的活跃市场的，按同类或类似货物的市场价格加上支付的相关税费确定受赠货物的实际成本；如果不存在同类或类似货物活跃市场的，按所受赠货物的预计未来现金流量的现值确定受赠货物的实际成本。受赠货物一般按确定的实际成本计价入账，但如果接受国外捐赠，在报关进口时，缴纳的增值税可以抵扣，应按完税凭证上注明的增值税税额进行会计处理。按实际成本扣除抵扣的进项税额后的余额，借记"原材料""在途物资""库存商品""周转材料"等账户；按支付的相关税费额，贷记"银行存款""其他货币资金"等账户。

【例 2-28】　东方股份有限公司本期接受中环有限公司捐赠的原材料一批，捐赠方提供了增值税专用发票，注明金额为 60 000 元，税额为 7 800 元。

会计处理如下。

借：库存商品	60 000
应交税额——应交增值税（进项税额）	7 800
贷：营业外收入	67 800

④ 委托加工货物、接受修理修配劳务的会计处理。由于生产经营的需要，企业有时会将某种材料委托其他单位加工成另一种产品，有时各部门的机器设备需要修理。提供加工、修理修配劳务的单位若为一般纳税人，应使用增值税专用发票，分别注明加工、修理修配的

成本和增值税额。接受劳务的企业将据此进行会计处理。

【例2-29】 松雷有限公司发出材料一批,价款为40 000元,委托立信公司加工成某型号产品。立信公司开来专用发票注明加工费为5 000元,增值税额为650元,以银行存款支付,假设未发生其他费用,委托加工产品已验收入库。

会计分录如下。

a. 发出材料时

借:委托加工物资   40 000

    贷:原材料   40 000

b. 支付加工费时

借:委托加工物资   5 000

    应交税费——应交增值税(进项税额)   650

    贷:银行存款   5 650

c. 加工完毕收回时

借:库存商品   45 000

    贷:委托加工物资   45 000

⑤ 购进不动产的会计处理。自2019年4月1日起,《营业税改征增值税试点有关事项的规定》(财税〔2016〕36号文件)第一条第(四)项第1点、第二条第(一)项第1点停止执行,纳税人取得不动产或者不动产在建工程的进项税额不再分2年抵扣。此前按照上述规定尚未抵扣完毕的待抵扣进项税额,可自2019年4月税款所属期起从销项税额中抵扣。

【例2-30】 甲公司为增值税一般纳税人,2019年6月购入办公楼一栋,取得增值税专用发票注明价款为10 000 000元,增值税额为900 000元。当月用银行存款支付了款项,办妥了产权转移手续。甲公司2019年6月对增值税专用发票进行了认证。

$$当月可抵扣进项税额=900\ 000(元)$$

借:固定资——办公大楼   10 000 000

    应交税费——应交增值税(进项税额)   900 000

    贷:银行存款   10 900 000

(2) 自行计算抵扣进项税额的会计处理

根据税法规定,允许自行计算进项税额进行抵扣的会计处理如下。

采购农产品。企业购进原材料是免税农产品,无法取得增值税专用发票,其进项税额可根据购进的买价乘以9%(10%)扣除率加以确定。免税农业产品是指直接从事植物的种植、收割和动物的饲养、捕捞的单位和个人销售的自产的农业产品,免征增值税。

【例2-31】 胜利农副产品加工厂向农民收购粮食50 000千克,单价每千克1.2元,用于生产八宝粥,以现金支付,给卖粮农民开具了收购凭证,支付运输费5 000元(含税),取得运费增值税专用发票,粮食已验收入库。

$$进项税额=50\ 000\times1.2\times10\%+5\ 000\div(1+9\%)\times9\%$$
$$=6\ 000+412.84=6\ 412.84(元)$$
$$材料成本=50\ 000\times1.2\times90\%+[5\ 000-5\ 000\div(1+9\%)\times9\%]$$
$$=58\ 587.16(元)$$

会计处理如下。

借：原材料   58 587.16

  应交税费——应交增值税（进项税额） 6 412.84

  贷：库存现金   65 000

2）不可抵扣进项税额的会计处理

（1）购入材料发生退货、折让的会计处理

① 进货退回。在未作会计处理的情况下，只需将发票联和抵扣联退还给销货方；如果已作会计处理无法将发票联和抵扣联退回的情况下，购货方必须取得当地税务机关开具的退货证明单及红字增值税专用发票通知单送交销售方，作为销售方开具红字增值税专用发票的合法依据。

【例 2-32】 九色鹿服饰有限公司 2023 年 5 月 20 日收到时尚纺织公司转来的销售一批布料的托收承付结算凭证及专用发票，发票注明价款为 400 000 元，税额为 52 000 元，布料尚未入库，货款转账支付。另取得运输单位开具的运输增值税专用发票，列明运费为 9 000 元（含税），运费已转账支付。

  进项税额 $= 52\ 000 + 9\ 000 \div (1 + 9\%) \times 9\% = 52\ 743.12$（元）

  材料成本 $= 400\ 000 + [9\ 000 - 9\ 000 \div (1 + 9\%) \times 9\%] = 408\ 256.88$（元）

会计处理如下。

a. 5 月 20 日收到专用发票及付款时：

借：在途物资   408 256.88

  应交税费——应交增值税（进项税额） 52 743.12

  贷：银行存款   461 000

b. 6 月 2 日布料运到，验收后因质量不符合要求，全部退货，取得当地税务机关开具的退货证明单送交销货方，代垫退货运费 9 000 元。

借：应收账款   9 000

  贷：银行存款   9 000

c. 6 月 15 日收到销货方开来的红字增值税专用发票，退货款尚未收到，应由销货方赔付的进货运费也未支付。

借：应收账款   461 000

  应交税费——应交增值税（进项税额） −52 743.12

  贷：在途物资   408 256.88

② 进货折让。购进的材料，如果由于质量不符，但经过与销售方协商，同意给予一部分折让。购货方应退回增值税专用发票，由销售方按折让后的价款和税额重新开具增值税专用发票。若无法退回增值税专用发票，购货方应向当地税务局获取开具红字增值税专用发票通知单，转交销货方，并依据销售方转来的红字增值税专用发票进行会计处理。

【例 2-33】 承例 2-32，九色鹿服饰有限公司在 6 月 2 日收到材料后发现质量与合同不符，经与销货方联系协商后，销货方同意按货款给予折让 10%。

会计处理如下。

a. 材料验收入库，按扣除折让后的金额入账，并将通知单转交对方：

  材料成本 $= 400\ 000 \times (1 - 10\%) + 9\ 000 - 9\ 000 \div (1 + 9\%) \times 9\%$

     $= 368\ 256.88$（元）

```
借：原材料                                     368 256.88
    应收账款                                    40 000
    贷：在途物资                                         408 256.88
```

b. 收到销货方开具的红字增值税专用发票及款项时：

```
借：银行存款                                    45 200
    应交税费——应交增值税（进项税额）            －5 200
    贷：应收账款                                         40 000
```

（2）购进直接用于免税项目、集体福利、个人消费的货物

在购进时能明确区分是用于免税项目的，应将进项税额计入购进货物的成本。如果在购进时不能区分是否用于免税项目，可先按允许抵扣进项税额处理，待实际用于免税项目时再作进项税额转出的处理。

集体福利或者个人消费是指企业内部设置的供职工使用的食堂、浴室、理发室、宿舍、幼儿园等福利设施及设备、物品等或者以福利、奖励、津贴等形式发放给职工个人的物品，其进项税额不得抵扣。

【例 2-34】 御医堂制药有限公司为生产免税药物购进材料一批，取得增值税专用发票，注明价款为 100 000 元，税额为 13 000 元。货运单据注明发生运费为 4 000 元，保险费、杂费为 600 元。支付货款，材料未到。

```
借：在途物资                                    117 600
    贷：银行存款                                         117 600
```

【例 2-35】 春风机械制造厂为职工食堂购入原料一批，取得增值税专用发票，注明价款 280 000 元，税额 36 400 元，款项已支付。

```
借：应付职工薪酬——职工福利费                   316 400
    贷：银行存款                                         316 400
```

3）进项税额转出的会计处理

企业在购进货物时已按照增值税专用发票上记载的进项税额记入"应交税费——应交增值税（进项税额）"的借方，但实际使用时发生改变用途、非正常损失等情况，按照税法规定，这些进项税额不能从销项税额中抵扣，而必须由有关的承担者负担。因此，设置"应交税费——应交增值税（进项税额转出）"账户进行核算。该账户记录企业的购进货物、在产品、库存商品等发生非常损失以及其他原因，不应从销项税额中抵扣而应转出的进项税额。

（1）购进货物改变用途

为生产、销售购进的货物，购进后若用于免税项目、非增值税应税项目、集体福利、个人消费，应将其负担的增值税从"进项税额"中转出，随同货物成本计入有关账户。

【例 2-36】 大商家电商场将库存商品电暖风 100 台，作为福利发给职工，每台不含税进价为 500 元。

```
借：应付职工薪酬——职工福利                    56 500
    贷：库存商品                                        50 000
        应交税费——应交增值税（进项税额转出）            6 500
```

【例 2-37】 北京某文化传媒企业，2023 年 6 月购入 20 套服装用于广告演出，增值税专用发票上注明金额为 200 000 元，进项税额为 26 000 元，款已支付，货物已验收入库，已做相

应会计处理。7月16日从仓库中领用上月购入服装20套作为福利发给管理层用。

编制会计分录如下。

① 确认应付职工薪酬时

借：管理费用　　　　　　　　　　　　　　　　226 000

　　贷：应付职工薪酬　　　　　　　　　　　　　　　　226 000

② 给职工实际发放时

应转出的进项税额＝200 000×13％＝26 000(元)

借：应付职工薪酬　　　　　　　　　　　　　　226 000

　　贷：原材料　　　　　　　　　　　　　　　　　　200 000

　　　　应交税费——应交增值税(进项税额转出)　　26 000

(2) 购进货物用于免税项目

企业购进的货物，如果既用于应税项目，又用于免税项目，而进项税额又不能单独核算时，月末应按免税项目销售额占应税、免税项目销售额合计的比重计算免税项目不予抵扣的进项税额，然后作"进项税额转出"的会计处理。如果企业生产的产品全部是免税项目，其购进货物的进项税额在购入时直接计入采购成本，因而不存在进项税额转出的问题。

【例 2-38】　天元药业有限公司既生产免税药品产品也生产应税药品，本月为生产两种药品购进原材料 10 000 公斤，增值税专用发票注明单价 35 元。本月销售免税药品 150 000 元，销售应收药品 600 000 元。销售成本分别为 12 000 元、420 000 元。

会计处理如下。

① 购进材料时

借：原材料　　　　　　　　　　　　　　　　　350 000

　　应交税费——应交增值税(进项税额)　　　　 45 500

　　贷：银行存款　　　　　　　　　　　　　　　　　395 500

② 销售免税药品时

借：银行存款　　　　　　　　　　　　　　　　150 000

　　贷：主营业务收入　　　　　　　　　　　　　　　150 000

③ 销售应税药品时

借：银行存款　　　　　　　　　　　　　　　　678 000

　　贷：主营业务收入　　　　　　　　　　　　　　　600 000

　　　　应交税费——应交增值税(销项税额)　　　　 78 000

④ 计算销售比例时

免税产品比例＝150 000÷(150 000＋600 000)×100％＝20％

免税产品进项税额＝45 500×20％＝9 100(元)

⑤ 结转免税药品成本时

借：主营业务成本　　　　　　　　　　　　　　129 100

　　贷：库存商品　　　　　　　　　　　　　　　　　120 000

　　　　应交税费——应交增值税(进项税额转出)　　9 100

⑥ 结转应税药品成本时

借：主营业务成本   420 000

  贷：库存商品   420 000

（3）非正常损失货物的会计处理

损失是指生产经营过程中的合理损耗和非正常损失。非正常损失是指因管理不善造成货物被盗、丢失、霉烂变质，以及因违反法律法规造成货物或者不动产被依法没收、销毁、拆除的情形。无论何种原因发生的非正常损失，其损失额都应包括损失材料的价款及其进项税额。但原因不同，其损失的承受者不同，因而包含在损失中的进项税额在会计处理上也存在不同。

【例2-39】　长江有限公司2023年6月10日购进材料10 000千克，每千克不含税单价为15元，取得专用发票，转账付款。6月15日入库时发现短缺400千克，原因待查。7月20日查明是由运输单位造成的，应由其赔偿。

会计处理如下。

① 6月10日付款时

借：在途物资   150 000

  应交税费——应交增值税（进项税额）   19 500

  贷：银行存款   169 500

② 6月15日入库，按实收数量入账时

借：原材料   144 000

  待处理财产损溢   6 000

  贷：在途物资   150 000

③ 7月20日查明原因，为运输单位造成的，应向运输单位索赔，则

借：其他应收款   6 780

  贷：待处理财产损溢   6 000

    应交税费——应交增值税（进项税额转出） 780

【例2-40】　金鑫有限责任公司由于管理不善，用于生产的一批原材料被盗，成本为70 000元。经批准核销。

$$不得抵扣的进项税额＝70 000×13\%＝9 100（元）$$

会计处理如下。

借：待处理财产损溢   79 100

  贷：原材料   70 000

    应交税费——应交增值税（进项税额转出） 9 100

借：管理费用   79 100

  贷：待处理财产损溢   79 100

4. 一般纳税人增值税的会计处理综合举例

【例2-41】　承例2-3，假设2023年6月10日缴纳5月增值税。

会计处理如下。

① 5 月 5 日

借：银行存款		1401 200
贷：主营业务收入		1200 000
其他业务收入		40 000
应交税费——应交增值税（销项税额）		161 200

② 5 月 8 日

借：银行存款		280 800
贷：主营业务收入		248 495.58
应交税费——应交增值税（销项税额）		32 304.42

③ 5 月 10 日

借：应付职工薪酬		198 880
贷：主营业务收入		176 000
应交税费——应交增值税（销项税额）		22 880

④ 5 月 12 日

借：原材料	1 096 153.85	
应交税费——应交增值税（进项税额）	140 500	
贷：银行存款		1 236 653.85

⑤ 5 月 13 日

借：原材料	206 348.62	
应交税费——应交增值税（进项税额）	21 651.38	
贷：银行存款		228 000

⑥ 5 月 15 日

借：应交税费——应交增值税（已交税金）		45 000
贷：银行存款		45 000

⑦ 5 月 28 日

借：待处理财产损益		23 305.48
贷：原材料		20 672
应交税费——应交增值税（进项税额转出）		2 633.48

同时，

借：其他应收款		15 000
管理费用		8 305.48
贷：待处理财产损益		23 305.48

⑧ 5 月末转出未交增值税

借：应交税费——应交增值税（转出未交增值税）		11 866.52
贷：应交税费——未交增值税		11 866.52

⑨ 6 月 10 日，缴纳 5 月增值税时

借：应交税费——未交增值税		11 866.52
贷：银行存款		11 866.52

2.5　出口货物、劳务和跨境应税行为退(免)税和征税

一国对出口货物、劳务和跨境应税行为实行退(免)税是国际贸易中通常采用并为世界各国普遍接受的,目的在于鼓励各国出口货物公平竞争的一种退还或免征间接税的税收措施。由于这项制度比较公平合理,因此已经成为国际社会通行的惯例。

我国对出口货物、劳务和跨境应税行为实行退(免)增值税是指增值税在国家贸易业务中,对我国报关出口的货物、劳务和跨境应税行为退还和免征其在国内各生产和流转环节按税法规定缴纳的增值税,即对应征收增值税的出口货物、劳务和跨境应税行为实行零税率。

对增值税出口货物、劳务和跨境应税行为的零税率,从税法上理解有两层含义:一是对本环节生产或销售货物、劳务和跨境应税行为的增值税部分免征增值税;二是对出口货物、劳务和跨境应税行为前道环节所含的进项税额进行退付。

2.5.1　出口货物、劳务和跨境应税行为退(免)增值税概述

1. 我国的出口货物、劳务、跨境应税行为退(免)增值税基本政策

世界各国为了鼓励本国货物出口,在遵循世界贸易组织(WTO)基本规则的前提下,一般都采取优惠的税收政策。目前。我国的出口货物、劳务、跨境应税行为的增值税税收政策分为以下三类。

(1)出口免税并退税,即《关于出口货物劳务增值税和消费税政策的通知》(财税〔2012〕39号,以下简称《通知》)中所说的"适用增值税退(免)税政策的范围"。出口免税是指对货物、劳务和跨境应税行为在出口销售环节免征增值税,这是把货物、劳务和跨境应税行为出口环节与出口前的销售环节都同样视为一个征税环节;出口退税是指对货、劳务和跨境应税行为在出口前实际承担的税收负担,按规定的退税率计算后予以退还。出口免税是指对货物(应税消费品)、劳务和跨境应税行为在出口销售环节免征增值税、消费税。出口退税是指对货物(应税消费品)、劳务和跨境应税行为在出口前实际承担的税收负担,按规定的退税率计算后予以退还。

(2)出口免税但不退税,即《通知》中所说的"适用增值税免税政策的范围"。出口免税与上述第1项含义相同。出口不退税是指适用这个政策的出口货物、劳务和跨境应税行为因在前一道生产、销售环节或进口环节是免税的,因此,出口时该货物、劳务和跨境应税行为的价格中本身就不含税,也无须退税。

(3)出口不免税也不退税,即《通知》中所说的"适用增值税征税政策的范围"。出口不免税是指对国家限制或禁止出口的某些货物、劳务和跨境应税行为的出口环节视同内销环节,照常征税;出口不退税是指对这些货物、劳务和跨境应税行为出口不退还出口前其所负担的税款。

2. 我国出口货物的退税率

(1)除财政部和国家税务总局根据国务院决定而明确的增值税出口退税率外,出口货物、服务和无形资产的退税率为其适用税率。目前我国增值税出口退税率分为五档,即13%、10%、9%、6%和零税率。

（2）退税率的特殊规定如下。

① 外贸企业购进按简易办法征税的出口货物、从小规模纳税人购进的出口货物，其退税率分别为简易办法实际执行的征收率、小规模纳税人征收率。上述出口货物取得增值税专用发票的，退税率按照增值税专用发票上的税率和出口货物退税率孰低的原则确定。

② 出口企业委托加工修理修配货物，其加工修理修配费用的退税率，为出口货物的退税率。

③ 中标机电产品、出口企业向海关报关进入特殊区域销售给特殊区域内生产企业生产耗用的列名原材料、输入特殊区域的水电气，其退税率为适用税率。如果国家调整列名原材料的退税率，列名原材料应当自调整之日起按调整后的退税率执行。

（3）适用不同退税率的货物、劳务及跨境应税行为，应分开报关、核算并申报退（免）税，未分开报关、核算或划分不清的，从低适用退税率。

2.5.2　出口货物应退税额的计算

出口货物只有在适用既免税又退税的政策时，才会涉及如何计算退税的问题。我国《出口货物退（免）税管理办法》规定了两种退税的计算办法：第一种是"免、抵、退"办法，主要适用于自营和委托出口自产货物的生产企业；第二种是"先征后退"的办法，目前主要用于收购货物出口的外（工）贸企业。

1."免、抵、退"法

生产企业自营或委托外贸企业代理出口自产货物，除另有规定外，增值税一律实行"免、抵、退"管理办法。"免、抵、退"的程序和方法如下。

（1）当期应纳税额，计算公式如下。

当期应纳税额＝当期销项税额－（当期进项税额－当期不得免征和抵扣税额）
$\qquad$－上期留抵税额

当期不得免征和抵扣税额＝当期出口货物离岸价×外汇人民币折合率
$\qquad$×（出口货物适用税率－出口货物退税率）
$\qquad$－当期不得免征和抵扣税额抵减额

当期不得免征和
抵扣税额抵减额＝当期免税购进原材料价格×（出口货物适用税率－出口货物退税率）

（2）当期免抵退税额的计算公式如下。

当期免抵退税额＝当期出口货物离岸价×外汇人民币折合率×出口货物退税率
$\qquad$－当期免抵退税额抵减额

当期免抵退税额抵减额＝当期免税购进原材料价格×出口货物退税率

（3）当期应退税额和免抵退税额的计算公式如下。

① 当期期末留抵税额≤当期免抵退税额，则

$\qquad$当期应退税额＝当期期末留抵税额

$\qquad$当期免抵税额＝当期免抵退税额－当期应退税额

② 当期期末留抵税额＞当期免抵退税额，则

$\qquad$当期应退税额＝当期免抵退税额

$\qquad$当期免抵税额＝0

当期期末留抵税额为当期增值税纳税申报表中"期末留抵税额"。

（4）当期免税购进原材料价格。

当期免税购进原材料价格包括当期国内购进的无进项税额且不计提进项税额的免税原材料的价格和当期进料加工保税进口料件的价格，其中当期进料加工保税进口料件的价格为组成计税价格。

$$\begin{array}{c}\text{当期进料加工保税进口}\\\text{料件的组成计税价格}\end{array}=\text{当期进口料件到岸价格}+\text{海关实征关税}+\text{海关实征消费税}$$

【例 2-42】　甲公司为自营出口的生产企业（增值税一般纳税人），适用的增值税税率为 13%，退税率为 10%。2023 年 5 月生产经营情况为：外购原材料取得增值税专用发票，注明支付价款 2 000 000 元、增值税额 260 000 元，通过认证。上月末留抵税额 30 000 元，本月内销售货物不含税销售额 1 000 000 元，收款 1 130 000 元，本月出口货物销售额折合人民币 3 000 000 元。试计算企业当期"免、抵、退"税额。

免抵退税不得免征和抵扣税额＝3 000 000×（13%－10%）＝90 000（元）

当期应纳税额＝1 000 000×13%－（260 000－90 000）－30 000＝－70 000（元）

出口货物免抵退税额＝3 000 000×10%＝300 000（元）

当期期末留抵税额≤当期免抵退税额

当期应退税额＝当期期末留抵税额

应退税额＝70 000（元）

当期免抵税额＝当期免抵退税额－当期应退税额

当期免抵税额＝300 000－70 000＝230 000（元）

2. "先征后退"法

"先征后退"是指出口货物在生产（购货）环节按规定缴纳增值税，货物出口后由收购出口的企业向其主管出口退税的税务机关申请办理出口货物退税。"先征后退"方式目前主要适用于有进出口经营权的外贸企业直接出口或委托其他外贸企业代理出口的货物以及其他特准退税的企业出口的货物。

（1）对有进出口经营权的外贸企业收购货物直接出口或委托其他外贸企业代理出口货物，应按照购进货物所取得的增值税专用发票上注明的进项税额和该货物适用的退税率计算退税。其计算公式如下：

应退税额＝出口货物不含增值税的购进金额×出口退税率

或

应退税额＝出口货物的进项税额－出口货物不予退税的税额

$$\begin{array}{c}\text{出口货物}\\\text{不予退税的税额}\end{array}=\begin{array}{c}\text{出口货物不含增值税的}\\\text{购进金额}\end{array}×（\text{增值税法定税率}－\text{退税率}）$$

【例 2-43】　乙进出口公司 2023 年 6 月向美国凯特贸易公司出口产品一批。产品购入增值税专用发票列明金额 80 000 元，退税率为 13%，则

应退税额＝80 000×13%＝10 400（元）

（2）外贸企业委托生产企业加工收回后出口的货物。按照购进国内原辅材料的增值税专用发票的购货金额和相应的退税率计算原辅材料的退税额。支付的加工费，凭受托方开具货物的退税率，计算加工费的退税额。其计算公式如下：

$$应退税额＝国内原辅材料购货金额×相应退税率＋加工费×相应退税率$$

【例 2-44】 丙进出口公司 2023 年 7 月购进布料一批,委托加工成服装出口。取得购进布料增值税发票一张,注明计税金额 100 000 元,退税率 13％;支付服装加工费取得增值税专用发票一张,注明计税金额 20 000 元,退税率为 13％,则

$$应退税额＝100\,000×13％＋20\,000×13％＝15\,600（元）$$

（3）外贸企业从小规模纳税人购进并持普通发票的货物出口,不得退税,但对出口抽纱、工艺品、香料、山货、松香、五倍子等 12 类货物,考虑其占我国出口比重较大及其生产、采购的特殊因素,凭税务机关代开的增值税专用发票可予以退税。计算公式如下:

$$应退税额＝税务机关代开的增值税专用发票注明的金额×退税率$$

【例 2-45】 丁进出口公司 2023 年 6 月从增值税小规模纳税人申通公司购进抽纱工艺品出口,取得税务机关代开的增值税专用发票,注明计税金额 80 000 元,退税率为 3％。则

$$应退税额＝80\,000×3％＝2\,400（元）$$

2.5.3　出口货物退（免）增值税的会计处理

1. 实行"免、抵、退"法出口退税的会计处理

（1）当期出口货物不予免税、抵税和退税的税额,计入出口货物的成本,借记"主营业务成本"账户,贷记"应交税费——应交增值税（进项税额转出）"账户。

（2）按规定计算的当期应予抵扣的税额,借记"应交税费——应交增值税（出口抵减内销产品应纳税额）"账户,贷记"应交税费——应交增值税（出口退税）"账户。

（3）因应抵扣的税额大于应纳税额而未全部抵扣,按规定应予退回的税款,借记"应收出口退税"账户,贷记"应交税费——应交增值税（出口退税）"账户。

（4）收到退回的税款,借记"银行存款"账户,贷记"应收出口退税"账户。

【例 2-46】 承例 2-42,5 月出口退免税的会计处理如下。

① 根据当期不得免征和抵扣的税额为 90 000 元

借:主营业务成本　　　　　　　　　　　　　　　　　　　　90 000

　　贷:应交税费——应交增值税（进项税额转出）　　　　　　　　90 000

② 根据当期免抵税额

借:应交税费——应交增值税（出口抵减内销产品应纳税额）　　230 000

　　贷:应交税费——应交增值税（出口退税）　　　　　　　　　　230 000

③ 根据当期应退税额

借:其他应收款——应收补贴款　　　　　　　　　　　　　　70 000

　　贷:应交税费——应交增值税（出口退税）　　　　　　　　　　70 000

2. 实行"先征后退"法出口退税的会计处理

货物出口销售,企业在收到出口货物退回的税款时,借记"银行存款"账户,贷记"应交税费——应交增值税（出口退税）"账户。出口货物办理退税后发生的退货或退关补缴已退回的税款时,作相反的会计处理。

2.6　增值税纳税实务模拟操作

2.6.1　模拟操作案例

1. 企业概况

(1) 纳税人名称：哈尔滨市兴盛机械制造有限公司。

(2) 纳税人类型：有限责任公司(增值税一般纳税人)。

(3) 法定代表人：许峰。

(4) 地址及电话：哈尔滨市香坊区公滨路 59 号　0451-84135488。

(5) 开户行及账号：工商银行哈尔滨市香坊区支行　3500043109006648289。

(6) 纳税人识别号(统一社会信用代码)：230110690719695342。

(7) 主管税务机关：哈尔滨市香坊区税务局。

2. 业务资料

业务 1：2023 年 5 月 3 日，因产品生产需要，购入甲型钢材，取得供货方开具的防伪税控增值税专用发票和运输单位开具的增值税专用发票。货款 400 000 元，税款 52 000 元，运费 6 000 元(含税)，装卸费 600 元，保险费 200 元，相关款项已从结算账户转账付讫，发票已通过税务机关认证。

业务 2：2023 年 5 月 9 日，进行 4 月增值税纳税申报并通过网上划款缴纳增值税 93 500 元，并取得工商银行电子缴税付款凭证。

业务 3：2023 年 5 月 11 日，销售一批 A 设备，开出增值税专用发票，取得运输单位开具的增值税专用发票，货款 800 000 元、税款 104 000 元已收讫，运费 3 000 元(含税)、装卸费 300 元、保险费 100 元已支付。

业务 4：2023 年 5 月 12 日，上月购进的乙型钢材发生丢失。该批材料实际成本价 104 650 元，其中运费成本 4 650 元。

业务 5：2023 年 5 月 13 日，支付电费取得香坊区国家电网公司开具的增值税专用发票，生产用电 149 000 元、税款 19 370 元，款项已通过转账付讫。发票已通过税务机关认证。

业务 6：2023 年 5 月 15 日以自产丙设备 4 台作价 1 200 000 元，与哈尔滨海天工贸公司联合组建哈尔滨市天元工业有限公司，占该公司 10% 股份，已知每台产品对外不含税售价 300 000 元，成本价 250 000 元。已开具增值税专用发票。

业务 7：2023 年 5 月 20 日，出售两台 2007 年购进的作为固定资产的设备，原价 500 000 元，已提折旧 300 000 元。售价 187 200 元，相关款项已收存银行账户，开出增值税普通发票。

业务 8：2023 年 5 月 31 日，根据业务 1 至业务 7，编制增值税应纳税额汇总计算表，并根据所计算的应纳税额进行会计处理。

2.6.2　模拟操作要求与指导

1. 模拟操作要求

(1) 根据涉税业务进行会计处理，填制记账凭证。

（2）编制增值税应纳税额汇总计算表。

（3）填制增值税一般纳税人增值税纳税申报表及其附列资料表（只填写本月数）。

2. 模拟操作指导

（1）向学生讲解增值税的计算方法并指导其计算。

（2）向学生讲解增值税涉税业务的会计处理方法并指导其处理。

（3）向学生讲解增值税纳税申报表及其附表的填制方法并指导其填制。

2.6.3　模拟操作执行

1. 分析涉税业务并进行会计处理

业务 1：业务分析如下。

（1）根据上述运费发票计算可抵扣的运费进项税额：

$$运费进项税额＝6\,000÷(1＋9\%)×9\%＝495.41(元)$$

$$计入原材料成本的运杂费＝6\,800－6\,000÷(1＋9\%)×9\%＝6\,304.59(元)$$

（2）根据相关原始凭证进行外购货物和进项税额的会计处理：

借：原材料——甲型钢材　　　　　　　　　　　　　400 000

　　应交税费——应交增值税（进项税额）　　　　　　52 000

　　　贷：银行存款　　　　　　　　　　　　　　　　　　452 000

借：原材料——甲型钢材　　　　　　　　　　　　　6 304.59

　　应交税费——应交增值税（进项税额）　　　　　　495.41

　　　贷：银行存款　　　　　　　　　　　　　　　　　　6 800

业务 2：银行电子缴税付款凭证既是税收完税凭证，同时也是银行存款转账凭证。根据相关原始凭证进行完税业务的会计处理。

借：应交税费——未交增值税　　　　　　　　　　　93 500

　　贷：银行存款　　　　　　　　　　　　　　　　　　93 500

业务 3：业务分析如下。

（1）根据上述运费发票计算可抵扣的运费进项税额：

$$运费进项税额＝3\,000÷(1＋9\%)×9\%＝247.71(元)$$

$$计入销售费用的运杂费＝3\,400－247.71＝3\,152.29(元)$$

（2）根据相关原始凭证，进行货物销售和销项税业务的会计处理。

借：银行存款　　　　　　　　　　　　　　　　　　904 000

　　贷：主营业务收入　　　　　　　　　　　　　　　　800 000

　　　　应交税费——应交增值税（销项税额）　　　　　104 000

借：销售费用　　　　　　　　　　　　　　　　　　3 152.29

　　应交税费——应交增值税（进项税额）　　　　　　247.71

　　　贷：银行存款　　　　　　　　　　　　　　　　　　3 400

业务 4：业务分析如下。

（1）根据领料单及材料明细账，计算应转出的进项税税额：

转出进项税额＝(104 650－4 650)×13\%＋4 650×9\%＝13 000＋418.50

$$=13\,418.50(元)$$

应记入管理费用的金额$=104\,650+13\,418.50=118\,068.50(元)$

（2）根据相关原始凭证及所计算的转出进项税额，进行材料领用及进项税转出的会计处理。

借：待处理财产损溢　　　　　　　　　　　　　　　　118 068.50
　　贷：原材料　　　　　　　　　　　　　　　　　　104 650
　　　　应交税费——应交增值税（进项税额转出）　　13 418.50
借：管理费用　　　　　　　　　　　　　　　　　　　118 068.50
　　贷：待处理财产损溢　　　　　　　　　　　　　　118 068.50

业务5：业务分析如下。

外购货物用于应税项目或用于制造费用、管理费用的，其进项税可以抵扣；用于非应税项目或发生非正常损失的，其进项税不得抵扣。

根据相关原始凭证进行外购电力及进项税的会计处理。

借：制造费用　　　　　　　　　　　　　　　　　　　149 000
　　应交税费——应交增值税（进项税额）　　　　　　19 370
　　贷：银行存款　　　　　　　　　　　　　　　　　168 370

业务6：业务分析如下。

（1）根据相关原始凭证及同类产品对外不含税售价，计算销项税额：

$$销项税额=1\,200\,000\times13\%=156\,000(元)$$

（2）根据相关原始凭证及产品成本资料进行产品成本的会计处理。

借：长期股权投资——哈尔滨天元公司　　　　　　　　1 356 000
　　贷：主营业务收入　　　　　　　　　　　　　　　1 200 000
　　　　应交税费——应交增值税（销项税额）　　　　156 000

同时，结转主营业务成本：

借：主营业务成本　　　　　　　　　　　　　　　　　1 000 000
　　贷：库存商品　　　　　　　　　　　　　　　　　1 000 000

业务7：业务分析如下。

（1）根据相关原始凭证进行注销固定资产的会计处理。

借：固定资产清理　　　　　　　　　　　　　　　　　200 000
　　累计折旧　　　　　　　　　　　　　　　　　　　300 000
　　贷：固定资产　　　　　　　　　　　　　　　　　500 000

（2）根据增值税有关销售使用过的固定资产应税规定，计算此笔业务的应纳税额，同时计算应交城建税、教育费附加。

$$应交增值税=187\,200\div(1+3\%)\times2\%=3\,634.95(元)$$
$$应交城建税=3\,634.95\times7\%=254.45(元)$$
$$应交教育费附加=3\,634.95\times3\%=109.05(元)$$
$$应交地方教育费附加=3\,634.95\times2\%=72.70(元)$$

会计处理如下。

借：银行存款　　　　　　　　　　　　　　　　　　　187 200

        贷：固定资产清理   187 200
      借：固定资产清理   4 071.15
        贷：应交税费——应交增值税（销项税额）   3 634.95
          应交税费——应交城建税   254.45
          应交税费——应交教育费附加   109.05
          应交税费——应交地方教育费附加   72.70

（3）计算转让固定资产净损益，结转固定资产清理账户，进行会计处理。

        转让固定资产净损益＝187 200－（200 000＋4 071.15）＝－16 871.15（元）

      借：资产处置损益   16 871.15
        贷：固定资产清理   16 871.15

业务 8：根据以上处理结果，进行如下会计处理。

借：应交税费——应交增值税（转出未交增值税）   204 940.33
  贷：应交税费——未交增值税   204 940.33

2. 编制应纳增值税额汇总计算表

编制应纳增值税额汇总计算表具体见表 2-3。

表 2-3 应纳增值税额汇总计算表

2023 年 5 月 31 日

项　目			计税销售额	销项税额	记账凭证	发票类型
销项税额	应税货物	货物名称	适用税率	计税销售额	销项税额	记账凭证	发票类型
		销售 A 设备	13%	800 000	104 000		专用
		用丙设备对外投资	13%	1 200 000	156 000		专用
		小计		2 000 000	260 000		
		纳税调整					
	简易办法计税应纳增值税额		2%	181 747.57	3 634.95		普通
进项税额	本期进项税额发生额		扣除率	计税金额	进项税额	记账凭证	发票类型
	购进甲型钢材		13%	400 000	52 000		专用
	购进甲型钢材支付运费		9%	5 504.59	495.41		专用
	销售 A 设备支付运费		9%	2 752.29	247.71		专用
	支付生产用电费		13%	149 000	19 370		专用
	小计			557 256.88	72 113.12		
	进项税额转出		扣除率	计税金额	进项税额	记账凭证	用途/原因
	领用乙型钢材		13%	100 000	13 000		丢失
	上述材料运费		9%	4 650	418.50		丢失
	小计			104 650	13 418.50		
按适用税率计算应纳增值税额			260 000－（72 113.12－13 418.50）＝201 305.38（元）			
实际应纳增值税额			201 305.38＋3 634.95＝204 940.33（元）			

3. 填制增值税纳税人增值税纳税申报表及其附列资料表

填制增值税纳税人增值税纳税申报表及其附列资料表具体见表 2-4～表 2-9。

表 2-4 增值税纳税申报表附列资料（一）

（本期销售情况明细）

税款所属时间:2023 年 5 月 1 日至 2023 年 5 月 31 日

纳税人名称:(公章)　　　　　　　　　　　　　　　　金额单位:元至角分

项目及栏次			开具税控增值税专用发票		开具其他发票		未开具发票		纳税检查调整		合计			扣除后		
			销售额	销项（应纳）税额	销售额	销项（应纳）税额	销售额	销项（应纳）税额	销售额	销项（应纳）税额	销售额	销项（应纳）税额	价税合计	服务、不动产和无形资产扣除项目本期实际扣除金额	含税（免税）销售额	销项（应纳）税额
			1	2	3	4	5	6	7	8	$9=1+3+5+7$	$10=2+4+6+8$	$11=9+10$	12	$13=11-12$	$14=13\div(100\%+税率或征收率)\times税率或征收率$
一、一般计税方法计税	全部征税项目	13%税率的货物及加工修理修配劳务	1	2 000 000	260 000							2 000 000	260 000				
		13%税率的服务、不动产和无形资产	2														
		9%税率	3														
		9%税率	4														
		6%税率	5														
	其中:即征即退项目	即征即退货物及加工修理修配劳务	6	—	—	—	—	—	—			—	—	—		—	—
		即征即退服务、不动产和无形资产	7	—	—	—	—	—	—			—	—	—		—	—

续表

项目及栏次		开具税控增值税专用发票		开具其他发票		未开具发票		纳税检查调整		合　计			服务、不动产和无形资产扣除项目本期实际扣除金额	扣除后	
		销售额	销项（应纳）税额	销售额	销项（应纳）税额	销售额	销项（应纳）税额	销售额	销项（应纳）税额	销售额	销项（应纳）税额	价税合计		含税（免税）销售额	销项（应纳）税额
		1	2	3	4	5	6	7	8	9=1+3+5+7	10=2+4+6+8	11=9+10	12	13=11−12	14=13÷(100%+税率或征收率)×税率或征收率
二、简易计税方法计税 全部征税项目	6%征收率														
	5%征收率的货物及加工修理修配劳务 9a												—	—	—
	5%征收率的服务、不动产和无形资产 9b														
	4%征收率 10												—	—	—
	3%征收率的货物及加工修理修配劳务 11			181 747.57	3 634.95					181 747.57	3 634.95				
	3%征收率的服务、不动产和无形资产 12														
	预征率 ％ 13a	—	—	—	—	—	—	—	—	—	—	—	—	—	—
	预征率 ％ 13b	—	—	—	—	—	—	—	—	—	—	—	—	—	—
	预征率 ％ 13c	—	—	—	—	—	—	—	—	—	—	—	—	—	—
其中即征即退项目	即征即退货物及加工修理修配劳务 14	—	—	—	—	—	—	—	—	—	—	—	—	—	—
	即征即退服务、不动产和无形资产 15	—	—	—	—	—	—	—	—	—	—	—	—	—	—
三、免抵退税	货物及加工修理修配劳务 16	—	—	—	—	—	—	—	—	—	—	—	—	—	—
	服务、不动产和无形资产 17	—	—	—	—	—	—	—	—	—	—	—	—	—	—
四、免税	货物及加工修理修配劳务 18	—	—	—	—	—	—	—	—	—	—	—	—	—	—
	服务、不动产和无形资产 19	—	—	—	—	—	—	—	—	—	—	—	—	—	—

表2-5　增值税纳税申报表附列资料（二）

（本期进项税额明细）

纳税人名称：（公章）

税款所属时间：2023年5月1日至2023年5月31日　　　　　　　金额单位：元至角分

一、申报抵扣的进项税额

项　目	栏　次	份　数	金　额	税　额
（一）认证相符的增值税专用发票	1＝2＋3	4	557 256.88	72 113.12
其中：本期认证相符且本期申报抵扣	2			
前期认证相符且本期申报抵扣	3			
（二）其他扣税凭证	4＝5＋6＋7＋8a＋8b			
其中：海关进口增值税专用缴款书	5			
农产品收购发票或者销售发票	6			
代扣代缴税收缴款凭证	7		—	
加计扣除农产品进项税额	8a		—	
其他	8b			
（三）本期用于购建不动产的扣税凭证	9			
（四）本期用于抵扣的旅客运输服务扣税凭证	10	—	—	
（五）外贸企业进项税额抵扣证明	11	—	—	
当期申报抵扣进项税额合计	12＝1＋4＋11	4	557 256.88	72 113.12

二、进项税额转出额

项　目	栏　次			税　额
本期进项税额转出额	13＝14至23之和			13 418.50
其中：免税项目用	14			
集体福利、个人消费	15			13 418.50
非正常损失	16			
简易计税方法计税项目用	17			
免抵退税办法不得抵扣的进项税额	18			

续表

二、进项税额转出额

项目	栏次	税额
纳税检查调减进项税额	19	
红字专用发票信息表注明的进项税额	20	
上期留抵税额抵减欠税	21	
上期留抵税额退税	22	
其他应作进项税额转出的情形	23	

三、待抵扣进项税额

项目	栏次	份数	金额	税额
(一)认证相符的增值税专用发票	24	—	—	—
期初已认证相符但未申报抵扣	25			
本期认证相符且本期申报抵扣	26			
期末已认证相符但未申报抵扣	27			
其中:按照税法规定不允许抵扣	28			
(二)其他扣税凭证	29=30至33之和			
其中:海关进口增值税专用缴款书	30			
农产品收购发票或者销售发票	31		—	
代扣代缴税收缴款凭证	32			
其他	33			
	34			

四、其他

项目	栏次	份数	金额	税额
本期认证相符的增值税专用发票	35			—
代扣代缴税额	36	—	—	

表 2-6 增值税纳税申报表附列资料（三）

（服务、不动产和无形资产扣除项目明细）

税款所属时间：2023 年 5 月 1 日至 2023 年 5 月 31 日

纳税人名称：（公章）　　　　　　　　　　　　　　　　　　　　金额单位：元至角分

项目及栏次		本期服务、不动产和无形资产价税合计额（免税销售额）	服务、不动产和无形资产扣除项目				
			期初余额	本期发生额	本期应扣除金额	本期实际扣除金额	期末余额
		1	12	3	4＝2＋3	5（5≤1 且 5≤4）	6＝4－5
13%税率的项目	1						
9%税率的项目	2						
6%税率的项目（不含金融商品转让）	3						
6%税率的金融商品转让项目	4						
5%征收率的项目	5						
3%征收率的项目	6						
免抵退税的项目	7						
免税的项目	8						

表 2-7 增值税纳税申报表附列资料（四）

（税额抵减情况表）

税款所属时间：2023 年 5 月 1 日至 2023 年 5 月 31 日

纳税人名称：（公章）　　　　　　　　　　　　　　　　　　　　　金额单位：元至角分

一、税额抵减情况

序号	抵减项目	期初余额	本期发生额	本期应抵减税额	本期实际抵减税额	期末余额
		1	2	3＝1＋2	4≤3	5＝3－4
1	增值税税控系统专用设备费及技术维护费					
2	分支机构预征缴纳税款					
3	建筑服务预征缴纳税款					
4	销售不动产预征缴纳税款					
5	出租不动产预征缴纳税款					

二、加计抵减情况

序号	加计抵减项目	期初余额	本期发生额	本期调减额	本期可抵减额	本期实际抵减额	期末余额
		1	2	3	4＝1＋2－3	5	6＝4－5
6	一般项目加计抵减额计算						
7	即征即退项目加计抵减额计算						
8	合计						

表 2-8 增值税减免税申报明细表

税款所属时间：2023 年 5 月 1 日至 2023 年 5 月 31 日

纳税人名称（公章）：　　　　　　　　　　　　　　　　　　金额单位：元至角分

一、减税项目

减税性质代码及名称	栏次	期初余额 1	本期发生额 2	本期应抵减税额 3＝1＋2	本期实际抵减税额 4≤3	期末余额 5＝3－4
	1					
	2					
	3					
	4					
	5					
合计	6					

二、免税项目

免税性质代码及名称	栏次	免征增值税项目销售额 1	免税销售额扣除项目本期实际扣除金额 2	扣除后免税销售额 3＝1－2	免税销售额对应的进项税额 4	免税额 5
合计	7					
出口免税	8		—	—	—	—
其中：跨境服务	9		—	—	—	—
	10					
	11					
	12					
	13					
	14					
	15					
	16					

表 2-9 增值税纳税申报表

（适用于增值税一般纳税人）

根据国家税收法律法规及增值税相关规定制定本表。纳税人不论有无销售额，均应按税务机关核定的纳税期限填写本表，并向当地税务机关申报。

税款所属时间：自 2023 年 5 月 1 日至 2023 年 5 月 31 日　填表日期：2023 年 6 月 5 日　金额单位：元至角分

纳税人识别号	2 3 0 1 1 0 6 9 0 7 1 9 6 9 5 3 4 2		所属行业：			工业制造业	
纳税人名称	哈尔滨市兴盛机械制造有限公司	法定代表人姓名	许峰	注册地址	哈尔滨市香坊区公滨路 59 号	生产经营地址	哈尔滨市香坊区公滨路 59 号
开户银行及账号	工商银行哈尔滨市香坊区支行 3500043109006648289		登记注册类型		有限责任公司	电话号码	0451-84135488

	项　　目	栏　次	一般货物、劳务和应税服务		即征即退货物及劳务和应税服务	
			本月数	本年累计	本月数	本年累计
销售额	（一）按适用税率计税销售额	1	2 000 000.00			
	其中：应税货物销售额	2	2 000 000.00			
	应税劳务销售额	3				
	纳税检查调整的销售额	4				
	（二）按简易办法计税销售额	5	181 747.57			
	其中：纳税检查调整的销售额	6				
	（三）免、抵、退办法出口货物销售额	7				
	（四）免税货物及劳务销售额	8				
	其中：免税货物销售额	9				
	免税劳务销售额	10				
税款计算	销项税额	11	260 000.00			
	进项税额	12	72 113.12			
	上期留抵税额	13				
	进项税额转出	14	13 418.50			
	免、抵、退货物应退税额	15				
	按适用税率计算的纳税检查应补缴税额	16				
	应抵扣税额合计	17＝12+13－14－15+16	58 694.62			
	实际抵扣税额	18（如 17＜11，则为 17，否则为 11）	58 694.62			

续表

项 目		栏 次	一般货物、劳务和应税服务		即征即退货物及劳务和应税服务	
			本月数	本年累计	本月数	本年累计
销售额	应纳税额	19＝11－18	201 305.38			
	期末留抵税额	20＝17－18				
	简易计税办法计算的应纳税额	21	3 634.95			
	按简易计税办法计算的纳税检查应补缴税额	22				
	应纳税额减征额	23				
	应纳税额合计	24＝19＋21－23	204 940.33			
税款缴纳	期初未缴税额（多缴为负数）	25	93 500.00			
	实收出口开具专用缴款书退税额	26				
	本期已缴税额	27＝28＋29＋30＋31	93 500.00			
	① 分次预缴税额	28				
	② 出口开具专用缴款书预缴税额	29				
	③ 本期缴纳上期应纳税额	30	93 500.00			
	④ 本期缴纳欠缴税额	31				
	期末未缴税额（多缴为负数）	32＝24＋25＋26－27	204 940.33			
	其中：欠缴税额（≥0）	33＝25＋26－27		—		
	本期应补（退）税额	34＝24－28－29	204 940.33	—		
	即征即退实际退税额	35				
	期初未缴查补税额	36				
	本期入库查补税额	37				
	期末未缴查补税额	38＝16＋22＋36－37				
授权声明	如果你已委托代理人申报，请填写下列资料： 　　为代理一切税务事宜，现授权＿＿＿＿＿＿＿＿（地址）＿＿＿＿＿＿为本纳税人的代理申报人，任何与本申报表有关的往来文件，都可寄予此人。 　　授权人签字：		申报人声明		本纳税申报表是根据国家税收法律法规及相关规定填报的，我确定它是真实的、可靠的、完整的。 　　声明人签字：	

主管税务机关：　　　　　　接收人：　　　　　　　　接收日期：

素养相关案例

税收优惠政策有效盘活现金流　增加企业信心激发市场活力

　　税收在国家治理中具有基础性、支柱性、保障性作用。近年来，税务部门以更大力度、更实举措、更优服务，有效减轻企业税费负担，支持服务实体经济，特别是民营经济、先进制造业和高新技术产业发展。

　　日前，中央网信办网络社会工作局、国家税务总局税收宣传中心联合举办"发现最美你评我论""看税收走基层税惠 赋能高质量发展"湖南行网评品牌活动，网络媒体记者、网络正能量人士、网评员等走访湖南省港务集团有限公司（以下简称港务集团）城陵矶国际集装箱码头，了解税收优惠政策助力企业高质量发展的举措与成效。

　　港务集团于 2018 年 12 月 28 日由湖南省国资委牵头成立，旨在贯彻落实习近平总书记在深入推动长江经济带发展座谈会和岳阳视察时的重要讲话精神，以及湖南省委、省政府关于长江岸线整治的战略部署，推动湖南省长江岸线绿色高效利用，加快全省港航资源整合，扎实推进湖南长江岸线港口码头专项整治。据了解，港务集团负责湖南"一江一湖四水"（长江湖南段、洞庭湖、湘江、沅水、澧水、资水）及其他区域性重要港区国有涉港核心有效资产的资源整合，公共码头及配套设施的投资建设和统一运营，港口物流及相关产业的投资开发。

　　"这个行业投资建设周期比较长，而且我们连续三年投资了三个项目，所以资金方面压力比较大，税收减免政策给了我们很大的支持。"湖南省港务集团财务负责人白钦林介绍，近几年，国家出台了物流企业大宗商品仓储设施用地减半征收城镇土地使用税，高新技术企业购置设备、器具企业所得税税前一次性扣除和 100% 加计扣除，增值税留抵退税等政策，在税务部门的指导下，港务集团都第一时间享受到了政策红利。

　　据了解，在新港区税务局的"靶向推送"和快速办理加持下，仅增值税留抵退税这一项，2022 年港务集团就享受到了 1 900 余万元的退税。白钦林说，税收优惠政策缓解了资金的压力，港务集团将被盘活的"真金白银"投入港口建设当中。"与一期比较，我们第二期的建设更为先进。比如，原来每台吊车上都要有一个操作员，现在大家看，车上都没有人了。只需要在中控室里操作，而且一个人能管三台车，用无人化改造提高了作业的效率"。

　　2022 年，港务集团完成集装箱吞吐量 121.6 万 TEU，零散的货物进出港量 2 908 万 t，其中城陵矶港集装箱吞吐量突破 100 万 TEU，成为继重庆、武汉之后长江中上游第三个百万标箱大港。

　　（资料来源：国家税务总局. 税收优惠政策有效盘活现金流，增加企业信心激发市场活力[EB/OL]. (2023-04-14)[2023-05-03]. http://www. chinatax. gov. cn/chinatax/n810219/n810780/c5192327/content. html. ）

 练习题

一、单项选择题

1. 某生产企业（　　）项目应确认收入实现，计算销项税额。

A. 将购买的货物投资给其他单位

B. 将购买的货物用于装修职工活动中心

C. 将购买的货物交加工单位委托加工后收回继续用于生产使用

D. 将购买的货物用于其兼营的租赁业务

2. 下列项目中,不征收增值税的项目是(　　)。

A. 铁路运输部门提供的运输服务

B. 外贸企业进口货物

C. 公司投保物资毁损而取得的保险赔付金

D. 公司通过 EMS 快递邀请函

3. 下列行为属于视同销售货物,应征收增值税的是(　　)。

A. 某商店为服装厂代销女性服装

B. 某批发商将外购的保健品用于集体福利

C. 某企业将外购的材料用于免税产品的生产

D. 某企业将外购的清洁剂用于个人消费

4. 依据增值税有关规定,下列属于增值税混合销售的是(　　)。

A. 饭店提供现场消费的餐饮服务和非现场消费的外卖服务

B. 企业转让专利权和土地使用权

C. 企业销售货物和接受产品设计服务

D. 销售自产货物并同时提供建筑业劳务的行为

5.《增值税暂行条例》中所称的货物是指(　　)。

A. 有形资产　　　B. 无形资产　　　C. 不动产　　　D. 有形动产

6. 某企业为一般纳税人,外购如下货物,按照增值税的有关规定,可以作为进项税额从销项税额中抵扣的是(　　)。

A. 外购的货物用于免税项目的生产

B. 外购的货物分给职工

C. 从小规模纳税人处购进货物,未取得增值税专用发票

D. 外购用于生产的设备

7. 某生产企业为增值税一般纳税人,某月进口一辆小轿车自用,关税完税价格折合人民币 120 万元,企业按照规定缴纳进口关税 24 万元、进口消费税 14.24 万元。则该企业进口小轿车应缴纳进口增值税(　　)万元。

A. 4.75　　　B. 24.48　　　C. 20.57　　　D. 26.90

8. 某公司为一般纳税人,某月月初有留抵税额 6.3 万元,当月销售产品取得产品销售收入(含增值税)2468.7 万元,外购原材料取得的增值税专用发票上注明的增值税税款为 30 万元,外购机器设备取得的增值税专用发票上注明的增值税税款为 2.2 万元,进项税发票均已通过认证。则该公司当月应纳增值税税额(　　)万元。

A. 387.48　　　B. 325.8　　　C. 326.5　　　D. 245.51

9. 甲公司为增值税一般纳税人,2023 年 6 月销售新型冰箱 50 台,每台含税价格为 5 650 元;采取以旧换新方式销售同型号冰箱 20 台,收回的旧冰箱每台作价 226 元,实际每台收取款项 5424 元。已知增值税税率为 13%,计算甲公司当月增值税销项税额的下列算

式中,正确的是(   )。

    A. [50×5 650+20×(5 424−226)]×13%=50 239.8(元)

    B. (50×5 650+20×5 424)÷(1+13%)×13%=44 980(元)

    C. (50+20)×5 650÷(1+13%)×13%=45 500(元)

    D. (50×5 650+20×5 424)×13%=50 827.4(元)

10. 甲食品公司为增值税一般纳税人,2023 年 7 月从农民手中收购一批农产品,开具的农产品收购发票注明买价 99 000 元,所收购的农产品当月全部用于生产袋装食品。已知购进的农产品按照 10% 的扣除率计算进项税额。计算甲食品公司当月收购该批农产品准予抵扣的进项税额的下列算式中,正确的是(   )。

    A. 99 000÷(1+10%)×10%=9 000(元)

    B. 99 000×10%=9 900(元)

    C. 99 000×(1+10%)×10%=10 890(元)

    D. 99 000÷(1−10%)×10%=11 000(元)

11. 某服装厂将自产的服装作为福利发给本厂职工,该批产品制造成本共计 10 万元,利润率为 10%,按当月同类产品的平均销售价格计算为 18 万元,则计征增值税的销售额为(   )万元。

    A. 10   B. 10.9   C. 11   D. 18

二、多项选择题

1. 下列销售行为应征收增值税的是(   )。

    A. 销售电力   B. 销售机器

    C. 销售房屋   D. (非农业生产者)销售农业初级产品

2. 适用于增值税一般纳税人的税率形式有(   )。

    A. 13%   B. 9%   C. 6%   D. 零税率

3. 将购进货物用于(   ),为不得抵扣进项税的项目,应作进项税额转出处理。

    A. 免税项目   B. 集体福利   C. 个人消费   D. 非应税项目

4. 根据增值税的有关规定,下列各项中,属于混合销售行为的有(   )。

    A. 商场销售家具的同时又为该客户提供安装服务

    B. 汽车厂销售汽车的同时又为其他客户提供修理服务

    C. 歌舞厅为某一客户提供娱乐服务的同时向其销售烟酒

    D. 超市销售商品的同时开设快餐区

5. 按 9% 税率征收增值税的货物有(   )。

    A. 有刊号的图书杂志   B. 农机、化肥等

    C. 有刊号的古旧图书   D. 已使用过的应征消费税的小轿车

6. 一般纳税义务人向购买方收取的(   )需计入销售额计算销项税额。

    A. 手续费   B. 逾期不退回的包装物押金

    C. 包装物租金   D. 代垫运费(运费发票开给购货方)

7. 下列行为中,属于视同销售货物征收增值税的有(   )。

    A. 销售代销货物

    B. 将外购货物用于职工福利

C. 将自产货物用于不动产在建工程

D. 将委托加工收回的货物无偿赠送给其他单位

8. 对视同销售行为征税而无销项税额的,可按(　　)确定销售额。

A. 当月或近期同类货物平均成本价　　　　B. 当月或近期同类货物平均销售价

C. 当月或近期同类货物市场价　　　　　　D. 组成计税价格

9. 增值税组成计税价格的计算公式可能是(　　)。

A. 组成计税价格＝成本＋利润＋增值税

B. 组成计税价格＝成本×(1＋增值税税率)

C. 组成计税价格＝成本×(1＋10%)

D. 组成计税价格＝成本×(1＋成本利润率)＋消费税

10. 增值税纳税义务发生时间可以是(　　)。

A. 预收货款方式销售货物的,为发出货物的当天

B. 视同销售货物行为的,为货物移送的当天

C. 委托他人代销货物的,为发出代销货物的当天

D. 交款提货方式销售货物的,为收到货款并将提货单交买方的当天

三、判断题

1. 去年购进的一批货物,今年领用一部分发给职工,发放时应做销售计征销项税。

(　　)

2. 增值税小规模纳税人的纳税期限为一个季度。(　　)

3. 销售给商业小规模纳税义务人的货物按 6% 计税。(　　)

4. 采取托收承付和委托银行收款方式销售货物的纳税义务发生时间,为发出货物并办妥托收手续的当天。(　　)

5. 当货物为应税消费品时,其增值税的纳税环节也是消费税的纳税环节,征收增值税时也应同时征收消费税。(　　)

6. 将购买的货物分配给股东时,进项税额不得抵扣。(　　)

7. 邮政部门以外的其他单位和个人销售集邮商品(如邮票、首日封、邮折等)应当征收增值税。(　　)

8. 某公司在同一市内设有两个实行统一核算的机构,将货物从一个机构移送至其他机构用于销售,视同销售,应当征收增值税。(　　)

9. 一般纳税人购进固定资产,取得了增值税专用发票,用于生产经营活动,该项购进活动产生的进行税额允许抵扣。(　　)

10. 简易计征增值税办法,仅适用于小规模纳税义务人,不适用于一般纳税义务人。

(　　)

四、计算题

1. A 为生产企业,B 为运输企业,C 为商业零售企业。A、B、C 均为增值税一般纳税人。2023 年 5 月 A 与 B 和 C 分别发生以下业务。

(1) A 销售给 C 一批货物,采用委托银行收款方式结算,货物已发出并办妥托收手续。开具的增值税专用发票上注明的销售额为 300 万元,税金为 39 万元。该货物由 B 负责运

输,运输费为 0.5 万元(含税价取得增值税专用发票),按合同规定,该款项应由 C 支付,但由 A 代垫运费,并开具了抬头为 C 的货票,A 已将货票交给 C。

(2) A 当月购进一批生产原材料,由 B 负责运输,已支付货款和运费,取得的增值税专用发票上注明的货物销售额为 100 万元,税金为 13 万元,发票已认证;支付 B 的运输装卸费为 0.8 万元,(含税价取得增值税专用发票)(已认证)。

(3) A 从 C 处购进一批货物,取得的增值税专用发票上注明的销售额为 5 000 元,税金为 650 元,发票尚未认证。国庆节前将价值 4 000 元的货物发给职工使用。

已知增值税的税率为 13%,根据上述材料计算 A 当期应缴纳的增值税税额。

要求:计算该公司当月应纳增值税税额。

2. 某生产企业为增值税一般纳税人,其生产的货物适用 13% 增值税税率,2023 年 8 月该企业的有关生产经营业务如下:

(1) 销售甲产品给某大商场,开具了增值税专用发票,取得不含税销售额 80 万元;同时取得销售甲产品的送货运输费收入为 5.6 万元(含增值税价格,与销售货物不能分别核算)。

(2) 销售乙产品,开具了增值税普通发票,取得含税销售额 22.6 万元。

(3) 将自产的一批应税新产品用于本企业集体福利项目,成本价为 20 万元,该新产品无同类产品市场销售价格,国家税务总局确定该产品的成本利润率为 10%。

以上相关票据均符合税法的规定。请按下列顺序计算该企业 8 月应缴纳的增值税税额。

(1) 计算销售甲产品的销项税额。

(2) 计算销售乙产品的销项税额。

(3) 计算自产自用新产品的销项税额。

五、业务题

某公司是一家专门从事轿车生产制造的一般纳税人,当月经济业务如下(增值税税率 13%)(假设不考虑消费税)。

(1) 采购原材料 100 吨,取得增值税专用发票,发票注明价款 500 000 元,增值税 65 000 元,款项已通过银行存款支付,另支付含税运费 1 090 元,取得增值税专用发票。

(2) 销售小轿车 100 辆,不含税单价 50 000 元,开具增值税普通发票,款项未收,增值税税率 13%。

(3) 委托某加工厂加工轿车,发出各种材料价款总计 300 000 元,加工方收取加工费 100 000 元,增值税 13 000 元,全部以银行存款支付。

(4) 本月购入的原材料短缺 1 吨,经查属于管理不善被盗,经批准转入管理费用。

(5) 以自产轿车 10 辆对某企业投资,获得 10% 股权,无重大影响,指定为以公允价值计量且其变动计入其他综合收益的金融资产,轿车成本价 300 000 元,市场价格 500 000 元。

(6) 以上委托加工轿车 10 辆全部收回入库。

(7) 以自产轿车 1 辆奖励引进的高级管理人才,轿车成本 30 000 元,市场价格 50 000 元。

(8) 出售不需用的设备一台,总价款 100 000 元,已通过开户银行收取,该设备原值 500 000 元,已计提折旧 350 000 元,购入该设备时已抵扣进项税额。

(9) 购入工程物资一批,不含税价款 300 000 元,增值税 39 000 元,取得增值税专用发票,款项已通过银行存款支付。

要求:写出以上交易事项的会计分录。

第3章

消费税纳税实务

【学习目标】

    通过本章的学习，了解消费税的概念；熟悉消费税的税目、税率、征收管理规定；掌握消费税应纳税额的计算方法及会计处理方法；熟练掌握消费税纳税申报表的填制方法。

【内容框架】

$$
\text{消费税纳税实务}
\begin{cases}
\text{消费税基本法规}
\begin{cases}
\text{消费税的纳税义务人} \\
\text{消费税的征税范围、税目及税率} \\
\text{消费税的征收管理}
\end{cases} \\
\text{消费税应纳税额计算}
\begin{cases}
\text{消费税应纳税额计算的一般方法} \\
\text{消费税应纳税额计算的具体方法}
\end{cases} \\
\text{消费税的会计处理}
\begin{cases}
\text{自产应税消费品消费税的会计处理} \\
\text{委托加工应税消费品的会计处理} \\
\text{进口应税消费品消费税的会计处理} \\
\text{出口应税消费品应退消费税的计算及会计处理}
\end{cases} \\
\text{消费税纳税实务模拟操作}
\end{cases}
$$

3.1　消费税基本法规

    消费税是对在我国境内从事生产、委托加工和进口应税消费品的单位和个人，就其销售额或销售数量，在特定环节征收的一种税。简单地说，消费税是对特定的消费品和消费行为征收的一种税。

    消费税具有征税范围具有选择性、征收方法具有多样性、税收调节具有特殊性、税负具有转嫁性等特点。

3.1.1 消费税的纳税义务人

在中国境内生产、委托加工和进口应税消费品的单位和个人为消费税纳税义务人。具体包括：从事生产和进口应税消费品的国有企业、集体企业、私有企业、股份制企业、合营企业、合作企业、合伙企业、外商投资企业、外国企业以及中国香港、澳门、台湾地区的企业和其他经济组织或者华侨、港澳台同胞投资兴办的企业、行政单位、事业单位、军事单位、社会团体、外国的机构和中国香港、澳门、台湾地区的机构等一切单位以及个体经营者和其他个人，包括中华人民共和国公民和外国公民。

3.1.2 消费税的征税范围、税目及税率

消费税的征税范围为在中华人民共和国境内生产、委托加工和进口《消费税暂行条例》规定的消费品，具体包括以下五大类。

第一类：有害消费品。这类消费品是指过度消费对人体健康、社会秩序、生态环境等方面造成危害的特殊消费品。如烟、酒、鞭炮焰火、木制一次性筷子、实木地板、电池、涂料等。

第二类：奢侈品、非生活必需品。如贵重首饰、化妆品、高档手表、高尔夫球等。

第三类：高能耗、高档消费品。如小汽车、摩托车、游艇等。

第四类：不可再生和替代的石油类消费品。如成品油等。

第五类：具有一定财政意义的产品，如汽车轮胎等。

1. 消费税的税目

按照消费税暂行条例规定，2014年12月调整后确定，我国消费税共设置了15个税目，包括烟、酒类、化妆品、贵重首饰、鞭炮焰火、成品油、摩托车、小汽车、高档手表、木制一次性筷子、实木地板、高尔夫球及球具、游艇、电池、涂料。在烟、酒、成品油和小汽车4个税目中还进一步划分了若干子目。

1）烟

烟，即以烟叶为原料加工生产的特殊消费品。卷烟是指将各种烟叶切成烟丝并按照一定的配方辅之以糖、酒、香料加工而成的产品。

2）酒类

（1）粮食白酒。粮食白酒是指以高粱、玉米、大米、糯米、大麦、小麦、青稞等各种粮食为原料，经过糖化发酵后，采用蒸馏方法酿制的白酒。

（2）薯类白酒。薯类白酒是指以白薯（红薯、地瓜）、木薯、马铃薯、芋头、山药等各种干鲜薯类为原料，经过糖化、发酵后，采用蒸馏方法酿制的白酒。用甜菜酿制的白酒，比照薯类白酒征税。

（3）黄酒。黄酒是指以糯米、粳米、籼米、大米、黄米、玉米、小麦、薯类等为原料，经过加温、糖化、发酵、压榨酿制的酒。

（4）啤酒。啤酒是指以大麦或其他粮食为原料，加入啤酒花，经过糖化、发酵、过滤酿制的含有二氧化碳的酒。

（5）其他酒。其他酒是指除粮食白酒、薯类白酒、黄酒、啤酒以外，酒度在1度以上的各种酒，包括糠麸白酒、其他原料白酒、土甜酒、复制酒、果木酒、汽酒、药酒、酒精等。

3）高档化妆品

本税目包括高档美容、修饰类化妆品、高档护肤类化妆品和成套化妆品。

4）贵重首饰及珠宝玉石

（1）金银珠宝首饰。包括：凡以金、银、白金、宝石、珍珠、钻石、翡翠、珊瑚、玛瑙等高贵稀有物质以及其他金属、人造宝石等制作的各种纯金银首饰及镶嵌首饰（含人造金银、合成金银首饰等）。

（2）珠宝玉石的种类。包括：钻石、珍珠、松石、青金石、欧泊石、橄榄石、长石、玉、石英、玉髓、石榴石、锆石、尖晶石、黄玉、碧玺、金绿玉、绿柱石、刚玉、琥珀、珊瑚、煤玉、龟甲、合成刚玉、合成宝石、双合石、玻璃仿制品。

5）鞭炮焰火

鞭炮又称爆竹，是用多层纸密裹火药，接以药引线制成的一种爆炸品；焰火是指烟火剂，一般系包扎品，内装药剂，点燃后烟火喷射，呈各种颜色，有的还可以变幻成各种景象。

6）成品油

本税目包括汽油、柴油、航空煤油、石脑油、溶剂油、润滑油、燃料油。

7）摩托车

（1）轻便摩托车。最大设计车速不超过 50 千米/小时、发动机气缸总工作容积不超过 50 毫升的两轮机动车。

（2）摩托车。最大设计车速超过 50 千米/小时、发动机气缸总工作容积超过 50 毫升、空车重量不超过 400kg（带驾驶室的正三轮车及特种车的空车重量不受此限）的两轮和三轮机动车。

8）小汽车

小汽车是指由动力驱动，具有四个或四个以上车轮的非轨道承载的车辆。

9）高尔夫球及球具

高尔夫球及球具是指从事高尔夫球运动所需的各种专用装备，包括高尔夫球、高尔夫球杆及高尔夫球包（袋）等。

10）高档手表

高档手表是指销售价格（不含增值税）每只在 10 000 元（含）以上的各类手表。

11）游艇

游艇是指长度大于 8 米小于 90 米，船体由玻璃钢、钢、铝合金、塑料等多种材料制作而成，可以在水上移动的水上浮载体。按照动力划分，游艇分为无动力艇、帆艇和机动艇。

12）木制一次性筷子

木制一次性筷子，又称卫生筷子，是指以木材为原料经过锯段、浸泡、旋切、刨切、烘干、筛选、打磨、倒角、包装等环节加工而成的各类一次使用的筷子。

13）实木地板

实木地板是指以木材为原料，经锯割、干燥、刨光、截断、开榫、涂漆等工序加工而成的块状或条状地面装饰材料。

14）电池

电池是一种将化学能、光能等直接转换为电能的装置。包括：原电池、蓄电池、燃料电池、太阳能电池和其他电池。

15）涂料

涂料是指涂于物体表面能形成具有保护、装饰或特殊性能的固体涂膜的一类液体或固体材料的总称。

2. 消费税的税率

消费税的税率是消费税税法的中心环节，具体体现国家的产业政策和消费政策，反映纳税人的负担程度，关系到国民经济相关部门之间以及国家、集体、个人三者之间的经济利益。

现行消费税按从价征税、从量征税、从价从量复合计征三种形式征收。对于从价征税的应税消费品，实行产品差别比例税率，目前税率由 3％～56％共有十三档；对于从量征税的应税消费品，实行定额税率，目前单位税额由 1.2～250 元共有八档。消费税税率形式的选择，主要是根据课税对象的具体情况来确定的，对一些供求基本平衡，价格差异不大，计量单位规范的消费品，选择计税简便的定额税率，如黄酒、啤酒、汽油、柴油等；对一些供求矛盾突出、价格差异较大，计量单位不规范的消费品，选择税价联动的比例税率，如卷烟、白酒等。

消费税税目、税率（税额）表见表 3-1。

表 3-1　消费税税目、税率表（额）

税　　目	税率（额）
一、烟	
1. 卷烟	
（1）甲类卷烟	56％加 0.003 元/支
（2）乙类卷烟	36％加 0.003 元/支
（3）批发环节	11％加 0.005 元/支
2. 雪茄烟	36％
3. 烟丝	30％
二、酒	
1. 白酒	20％加 0.5 元/500 克（或者 500 毫升）
2. 黄酒	240 元/吨
3. 啤酒	
（1）甲类啤酒	250 元/吨
（2）乙类啤酒	220 元/吨
4. 其他酒	10％
三、高档化妆品	15％
四、贵重首饰及珠宝玉石	
1. 金银首饰、铂金首饰和钻石及钻石饰品	5％
2. 其他贵重首饰和珠宝玉石	10％
五、鞭炮焰火	15％
六、成品油	
1. 汽油	1.52 元/升
2. 柴油	1.2 元/升
3. 航空煤油	1.2 元/升
4. 石脑油	1.52 元/升
5. 溶剂油	1.52 元/升
6. 润滑油	1.52 元/升
7. 燃料油	1.2 元/升

续表

税　　目	税率（额）
七、小汽车	
1. 乘用车	
（1）气缸容量（排气量，下同）在 1.0 升（含 1.0 升）以下的	1％
（2）气缸容量在 1.0 升以上至 1.5 升（含 1.5 升）的	3％
（3）气缸容量在 1.5 升以上至 2.0 升（含 2.0 升）的	5％
（4）气缸容量在 2.0 升以上至 2.5 升（含 2.5 升）的	9％
（5）气缸容量在 2.5 升以上至 3.0 升（含 3.0 升）的	12％
（6）气缸容量在 3.0 升以上至 4.0 升（含 4.0 升）的	25％
（7）气缸容量在 4.0 升以上的	40％
2. 中轻型商用客车	5％
3. 超豪华小汽车	10％
八、摩托车	
1. 气缸容量 250 毫升	3％
2. 气缸容量在 250 毫升（不含）以上	10％
九、高尔夫球及球具	10％
十、高档手表	20％
十一、游艇	10％
十二、木制一次性筷子	5％
十三、实木地板	5％
十四、电池	4％
十五、涂料	4％

3.1.3　消费税的征收管理

1. 纳税义务发生时间

（1）纳税人销售应税消费品，其纳税义务的发生时间如下。

① 纳税人采取赊销和分期收款结算方式的，其纳税义务的发生时间为销售合同规定的收款日期的当天。

② 纳税人采取预收货款结算方式的，其纳税义务的发生时间为发出应税消费品的当天。

③ 纳税人采取托收承付和委托银行收款方式销售的应税消费品，其纳税义务的发生时间为发出应税消费品并办妥托收手续的当天。

④ 纳税人采取其他结算方式的，其纳税义务的发生时间为收讫销售款或者取得索取销售款的凭据的当天。

（2）纳税人自产自用的应税消费品，其纳税义务的发生时间为移送使用的当天。

（3）纳税人委托加工的应税消费品，其纳税义务的发生时间为纳税人提货的当天。

2. 消费税的纳税期限

消费税的纳税期限分别为 1 日、3 日、5 日、10 日、15 日、1 个月或者 1 个季度。纳税人具体的纳税期限由主管税务机关根据纳税人应纳税额的大小分别核定；不能按固定期限纳税的，可以按次纳税。

纳税人以一个月或者 1 个季度为一期的,自期满之日起 15 日内申报纳税;以 1 日、3 日、5 日、10 日或者 15 日为一期纳税的,自期满之日起 5 日内预缴税款,于次月 1 日起 15 日内申报纳税并结清上月应纳税款。

纳税人进口应税消费品,应当自海关填发海关进口消费税专用缴款书之日起 15 日内缴纳税款。

3. 消费税的纳税地点

(1) 纳税人销售的应税消费品,以及自产自用的应税消费品,除国务院财政、税务主管部门另有规定外,应当向纳税人机构所在地或者居住地的主管税务机关申报纳税。

(2) 委托加工的应税消费品,除受托方为个人外,由受托方向机构所在地或者居住地的主管税务机关解缴消费税税款。

(3) 进口的应税消费品,由进口人或者其代理人向报关地海关申报纳税。

3.2 消费税应纳税额计算

3.2.1 消费税应纳税额计算的一般方法

消费税的计算比较复杂,一般采用从量定额计税、从价定率计税和从价从量复合计税等基本方法计算应纳税额。

1. 从量定额计税

实行从量定额征收的应税消费品,以应税消费品的销售数量为计税依据,按照规定的适用税率标准计算应纳税额。应纳税额计算公式为

$$应纳税额 = 应税消费品销售数量 \times 适用税额$$

在实际销售过程中,一些纳税人往往将计量单位混用,《消费税暂行条例实施细则》中具体规定了吨与升两个计量单位的换算标准。

啤酒	1 吨 = 988 升	黄酒	1 吨 = 962 升
汽油	1 吨 = 1 388 升	柴油	1 吨 = 1 176 升
石脑油	1 吨 = 1 385 升	溶剂油	1 吨 = 1 282 升
润滑油	1 吨 = 1 126 升	燃料油	1 吨 = 1 015 升
航空煤油	1 吨 = 1 246 升		

对采用定额税率征税的货物,必须核定其销售数量来作为计税依据。具体的核定方法如下。

(1) 销售应税消费品的,为应税消费品的销售数量。

(2) 自产自用应税消费品的,为应税消费品的移送使用数量。

(3) 委托加工应税消费品的,为纳税人收回的应税消费品数量。

(4) 进口的应税消费品,为海关核定的应税消费品进口征税数量。

2. 从价定率计税

实行从价定率征收的应税消费品,以含消费税而不含增值税的销售额,也称应税消费品的销售额为计税依据,按照规定的适用税率计算应纳税额。

应纳税额计算公式为

$$应纳税额＝应税消费品销售额×适用税率$$

1) 应税销售行为的确定

(1) 有偿转让应税消费品所有权的行为。即以从受让方取得货币、货物、劳务或其他经济利益为条件转让应税消费品所有权的行为。

(2) 纳税人自产自用的消费品用于其他方面的。即纳税人用于生产非应税消费品和在建工程、管理部门、非生产机构、提供劳务以及用于馈赠、赞助、广告、职工福利、奖励等,均视同对外销售。

(3) 委托加工的应税消费品。委托加工是指委托方提供原料和主要材料,受托方只收取加工费和代垫部分辅助材料进行加工的应税消费品。

2) 销售额的确定

(1) 纳税人生产销售的应税消费品,销售额是指纳税人销售应税消费品所收取的全部价款和价外费用。所谓价外费用包括:价外收取的基金、集资款、包装费、返还利润、补贴、违约金(延期付款利息)和手续费、包装费、储备费、优质费、运输装卸费、代收款项、代垫款项以及其他各种性质的价外收费。但不包括:承运部门的运费发票开具给购货方,并且由纳税人将该项发票转交给购货方的代垫运费;向购买方收取的增值税销项税额。

(2) 纳税人连同包装销售的应税消费品,根据不同情况分别确定销售额,如果包装物作价随同产品销售,无论包装物是否单独计价,也不论在会计上如何核算,均应并入应税消费品的销售额中征收消费税;如果包装物不作价随同产品销售,而是收取押金,此项押金则不应并入应税消费品的销售额中征收消费税。但对因逾期未收回包装物不再退还的和已收取一年以上押金的,应并入应税消费品的销售额,按照应税消费品的适用税率征收消费税。对于既作价随同应税消费品销售,又另外收取的包装物押金,凡纳税人在规定的期限内不予退还的,均应并入应税消费品的销售额,按照应税消费品的适用税率征收消费税。

其中,啤酒、黄酒以外的酒类产品在销售过程中产生的包装物押金,无论是否返还、如何计算,均应并入当期销售额征收消费税。

(3) 含增值税销售额的换算

$$应税消费品的销售额＝含增值税的销售额÷(1＋增值税税率或征收率)$$

3. 从价从量复合计税

现行消费税的征收范围中,卷烟、粮食白酒、薯类白酒三类应税消费品采用从价从量复合计税方法,该方法是指采用从价定率和从量定额相结合计税的办法计算应税消费品的应纳税额。

$$应纳税额＝应税消费品销售额×适用税率＋应税消费品销售数量×适用税额$$

生产销售卷烟、白酒,从量定额计税依据为实际销售数量。进口、委托加工、自产自用卷烟、白酒,从量定额计税依据分别为海关核定的进口征税数量、委托方收回数量、移送使用数量。

3.2.2 消费税应纳税额计算的具体方法

1. 自产自用应税消费品应纳税额的计算

纳税人自产自用的应税消费品,用于连续生产应税消费品的不纳税,用于其他方面的在移送使用时纳税。其中,"连续生产"是指作为生产最终应税产品的直接材料,并构成最终产品实体的消费品。"用于其他方面"是指纳税人用于生产非应税消费品和在建工程、管理部门、非生产机构、提供劳务及用于馈赠、赞助、集资、广告、样品、职工福利、奖励等方面的应税消费品。其计税依据是:有同类消费品销售价格的,按同类消费品的销售价格计税;无同类消费品销售价格的,按组成计税价格计税。

1) 同类消费品的销售价格

同类消费品的销售价格是指纳税人当月销售的同类消费品的销售价格,如果当月同类消费品的各期销售价格高低不同,应按销售数量加权平均计算。但销售的应税消费品有下列情况之一的,不得列入加权平均计算。

(1) 销售价格明显偏低又无正当理由的。

(2) 无销售价格的,如果当月无销售或当月未完结,应按照同类消费品上月或最近月份的销售价格计算纳税。

2) 组成计税价格

从价定率计算公式为

$$组成计税价格＝(成本＋利润)÷(1－消费税税率)$$

或

$$组成计税价格＝成本×(1＋成本利润率)÷(1－消费税税率)$$

或

$$组成计税价格＝成本×(1＋成本利润率)＋消费税税额$$

复合计税计算公式为

$$组成计税价格＝[成本×(1＋成本利润率)＋自产自用数量×定额税率]$$
$$÷(1－消费税税率)$$

$$应纳税额＝组成计税价格×从价定率＋自产自用数量×定额税率$$

成本是指应税消费品的产品生产成本。

利润是指根据应税消费品的全国平均成本利润率计算的利润。应税消费品的全国平均利润率由国家税务总局确定,常见的应税消费品全国平均成本利润率为:高档手表 20%;高尔夫球及球具、游艇、甲类卷烟、粮食白酒 10%;乘用车 8%;贵重首饰及珠宝玉石、摩托车 6%;乙类卷烟、雪茄烟、烟丝、薯类白酒、其他酒、化妆品、鞭炮焰火、中轻型商用客车、木制一次性筷子、实木地板 5%、电池 4%、涂料 7%。

【例 3-1】 2023 年 5 月,雪花制酒有限公司以福利形式发给每位职工粮食白酒 1 箱,该种白酒每箱生产成本为 300 元,成本利润率为 10%。公司职工人数为 400 人,计算该公司此项行为应缴纳的消费税。

$$组成计税价格＝成本×(1＋利润)÷(1－消费税税率)$$
$$＝300×400×(1＋10\%)÷(1－10\%)$$
$$＝146\ 666.67(元)$$

$$应纳消费税＝146\ 666.67×10\%＝14\ 666.67(元)$$

【例 3-2】 2023 年 5 月,黄海汽车制造有限公司用其所生产的小轿车 80 辆进行投资组建出租车公司,该小轿车单位制造成本为 75 000 元,市场单位销售价格为 98 000 元,另向某慈善机构捐赠同类小轿车 5 辆,该轿车适用消费税税率为 5%。该公司应缴纳多少消费税?

$$应纳消费税＝85×98\,000×5\%＝416\,500(元)$$

2. 委托加工应税消费品应纳税额的计算

作为委托加工的应税消费品必须具备两个条件：一是委托方提供原材料和主要材料；二是受托方只收取加工费和代垫部分辅助材料。

委托加工的应税消费品于委托方提货时，由受托方代收代缴消费税(但受托方为个体经营者的，应由委托方收回后，在委托方所在地缴纳消费税)，并且按照受托方的同类消费品的销售价格计算应代收代缴的消费税税额；如果没有同类消费品销售价格的，按照组成计税价格计算应代收代缴的消费税税额。委托加工收回的应税消费品直接用于销售的，在销售时不再缴纳消费税；用于连续生产应税消费品的，已纳税款按规定准予抵扣。

受托方有同类消费品销售价格的，计算委托方应纳消费税税额的计算公式为

$$应纳消费税＝受托方同类消费品销售单价×委托加工数量×适用税率$$

受托方没有同类消费品销售价格的，委托方按组成计税价格计算应纳消费税税额的计算公式为

$$应纳消费税＝组成计税价格×适用税率$$

实行从价定率办法计算纳税的组成计税价格的计算公式为

$$组成计税价格＝材料成本＋加工费＋消费税$$

或

$$组成计税价格＝(材料成本＋加工费)÷(1－消费税税率)$$

实行复合计税办法计算纳税的组成计税价格的计算公式为

$$组成计税价格＝(材料成本＋加工费＋委托加工数量×定额税率)÷(1－消费税税率)$$

$$应纳税额＝组成计税价格×从价定率＋委托加工数量×定额税率$$

组成计税价格的"材料成本"是指委托方所提供加工材料的实际成本，并且委托加工应税消费品的纳税人，必须在委托加工合同上如实注明(或者其他方式提供)材料成本，凡未提供材料成本或者提供的材料成本不实时，按税务机关核定的材料成本计算组成计税价格。

组成委托加工计税价格的"加工费"是指受托方加工应税消费品时向委托方所收取的、包括代垫辅助材料的全部费用(不含增值税税金)。

【例3-3】 2023年5月，碧霞化妆品有限公司委托第三日化公司加工初级化妆品，按加工合同要求，发出原材料账面成本100\,000元，支付加工费10\,000元，支付受托方垫付辅料费2\,000元，以上金额均不含。受托方无同类产品销售价格。加工完毕收回后用于继续生产高级化妆品。加工税费以转账支票付讫。第三日化公司应代收碧霞化妆品有限公司多少消费税？

$$组成计税价格＝(材料成本＋加工费)÷(1－消费税税率)$$
$$＝(100\,000＋10\,000＋2\,000)÷(1－15\%)$$
$$＝131\,764.71(元)$$
$$应代收消费税＝131\,764.71×15\%＝19\,764.71(元)$$

【例3-4】 2023年5月，丹诗化妆品有限公司将一批原材料发出，委托立强有限公司加工成套化妆品并在收回后直接对外出售，发出原材料账面成本为200\,000元，支付加工费20\,000元。立强有限公司同类化妆品计税销售额为300\,000元，加工税费以银行存款付清。加工完毕验收入库待售。丹诗化妆品有限公司应支付给受托加工方多少消费税？

$$应支付消费税＝300\,000×15\%＝45\,000(元)$$

3. 进口应税消费品应纳税额的计算

进口应税消费品以进口商品总值为计税依据,进口或代理进口应税消费品的单位和个人为进口应税消费品消费税的纳税义务人。进口的应税消费品于报关进口时缴纳消费税,由海关代征。

纳税人进口应税消费品,按照组成计税价格和规定的税率计算应纳税额。

1) 实行从价定率办法的应税消费品的应纳税额的计算

$$组成计税价格=关税完税价格+关税+消费税$$

或

$$组成计税价格=(关税完税价格+关税)÷(1-消费税税率)$$

$$应纳消费税=组成计税价格×消费税税率$$

式中,关税完税价格是指海关核定的关税计税价格。

2) 实行从量定额办法的应税消费品的应纳税额的计算

$$应纳税额=应税消费品数量×消费税单位税额$$

式中,应税消费品数量是指海关核定的应税消费品进口征税数量。

3) 实行复合计税办法的应税消费品的应纳税额的计算

如果进口的应税消费品属于适用从价与从量相结合计征的产品,在公式的分子中还应加上"消费税定额税"。

例如,依据确定的进口卷烟消费税适用比例税率,计算进口卷烟消费税组成计税价格和应纳消费税税额。

$$进口卷烟组成计税价格=\frac{关税完税价格+关税+消费税定额税}{1-进口卷烟消费税适用比例税率}$$

$$应纳消费税税额=进口卷烟消费税组成计税价格×进口卷烟消费税比例税率$$
$$+消费税定额税$$

$$消费税定额税=海关核定的进口卷烟数量×消费税定额税率$$

【例 3-5】 东方进出口公司 2023 年 6 月进口小汽车 25 辆,小汽车的到岸价格折合人民币 3 750 000 元,应纳关税 450 000 元,适用消费税率 5%。该企业进口小汽车的应纳消费税计算如下。

进口小汽车的组成计税价格=(3 750 000+450 000)÷(1-5%)=4 421 052.63(元)

进口小汽车应纳消费税=4 421 052.63×5%=221 052.63(元)

4) 下列应税消费品准予从应纳消费税税额中扣除原料已纳消费税税款

(1) 以外购或委托加工收回的已税烟丝为原料生产的卷烟。

(2) 以外购或委托加工收回的已税高档化妆品为原料生产的高档化妆品。

(3) 以外购或委托加工收回的已税珠宝玉石为原料生产的贵重首饰及珠宝玉石。

(4) 以外购或委托加工收回的已税鞭炮焰火为原料生产的鞭炮焰火。

(5) 以外购或委托加工收回的已税杆头、杆身和握把为原料生产的高尔夫球杆。

(6) 以外购或委托加工收回的已税木制一次性筷子为原料生产的木制一次性筷子。

(7) 以外购或委托加工收回的已税实木地板为原料生产的实木地板。

(8) 以外购或委托加工收回的已税汽油、柴油、石脑油、燃料油、润滑油用于连续生产应税成品油。

按照规定,当期准予扣除的外购或委托加工收回的应税消费品的已纳消费税税款,应按当期生产领用数量计算。

对于外购已税消费品,当期准予扣除的已纳消费税税款的计算公式为

当期准予扣除的外购应税消费品的已纳税款

＝当期准予扣除的外购的应税消费品的买价×外购应税消费品消费税税率

当期准予扣除的外购应税消费品买价

＝期初库存的外购应税消费品的买价＋当期购进的应税消费品的买价－

期末库存的外购应税消费品的买价

对于委托加工收回的消费品,当期准予扣除的已纳消费税税款的计算公式为

$$\begin{matrix}\text{当期准予扣除的委托加工} \\ \text{应税消费品已纳税款}\end{matrix} = \begin{matrix}\text{期初库存的委托加工} \\ \text{应税消费品已纳税款}\end{matrix} + \begin{matrix}\text{当期收回的委托加工} \\ \text{应税消费品已纳税款}\end{matrix} - \begin{matrix}\text{期末库存的委托加工} \\ \text{应税消费品已纳税款}\end{matrix}$$

3.3　消费税的会计处理

3.3.1　自产应税消费品消费税的会计处理

1. 销售自产的应税消费品的会计处理

销售应税消费品计提应交消费税时,借记"税金及附加"等账户,贷记"应交税费——应交消费税"账户;实际缴纳消费税时,借记"应交税费——应交消费税"账户,贷记"银行存款"账户。

【例 3-6】 2023 年 5 月,时尚化妆品有限公司本期销售化妆品一批,对外开具增值税专用发票注明货款为 180 000 元,增值税为 23 400 元。销货价税款已收妥存入银行。

期末计提应交消费税并进行会计处理如下。

$$\text{应纳消费税税额} = 180\ 000 \times 15\% = 27\ 000(元)$$

借:税金及附加　　　　　　　　　　　　　　　27 000

　　贷:应交税费——应交消费税　　　　　　　　　　　27 000

实际缴纳消费税时会计处理如下。

借:应交税费——应交消费税　　　　　　　　　27 000

　　贷:银行存款　　　　　　　　　　　　　　　　　27 000

【例 3-7】 鸿运卷烟厂本期对外销售每标准条调拨价格为 80 元的卷烟 200 标准箱,经核实,期初库存生产用外购烟丝买价 5 000 000 元,本期购进烟丝买价 3 000 000 元,期末库存外购烟丝买价 35 000 000 元。

期末计提应交消费税及会计处理如下。

$$\text{应纳消费税税额} = 200 \times 250 \times 80 \times 56\% + 200 \times 150$$
$$- (5\ 000\ 000 + 3\ 000\ 000 - 3\ 500\ 000) \times 30\%$$
$$= 2\ 240\ 000 + 30\ 000 - 1\ 350\ 000$$
$$= 920\ 000(元)$$

借:税金及附加　　　　　　　　　　　　　　　920 000

　　贷:应交税费——应交消费税　　　　　　　　　　920 000

实际缴纳消费税时会计处理如下。

借：应交税费——应交消费税　　　　　　　　　　　　　920 000
　　贷：银行存款　　　　　　　　　　　　　　　　　　　　920 000

【例3-8】 哈尔滨石化公司 2023 年 4 月销售汽油 80 吨，柴油 50 吨。假定汽油的不含税销售价格为 12 000 元/吨，实际成本为 8 000 元/吨；柴油的不含税销售价格为 10 000 元/吨，实际成本为 7 000 元/吨，款项已收到并存入银行（汽油消费税率为 1.52 元/升，柴油消费税率为 1.2 元/升）

$$汽油应纳税额＝80×1 388×1.52＝168 780.80(元)$$
$$柴油应纳税额＝50×1 176×1.2＝70 560(元)$$
$$该公司当月应纳消费税总额＝168 780.8＋70 560＝239 340.80(元)$$

会计处理如下。

（1）计提消费税时

借：税金及附加　　　　　　　　　　　　　　　239 340.80
　　贷：应交税费——应交消费税　　　　　　　　　　239 340.80

（2）上缴税款时

借：应交税费——应交消费税　　　　　　　　　239 340.80
　　贷：银行存款　　　　　　　　　　　　　　　　　239 340.80

2. 自产自用的应税消费品的会计处理

1）用于连续生产应税消费品的会计处理

纳税人自产自用的应税消费品用于连续生产应税消费品的，不纳消费税，只进行实际成本的核算。

【例3-9】 黄山卷烟厂领用库存自产烟丝 10 吨，用于连续生产卷烟，烟丝的实际总成本为 50 000 元，则领用时该烟厂会计处理如下。

借：生产成本　　　　　　　　　　　　　　　　50 000
　　贷：存货　　　　　　　　　　　　　　　　　　　50 000

2）用于其他方面的会计处理

（1）用于连续生产非应税消费品的会计处理

纳税人自产自用的应税消费品用于连续生产非应税消费品的，由于最终产品不属于应税消费品，所以应在移送使用环节缴纳消费税。在领用时借记"生产成本"科目，贷记"原材料""应交税费——应交消费税"等科目。

【例3-10】 欧雅化妆品有限公司领用库存自产高档化妆品若干，用于连续生产护肤品套装。化妆品的实际成本为 50 000 元（化妆品成本利润率为 5%），无同类应税消费品的销售价格。

则领用时该公司会计处理如下。

$$应纳消费税＝50 000×(1＋5\%)÷(1－15\%)×15\%＝9 264.71(元)$$

借：生产成本　　　　　　　　　　　　　　　　59 264.71
　　贷：存货　　　　　　　　　　　　　　　　　　　50 000
　　　　应交税费——应交消费税　　　　　　　　　　9 264.71

（2）用于其他方面的应税消费品的会计处理

纳税人用于其他方面的应税消费品,是指纳税人用于在建工程、管理部门、非生产机构、提供劳务以及馈赠、赞助、集资、广告、样品、集体福利、奖励等方面的应税消费品。用于其他方面的应税消费品应视同销售,在按成本转账的同时,按同类消费品的销售价格或组成计税价格和适用税率（增值税税率和消费税税率）计算增值税销项税额和消费税,借记"在建工程""销售费用""应付职工薪酬""营业外支出""固定资产"等科目,贷记"库存商品""应交税费——应交增值税（销项税额）""应交税费——应交消费税"科目。

【例3-11】 2023年5月,天王制表有限公司试制新型高档手表,为了开拓市场,将该手表赠送给客户50块。该新型手表无同类产品销售价格,该产品单位实际成本为13 500元,高档手表成本利润率为20%。

组成计税价格=13 500×（1+20%）÷（1-20%）×50=1 012 500（元）

应纳增值税=1 012 500×13%=131 625（元）

应纳消费税=1 012 500×20%=202 500（元）

会计处理如下。

借：销售费用 1 009 125
　　贷：库存商品 675 000
　　　　应交税费——应交增值税（销项税额） 131 625
　　　　应交税费——应交消费税 202 500

3.3.2 委托加工应税消费品的会计处理

委托方委托加工的应税消费品由受托方代收代缴消费税,委托方收回加工的应税消费品后,如果用于连续生产消费品的,其已纳消费税款准予按照规定从连续生产的应税消费品的应纳消费税税额中抵扣；委托方收回加工的应税消费品后直接用于销售的,在销售时不再缴纳消费税,此时委托方应将受托方代收代缴的消费税,随同应支付的加工费一并计入委托加工的应税消费品成本之中。因此在会计处理上,如果委托加工环节支付的消费税允许抵扣税额,借记"应交税费——应交消费税"账户,贷记"银行存款"等账户；如果委托加工环节支付的消费税不允许抵扣税额,借记"委托加工物资"等账户,贷记"银行存款"等账户。

1. 委托方收回后直接用于销售的应税消费品的会计处理

如果委托方将委托加工应税消费品收回后直接用于销售,应将受托方代收代缴的消费税和支付的加工费一并计入委托加工应税消费品的成本之中,借记"委托加工物资""库存商品——委托外部加工库存商品""生产成本——委托加工产品"等科目,贷记"应付账款（银行存款）"等科目。

如果按照入库价继续对外销售,则不需要另加进行消费税相关的分录处理。

【例3-12】 2023年5月,德威公司委托某加工厂加工一次性筷子一批,该受托单位没有同类产品销售价格,该一次性筷子原材料成本为100 000元,支付加工费为80 000元,支付代垫辅料为10 000元,以上金额均不含税增值税。该批产品收回后直接对外销售,计算该批一次性筷子应纳的消费税。

组成计税价格=（100 000+80 000+10 000）÷（1-5%）=200 000（元）

该加工厂应代收代缴消费税=200 000×5%=10 000（元）

德威公司支付增值税=（80 000+10 000）×13%=11 700（元）

德威公司会计处理如下。

（1）发出材料时

借：委托加工物资　　　　　　　　　　　　　　　　　　　　100 000

　　贷：原材料　　　　　　　　　　　　　　　　　　　　　　　　100 000

（2）支付加工费和增值税时

借：委托加工物资　　　　　　　　　　　　　　　　　　　　90 000

　　应交税费——应交增值税（进项税额）　　　　　　　　11 700

　　　贷：银行存款　　　　　　　　　　　　　　　　　　　　　101 700

（3）支付消费税时

借：委托加工物资　　　　　　　　　　　　　　　　　　　　10 000

　　贷：原材料　　　　　　　　　　　　　　　　　　　　　　　　10 000

（4）收回加工完成的应税消费品时

借：库存商品　　　　　　　　　　　　　　　　　　　　　　　200 000

　　贷：委托加工物资　　　　　　　　　　　　　　　　　　　　200 000

2. 委托方收回后用于连续生产应税消费品的会计处理

如果委托方将委托加工的应税消费品收回后用于连续生产应税消费品，则应将受托方代收代缴的消费税计入"应交税费——应交消费税"科目的借方，在最终应税消费品计算缴纳消费税时予以抵扣，而不是计入委托加工应税消费品的成本中。由于现行税法采用生产实耗扣税法，在支付代扣消费税时可设立"待扣税金"科目。

委托方在提货时，按应支付的加工费等借记"委托加工物资"等科目；按受托方代收代缴的消费税，借记"应交税费——应交消费税"科目；按支付加工费应负担的增值税税额，借记"应交税费——应交增值税（进项税额）"科目；按加工费与增值税、消费税之和，贷记"银行存款"等科目。待加工成最终应税消费品销售时，按最终应税消费品应缴纳的消费税，借记"增值税金及附加"科目，贷记"应交税费——应交消费税"科目。"应交税费——应交消费税"科目中，这两笔借贷方发生额的差额为实际应缴的消费税；缴纳时，借记"应交税费——应交消费税"科目，贷记"银行存款"科目。

【例3-13】 2023年6月，迪巧化妆品有限公司委托霞飞化妆品有限公司加工化妆品一批，发出材料成本为150 000元，该公司支付加工费为60 000元，增值税为10 200元。霞飞化妆品有限公司无同类化妆品的销售价格。迪巧化妆品有限公司在化妆品收回后，当期全部领用连续生产新型化妆品对外销售，化妆品适用税率为15%，取得销售收入为540 000元。

会计处理如下。

（1）发出材料时

借：委托加工物资　　　　　　　　　　　　　　　　　　　　150 000

　　贷：原材料　　　　　　　　　　　　　　　　　　　　　　　　150 000

（2）支付加工费、消费税和增值税时

　　　　组成计税价格=（150 000+60 000）÷（1-15%）=247 058.82（元）

　　　　应支付消费税=247 058.82×15%=37 058.82（元）

借：委托加工物资　　　　　　　　　　　　　　　　　　　　60 000

　　应交税费——应交增值税（进项税额）　　　　　　　　7 800

　　待扣税金——待扣消费税　　　　　　　　　　　　　　37 058.82

　　　　贷：银行存款　　　　　　　　　　　　　　104 858.82

　　（3）收回委托加工的化妆品时

　　借：原材料　　　　　　　　　　　　　　　　210 000

　　　　贷：委托加工物资　　　　　　　　　　　　210 000

　　（4）领用委托加工收回的化妆品时

　　借：生产成本　　　　　　　　　　　　　　　　210 000

　　　　贷：原材料　　　　　　　　　　　　　　　　210 000

　　同时，结转代扣代缴的消费税

　　借：应交税费——应交消费税　　　　　　　　37 058.82

　　　　贷：代扣税金——代扣消费税　　　　　　　37 058.82

　　（5）最终新型化妆品实现销售时确认收入，计算消费税时

　　　　　　　　最终应纳消费税＝540 000×15％＝81 000（元）

　　借：银行存款　　　　　　　　　　　　　　　　610 200

　　　　贷：主营业务收入　　　　　　　　　　　　540 000

　　　　　应交税费——应交增值税（销项税额）　　70 200

　　借：税金及附加　　　　　　　　　　　　　　　81 000

　　　　贷：应交税费——应交消费税　　　　　　　81 000

　　（6）计算缴纳当期实际应纳的消费税时

　　　　　　　当期实际应纳消费税＝81 000－37 058.82＝43 941.18（元）

　　借：应交税费——应交消费税　　　　　　　　43 941.18

　　　　贷：银行存款　　　　　　　　　　　　　43 941.18

3.3.3　进口应税消费品消费税的会计处理

　　进口的应税消费品，应在进口时由进口者缴纳消费税，缴纳的消费税应计入进口应税消费品的成本之中。

　　企业进口应税消费品，应当自海关填发税款缴款书的次日起15日内缴纳消费税，企业不交税不得提货。因此，缴纳消费税与进口货物入账基本上没有时间差。为简化核算手续，进口应税消费品缴纳的消费税不通过"应交税费——应交消费税"科目核算，在将消费税计入进口应税消费品成本时，直接贷记"银行存款"科目。在特殊情况下，如出现先提货、后缴纳消费税的，也可以通过"应交税费——应交消费税"科目核算应交消费税额。

　　企业进口的应税消费品可能是固定资产、原材料等。因此，在进口时，按应税消费品的到岸价格加关税连同消费税及不允许抵扣的增值税，借记"固定资产""材料采购"等科目；按支付的允许抵扣的增值税，借记"应交税费——应交增值税（进项税额）"科目，按其合计数，贷记"银行存款"等科目。

　　【例3-14】　经世实业有限公司2023年7月进口小汽车8辆作固定资产使用，小汽车的到岸价格折合人民币为1 200 000元，应纳关税为150 000元，适用消费税税率为20％。该公司进口小汽车应如何进行会计处理？

　　进口小汽车的组成计税价格＝（1 200 000＋150 000）÷（1－20％）＝1 687 500（元）

　　进口小汽车应纳消费税＝1 687 500×20％＝337 500（元）

　　进口小汽车应纳增值税＝1 687 500×13％＝219 375（元）

进口小汽车进口成本＝1 200 000＋150 000＋337 500＝1 687 500(元)

支付小轿车价款及相关税款时：

借：固定资产　　　　　　　　　　　　　　　　　　　　1 687 500

　　应交税费——应交增值税(进项税额)　　　　　　　　　219 375

　　贷：银行存款　　　　　　　　　　　　　　　　　　　　　1 906 875

3.3.4　出口应税消费品应退消费税的计算及会计处理

1. 出口应税消费品退(免)税范围的限定

(1) 有出口经营权的外贸企业购进应税消费品直接出口以及外贸企业受其他外贸企业委托代理出口的应税消费品，出口免税并退税。

(2) 有出口经营权的生产性企业自营出口或生产企业委托外贸企业代理出口自产的应税消费品，依其实际出口数量免征消费税，不予办理退还消费税。

(3) 除生产企业、外贸企业外的其他企业(即一般商贸企业)委托外贸企业代理出口应税消费品，一律不予退(免)税。

2. 出口应税消费品的退税率

(1) 出口应税消费品应退消费税的税率或单位税额就是税法规定的征税率或单位税额。

(2) 出口企业应将出口不同税率的应税消费品实行分别核算，并分别申报退税。

(3) 凡划分不清适用税率的，一律从低适用税率计算应退消费税税额。出口应税消费品应退的增值税仍按规定的退税率计算。

3. 出口应税消费品退税的计算方法和会计处理

生产企业将应税消费品销售给外贸企业，由外贸企业自营出口的，生产企业缴纳消费税的会计处理和在国内销售应税消费品缴纳消费税的会计处理相同。

而生产企业委托外贸企业代理出口应税消费品，应按规定实行先征后退方法的，需要进行会计处理。

委托出口的生产企业应在计算消费税时，按应缴纳的消费税，借记"应收账款"科目，贷记"应交税费——应交消费税"。应税消费品出口后，收到外贸企业退回的税款，借记"银行存款"科目，贷记"应收出口退税"科目。

【例3-15】 宗申摩托车制造有限公司通过外贸企业出口产品一批，该批产品的不含税销售价格为1 000 000元，消费税税率为10%。产品出口后，收到外贸企业退回的消费税为100 000元，并收到货款，存入银行(不考虑增值税)。

会计处理如下。

(1) 发出出口商品时

借：应收账款　　　　　　　　　　　　　　　　　　　　1 100 000

　　贷：主营业务收入　　　　　　　　　　　　　　　　　　　1 000 000

　　　　应交税费——应交消费税　　　　　　　　　　　　　　　100 000

(2) 收到退回的税款和货款时

借：银行存款　　　　　　　　　　　　　　　　　　　　1 100 000

　　贷：应收出口退税——应退消费税　　　　　　　　　　　　　1 100 000

【例3-16】 营口炼油厂委托海湾进出口公司代理出口柴油一批,共500吨,应退消费税于下月收回,柴油消费税率为1.2元/升。

$$应纳消费税=500×1\,176×1.2=705\,600(元)$$

会计处理如下。

(1) 计算应纳消费税税额时

借:应收账款	705 600
贷:应交税费——应交消费税	705 600

(2) 实际缴纳消费税税额时

借:应交税费——应交消费税	705 600
贷:银行存款	705 600

(3) 收到外贸公司所退回的消费税税金存入银行时

借:银行存款	705 600
贷:应收出口退税——应退消费税	705 600

4. 外贸企业直接出口应税消费品退税计算和会计处理

属于从量定额计征消费税的应税消费品,依照货物购进和报关出口的数量计算应退消费税税款,其计算公式为

$$应退消费税税款=出口数量×单位税额$$

属于从价定率计征消费税的应税消费品,依据外贸企业从生产企业购进应税消费品的价格计算应退消费税税款,其计算公式为

$$应退消费税税款=出口货物工厂的销售额×税率$$

式中,出口货物工厂的销售额是指不包括增值税的收购金额,对于含增值税的价格,应换算为不含增值税的销售额或收购金额计算。

【例3-17】 华盛进出口公司从慧宝公司购进一批高档化妆品由其自营出口。取得增值税专用发票上注明价款1 000 000元,当月全部报关出口后,向税务机关申请退税,已收到税务机关的退税款。出口报关价为1 500 000元,高档化妆品消费税税率为15%,化妆品的出口增值税退税率为13%。

$$出口高档化妆品应退消费税=1\,000\,000×15\%=150\,000(元)$$
$$出口高档化妆品应退增值税=1\,000\,000×13\%=130\,000(元)$$

会计处理如下。

(1) 进出口公司计提退税时

借:其他应收款——应收出口退税(增值税)	130 000
其他应收款——应收出口退税(消费税)	150 000
贷:主营业务成本	150 000
应交税费——应交增值税(出口退税)	130 000

(2) 收到税务机关退税时

借:银行存款	280 000
贷:应收出口退税——应退消费税	150 000
应收出口退税——应退增值税	130 000

5. 出口应税消费品（免）税后的补缴与会计核算

出口的应税消费品办理退税后，发生退关或国外退货进口时予以免税的，报关出口者必须及时向其所在地主管税务机关申报补缴已退的消费税税款。补缴应退税款的会计处理和出口退税相反。

纳税人直接出口的应税消费品办理免税后，发生退关或国外退货进口时已予以免税的，经所在地主管税务机关批准，可暂不办理补税，待其转为国内销售时，再向其主管税务机关申报补缴消费税。

【例 3-18】 承例 3-17，华盛进出口公司出口的高档化妆品当月全部报关出口后，向税务机关申请退税，已收到税务机关的退税款。下月该批化妆品因质量原因被进口商依合同约定全部退回，华盛进出口公司按规定补缴已退消费税和增值税，以银行转账支付。

会计处理如下。

（1）该批化妆品被退回时

借：主营业务收入　　　　　　　　　　　　　　　150 000

　　贷：应收账款　　　　　　　　　　　　　　　　150 000

（2）实际补缴已退税款时

借：应交税费　　　　　　　　　　　　　　　　　130 000

　　主营业务成本　　　　　　　　　　　　　　　150 000

　　贷：银行存款　　　　　　　　　　　　　　　　280 000

3.4　消费税纳税实务模拟操作

3.4.1　模拟操作案例

1. 企业概况

（1）纳税人名称：哈尔滨市巧迪化妆品有限公司。

（2）纳税人类型：有限责任公司（增值税一般纳税人）。

（3）法定代表人：张立波。

（4）地址及电话：哈尔滨市香坊区和平路 90 号　0451-82937878。

（5）开户行及账号：工商银行哈尔滨市香坊区支行　3500043109006677321。

（6）纳税人识别号（统一社会信用代码）：23011069083266381。

（7）主管税务机关：哈尔滨市香坊区税务局。

2. 业务资料

业务 1：2023 年 6 月 1 日，向哈尔滨市远大百货股份公司销售 200 套甲型高档化妆品，不含税价款 120 000 元，开出增值税专用发票，货款已通过银行转账收讫。

业务 2：2023 年 6 月 8 日，将自产的 100 套乙型高档化妆品作为奖励发放给业绩突出人员。该类高档化妆品每套成本 250 元，不含税单价 300 元。取得原始凭证有实物奖励登记表、库存产品出口单。

业务 3：2023 年 6 月 9 日，对 5 月份应纳消费税进行纳税申报，并进行电子转账缴税54 000 元，取得了工商银行电子缴税付款凭证一份。

业务4：2023年6月10日，领用外购丙型香料640kg（成本价64 000元）运往哈尔滨市三元日化有限公司，委托该公司代为加工丁型香水精（属于高档化妆品），香水精收回后将用于生产戊型香水对外出售，开出香料领料单。

业务5：2023年6月18日，支付给三元日化公司加工费20 000元（不含增值税），同时支付加工环节的消费税，受托方没有将丁型香水精对外销售，相关款项通过转账支付，取得三元公司开具的增值税专用发票、代收消费税凭证。

业务6：2023年6月20日，收回已加工完毕的丁型香水精60kg，单位成本1 400元，并办理了入库手续。

业务7：2023年6月23号，加工收回的丁型香水精40%用于对外销售给松雷百货股份公司，取得不含税收入60 000元，并开具了增值税专用发票，货款已通过银行转账收讫；其余60%一次性领用生产戊型香水，相关凭证已取得。

业务8：2023年6月25日，销售给哈尔滨市新世纪购物中心A类高档化妆品1 000瓶，不含税价款60 000元。货款已通过银行转账收讫。

业务9：2023年6月26日，以B类高档化妆品500套作为投资，与海天公司组建哈尔滨市铭奇化妆品股份有限公司，货物已交付，占铭奇公司5%的股份。B类高档化妆品单位成本为400元，销售单价最低为550元，最高为600元，平均单价为580元，双方约定按平均单价开具增值税专用发票。

业务10：2023年6月28日，销售给哈尔滨市完美高档化妆品贸易公司C类香水1 500瓶，单价150元/瓶，D类香水（属于高档化妆品）1 500瓶，单价250元/瓶，合计不含税销售额600 000元，开出增值税专用发票，货款已通过银行转账收讫。

业务11：根据相关业务1~业务10，计算本月应纳消费税，假设不考虑其他税种，月末对"税金及附加"账户进行结转。

3.4.2　模拟操作要求与指导

1. 模拟操作要求

（1）根据涉税业务进行会计处理，填制记账凭证。

（2）编制消费税纳税申报工作底稿。

（3）填制消费税纳税申报表及其附列资料表。

2. 模拟操作指导

（1）向学生讲解消费税税额的计算方法并指导其计算。

（2）向学生讲解消费税涉税业务的会计处理方法并指导其处理。

（3）向学生讲解消费税纳税申报表及其附表填制方法并指导其填制。

3.4.3　模拟操作执行

1. 分析涉税业务并进行会计处理

业务1：业务分析如下。

（1）根据此笔销售业务原始凭证中所记录的销售收入，计算消费税应纳税额如下：

$$应交消费税＝120 000×15\%＝18 000（元）$$

（2）进行销售业务、销项税额和消费税的会计处理：

借：银行存款　　　　　　　　　　　　　　　　135 600
　　贷：主营业务收入　　　　　　　　　　　　　　120 000
　　　　应交税费——应交增值税（销项税额）　　　15 600
借：税金及附加　　　　　　　　　　　　　　　　18 000
　　贷：应交税费——应交消费税　　　　　　　　　18 000

业务2：业务分析如下。

（1）根据职工实物奖励领用登记表，计算应纳消费税税额和增值税销项税额：

$$应纳消费税税额＝100×300×15％＝4 500（元）$$

$$增值税销项税额＝100×300×13％＝3 900（元）$$

（2）根据计算出的应纳消费税税额、增值税销项税额及会计准则相关规定进行会计处理。

借：应付职工薪酬——非货币性奖励　　　　　　　33 900
　　贷：主营业务收入　　　　　　　　　　　　　　30 000
　　　　应交税费——应交增值税（销项税额）　　　　3 900
借：税金及附加　　　　　　　　　　　　　　　　4 500
　　贷：应交税费——应交消费税　　　　　　　　　4 500
借：主营业务成本　　　　　　　　　　　　　　　25 000
　　贷：存货　　　　　　　　　　　　　　　　　　25 000

业务3：根据缴税原始凭证进行会计处理。

借：应交税费——应交消费税　　　　　　　　　　54 000
　　贷：银行存款　　　　　　　　　　　　　　　　54 000

业务4：根据领料单进行委托加工物资的会计处理。

借：委托加工物资　　　　　　　　　　　　　　　64 000
　　贷：原材料——丙型香料　　　　　　　　　　　64 000

业务5：业务分析如下。

（1）计算加工费增值税和加工环节消费税：

加工环节消费税＝（64 000＋20 000）÷（1－15％）×15％＝14 823.53（元）

加工费增值税＝20 000×13％＝2 600（元）

合计共支付款项＝20 000＋2 600＋14 823.53＝37 423.53（元）

（2）对加工费、加工环节消费税进行会计处理。

借：委托加工物资　　　　　　　　　　　　　　　20 000
　　应交税费——应交增值税（进项税额）　　　　　2 600
　　　　贷：银行存款　　　　　　　　　　　　　　22 600
借：应交税费——应交消费税　　　　　　　　　　14 823.53
　　贷：银行存款　　　　　　　　　　　　　　　　14 823.53

业务6：根据"委托加工物资"账户记录和委托加工产品入库单，进行加工物资收回的会计处理。

借：原材料　　　　　　　　　　　　　　　　　　84 000
　　贷：委托加工物资　　　　　　　　　　　　　　84 000

业务 7：业务分析如下。

（1）根据当期销售丁型香水精的相关原始凭证和"应交税费——应交消费（待扣税额）"明细账进行会计处理。

　　借：银行存款　　　　　　　　　　　　　　　　　67 800

　　　　贷：其他业务收入　　　　　　　　　　　　　　　　60 000

　　　　　　应交税费——应交增值税（销项税额）　　　　　 7 800

（2）根据领料单和"应交税费——应交消费（待扣税额）"明细账进行会计处理。

　　　　　　应结转的委托加工环节的消费税＝14 823.53×40％＝5 929.41（元）

　　借：其他业务成本　　　　　　　　　　　　　　　　5 929.41

　　　　贷：应交税费——应交消费税　　　　　　　　　　　 5 929.41

（3）当期生产领用委托加工收回的丁型香水精可扣的已纳过的消费税额＝14 823.53×60％＝8 894.12（元）。

领用生产戊型香水时的会计处理：

　　借：生产成本——戊型香水　　　　　　　　　　　　50 400

　　　　贷：原材料——丁型香水精　　　　　　　　　　　　 50 400

　　借：应交税费——应交消费税　　　　　　　　　　　8 894.12

　　　　贷：应交税费——应交消费税（待扣税金）　　　　　　 8 894.12

业务 8：业务分析如下。

（1）根据销售发票计算应纳消费税额：

　　　　　　销售应交消费税＝60 000×15％＝9 000（元）

（2）根据相关销售的原始票据进行销售业务的会计处理。

　　借：银行存款　　　　　　　　　　　　　　　　　67 800

　　　　贷：主营业务收入　　　　　　　　　　　　　　　　60 000

　　　　　　应交税费——应交增值税（销项税额）　　　　　 7 800

　　借：税金及附加　　　　　　　　　　　　　　　　 9 000

　　　　贷：应交税费——应交消费税　　　　　　　　　　　 9 000

业务 9：业务分析如下。

（1）根据相关规定计算应纳消费税额：

　　　　　　投资应交消费税＝500×600×15％＝45 000（元）

（2）根据相关投资的原始票据进行投资业务的会计处理。

　　借：长期股权投资——铭奇公司　　　　　　　　　339 000

　　　　贷：主营业务收入　　　　　　　　　　　　　　　300 000

　　　　　　应交税费——应交增值税（销项税额）　　　　 39 000

　　借：税金及附加　　　　　　　　　　　　　　　　45 000

　　　　贷：应交税费——应交消费税　　　　　　　　　　　 45 000

　　借：主营业务成本　　　　　　　　　　　　　　　200 000

　　　　贷：库存商品　　　　　　　　　　　　　　　　　200 000

业务 10：业务分析如下。

（1）根据此笔销售业务原始凭证中所记录的销售收入，计算消费税应纳税额。

$$应交消费税＝600\ 000×15\%＝90\ 000（元）$$

（2）根据相关原始凭证进行销售业务的会计处理。

借：银行存款   678 000

  贷：主营业务收入   600 000

    应交税费——应交增值税（销项税额） 78 000

借：税金及附加   90 000

  贷：应交税费——应交消费税   90 000

业务 11：根据相关业务 1～业务 10 中的会计处理，月末对"税金及附加"账户进行结转的会计处理。

借：本年利润   166 500

  贷：税金及附加   166 500

2. 编制消费税纳税申报工作底稿

具体结果见表 3-2。

表 3-2 消费税纳税申报工作底稿

	应税消费品名称	计税金额/计税数量	适用税率/单位税额	本期消费税额
本期消费税计算	甲型化妆品	120 000.00	15%	18 000.00
	乙型化妆品	30 000.00	15%	4 500.00
	A 类化妆品	60 000.00	15%	9 000.00
	B 类化妆品	300 000.00	15%	45 000.00
	C 类化妆品	225 000.00	15%	33 750.00
	D 类化妆品	375 000.00	15%	56 250.00
	小计	1 110 000.00		166 500.00
可扣除税额	已税消费税名称	生产领用消费品计税价格/数量	适用税率/单位税额	本期可扣除税额
	丁型香水精	72 000.00	15%	8 894.12
	小计	72 000.00		8 894.12
本期应纳税额	税额		本月数	本年数
	应纳税额		166 500.00	
	可扣除税额		8 894.12	
	实际应纳消费税额		157 605.88	

3. 填制消费税纳税申报表主表及其附列资料

具体结果见表 3-3～表 3-5。

表 3-3　其他应税消费品消费税纳税申报表

税款所属期：2023 年 05 月 01 日至 2023 年 05 月 31 日

纳税人名称（公章）：　　　　　　　　　　纳税人识别号：2 3 0 1 1 0 6 9 0 8 3 2 6 6 3 3 8 1

填表日期：2023 年 06 月 10 日　　　　　　　　　金额单位：元（列至角分）

项目 应税消费品名称	适用税率	销售数量	销售额	应纳税额
甲型化妆品	15%		120 000.00	18 000.00
乙型化妆品	15%		30 000.00	4 500.00
A 类化妆品	15%		60 000.00	9 000.00
B 类化妆品	15%		300 000.00	45 000.00
C 类化妆品	15%		225 000.00	33 750.00
D 类化妆品	15%		375 000.00	56 250.00
合　计	—	—	—	166 500.00

本期准予抵减税额：8 894.12

本期减（免）税额：0.00

期初未缴税额：54 000.00

本期缴纳前期应纳税额：54 000.00

本期预缴税额：0.00

本期应补（退）税额：157 605.88

期末未缴税额：157 605.88

声明

此纳税申报表是根据国家税收法律规定填报的，我确定它是真实的、可靠的、完整的。

经办人（签章）：
财务负责人（签章）：
联系电话：

（如果你已委托代理人申报，请填写）
授权声明
为代理一切税务事宜，现授权＿＿＿＿＿＿
（地址）＿＿＿＿＿＿
为本纳税人的代理申报人，任何与本申报表有关的往来文件，都可寄予此人。
授权人签章：

以下由税务机关填写

受理人（签章）：　　　　　受理日期：　　年　月　日　　　　　受理税务机关（章）：

附1

表 3-4 本期准予扣除税额计算表

税款所属期：2023 年 05 月 01 日至 2023 年 05 月 31 日

纳税人名称(公章)：　　　　　　　　　　纳税人识别号：｜2｜3｜0｜1｜1｜0｜6｜9｜0｜8｜3｜2｜6｜6｜3｜3｜8｜1｜

填表日期：2023 年 06 月 10 日　　　　　　　　　　金额单位：元(列至角分)

项目	应税消费品名称	丁型香水精		合计
当期准予扣除的委托加工应税消费品已纳税款计算	期初库存委托加工应税消费品已纳税款	0.00		—
	当期收回委托加工应税消费品已纳税款	23 717.65		—
	期末库存委托加工应税消费品已纳税款	0.00		—
	当期准予扣除委托加工应税消费品已纳税款	23 717.65		
当期准予扣除的外购应税消费品已纳税款计算	期初库存外购应税消费品买价	0.00		—
	当期购进应税消费品买价	0.00		—
	期末库存外购应税消费品买价	0.00		—
	外购应税消费品适用税率	0.00		—
	当期准予扣除外购应税消费品已纳税款	0.00		—
本期准予扣除税款合计		23 717.75		

附2

表 3-5 准予扣除消费税凭证明细表

税款所属期：2023 年 05 月 01 日至 2023 年 05 月 31 日

纳税人名称(公章)：　　　　　　　　　　纳税人识别号：｜2｜3｜0｜1｜1｜0｜6｜9｜0｜8｜3｜2｜6｜6｜3｜3｜8｜1｜

填表日期：2023 年 06 月 10 日　　　　　　　　　　金额单位：元(列至角分)

应税消费品名称	凭证类别	凭证号码	开票日期	数量	金额	适用税率	消费税税额
丁型香水精	代扣代收税款凭证		2023.5.18	60kg	120 000.00	15%	14 823.53
丁型香水精	代扣代收税款凭证		2023.5.23	36kg	72 000.00	15%	8 894.12
合计	—	—	—	—	—	—	—

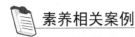 **素养相关案例**

消费税的背后故事：你知道每次购物时都在为国家做贡献吗

当你走进商店,选购心仪的商品并走到收银台结账时,你可能没有意识到这个看似简单的过程背后隐藏着一个庞大且复杂的经济机制。这个机制就是消费税,它不仅是国家财政收入的重要组成部分,还在很多方面影响着我们的生活和社会。下面,我们将深入探讨消费税的背后故事,以及你如何在每次购物时都在为国家做贡献。

消费税是许多国家和地区财政收入的关键组成部分。它有助于国家进行各种社会和公共项目的资助,包括但不限于教育、医疗、交通和安全。因此,每次你购物或使用付费服务时,你都在间接地为这些社会福利做贡献。

消费税对不同收入群体的影响是不同的。由于消费税是一种固定比例的税,对于低收入家庭来说,消费税可能会占用他们收入的较大比例。这也引发了关于消费税是否公平的讨论,一些国家因此推出了累进消费税制或对某些基础生活用品进行税收减免。

消费税不仅可以影响个人购买决策,还可以影响企业的经营策略。例如,政府可能通过对不环保商品征收更高的消费税,以鼓励企业和消费者选择更环保的替代品。

总体来说,消费税是一个影响广泛、涵盖多个方面的经济机制。它不仅关系到国家财政,还影响着社会福利和经济行为。因此,每次你消费时,你其实都在为维持这一切做出贡献。当你明白了消费税的重要性和影响,你可能会更加珍惜自己作为消费者所扮演的角色,并更加明智地进行消费选择。这样不仅可以让你个人受益,还有助于建设更加繁荣和公平的社会。

（资料来源：百度百家号.消费税的背后故事：你知道每次购物时都在为国家做贡献吗？[EB/OL].[2023-08-28].https://baijiahao.baidu.com/s?id=1789648090943588043&wfr=spider&for=pc.）

思考：山东省税务局稽查局根据线索精准分析,依法查处了山东科宇能源有限公司偷税案件。

经查,该公司在开展相关专项整治工作期间,经税务部门督促辅导后,仍通过将消费税应税产品变名为非应税产品销售、进行虚假申报等违法手段,少缴纳消费税等税费1.54亿元。税务稽查部门依据《中华人民共和国行政处罚法》《中华人民共和国税收征收管理法》《中华人民共和国消费税暂行条例》等相关规定,依法追缴该公司少缴税费,加收滞纳金并处罚款,共计2.52亿元。

想一想：综合消费税的征税商品,思考一下征收消费税的目的都有哪些。

 **练习题**

一、单项选择题

1. 下列情况中应征消费税的是(　　)。

A. 外购零部件组装计算机销售

B. 委托加工的粮食白酒收回后,用于连续生产药酒后销售

    C. 进口金银首饰

    D. 委托加工的粮食白酒收回后直接销售

2. 自产自用的应当缴纳消费税的应税消费品,属于从价定率计征消费税的,其组成计税价格公式是(　　)。

    A. (成本＋利润)÷(1＋消费税税率)

    B. (关税完税价格＋关税)÷(1＋消费税税率)

    C. (成本＋利润)÷(1－消费税税率)

    D. (关税完税价格＋关税)÷(1－消费税税率)

3. 下列应征消费税的是(　　)。

    A. 青蓝商厦(一般纳税义务人)销售的电脑

    B. 东方公司委托某汽车制造厂改装后收回的箱式客货两用汽车

    C. 某白酒厂生产并销售给晓晓化学商店的酒精

    D. 某石化厂将购进的原油继续加工成柴油

4. 下列情况应视同销售并缴纳消费税的是(　　)。

    A. 外购已税消费品继续加工成应税消费品

    B. 委托加工收回的应税消费品继续加工成应税消费品

    C. 自制应税消费品继续加工成应税消费品

    D. 自制应税消费品用于向外单位投资

5. 委托加工的应税消费品在(　　)征收消费税。

    A. 加工环节   B. 销售环节

    C. 交付原材料时   D. 完工提货时

6. 某消费税纳税义务人销售应税消费品,其纳税义务的发生时间为(　　)。

    A. 采取预收货款结算方式的,为收到货款的当天

    B. 采取托收承付结算方式的,为办妥托收手续的当天

    C. 采取赊销方式的,为双方约定的任一时间

    D. 采取分期收款结算方式的,为销售合同规定的收款日期的当天

7. 下列不同用途的应税消费品应纳消费税的是(　　)。

    A. 将自产应税消费品用于赠送的

    B. 将外购的应税消费品用于集体福利的

    C. 用委托加工收回的应税消费品(受托方已代收代缴消费税)直接出售的

    D. 用委托加工收回的应税消费品(受托方已代收代缴消费税)连续加工成应税消费品的

8. 下列不属于消费税的特点的是(　　)。

    A. 税负具有转嫁性   B. 征税对象的选择性

    C. 计税方法的多样性   D. 按行业设置税目税率

9. 采用从量定额办法计算缴纳消费税的应税消费品是(　　)。

    A. 酒精   B. 化妆品   C. 汽油   D. 白酒

10. 下列货物改在零售环节缴纳消费税的有(　　)。

    A. 化妆品   B. 玉器   C. 金银首饰   D. 白酒

二、多项选择题

1. 单位和个人从事(　　),发生消费税纳税义务。
   A. 应税消费品进口
   B. 应税消费品生产销售
   C. 应税消费品受托加工
   D. 应税消费品委托加工

2. 下列货物本身属于应征消费税的有(　　)。
   A. 工厂生产的高档耐用家电
   B. 商店销售的卷烟
   C. 外贸公司进口的化妆品
   D. 加工厂受托加工的烟丝

3. 下列货物适用固定税额征收消费税的有(　　)。
   A. 酒精
   B. 黄酒
   C. 汽油
   D. 柴油

4. 应税消费品在销售时应缴纳的税种有(　　)。
   A. 增值税
   B. 消费税
   C. 城建税
   D. 车船税

5. 出口应税消费品退(免)税政策有(　　)。
   A. 出口免税并退税
   B. 出口免税但不退税
   C. 出口既不免税也不退税
   D. 出口不征税也不退税

6. 计征消费税的销售额中,应包括向购买方收取的(　　)。
   A. 全部价款
   B. 承运发票开具给购买方的运输费
   C. 销项税额
   D. 包装费

7. 消费税计税依据由(　　)构成。
   A. 成本
   B. 利润
   C. 增值税税额
   D. 消费税税额

8. 从价定率的应税消费品视同销售的情况下,其组成计税价格的计算公式为(　　)。
   A. 组成计税价格＝成本×(1＋成本利润率)÷(1－消费税税率)
   B. 组成计税价格＝(成本＋利润)×(1＋消费税税率)
   C. 组成计税价格＝(成本＋利润)÷(1＋消费税税率)
   D. 组成计税价格＝(成本＋利润)÷(1－消费税税率)

9. 下列不属于委托加工应税消费品的有(　　)。
   A. 受托方购买原材料,并要求受托方加工的应税消费品
   B. 委托方提供原材料,受托方代垫辅助材料加工的应税消费品
   C. 受托方以委托方名义购进原材料加工的应税消费品
   D. 受托方提供原材料加工的应税消费品

10. 委托加工的应税消费品(受托方已代扣代缴消费税)收回后直接出售的,应缴的税种有(　　)。
    A. 消费税
    B. 增值税
    C. 城建税
    D. 什么税都不用缴

三、判断题

1. A酒厂2023年5月生产销售粮食白酒取得不含税价款120 000元,收取包装物押金3 000万元,按合同规定5月前退还包装物即可。5月A酒厂应以120 000元为依据计算应纳的增值税和消费税。　　　　　　　　　　　　　　　　　　　　　　(　　)

2. 委托加工收回的白酒直接对外销售的仍需要计算缴纳消费税。　　　　(　　)

3. 纳税义务人直接出口的应税消费品办理退税后发生退关或者国外退货,进口时可予以免税。　　　　　　　　　　　　　　　　　　　　　　　　　　　　　　　（　　）

4. 进口的应税消费品,应在进口时由进口者缴纳消费税,缴纳的消费税计入进口应税消费品的成本。　　　　　　　　　　　　　　　　　　　　　　　　　　　　　（　　）

5. 委托加工应税消费品,委托方收回后,如果经税务机关检查发现受托方没有代收代缴消费税,应由受托方补缴税款,委托方不承担补税责任。　　　　　　　　　　（　　）

6. 消费税只在应税消费品的生产、委托加工和进口环节缴纳(金银首饰除外),在以后的批发、零售环节不再缴纳。　　　　　　　　　　　　　　　　　　　　　　　（　　）

7. 在应税消费品中,除黄酒、成品油两类产品实行从量定额计税办法外,其他产品都实行从价定率计税办法。　　　　　　　　　　　　　　　　　　　　　　　　　　（　　）

8. 在我国境内从事生产、委托加工和进口应税消费品的,除外商投资企业和外国企业外的单位和个人,为消费税的纳税义务人。　　　　　　　　　　　　　　　　　（　　）

9. 纳税义务人直接出口的应税消费品办理完免税后,发生退关或国外退货,报关出口者应向其所在地主管税务机关申报补缴消费税。　　　　　　　　　　　　　　　（　　）

10. 生产销售摩托车、委托加工摩托车、进口摩托车的,都应缴纳消费税。　（　　）

四、操作题

1. 永兴股份公司销售甲产品 60 件,成本价 500 元/件,不含税售价 700 元/件,随货发出包装物 60 件,每件收取押金 100 元,账面成本每件 80 元,款项已收到。在包装物按期退还和没收包装物押金两种情况下进行相应的会计处理。

2. 2023 年 5 月,龙胜公司委托某加工厂加工一次性筷子一批。该受托单位没有同类产品销售价格,该一次性筷子原材料成本为 200 000 元,支付加工费 175 000 元,支付代垫辅料费 20 000 元,该批产品收回后直接对外销售取得销售收入 300 000 元。以上金额均不含税增值税,增值税税率 13%,消费税税率 5%。

要求:计算该批一次性筷子应纳的消费税,并对此项业务进行相应的会计处理。

第4章

关税纳税实务

【学习目标】

　　通过本章的学习，了解关税的纳税人、税目和税率、征纳管理的基本规定；熟悉关税的报缴方法；掌握关税计税依据、应纳税额的计算方法；掌握关税的会计处理方法。

【内容框架】

关税纳税实务
├─ 关税的基本法规
│　　├─ 关税概述
│　　├─ 关税的征税对象和纳税义务人
│　　├─ 关税的税率及适用
│　　├─ 关税的减免税及管理
│　　└─ 关税的征收管理
├─ 关税应纳税额的计算
│　　├─ 关税完税价格的确定
│　　└─ 关税应纳税额的计算
├─ 关税涉税业务的会计处理
│　　├─ 关税核算的账户设置
│　　└─ 关税的会计处理
└─ 关税纳税实务模拟操作

4.1 关税的基本法规

4.1.1 关税概述

1. 关税的概念及特点

　　关税是由海关根据国家制定的有关法律，以准许进出口的货物和进出境物品为征税对象而征收的一种税。

关税作为独特的税种,除了具有一般税收的特点以外,还有以下特点。

(1)征收的对象是准许进出口的货物和进出境物品。只有准许进出口的货物、进出境物品才需要征收关税。进出口是指国家(地区)与国家(地区)之间的贸易往来,"进"为购入,"出"为外销,是进口和出口的综合。进出境物品是指进出关境的居民或非居民为其进出关境旅行或居留的需要而携带、邮寄的物品。

(2)关税是单一环节的价外税。关税的完税价格中不包括关税,即在征收关税时,以实际成交价格为计税依据。

(3)关税具有较强的涉外性。关税税则的制定、税率的高低,直接影响到国际贸易的开展。随着世界经济一体化的发展,世界各国的经济联系越来越密切,贸易关系不仅反映简单经济关系,还成为一种政治关系。因此,关税政策、关税措施也往往和经济政策、外交政策紧密相关,具有较强的涉外性。

2. 关税的分类

1)按征税对象分类

按征税货物和物品进出口方向不同进行分类,可将关税分为进口关税、出口关税。

(1)进口关税

进口关税是海关对进口货物和进境物品所征收的关税,它是关税中最主要的一种征税形式。进口关税有正税和附加税之分。正税是按照税则中法定税率征收的进口税;附加税则是在征收进口正税的基础上额外加征关税,主要是为了保护本国生产和增加财政收入,用以补充正税的不足,通常属于临时性的限制进口措施。

附加税的目的和名称繁多,如反倾销税、反补贴税、报复关税、紧急进口税等。附加税不是一个独立的税种,是从属于进口正税的。

(2)出口关税

出口关税是海关对出口货物和出境物品所征收的关税。目前,各国一般不对出口产品征收关税,除了基于限制本国某些产品或资源品输出,对部分出口货物征收出口关税。

2)按计税方式分类

按计税方式分类,可将关税分为从量税、从价税。此外,各国常用的计税方式还有复合税、选择税、滑准税。

(1)从量税

按货物的计量单位(重量、长度、面积、容积、数量等)作为计税依据,以每一计量单位应纳的关税金额作为税率而征收的税,称为从量税。

(2)从价税

以货物的价格作为计税依据而征收的税,称为从价税,从价税的税率表现为货物价格的百分比。货物进口时,以完税价格乘以关税税则中规定的税率,就可得出应纳税额。完税价格是经海关审定的作为计征关税依据的价格。

(3)复合税

复合税又称混合税。在税则的同一税目中,有从价和从量两种税率,征税时,采用从量和从价两种税率计征税款的,称为复合税。从理论上讲,复合税使税负适度、公正、科学。当物价上涨时,所征税额比单纯征收从量税多,而比单纯征收从价税少;当物价下跌时,所征税额则刚好相反。因此,复合税有较好的相互补偿作用,特别是在物价波动时,既可以减少对财政收入的影响,又能保持一定的保护作用。

（4）选择税

在税则的同一税目中,有从价和从量两种税率,征税时由海关选择其中一种计征的称为选择税。海关一般是选择税额较高的一种征税,当物价上涨时,使用从价税;在物价下跌时,使用从量税。这样,不仅能保证国家的财政收入,还可以较好地发挥保护本国产业的作用。但由于选择税通常是就高不就低,征税标准摇摆不定,海关计税手续繁杂,同时纳税人也不能预知缴纳多少税额,容易与海关发生摩擦,妨碍国际贸易的顺利进行。

（5）滑准税

滑准税又称滑动税,是先在税则中预先按产品的价格高低分档制定若干不同的税率,然后根据进出口商品价格的变动而增减进出口税率的一种关税。商品价格上涨,采用较低税率,商品价格下跌则采用较高税率,其目的是使该种商品的国内市场价格保持稳定,免受或少受国际市场价格波动的影响。滑准税的优点在于它能平衡物价,保护国内产业发展。

3）按征税性质分类

按征税性质,关税可分为普通关税、优惠关税和差别关税三种。它们主要适用于进口关税。

（1）普通关税

普通关税又称一般关税,是对与本国没有签署贸易或经济互惠等友好协定的国家原产货物征收的非优惠性关税。普通关税与优惠关税的税率差别一般较大。

（2）优惠关税

优惠关税一般是互惠关税,即签署优惠协定的双方互相给予对方优惠关税待遇,但也有单向优惠关税,即只对受惠国给予优惠待遇,而没有反向优惠。优惠关税一般有特定优惠关税、普遍优惠关税和最惠国待遇三种。

① 特定优惠关税又称特惠税,是指某一国家对另一国家或某些国家对另外一些国家在某些方面予以特定优惠关税待遇,而他国不得享受。目前,在国际最有影响的特定优惠关税是《洛美协定》(全称为《欧洲经济共同体——非洲、加勒比和太平洋(国家)洛美协定》)国家之间的特惠关税。

② 普遍优惠关税是指发达国家对从发展中国家或地区输入的产品,特别是制成品和半制成品普遍给予优惠关税待遇。普遍优惠制,简称普惠制,还可简称为普税制。普惠制的目的是扩大发展中国家向经济发达国家出口制成品,增加财政收入,促使发展中国家工业化,加快发展中国家经济增长速度。

③ 最惠国待遇是国际贸易协定中的一项重要内容,它规定缔约国双方相互间现在和将来所给予任何第三国的优惠待遇,同样适用于对方。最惠国待遇最初只限于关税待遇,随后范围日益扩大,目前已适用于通商及航海的各个方面,如关税、配额、航运、港口使用、仓储、移民、投资、专利权等,但仍以关税为主。凡贸易协定或航海条约中最惠国待遇的条文都被称为最惠国条款。

（3）差别关税

差别关税实际上是保护主义的产物，是保护一国产业所采取的特别手段。差别关税最早产生并运用于欧洲，在重商主义全盛时代曾广为流行。直至近代，由于新重商主义的出现和贸易保护主义的抬头，差别关税得到了进一步发展。

一般意义上的差别关税主要分为加重关税、反补贴关税、反倾销关税、报复关税等。

① 加重关税。加重关税是出于某种原因或为达到某种目的，而对某国货物或某种货物的输入加重征收的关税，如间接输入货物加重税等。

② 反补贴关税。反补贴关税是对接受任何津贴或补贴的外国进口货物所附加征收的一种关税，是差别关税的重要形式之一。货物输出国为了加强本国输出产品在国际市场的竞争能力，往往对输出产品予以津贴、补贴或奖励，以降低成本，廉价销售于国外市场。输入国为防止他国补贴货物进入本国市场，威胁本国产业正常发展，对凡接受政府、垄断财团补贴、津贴或奖励的他国输入产品，课征与补贴、津贴或奖励额相等的反补贴关税，以抵消别国输入货物因接受补贴、津贴或奖励所形成的竞争优势。

③ 反倾销关税。根据《1994 年关税与贸易总协定》第 6 条的规定，如果在正常的贸易过程中，一项产品从一国出口到另一国，该产品的出口价格低于在其本国内消费的相同产品的可比价格，即以低于其正常的价值进入另一国的商业渠道，则该产品将被认为是倾销。反倾销关税是对外国的倾销商品，在征收正常进口关税的同时附加征收的一种关税，它是差别关税的又一种重要形式。

④ 报复关税。报复关税是指他国政府以不公正、不平等、不友好的态度对待本国输出的货物时，为维护本国利益，报复该国对本国输出货物的不公正、不平等、不友好待遇，对该国输入本国的货物加重征收的关税。

4.1.2 关税的征税对象和纳税义务人

1. 征税对象

关税的征税对象是准许进出口的货物、进出境的物品。货物是指贸易性商品，物品是指入境旅客随身携带的行李物品、个人邮递物品、各种运输工具上的服务人员携带进口的自用物品、馈赠物品以及其他方式进境的个人物品。

因品质或者规格原因，出口货物自出口之日起 1 年内原状复运进境的，不征收进口关税。因品质或者规格原因，进口货物自进口之日起 1 年内原状复运出境的，不征收出口关税。

因残损、短少、品质不良或者规格不符原因，由进出口货物的发货人、承运人或者保险公司免费补偿或者更换的相同货物，进出口时不征收关税。被免费更换的原进口货物不退运出境或者原出口货物不退运进境的，海关应当对原进出口货物重新按照规定征收关税。

2. 纳税义务人

进口货物的收货人、出口货物的发货人、进出境物品的所有人，是关税的纳税义务人。进出境物品的所有人包括该物品的所有人和推定为所有人的人。一般情况下，对携带进境的物品，推定其携带人为所有人；对分离运输的行李，推定相应的进出境旅客为所有人；对以邮递方式进境的物品，推定其收件人为所有人；对以邮递或其他运输方式出境的物品，推定其寄件人或托运人为所有人。

4.1.3 关税的税率及适用

1. 进口关税税率

1）进口货物关税税率

（1）进口货物关税税率的形式

我国进口关税设有最惠国税率、协定税率、特惠税率、普通税率、关税配额税率、暂定税率等，对进口货物在一定期限内可以实行暂定税率。

① 最惠国税率

原产于共同适用最惠国待遇条款的世界贸易组织成员的进口货物，原产于与中华人民共和国签订含有相互给予最惠国待遇条款的双边贸易协定的国家或者地区的进口货物，以及原产于中华人民共和国境内的进口货物，适用最惠国税率。

② 协定税率

原产于与中华人民共和国签订含有关税优惠条款的区域性贸易协定的国家或者地区的进口货物，适用协定税率。

③ 特惠税率

原产于与中华人民共和国签订含有特殊关税优惠条款的贸易协定的国家或者地区的进口货物，适用特惠税率。

④ 普通税率

原产于除适用最惠国税率、协定税率、特惠税率国家或者地区以外的国家或者地区的进口货物，以及原产地不明的进口货物，适用普通税率。

⑤ 关税配额税率

实行关税配额管理的进口货物，关税配额内的适用关税配额税率，关税配额外的依照关税条例有关规定执行。

⑥ 暂定税率

适用最惠国税率、协定税率、特惠税率、关税配额税率的进口货物在一定期限内可以实行暂定税率。

（2）进口货物关税税率的适用顺序

当最惠国税率低于或等于协定税率时，协定有规定的，按相关协定的规定执行；协定无规定的，二者从低适用。

适用最惠国税率的进口货物有暂定税率的，应当适用暂定税率；适用协定税率、特惠税率的进口货物有暂定税率的，应当从低适用税率；适用普通税率的进口货物，不适用暂定税率。

2）进境物品的进口税及税率

进境物品的关税以及进口环节海关代征税合并为进口税。

海关总署规定数额以内的个人自用进境物品，免征进口税。超过海关总署规定数额但仍在合理数量以内的个人自用进境物品，由进境物品的纳税义务人在进境物品放行前按照规定缴纳进口税。超过合理、自用数量的进境物品应当按照进口货物依法办理相关手续。国务院关税税则委员会规定按货物征税的进境物品，按照进口货物相关规定征收关税。进境物品进口税应当按照中华人民共和国进境物品进口税税率表(见表 4-1)确定适用税率。国务院关税税则委员会负责中华人民共和国进境物品进口税税率表的税目、税率的调整和解释。

表 4-1　中华人民共和国进境物品进口税税率表

税目序号	物品名称	税率/%
1	书报、刊物、教育用影视资料；计算机、视频摄录一体机、数字照相机等信息技术产品；食品、饮料；金银；家具；玩具，游戏品、节日或其他娱乐用品；药品①	13
2	运动用品(不含高尔夫球及球具)、钓鱼用品；纺织品及其制成品；电视摄像机及其他电器用具；自行车；税目 1、3 中未包含的其他商品	20
3②	烟、酒；贵重首饰及珠宝玉石；高尔夫球及球具；高档手表；高档化妆品	50

注：①对国家规定减按 3% 征收进口环节增值税的进口药品,按照货物税率征收。②税目 3 所列商品的具体范围与消费税征收范围一致。

2. 出口关税税率

根据《国务院关税税则委员会关于 2024 年关税调整方案的公告》(税委会公告 2023 年第 10 号),自 2024 年 1 月 1 日起,继续对铬铁等 107 项商品征收出口关税,对其中 68 项商品实施出口暂定税率。

3. 关税税率适用

1) 特殊关税措施适用税率

(1) 反倾销税、反补贴税、保障措施关税

按照有关法律、行政法规的规定对进口货物采取反倾销、反补贴、保障措施的,其税率的适用按照《中华人民共和国反倾销条例》《中华人民共和国反补贴条例》和《中华人民共和国保障措施条例》的有关规定执行。征收反倾销税、反补贴税、保障措施关税、临时反倾销税、临时反补贴税、临时保障措施关税,由国务院关税税则委员会另行决定。

(2) 报复性关税

任何国家或者地区违反与中华人民共和国签订或者共同参加的贸易协定及相关协定,对中华人民共和国在贸易方面采取禁止、限制、加征关税或者其他影响正常贸易的措施的,对原产于该国家或者地区的进口货物可以征收报复性关税,适用报复性关税税率。征收报复性关税的货物,适用国别、税率、期限和征收办法,由国务院关税税则委员会决定并公布。

2) 进出口关税税率适用日期

(1) 进出口货物,应当适用海关接受该货物申报进口或者出口之日实施的税率。

(2) 进口货物到达前,经海关核准先行申报的,应当适用装载该货物的运输工具申报进境之日实施的税率。

(3) 进口转关运输货物,应当适用指运地海关接受该货物申报进口之日实施的税率;货物运抵指运地前,经海关核准先行申报的,应当适用装载该货物的运输工具抵达指运地之日实施的税率。

(4) 出口转关运输货物,应当适用启运地海关接受该货物申报出口之日实施的税率。

(5) 经海关批准,实行集中申报的进出口货物,应当适用每次货物进出口时海关接受该

货物申报之日实施的税率。

（6）因超过规定期限未申报而由海关依法变卖的进口货物，其税款计征应当适用装载该货物的运输工具申报进境之日实施的税率。

（7）有下列情形之一，需缴纳税款的，应当适用海关接受申报办理纳税手续之日实施的税率：

① 保税货物经批准不复运出境的；

② 减免税货物经批准转让或者移作他用的；

③ 暂时进境货物经批准不复运出境，以及暂时出境货物经批准不复运进境的；

④ 租赁进口货物，分期缴纳税款的。

（8）纳税人补征或者退还进出口货物税款，应当按照上述第1项至第7项的规定确定适用税率。

（9）因纳税义务人违反规定需要追征税款的进出口货物，应当适用违反规定的行为发生之日实施的税率；行为发生之日不能确定的，适用海关发现该行为之日实施的税率。

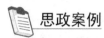 **思政案例**

国务院关税税则委员会办公室有关负责人就
对原产于美国的部分进口商品加征关税答记者问

经国务院批准，2019年8月23日，国务院关税税则委员会（以下称税委会）发布公告，对原产于美国的5 078个税目、约750亿美元商品，加征10%、5%不等关税，分两批自2019年9月1日12时01分、12月15日12时01分起实施。税委会同时发布公告，自2019年12月15日12时01分起，对原产于美国的汽车及零部件恢复加征25%、5%关税。就上述措施，记者采访了税委会办公室有关负责人。

问：请问企业目前如何获知自美进口商品的加征关税税率？

答：2018年3月8日，美以保护国家安全为由，在"232条款"项下对多个经济体原产的钢铁及铝产品分别加征25%、10%关税，涉及自华进口约30亿美元。对此，税委会发布《对原产于美国的部分进口商品中止关税减让义务的通知》（税委会〔2018〕13号），决定自2018年4月2日起，对美约30亿美元商品中止关税减让，分别加征25%、15%关税。

2018年以来，美方在"301条款"项下已分三番五次对我输美商品实施加征关税措施，我对此予以坚决反制。第一轮反制，我对美约500亿美元商品，分别于2018年7月6日（约340亿美元）、8月23日（约160亿美元）起分两批与美方同步加征25%关税。340亿美元清单商品及加征税率见《国务院关税税则委员会关于对原产于美国500亿美元进口商品加征关税的公告》（税委会公告〔2018〕5号），160亿美元清单商品及加征税率见《国务院关税税则委员会关于对原产于美国约160亿美元进口商品加征关税的公告》（税委会公告〔2018〕7号）。

第二轮反制，我对美约600亿美元商品分两次加征，第一次于2018年9月24日起与美方同步加征10%、5%关税，第二次于2019年6月1日起提高加征税率，加征25%、20%、10%、5%关税。对于600亿美元商品清单，税委会先后发布了三份公告。目前实施加征的商品范围及加征税率请见最近一份公告，即《国务院关税税则委员会关于对原产于美国的部分进口商品提高加征关税税率的公告》(税委会公告〔2019〕3号)。

第三轮反制,即8月23日发布的《国务院关税税则委员会关于对原产于美国的部分进口商品(第三批)加征关税的公告》(税委会公告〔2019〕4号),对约750亿美元商品分两批加征10%、5%不等关税。对于第一轮、第二轮反制措施中曾暂停加征关税的汽车及零部件,恢复加征措施见8月23日发布的《国务院关税税则委员会关于对原产于美国的汽车及零部件恢复加征关税的公告》(税委会公告〔2019〕5号)。

对未列入上述措施范围的商品,不加征我为反制美232、301措施所加征的关税。

问:请问对美加征关税商品清单中重复出现的商品,如何计算加征关税税率?

答:上述对美加征关税商品清单中,有部分商品重合。对这些商品,加征关税税率为各轮加征关税税率之和。其中,对恢复加征第一、二轮反制措施关税的部分汽车及零部件,进一步加征第三轮反制措施关税。

问:请问针对8月23日公布的两项措施中的商品,将如何开展对美加征关税排除工作?

答:750亿美元商品清单中,有部分和第一、二轮反制措施关税商品范围重合,已经纳入前两批可申请排除范围。这些商品如果属于经审核确定的排除商品,按排除办法,不加征我为反制美301措施所加征的各轮关税。750亿美元商品清单中,未纳入前两批可申请排除范围的商品,将纳入第三批可申请排除的范围,接受申请办法将另行公布。

(资料来源:中华人民共和国重要人民政府.国务院关税税则委员会办公室有关负责人就对原产于美国的部分进口商品加征关税答记者问〔EB/OL〕.(2019-08-19)〔2022-08-31〕. https://www.gov.cn/zhengce/2019-08/29/content_5425687.htm.)

❓ 想一想

外交部回应美方威胁要加征额外关税:吓唬不了中国人民

新华社北京6月27日电(记者侯晓晨)外交部发言人耿爽27日在回应美国总统特朗普日前威胁要对中国加征额外关税的提问时说,这吓唬不了中国人民。

当日例行记者会上,有记者问,据报道,26日,美国总统特朗普接受采访时称,过去几天美中就经贸问题交换了意见,双方可能会在G20峰会期间达成协议,如达不成协议,他会对中国加征额外关税。中方对此有何评论?

耿爽说,中方始终主张通过对话协商解决中美经贸摩擦,但同时也会坚定捍卫自己的正当合法权益。"美方威胁要对中方加征额外的关税,这吓唬不了中国人民。中国人不信邪、不怕压,从来不吃这一套。"

"我再次奉劝美方,打贸易战、加征关税损人害己,根本解决不了问题。希望美方认真听一听这几天美国国内不同团体和广大民众对贸易战和加征关税的反对声音,在G20大阪峰会期间也认真听一听国际社会对单边主义、保护主义和霸凌行径的抵制声音。"耿爽说。

他说,希望美方同中方相向而行,在相互尊重、平等互利的基础上,照顾彼此关切,争取互利共赢。这不仅符合中美两国及两国人民的利益,也是国际社会的普遍期待。

(资料来源:中华人民共和国重要人民政府.美企称对中国商品加征关税是"南辕北辙"〔EB/OL〕.(2019-06-27)〔2022-08-31〕. https://www.gov.cn/xinwen/2019-06/27/content_5403868.htm.)

思考：为什么贸易战中经常动用"关税大棒"？为什么说打贸易战、加征关税损人害己，根本解决不了问题？

4.1.4　关税的减免税及管理

关税减免税是对某些纳税人和征税对象给予鼓励和照顾的一种特殊调节手段。关税政策制定工作兼顾了普遍性和特殊性、原则性和灵活性。关税减免税分为法定减免税、暂时免税、特定减免税和临时减免税。根据《海关法》的规定，除法定减免税外的其他减免税均由国务院决定。同时，海关总署制定《中华人民共和国海关进出口货物减免税管理办法》(海关总署令第245号)，对减免税过程中的管理事项做出了规定，该办法已于2020年12月11日审议通过，并于2021年3月1日起施行。

1. 法定减免税

下列进出口货物、进出境物品，减征或者免征关税。

(1) 关税税额在人民币50元以下的一票货物。

(2) 无商业价值的广告品和货样。

(3) 外国政府、国际组织无偿赠送的物资。

(4) 在海关放行前遭受损坏或损失的货物。

(5) 规定数额以内的物品。

(6) 进出境运输工具装载的途中必需的燃料、物料和饮食用品。

(7) 中华人民共和国缔结或者参加的国际条约规定的减征、免征关税的货物、物品。

(8) 法律规定的减征、免征关税的其他货物、物品。

2. 暂时免税

暂时进口或者暂时出口的货物，以及特准进口的保税货物，在货物收发货人向海关缴纳相当于税款的保证金或者提供担保后，准予暂时免纳关税。

暂时进境或者暂时出境的下列货物，应当自进境或者出境之日起6个月内复运出境或者复运进境；需要延长复运出境或者复运进境期限的，纳税义务人应当根据海关总署的规定向海关办理延期手续。

(1) 在展览会、交易会、会议及类似活动中展示或者使用的货物。

(2) 文化、体育交流活动中使用的表演、比赛用品。

(3) 进行新闻报道或者摄制电影、电视节目使用的仪器、设备及用品。

(4) 开展科研、教学、医疗活动使用的仪器、设备及用品。

(5) 在第1项至第4项所列活动中使用的交通工具及特种车辆。

(6) 货样。

(7) 供安装、调试、检测设备时使用的仪器、工具。

(8) 盛装货物的容器。

(9) 其他用于非商业目的的货物。

以上所列暂时进境货物在规定的期限内未复运出境的，或者暂时出境货物在规定的期限内未复运进境的，海关应当依法征收关税。以上所列可以暂时免征关税范围以外的其他暂时进境货物，应当按照该货物的完税价格和其在境内滞留时间与折旧时间的比例计算征收进口关税。

3. 特定减免税

特定减免税也称政策性减免税。在法定减免税之外,国家按照国际通行规则和我国实际情况,对特定进出口货物减免关税的政策,称为特定或政策性减免税。特定减免税货物一般有地区、企业和用途的限制,海关需要进行后续管理,也需要减免税统计。

1) 科教用品

为深入实施科教兴国战略、创新驱动发展战略,支持科技创新,财政部、海关总署、国家税务总局发布《关于"十四五"期间支持科技创新进口税收政策的通知》(财关税〔2021〕23 号),自 2021 年 1 月 1 日至 2025 年 12 月 31 日,实行以下进口税收政策。

(1) 对科学研究机构、技术开发机构、学校、党校(行政学院)、图书馆进口国内不能生产或性能不能满足需求的科学研究、科技开发和教学用品,免征进口关税和进口环节增值税、消费税。

科学研究机构、技术开发机构、学校、党校(行政学院)、图书馆是指:

① 从事科学研究工作的中央级、省级、地市级科研院所(含其具有独立法人资格的图书馆、研究生院)。

② 国家实验室、国家重点实验室、企业国家重点实验室、国家产业创新中心、国家技术创新中心、国家制造业创新中心、国家临床医学研究中心、国家工程研究中心、国家工程技术研究中心、国家企业技术中心、国家中小企业公共服务示范平台(技术类)。

③ 科技体制改革过程中转制为企业和进入企业的主要从事科学研究和技术开发工作的机构。

④ 科技部会同民政部核定或者省级科技主管部门会同省级民政、财政、税务部门和社会研发机构所在地直属海关核定的科技类民办非企业单位性质的社会研发机构;省级科技主管部门会同省级财政、税务部门和社会研发机构所在地直属海关核定的事业单位性质的社会研发机构。

⑤ 省级商务主管部门会同省级财政、税务部门和外资研发中心所在地直属海关核定的外资研发中心。

⑥ 国家承认学历的实施专科及以上高等学历教育的高等学校及其具有独立法人资格的分校、异地办学机构。

⑦ 县级及以上党校(行政学院)。

⑧ 地市级及以上公共图书馆。

(2) 对出版物进口单位为科研院所、学校、党校(行政学院)、图书馆进口用于科研、教学的图书、资料等,免征进口环节增值税。

出版物进口单位是指中央宣传部核定的具有出版物进口许可的出版物进口单位,科研院所是指从事科学研究工作的中央级、省级、地市级科研院所(含其具有独立法人资格的图书馆、研究生院),学校、党校(行政学院)、图书馆同第 1 项规定。

(3) 免税进口商品实行清单管理。免税进口商品清单由财政部、海关总署、国家税务总局征求有关部门意见后另行制定印发,并动态调整。

2) 残疾人专用品

根据《残疾人专用品免征进口税收暂行规定》(海关总署令第 61 号),为支持残疾人的康复工作,对残疾人专用品、有关单位进口国内不能生产的特定残疾人专用品,免征进口关税和进口环节增值税、消费税。

(1) 免税进口的残疾人专用品

具体包括:

① 肢残者用的支辅具,假肢及其零部件,假眼,假鼻,内脏托带,矫形器,矫形鞋,非机动助行器,代步工具(不包括汽车、摩托车),生活自助具,特殊卫生用品;

② 视力残疾者用的盲杖、导盲镜、助视器、盲人阅读器;

③ 语言、听力残疾者用的语言训练器;

④ 智力残疾者用的行为训练器、生活能力训练用品。

(2) 有关单位进口的国内不能生产的下列残疾人专用品,按隶属关系经民政部或者中国残疾人联合会批准,并报海关总署审核后,免征进口关税和进口环节增值税、消费税:

① 残疾人康复及专用设备,包括床旁监护设备、中心监护设备、生化分析仪和超声诊断仪;

② 残疾人特殊教育设备和职业教育设备;

③ 残疾人职业能力评估测试设备;

④ 残疾人专用劳动设备和劳动保护设备;

⑤ 残疾人文体活动专用设备;

⑥ 假肢专用生产、装配、检测设备,包括假肢专用铣磨机、假肢专用真空成型机、假肢专用平板加热器和假肢综合检测仪;

⑦ 听力残疾者用的助听器。

有关单位是指民政部直属企事业单位和省、自治区、直辖市民政部门所属福利机构、假肢厂和荣誉军人康复医院(包括各类革命伤残军人休养院、荣军医院和荣军康复医院);中国残疾人联合会(中国残疾人福利基金会)直属事业单位和省、自治区、直辖市残疾人联合会(残疾人福利基金会)所属福利机构和康复机构。

3) 慈善捐赠物资

为促进慈善事业的健康发展,支持慈善事业发挥扶贫济困积极作用,规范对慈善事业捐赠物资的进口管理,根据《慈善捐赠物资免征进口税收暂行办法》(财政部、海关总署、国家税务总局公告 2015 年第 102 号),自 2016 年 4 月 1 日起,对我国关境外自然人、法人或者其他组织等境外捐赠人,无偿向经民政部或省级民政部门登记注册且被评定为 5A 级的、以人道救助和发展慈善事业为宗旨的社会团体或基金会、中国红十字会总会等七家全国性慈善或福利组织,以及国务院有关部门和各省、自治区、直辖市人民政府捐赠的,直接用于慈善事业的物资,免征进口关税和进口环节增值税。

(1) 慈善事业

慈善事业是指非营利的慈善救助等社会慈善和福利事业,包括以捐赠财产方式自愿开展的下列慈善活动。

① 扶贫济困,扶助老幼病残等困难群体。

② 促进教育、科学、文化、卫生、体育等事业的发展。

③ 防治污染和其他公害,保护和改善环境。

④ 符合社会公共利益的其他慈善活动。

（2）用于慈善事业的物资

① 衣服、被褥、鞋帽、帐篷、手套、睡袋、毛毯及其他生活必需用品等。

② 食品类及饮用水（调味品、水产品、水果、饮料、烟酒等除外）。

③ 医疗类包括医疗药品、医疗器械、医疗书籍和资料。其中，对于医疗药品及医疗器械的捐赠进口，按照相关部门有关规定执行。

④ 直接用于公共图书馆、公共博物馆、各类职业学校、高中、初中、小学、幼儿园教育的教学仪器、教材、图书、资料和一般学习用品。

⑤ 直接用于环境保护的专用仪器。

⑥ 经国务院批准的其他直接用于慈善事业的物资。

4）重大技术装备

为继续支持我国重大技术装备制造业发展，财政部会同工业和信息化部、海关总署、国家税务总局、国家能源局发布了《重大技术装备进口税收政策管理办法》（财关税〔2020〕2 号），规定实施以下政策。

工业和信息化部会同财政部、海关总署、国家税务总局、国家能源局制定《国家支持发展的重大技术装备和产品目录》和《重大技术装备和产品进口关键零部件及原材料商品目录》后公布执行。对符合规定条件的企业及核电项目业主为生产国家支持发展的重大技术装备或产品而确有必要进口的部分关键零部件及原材料，免征关税和进口环节增值税。

对国内已能生产的重大技术装备和产品，由工业和信息化部会同财政部、海关总署、国家税务总局、国家能源局制定《进口不予免税的重大技术装备和产品目录》后公布执行。

对按照或比照《国务院关于调整进口设备税收政策的通知》（国发〔1997〕37 号）规定享受进口税收优惠政策的下列项目和企业，进口《进口不予免税的重大技术装备和产品目录》中自用设备以及按照合同随上述设备进口的技术及配套件、备件，照章征收进口税收。

① 国家鼓励发展的国内投资项目和外商投资项目。

② 外国政府贷款和国际金融组织贷款项目。

③ 由外商提供不作价进口设备的加工贸易企业。

④ 中西部地区外商投资优势产业项目。

⑤《海关总署关于进一步鼓励外商投资有关进口税收政策的通知》（署税〔1999〕791 号）规定的外商投资企业和外商投资设立的研究中心利用自有资金进行技术改造项目。

工业和信息化部会同财政部、海关总署、国家税务总局、国家能源局核定企业及核电项目业主免税资格，每年对新申请享受进口税收政策的企业及核电项目业主进行认定，每 3 年对已享受进口税收政策企业及核电项目业主进行复核。

取得免税资格的企业及核电项目业主可向主管海关提出申请，选择放弃免征进口环节增值税，只免征进口关税。企业及核电项目业主主动放弃免征进口环节增值税后，36 个月内不得再次申请免征进口环节增值税。

5）集成电路产业和软件产业

为贯彻落实《国务院关于印发新时期促进集成电路产业和软件产业高质量发展若干政策的通知》，支持集成电路产业和软件产业发展，财政部、海关总署、国家税务总局联合发布《关于支持集成电路产业和软件产业发展进口税收政策的通知》（财关税〔2021〕4 号），对下列情形免征进口关税。

（1）集成电路线宽小于 65 纳米（含，下同）的逻辑电路、存储器生产企业，以及线宽小于 0.25 微米的特色工艺（即模拟、数模混合、高压、射频、功率、光电集成、图像传感、微机电系统、绝缘体上硅工艺）集成电路生产企业，进口国内不能生产或性能不能满足需求的自用生产性（含研发用，下同）原材料、消耗品，净化室专用建筑材料、配套系统和集成电路生产设备（包括进口设备和国产设备）零配件。

（2）集成电路线宽小于 0.5 微米的化合物集成电路生产企业和先进封装测试企业，进口国内不能生产或性能不能满足需求的自用生产性原材料、消耗品。

（3）集成电路产业的关键原材料、零配件（即靶材、光刻胶、掩模版、封装载板、抛光垫、抛光液、8 英寸及以上硅单品、8 英寸及以上硅片）生产企业，进口国内不能生产或性能不能满足需求的自用生产性原材料、消耗品。

（4）集成电路用光刻胶、掩模版、8 英寸及以上硅片的生产企业，进口国内不能生产或性能不能满足需求的净化室专用建筑材料、配套系统和生产设备（包括进口设备和国产设备）零配件。

（5）国家鼓励的重点集成电路设计企业和软件企业，以及符合第 1 项、第 2 项规定的企业（集成电路生产企业和先进封装测试企业）进口自用设备，以及按照合同随设备进口的技术（含软件）及配套件、备件，但《国内投资项目不予免税的进口商品目录》《外商投资项目不予免税的进口商品目录》和《进口不予免税的重大技术装备和产品目录》所列商品除外。上述进口商品不占用投资总额，相关项目不需出具项目确认书。

上述第（1）项至第（5）项规定自 2020 年 7 月 27 日至 2030 年 12 月 31 日实施。

6）科普用品

（1）根据《财政部、海关总署、国家税务总局关于"十四五"期间支持科普事业发展进口税收政策的通知》（财关税〔2021〕26 号），为支持科普事业发展，自 2021 年 1 月 1 日至 2025 年 12 月 31 日，对公众开放的科技馆、自然博物馆、天文馆（站、台）、气象台（站）、地震台（站），以及高校和科研机构所属对外开放的科普基地，进口以下商品免征进口关税和进口环节增值税。

① 为从境外购买自用科普影视作品播映权而进口的拷贝、工作带、硬盘，以及以其他形式进口自用的承载科普影视作品的拷贝、工作带、硬盘。

② 国内不能生产或性能不能满足需求的自用科普仪器设备、科普展品、科普专用软件等科普用品。

（2）根据《科技部等五部门关于发布"十四五"期间免税进口科普用品清单（第一批）的通知》（国科发才〔2022〕26 号），进口下列科普用品免征进口关税和进口环节增值税。

① 科普仪器设备：a.用于特效场馆画面播放的银幕、激光数字投影机、数字播放系统及音响系统；b.光学天象仪；c.高速摄影机。

② 科普展品：a.图书、报纸、杂志、期刊、地图；b.化石、标本、模型。

③ 科普专用软件：专门用于科普工作的软件及软件许可证。

7）海南自由贸易港原辅料、交通工具及游艇、生产设备

根据《财政部、海关总署、税务总局关于海南自由贸易港原辅料"零关税"政策的通知》（财关税〔2020〕42 号）、《财政部、海关总署、税务总局关于海南自由贸易港交通工具及游艇"零关税"政策的通知》（财关税〔2020〕54 号）、《财政部、海关总署、税务总局关于海南自由贸

易港自用生产设备"零关税"政策的通知》(财关税〔2021〕7号),全岛封关运作前,对在海南自由贸易港注册登记并具有独立法人资格的企业,进口以下货物免征关税、进口环节增值税和消费税。

(1)进口用于生产自用、以"两头在外"模式进行生产加工活动或以"两头在外"模式进行服务贸易过程中所消耗的原辅料。

(2)从事交通运输、旅游业的企业(航空企业须以海南自由贸易港为主营运基地),进口用于交通运输、旅游业的船舶、航空器、车辆等营运用交通工具及游艇。

(3)进口自用的生产设备[除法律法规和相关规定明确不予免税、国家规定禁止进口的商品,以及《海南自由贸易港"零关税"自用生产设备负面清单》(财关税〔2021〕7号附件)所列设备外]。生产设备是指基础设施建设、加工制造、研发设计、检测维修、物流仓储、医疗服务、文体旅游等生产经营活动所需的设备,包括《中华人民共和国进出口税则》第八十四章、第八十五章和第九十章中除家用电器及设备零件、部件、附件、元器件外的其他商品。

为进一步释放政策效应,支持海南自由贸易港建设,根据《财政部、海关总署、税务总局关于调整海南自由贸易港自用生产设备"零关税"政策的通知》(财关税〔2022〕4号),生产设备增列旋转木马、秋千及其他游乐场娱乐设备等文体旅游业所需的生产设备。同时,扩大政策适用的主体范围,对在海南自由贸易港注册登记并具有独立法人资格的事业单位进口上述生产设备的,按照财关税〔2021〕7号文件规定免征关税、进口环节增值税和消费税。

4. 临时减免税

临时减免税是指法定减免税、暂时免税和特定减免税以外的其他减免税,即由国务院对某个单位、某类商品、某个项目或某批进出口货物的特殊情况,给予特别照顾,一案一批,专文下达的减免税。一般有单位、品种、期限、金额或数量等限制,不能比照执行。

5. 减免税管理基本规定

1)减免税办理

进出口货物减免税申请人(以下简称减免税申请人)应当向其主管海关申请办理减免税审核确认、减免税货物税款担保、减免税货物后续管理等相关业务。

2)进口减免税货物监管

除海关总署另有规定外,在海关监管年限内,减免税申请人应当按照海关规定保管、使用进口减免税货物,并依法接受海关监管。在海关监管年限内,减免税申请人应当于每年6月30日(含当日)以前向主管海关提交《减免税货物使用状况报告书》,报告减免税货物使用状况。超过规定期限未提交的,海关按照有关规定将其列入信用信息异常名录。

除海关总署另有规定外,进口减免税货物的监管年限为:船舶、飞机为8年,机动车辆为6年,其他货物为3年。监管年限自货物进口放行之日起计算。

3)监管解除管理

减免税货物海关监管年限届满的,自动解除监管。对海关监管年限内的减免税货物,减免税申请人要求提前解除监管的,应当向主管海关提出申请,并办理补缴税款手续。

4)减免税货物办理抵押、转让、移作他用或其他处置管理

在海关监管年限内,减免税申请人要求以减免税货物向银行或者非银行金融机构办理贷款抵押的,应当向主管海关提出申请,随附相关材料,并以海关依法认可的财产、权利提供

税款担保。

在海关监管年限内,减免税申请人需要将减免税货物转让给进口同一货物享受同等减免税优惠待遇的其他单位的,应当按照规定办理减免税货物结转手续。

在海关监管年限内,减免税申请人需要将减免税货物转让给不享受进口税收优惠政策或者进口同一货物不享受同等减免税优惠待遇的其他单位的,应当事先向主管海关申请办理减免税货物补缴税款手续。进口时免予提交许可证件的减免税货物,按照国家有关规定需要补办许可证件的,减免税申请人在办理补缴税款手续时还应当补交有关许可证件。有关减免税货物自办结手续之日起,解除海关监管。

4.1.5 关税的征收管理

1. 关税缴纳

进口货物自运输工具申报进境之日起 14 日内,出口货物在货物运抵海关监管区后装货的 24 小时以前,应由进出口货物的纳税义务人向货物进(出)境地海关申报,海关根据进出口货物的税则号列、完税价格、原产地、适用的税率和汇率计征税款,并填发税款缴款书。

纳税义务人应当自海关填发税款缴款书之日起 15 日内,向指定银行缴纳税款。如关税缴纳期限的最后 1 日是星期六、星期日等休息日或法定节假日,则关税缴纳期限顺延至休息日或法定节假日过后的第 1 个工作日。为方便纳税义务人,经申请且海关同意,进(出)口货物的纳税义务人可以在设有海关的指运地(启运地)办理海关申报、纳税手续。

纳税义务人因不可抗力或者国家税收政策调整不能按期缴纳税款的,依法提供税款担保后,可以向海关办理延期缴纳税款手续。延期纳税最长不超过 6 个月。

2. 关税滞纳金、保全及强制措施

1)关税滞纳金

纳税义务人应当自海关税款缴纳通知制发之日起 15 日内依法缴纳税款;采用汇总征税模式的,纳税义务人应当自海关税款缴纳通知制发之日起 15 日内或次月第 5 个工作日结束前依法缴纳税款。未在上述期限内缴纳税款的,海关自缴款期限届满之日起,至缴清税款之日止,按日加收滞纳税款万分之五的滞纳金。滞纳金的起征点为 50 元。

滞纳金自关税缴纳期限届满之日起,至纳税义务人缴清关税之日止,按滞纳税款万分之五的比例按日征收,周末或法定节假日不予扣除。具体计算公式为

$$关税滞纳金金额＝滞纳关税税额 \times 滞纳金征收比率 \times 滞纳天数$$

2)保全措施

进出口货物的纳税义务人在规定的纳税期限内有明显的转移、藏匿其应税货物以及其他财产迹象的,海关可以责令纳税义务人提供担保;纳税义务人不能提供担保的,海关可以按照《海关法》第六十一条的规定采取以下税收保全措施。

(1)书面通知纳税义务人开户银行或者其他金融机构暂停支付纳税义务人相当于应纳税款的存款。

(2)扣留纳税义务人价值相当于应纳税款的货物或者其他财产。

3)强制措施

纳税义务人、担保人自缴纳税款期限届满之日起超过 3 个月仍未缴纳税款的,经直属海

关关长或者其授权的隶属海关关长批准，海关可以采取下列强制措施。

（1）书面通知其开户银行或者其他金融机构从其存款中扣缴税款。

（2）将应税货物依法变卖，以变卖所得抵缴税款。

（3）扣留并依法变卖其价值相当于应纳税款的货物或者其他财产，以变卖所得抵缴税款。

海关采取强制措施时，对上述纳税义务人、担保人未缴纳的滞纳金同时强制执行。进出境物品的纳税义务人，应当在物品放行前缴纳税款。

3. 关税退还

关税退还是关税纳税义务人按海关核定的税额缴纳关税后，因某种原因的出现，海关将税款退还给原纳税义务人的一种行政行为。

1）申请退还

有下列情形之一的，纳税义务人自缴纳税款之日起 1 年内，可以申请退还关税，并应当以书面形式向海关说明理由，提供原缴款凭证及相关资料。

（1）已征进口关税的货物，因品质或者规格原因，原状退货复运出境的。

（2）已征出口关税的货物，因品质或者规格原因，原状退货复运进境，并已重新缴纳因出口而退还的国内环节有关税收的。

（3）已征出口关税的货物，因故未装运出口，申报退关的。

海关应当自受理退税申请之日起 30 日内查实并通知纳税义务人办理退还手续。纳税义务人应当自收到通知之日起 3 个月内办理有关退税手续。

2）多征税款退还

如果海关发现实际征收税款多于应征税款，应当立即通知纳税义务人办理退还手续。纳税义务人发现多缴税款的，自缴纳税款之日起 1 年内，可以以书面形式要求海关退还多缴的税款并加算银行同期活期存款利息；海关应当自受理退税申请之日起 30 日内查实并通知纳税义务人办理退还手续。纳税义务人应当自收到通知之日起 3 个月内办理有关退税手续。

4. 关税补征和追征

补征和追征是海关在关税纳税义务人按海关核定的税额缴纳关税后，发现实际征收税额少于应当征收的税额（称为短征关税）时，责令纳税义务人补缴所差税款的一种行政行为。《海关法》根据短征关税的原因，将海关征收原短征关税的行为分为补征和追征两种。由于纳税人违反海关规定造成短征关税的，称为追征；非因纳税人违反海关规定造成短征关税的，称为补征。区分关税追征和补征是为了在不同情况下适用不同的征收时效，超过时效规定的期限，海关就丧失了追补关税的权力。根据《海关法》和《关税条例》规定，补征和追征期限分别如下。

（1）进出口货物放行后，海关发现少征或者漏征税款的，应当自缴纳税款或者货物放行之日起 1 年内，向纳税义务人补征。

（2）进出口货物放行后，因纳税义务人违反规定造成少征或者漏征税款的，海关可以自缴纳税款或者货物放行之日起 3 年内追征税款，并从缴纳税款或者货物放行之日起按日加收少征或者漏征税款万分之五的滞纳金。

（3）海关发现海关监管货物因纳税义务人违反规定造成少征或者漏征税款的，应当自纳税义务人应缴纳税款之日起 3 年内追征税款，并从应缴纳税款之日起按日加收少征或者漏征税款万分之五的滞纳金。

5. 关税纳税争议

为保护纳税人合法权益，《海关法》和《关税条例》规定，纳税义务人、担保人对海关确定纳税义务人，确定完税价格、商品归类，确定原产地、适用税率或者计征汇率、减征或者免征税款、补税、退税、征收滞纳金，确定计征方式以及确定纳税地点有异议的，应当按照海关作出的相关行政决定依法缴纳税款，并且可以依照《中华人民共和国行政复议法》和《中华人民共和国海关行政复议办法》（海关总署令第 166 号）向上一级海关申请复议。对复议决定不服的，可以依法向人民法院提起诉讼。

纳税争议的申诉程序和期限是纳税义务人自海关填发税款缴款书之日起 60 日内，向原征税海关的上一级海关书面申请复议。逾期申请复议的，海关不予受理。海关复议机关应当自收到复议申请之日起 60 日内作出复议决定，并以复议决定书的形式正式答复纳税义务人；纳税义务人对海关复议决定仍然不服的，可以自收到复议决定书之日起 15 日之内，向人民法院提起诉讼。

6. 进境物品进口税征收管理

进境物品进口税的减征、免征、补征、追征、退还以及对暂准进境物品征收进口税，参照《关税条例》对货物征收进口关税的有关规定执行。

4.2 关税应纳税额的计算

4.2.1 关税完税价格的确定

依据《海关法》，进出口货物的完税价格，由海关以该货物的成交价格为基础审查确定。成交价格不能确定时，完税价格由海关依法估定。

1. 一般进口货物的完税价格

依据《关税条例》，进口货物的完税价格由海关以符合相关规定所列条件的成交价格以及该货物运抵中华人民共和国境内输入地点起卸前的运输及其相关费用、保险费为基础审查确定。

进口货物的成交价格是指卖方向中华人民共和国境内销售该货物时，买方为进口该货物向卖方实付、应付的，并按照规定调整后的价款总额，包括直接支付的价款和间接支付的价款。

1）成交价格应符合的条件

（1）卖方对买方处置或者使用进口货物不予限制，但法律、行政法规规定实施的限制、对货物销售地域的限制和对货物价格无实质性影响的限制除外。有下列情形之一的，应当视为对买方处置或者使用进口货物进行了限制。

① 进口货物只能用于展示或者免费赠送的。

② 进口货物只能销售给指定第三方的。

③ 进口货物加工为成品后只能销售给卖方或者指定第三方的。

④ 其他经海关审查,认定买方对进口货物的处置或者使用受到限制的。

(2)进口货物的成交价格不得受到使该货物成交价格无法确定的条件或因素的影响。

有下列情形之一的,应当视为进口货物的价格受到了无法确定的条件或者因素的影响。

① 进口货物的价格是以买方向卖方购买一定数量的其他货物为条件而确定的。

② 进口货物的价格是以买方向卖方销售其他货物为条件而确定的。

③ 其他经海关审查,认定货物的价格受到使该货物成交价格无法确定的条件或者因素的影响的。

(3)卖方不得直接或者间接获得因买方销售、处置或者使用进口货物而产生的任何收益,或者虽有收益但能够按照规定进行调整。

(4)买卖双方没有特殊关系,或者虽有特殊关系但未对成交价格产生影响。

有下列情形之一的,应当认为买卖双方存在特殊关系。

① 买卖双方为同一家族成员的。

② 买卖双方互为商业上的高级职员或者董事的。

③ 一方直接或者间接地受另一方控制的。

④ 买卖双方都直接或者间接地受第三方控制的。

⑤ 买卖双方共同直接或者间接地控制第三方的。

⑥ 一方直接或者间接地拥有、控制或者持有对方 5% 以上(含 5%)公开发行的有表决权的股票或者股份的。

⑦ 一方是另一方的雇员、高级职员或者董事的。

⑧ 买卖双方是同一合伙的成员的。

买卖双方在经营上相互有联系,一方是另一方的独家代理、独家经销或者独家受让人,如果符合上述规定,也应当视为存在特殊关系。

2)应计入完税价格的调整项目

以成交价格为基础审查确定进口货物的完税价格时,未包括在该货物实付、应付价格中的下列费用或者价值应当计入完税价格。

(1)由买方负担的除购货佣金以外的佣金和经纪费。其中,购货佣金是指买方为购买进口货物向自己的采购代理人支付的劳务费,经纪费是指买方为购买进口货物向代表买卖双方利益的经纪人支付的劳务费用。

(2)由买方负担的与该货物视为一体的容器费用。

(3)由买方负担的包装材料费用和包装劳务费用。

(4)与进口货物的生产和向中华人民共和国境内销售有关的,由买方以免费或者以低于成本的方式提供,并可以按适当比例分摊的料件、工具、模具、消耗材料及类似货物的价款,以及在境外开发、设计等相关服务的费用。

(5)作为该货物向中华人民共和国境内销售的条件,买方必须支付的、与该货物有关的特许权使用费。但是符合下列情形之一的除外。

① 特许权使用费与该货物无关。

② 特许权使用费的支付不构成该货物向中华人民共和国境内销售的条件。

(6)卖方直接或者间接从买方获得的该货物进口后转售、处置或者使用的收益。

3）不计入完税价格的调整项目

进口时在货物的价款中列明的下列税收、费用，不计入该货物的完税价格。

（1）厂房、机械、设备等货物进口后进行建设、安装、装配、维修和技术服务的费用。

（2）进口货物运抵中华人民共和国境内输入地点起卸后的运输及其相关费用、保险费。

（3）进口关税及国内税收。

4）进口货物完税价格中相关费用的确定

（1）进口货物的运费

进口货物的运输及其相关费用，应当按照由买方实际支付或者应当支付的费用计算。如果进口货物的运输及其相关费用无法确定的，海关应当按照该货物进口同期的正常运输成本审查确定。

运输工具作为进口货物，利用自身动力进境的，海关在审查确定完税价格时，不再另行计入运费。

（2）进口货物的保险费

进口货物的保险费应当按照实际支付的费用计算。如果进口货物的保险费无法确定或者未实际发生，海关应当按照"货价"和"运费"两者总额的 3% 计算保险费，其计算公式为

$$保险费＝（货价＋运费）×3\%$$

邮运进口的货物，应当以邮费作为运输及其相关费用、保险费。

5）进口货物完税价格确定的其他方法

对于进口货物的成交价格不符合规定条件，或者成交价格不能确定，在客观上无法采用货物的实际成交价格时，海关经了解有关情况，并与纳税义务人进行价格磋商后，依次以下列价格估定该货物的完税价格。

（1）相同货物的成交价格估价方法。相同货物的成交价格是指与该货物同时或者大约同时向中华人民共和国境内销售的相同货物的成交价格。所谓相同，主要表现在货物的物理特性、质量及产品声誉方面。采用这种比照价格时，相同货物必须已经在被估价货物进口的同时或大约同时向进口国进口，若有多批相同货物完全符合条件，应采用其中最低的价格。另外，相同货物与被估货物在商业水平、数量、运输方式、运输距离等贸易上的差别也要作调整。

（2）类似货物的成交价格估价方法。类似货物的成交价格是指与该货物同时或者大约同时向中华人民共和国境内销售的类似货物的成交价格。类似货物是指与被估货物在同一国生产制造，虽然不是在所有方面都相同，但具有相似特征和相似组成材料，从而能起到同样作用，而且在商业上可以互换的货物。选择类似货物时，主要应考虑货物的品质、信誉和现有商标。

（3）倒扣价格估价方法。倒扣价格估价方法是指海关以进口货物、相同或者类似进口货物在境内的销售价格为基础，扣除境内发生的有关费用后，审查确定进口货物完税价格的估价方法。

（4）计算价格估价方法。采用这种方法，可以按照下列各项总和计算价格：生产该货物所使用的料件成本和加工费用，向中华人民共和国境内销售同等级或者同种类货物通常的利润和一般费用，该货物运抵境内输入地点起卸前的运输及其相关费用、保险费。

（5）合理估价方法。所谓合理估价方法，实际上是对海关估价的一项补救方法，习惯上被叫作"最后一招"，也就是在使用上述任何一种估价方法都无法确定海关估价时，海关可以客观量化的数据资料为基础审查确定进口货物的完税价格。规定的原则有两条：一是海关估价应当公平、合理、统一和中性，二是尽可能反映贸易实际。使用合理估价方法不得使用以下价格：

① 境内生产的货物在境内的销售价格；

② 可供选择的价格中较高的价格；

③ 货物在出口地市场的销售价格；

④ 以计算价格估价方法中所含价值或费用之外的价值或者费用计算的相同或者类似货物的价格；

⑤ 出口到第三国或者地区的货物的销售价格；

⑥ 最低限价或者武断、虚构的价格。

以上所列的各种估价方法应依次使用，即当完税价格按列在前面的估价方法无法确定时，才能使用后一种估价方法。但是应进口商的要求，第 3 种和第 4 种方法的使用次序可以颠倒。

2. 特殊进口货物的完税价格

1）运往境外修理的货物

运往境外修理的机械器具、运输工具或其他货物，出境时已向海关报明，并在海关规定期限内复运进境的，应当以境外修理费和料件费为基础审查确定完税价格。

2）运往境外加工的货物

运往境外加工的货物，出境时已向海关报明，并在海关规定期限内复运进境的，应当以境外加工费和料件费，以及该货物复运进境的运输及其相关费用、保险费为基础审查确定完税价格。

3）暂时进境货物

经海关批准的暂时进境的货物应当缴纳税款的，应当按照一般进口货物完税价格确定的有关规定，审查确定关税价格。经海关批准留购的暂时进境货物，以海关审查确定的留购价格作为完税价格。

4）租赁方式进口货物

（1）租赁方式进口的货物，以租金方式对外支付的，在租赁期间以海关审查确定的租金作为完税价格，利息应当予以计入。

（2）留购的租赁货物，以海关审定的留购价格作为完税价格。

（3）纳税义务人申请一次性缴纳税款的，可以选择申请按照本节"一、一般进口货物的完税价格"第（五）项的相关内容确定完税价格，或者按照海关审查确定的租金总额作为完税价格。

5）予以补税的减免税货物

减免税货物因转让、提前解除监管以及减免税申请人发生主体变更、依法终止情形或者其他原因需要补征税款的，补税的完税价格以货物原进口时的完税价格为基础，按照减免税货物已进口时间与监管年限的比例进行折旧，其计算公式如下：

$$补税的完税价格＝减免税货物原进口时的完税价格×\left(1-\frac{减免税货物已进口时间}{监管年限×12}\right)$$

式中,减免税货物已进口时间自货物放行之日起按月计算。不足 1 个月但是超过 15 日的,按照 1 个月计算;不超过 15 日的,不予计算。

减免税申请人将减免税货物移作他用,需要补缴税款的,补税的完税价格以货物原进口时的完税价格为基础,按照需要补缴税款的时间与监管年限的比例进行折旧,其计算公式为

$$补税的完税价格＝减免税货物原进口时的完税价格×\frac{需要补缴税款的时间}{监管年限×365}$$

式中,需要补缴税款的时间为减免税货物移作他用的实际时间,按日计算,每日实际使用不满 8 小时或者超过 8 小时的均按 1 日计算。

6) 不存在成交价格的进口货物

易货贸易、寄售、捐赠、赠送等不存在成交价格的进口货物,海关与纳税义务人进行价格磋商后,依次以下列方法审查确定该货物的完税价格:①相同货物成交价格估价方法;②类似货物成交价格估价方法;③倒扣价格估价方法;④计算价格估价方法;⑤其他合理估价方法。纳税义务人向海关提供有关资料后,可以提出申请,颠倒第③项和第④项的适用次序。

7) 进口软件介质

进口载有专供数据处理设备用软件的介质,具有下列情形之一的,应当以介质本身的价值或者成本作为基础审查确定完税价格:①介质本身的价值或者成本与所载软件的价值分列;②介质本身的价值或者成本与所载软件的价值虽未分列,但是纳税义务人能够提供介质本身的价值或者成本的证明文件,或者能提供所载软件价值的证明文件。

含有美术、摄影、声音、图像、影视、游戏、电子出版物的介质不适用上述规定。

3. 公式定价进口货物完税价格确定

公式定价是指在向中华人民共和国境内销售货物所签订的合同中,买卖双方未以具体明确的数值约定货物价格,而是以约定的定价公式确定货物结算价格的定价方式。结算价格是指买方为购买该货物实付、应付的价款总额。

对同时符合下列条件的进口货物,以合同约定定价公式所确定的结算价格为基础确定完税价格。

(1) 在货物运抵中华人民共和国境内前或保税货物内销前,买卖双方已书面约定定价公式。

(2) 结算价格取决于买卖双方均无法控制的客观条件和因素。

(3) 自货物申报进口之日起 6 个月内,能够根据合同约定的定价公式确定结算价格。

(4) 结算价格符合《中华人民共和国海关审定进出口货物完税价格办法》中成交价格的有关规定。

公式定价货物进口时结算价格不能确定,以暂定价格申报的,纳税义务人应当向海关办理税款担保。

4. 进境物品的完税价格

1) 一般规定

对于个人进境物品关税完税价格,由海关总署根据《中华人民共和国海关关于入境旅客

行李物品和个人邮递物品征收进口税办法》(海关总署令第 47 号)、《国务院关税税则委员会关于调整进境物品进口税有关问题的通知》(税委会〔2019〕17 号),公布《中华人民共和国进境物品完税价格表》,来确定商品归类和完税价格。

2) 跨境电子商务零售进口商品的税收政策

自 2016 年 4 月 8 日起,跨境电子商务零售进口商品按照货物征收关税和进口环节增值税、消费税,购买跨境电子商务零售进口商品的个人作为纳税人,电子商务企业、电子商务交易平台或物流企业可作为代收代缴义务人。

(1) 跨境电子商务零售进口商品的单次交易限值为人民币 5 000 元(2016 年 4 月 8 日至 2018 年 12 月 31 日,为 2 000 元),个人年度交易限值为人民币 26 000 元(2016 年 4 月 8 日至 2018 年 12 月 31 日,为 20 000 元)。限值以内进口的跨境电子商务零售商品,关税税率暂设为零。

(2) 完税价格超过 5 000 元单次交易限值但低于 26 000 元年度交易限值,且订单下仅一件商品时,可以自跨境电商零售渠道进口,按照货物税率全额征收关税和进口环节增值税、消费税,交易额计入年度交易总额,但年度交易总额超过年度交易限值的,应按一般贸易管理。

(3) 已经购买的电商进口商品属于消费者个人使用的最终商品,不得进入国内市场再次销售;原则上不允许网购保税进口商品在海关特殊监管区域外开展"网购保税+线下自提"模式。

(4) 为适应跨境电商发展,财政部会同有关部门对《跨境电子商务零售进口商品清单》进行调整并另行公布。

5. 出口货物的完税价格

出口货物的完税价格由海关以该货物的成交价格为基础审查确定,并应当包括货物运至中华人民共和国境内输出地点装载前的运输及其相关费用、保险费。

1) 以成交价格为基础的完税价格

出口货物的成交价格是指该货物出口销售时,卖方为出口该货物应当向买方直接收取和间接收取的全部价款。

下列税收、费用不计入出口货物的完税价格。

(1) 出口关税。

(2) 在货物价款中单独列明的货物运至中华人民共和国境内输出地点装载后的运输及其相关费用、保险费。

2) 出口货物海关估定方法

出口货物的成交价格不能确定的,海关经了解有关情况,并与纳税义务人进行价格磋商后,依次以下列价格审查确定该货物的完税价格。

(1) 同时或者大约同时向同一国家或者地区出口的相同货物的成交价格。

(2) 同时或者大约同时向同一国家或者地区出口的类似货物的成交价格。

(3) 根据境内生产相同或者类似货物的成本、利润和一般费用(包括直接费用和间接费用)、境内发生的运输及其相关费用、保险费计算所得的价格。

(4) 按照其他合理方法估定的价格。

4.2.2 关税应纳税额的计算

1. 从价税应纳税额的计算

关税税额＝应税进(出)口货物数量×单位完税价格×税率

进口货物的成交价格,因有不同的成交条件而有不同的价格形式,常用的价格条款有FOB、CFR 和 CIF 三种。

FOB 是含义为"船上交货"的价格术语的简称。这一价格术语是指卖方在合同规定的装运港把货物装到买方指定的船上,并负责货物装上船为止的一切费用和风险,又称"离岸价格"。

CFR 是含义为"成本加运费"的价格术语的简称,又称"离岸加运费价格"。这一价格术语是指卖方负责将合同规定的货物装到买方指定运往目的港的船上,负责货物装上船为止的一切费用和风险,并支付运费。

CIF 是含义为"成本加运费和保险费"的价格术语的简称,习惯上又称"到岸价格"。这一价格术语是指卖方负责将合同规定的货物装到买方指定运往目的港的船上,办理保险手续,并负责支付运费和保险费。

现根据三种常用的价格条款分别举例介绍进口税款的计算。

(1) 以 CIF 条件成交的进口货物,如果申报价格符合规定的"成交价格"条件,则可直接计算出税款。

【例 4-1】 中正进出口公司从日本进口铁盘条 10 万吨,其成交价格为 CIF 上海新港125 000 美元。已知铁盘条进口关税税率为 15%,海关填发税款缴款书当日的美元中间价为 USD100＝CNY670.86。请计算应纳关税税额。

① 审核申报价格,符合成交价格条件。

关税完税价格＝125 000÷100×670.86＝838 575(元人民币)

② 应纳关税税额＝838 575×15%＝125 786.25(元人民币)

(2) 以 FOB 和 CFR 条件成交的进口货物,在计算税款时应先把进口货物的申报价格折算成 CIF 价,然后按上述程序计算税款。

【例 4-2】 中正进出口公司从国外进口一批中厚钢板共计 200 000 千克,成交价格为FOB 伦敦 2.5 英镑/千克。已知单位运费为 0.5 英镑,保险费率为 0.25%,中厚板进口关税税率为 10%,海关填发税款缴款书当日的英镑中间价为 GBP100＝CNY879.08。请计算应纳关税税额。

① 关税完税价格＝(FOB 价＋运费)×(1＋保险费率)

＝(2.5＋0.5)×200 000×(1＋0.25%)÷100×879.08

＝5 287 666.2(元人民币)

② 应纳关税税额＝5 287 666.2×10%＝528 766.62(元人民币)

2. 从量税应纳税额的计算

关税税额＝应税进(出)口货物数量×单位货物税额

【例 4-3】 中正进出口公司进口美国产某品牌啤酒 600 箱,每箱 24 瓶,每瓶容积 500 毫升,价格为 CIF3 000 美元。已知征税日美元与人民币的外汇中间价为 USD100＝CNY670.86,

适用优惠税率为 3 元人民币/升。请计算应纳关税税额。

$$应纳关税税额＝600×24×500÷1\ 000×3＝21\ 600(元人民币)$$

3. 复合税应纳税额的计算

我国目前实行的复合税都是先计征从量税，再计征从价税。

$$关税税额＝应税进(出)口货物数量×单位货物税额＋应税进(出)口货物数量\\×单位完税价格×税率$$

【例 4-4】 中正进出口公司进口 2 台日本产电视摄像机，价格为 CIF13000 美元。已知征税日美元与人民币的外汇中间价为 USD100＝CNY670.86，适用优惠税率为：每台完税价格高于 5 000 美元的，从量税为每台 13 280 元人民币，再征从价，税率为 3%。请计算应纳关税税额。

$$应纳关税税额＝2×13\ 280＋13\ 000÷100×670.86×3\%＝29\ 176.35(元人民币)$$

4. 滑准税应纳税额的计算

$$关税税额＝应税进(出)口货物数量×单位完税价格×滑准税税率$$

4.3　关税涉税业务的会计处理

4.3.1　关税核算的账户设置

企业进出口业务的会计处理需设置记录外汇业务的复币式账户，如"应收(应付)外汇账款""预收(预付)外汇账款"等，也可作为"应收(应付)账款""预收(预付)账款"等的二级账户，还要进行汇兑损益的计算和处理。企业要正确进行关税的会计处理，就必须确认销售收入、采购成本。在进口商品时，国外进价成本一般以 CIF 价格为基础，以企业收到银行转来的全套进口单证，经与合同、信用证等审核相符，并通过银行向国外出口商承付或承兑远期汇票时间为入账标准。出口商品销售收入的入账金额一般应以 FOB 价格为标准，即不论发票价格(成交价格)采用哪种，都以 FOB 作为收入确认的基础。商品进出口业务中发生的相关国内费用，计入采购成本或销售费用；进口时发生的国外费用，应计入商品采购成本；出口时发生的国外费用，应冲减商品销售收入。企业可以在"应交税费"账户下设置"应交关税"二级账户，也可以分别设置"应交进口关税""应交出口关税"两个二级账户。

4.3.2　关税的会计处理

1. 自营进口业务关税的会计处理

企业自营进口商品应以 CIF 价格作为完税价格计缴关税，借记"在途物资""商品采购""库存商品"等账户，贷记"应交税费——应交进口关税"账户；实际缴纳时，借记"应交税费——应交进口关税"账户，贷记"银行存款"账户。企业也可不通过"应交税费——应交进口关税"账户核算，待实际缴纳关税时，直接借记"在途物资""商品采购""库存商品"等账户，贷记"银行存款"账户，但这种会计处理方法不便于进行税负分析。企业若以 FOB 价格或 CFR 价格成交，应将这些成交价格下的运费、保险费计入进口商品成本，即将成本调整到以 CIF 价格为标准。

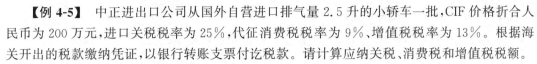

【例 4-5】　中正进出口公司从国外自营进口排气量 2.5 升的小轿车一批,CIF 价格折合人民币为 200 万元,进口关税税率为 25%,代征消费税税率为 9%,增值税税率为 13%。根据海关开出的税款缴纳凭证,以银行转账支票付讫税款。请计算应纳关税、消费税和增值税税额。

$$应交关税 = 2\,000\,000 \times 25\% = 500\,000(元)$$
$$应交消费税 = (2\,000\,000 + 500\,000) \div (1 - 9\%) \times 9\%$$
$$= 2\,747\,253 \times 9\% = 247\,253(元)$$
$$应交增值税 = 2\,747\,253 \times 13\% = 357\,143(元)$$

会计分录如下。

(1) 确认应付账款时

借:商品采购　　　　　　　　　　　　　　　　2 000 000
　　贷:应付账款——A 公司　　　　　　　　　　　　2 000 000

(2) 确认计入采购成本应交税费时

借:商品采购　　　　　　　　　　　　　　　　747 253
　　贷:应交税费——应交进口关税　　　　　　　　500 000
　　　　　　　　　——应交消费税　　　　　　　　247 253

(3) 实际缴纳税费时

借:应交税费——应交增值税(进项税额)　　　　357 143
　　　　　　　——应交进口关税　　　　　　　　500 000
　　　　　　　——应交消费税　　　　　　　　　247 253
　　贷:银行存款　　　　　　　　　　　　　　　1 104 396

(4) 商品验收入库时

借:库存商品　　　　　　　　　　　　　　　　2 747 253
　　贷:商品采购　　　　　　　　　　　　　　　2 747 253

【例 4-6】　工业企业方宇公司从香港 B 公司进口原产地为韩国的某型号设备 2 台,该设备的 CFR 价格为天津 HKD120 000,保险费率为 0.3%,关税税率为 6%,代征增值税税率为 13%,假定计税日外汇牌价为 HKD100 = CNY80。请计算应交进口关税和增值税税额。

$$完税价格 = 120\,000 \div (1 - 0.3\%) = 120\,361(港元)$$
$$完税价格折合人民币 = 120\,361 \times 0.8 = 96\,289(元)$$
$$应交进口关税 = 96\,289 \times 6\% = 5\,777(元)$$
$$应交增值税 = (96\,289 + 5\,777) \times 13\% = 13\,269(元)$$

会计分录如下。

(1) 确认应付价款时

借:在建工程　　　　　　　　　　　　　　　　96 289
　　贷:应付账款——B 公司　　　　　　　　　　　　96 289

(2) 实际上缴关税、增值税时

借:在建工程　　　　　　　　　　　　　　　　5 777
　　应交税费——应交增值税(进项税额)　　　　13 269
　　贷:银行存款　　　　　　　　　　　　　　　19 046

2. 自营出口业务关税的会计处理

企业自营出口商品应以 FOB 价格作为完税价格计缴关税,借记"税金及附加"账户,贷记"应交税费——应交出口关税"账户;实际缴纳时,借记"应交税费——应交出口关税"账户,贷记"银行存款"账户。企业也可不通过"应交税费——应交出口关税"账户核算,待实际缴纳关税时,直接借记"税金及附加"账户,贷记"银行存款"账户。如果成交价格是 CIF 或 CFR 价格,则应先按 CIF 或 CFR 价格入账,在实际支付海外运费、保险费时,再以红字冲减销售收入,将收入调整到以 FOB 价格为标准。

【例 4-7】 中正进出口公司向 C 公司自营出口商品一批,我国口岸 FOB 价折合人民币 720 000 元,假设出口关税税率为 20%,根据海关开出的税款缴纳凭证,以银行转账支票付讫税款。请计算应交出口关税。

$$应交出口关税＝720\ 000÷(1＋20\%)×20\%＝120\ 000(元)$$

会计处理如下。

借:应收账款——C 公司	720 000
贷:主营业务收入	720 000
借:税金及附加	120 000
贷:应交税费——应交出口关税	120 000

【例 4-8】 中正进出口公司向新加坡 D 公司出口某种矿产 5 吨,成交价格为 CIF 新加坡 USD22 000/吨,运费为 2 000 美元,保险费 200 美元。假定关税税率为 20%,计税日外汇牌价(中间价)为 USD100＝CNY700。请计算应交关税。

$$完税价格＝(22\ 000×5－2\ 000－200)×7÷(1＋20\%)＝628\ 833(元)$$
$$应交关税＝628\ 833×20\%＝125\ 767(元)$$

假定确认收入、支付费用时的汇率相同,有关会计处理如下。

(1) 确认销售收入时

借:应收账款——D 公司	770 000
贷:主营业务收入	770 000

(2) 支付运费、保险费时

借:主营业务收入	15 400
贷:银行存款等	15 400

(3) 缴纳关税时

借:税金及附加	125 767
贷:应交税费——应交出口关税	125 767

3. 代理进出口业务关税的会计处理

代理进出口业务,对受托方来说,一般不垫付货款,多以成交价格的一定比例收取劳务费作为其收入。因进出口商品而计缴的关税应由委托单位负担,受托单位即使向海关缴纳了关税,也只是代垫,日后仍要与委托方结算。

代理进出口业务所计缴的关税,如果以代理公司为纳税人缴纳,在会计处理上也是通过设置"应交税费"账户来反映的,其对应账户是"应付账款""应收账款""预收账款""银行存款"等。如果以委托方为纳税人缴纳,代理公司只代为办理缴纳关税事项,在会计处理上不必通过设置"应交税费"账户来反映。

【例 4-9】 中正进出口公司受 E 公司委托代理从 F 公司进口商品一批,E 公司已将进口货款 1 780 000 元汇入中正公司的开户银行。该进口商品我国口岸 CIF 价折合人民币为 1 440 000 元,进口关税税率为 20%,代理劳务费按货价 2% 收取。该批商品已运达指定口岸,中正公司与 E 公司办理有关结算。请进行账务处理。

$$应交进口关税税额 = 1\ 440\ 000 \times 20\% = 288\ 000(元)$$

$$代理劳务费 = 1\ 440\ 000 \times 2\% = 28\ 800(元)$$

根据上述计算资料,中正公司接收 E 公司货款并向 E 公司收取关税和劳务费等,会计分录如下。

(1)收到 E 公司划来货款时

借:银行存款	1 780 000	
贷:应付账款——E 公司		1 780 000

(2)用外汇进口商品时

借:应收账款——F 公司	1 440 000	
贷:银行存款		1 440 000

(3)进口关税结算时

借:应付账款——E 公司	288 000	
贷:应交税费——应交进口关税		288 000
借:应交税费——应交进口关税	288 000	
贷:银行存款		288 000

(4)将进口商品交付 E 公司并收取劳务费时

借:应付账款——E 公司	1 468 800	
贷:其他业务收入——劳务费		28 800
应收账款——F 公司		1 440 000

(5)将 E 公司余款退回时

借:应付账款——E 公司	23 200	
贷:银行存款		23 200

【例 4-10】 中正进出口公司受托代理 G 公司出口一批商品。我国口岸 FOB 元价折合人民币为 360 000 元,出口关税税率为 20%,劳务费为 10 800 元。请进行账务处理。

$$应交关税 = 360\ 000 \div (1 + 20\%) \times 20\% = 60\ 000(元)$$

会计分录如下:

(1)确认应交出口关税时

借:应收账款——G 公司	60 000	
贷:应交税费——应交出口关税		60 000

(2)缴纳出口关税时

借:应交税费——应交出口关税	60 000	
贷:银行存款		60 000

(3)确认应收劳务费时

借:应收账款——G 公司	10 800	
贷:其他业务收入——劳务费		10 800

（4）收到 G 公司划来的税款及劳务费时

借：银行存款   70 800

　　贷：应收账款——G 公司   70 800

4.4　关税纳税实务模拟操作

4.4.1　模拟操作案例

1. 企业概况

（1）纳税人名称：哈尔滨市启明贸易有限公司。

（2）纳税人类型：有限责任公司。

（3）法定代表人：赵凯。

（4）地址及电话：哈尔滨市香坊区香电路 11 号　0451-88665280。

（5）开户行及账号：工商银行哈尔滨市香坊区支行　3500043101006612283。

（6）纳税人识别号（统一社会信用代码）：230110690801675485。

（7）主管税务机关：哈尔滨市香坊区税务局。

2. 业务资料

2023 年 4 月 11 日，哈尔滨市启明贸易有限公司接到海关通知，从美国进口的甲型化妆品已到港，开户银行也已收到供货方发票，并根据原先开出的银行承兑汇票付清货款，价款与开出的银行承兑汇票金额相同，以美元结算，汇率 1∶6.715 3，关税税率为 20%。主要原始凭证见图 4-1～图 4-3。

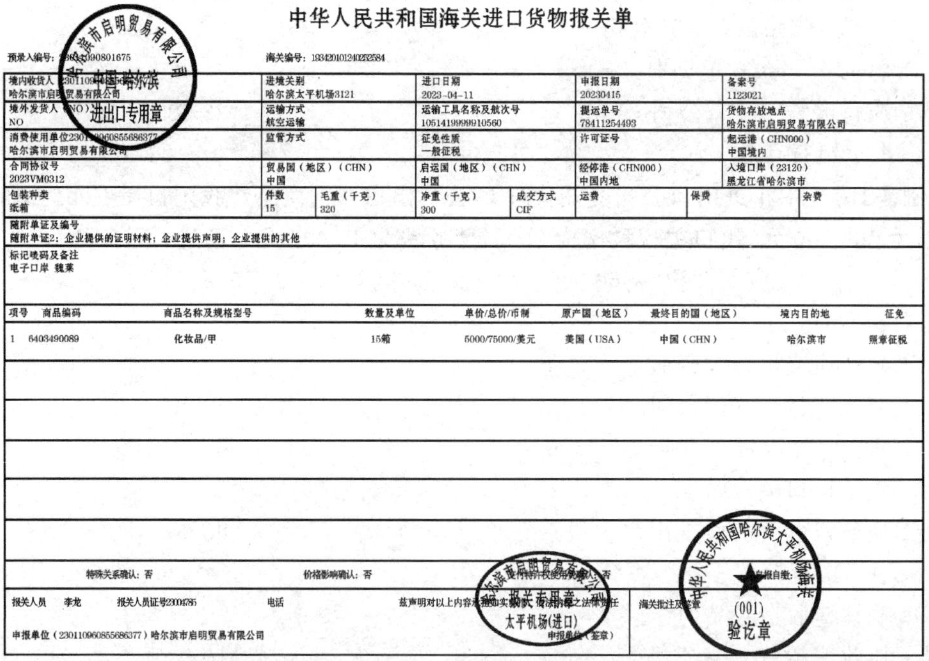

图 4-1　进口货物报送单

图 4-2　进口货物发票

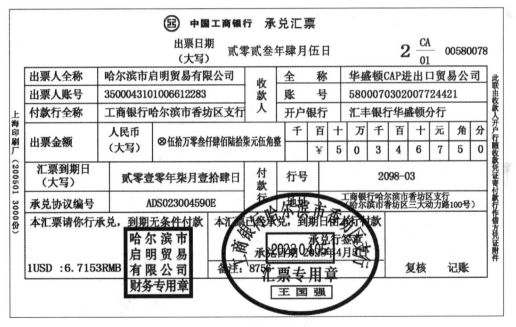

图 4-3　银行承兑汇票

4.4.2　模拟操作要求与指导

1. 模拟要求

(1) 计算该公司应纳的进口关税、增值税和消费税并进行相关的会计处理。

(2) 填制进口关税、增值税、消费税缴款书及商品入库单。

2. 模拟指导

（1）向学生讲解关税、增值税、消费税计算方法并指导其计算。

（2）向学生讲解外贸企业进口业务会计处理方法并指导其处理。

（3）向学生讲解进口关税、增值税、消费税缴款书及商品入库单的填制方法并指导其填制。

4.4.3 模拟操作执行

1. 进口环节应纳税额计算

关税完税价格 = 75 000 × 6.715 3 = 503 647.50（元）

应纳关税额 = 503 647.50 × 20％ = 100 729.50（元）

组成计税价格 = （503 647.50 + 100 729.50）÷（1 − 15％）= 711 031.76（元）

应纳消费税额 = 711 031.76 × 15％ = 106 654.76（元）

应纳增值税额 = 711 031.76 × 13％ = 92 434.13（元）

进口化妆品成本 = 503 647.50 + 100 729.50 + 106 654.76 = 711 031.76（元）

2. 填制进口关税、增值税、消费税缴款书及商品入库单

具体见图 4-4～图 4-7。

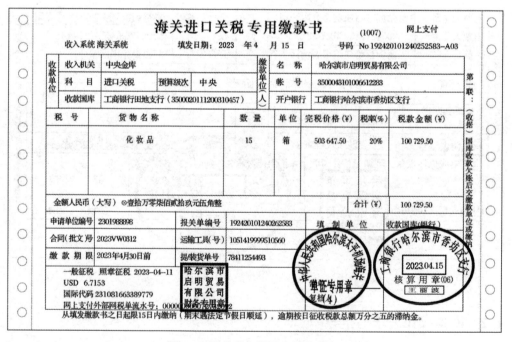

图 4-4　海关进口关税专用缴款书

图 4-5 海关进口增值税专用缴款书

图 4-6 海关进口消费税专用缴款书

3. 进口业务会计处理

（1）根据银行货物付款单证和供货方发票，进行进口货物会计处理。

借：物资采购   503 647.50

    贷：银行存款   503 647.50

商 品 入 库 单

商品名称	计量单位	数量	单位成本	金额	备注
甲型化妆品	公斤	300	2370.11	711031.76	每箱20公斤
合计				711031.76	

科目：库存商品　　　　　　日期：2023年4月18日　　　　　　对方科目：物资采购

主管：元彬　　　记账：李胜　　　仓库负责人：管天东　　　　部门负责人：郑东方

图 4-7　进口商品入库单

（2）根据海关开出的进口关税缴款书、进口增值税缴款书、进口消费税缴款书，进行进口货物会计处理。

借：物资采购　　　　　　　　　　　　　　　　100 729.50
　　贷：银行存款　　　　　　　　　　　　　　　　　　100 729.50
借：应交税费——应交增值税（进项税额）　　　　92 434.13
　　贷：银行存款　　　　　　　　　　　　　　　　　　　92 434.13
借：物资采购　　　　　　　　　　　　　　　　106 654.76
　　贷：银行存款　　　　　　　　　　　　　　　　　　106 654.76

（3）根据进口货物入库单进行会计处理。

借：库存商品　　　　　　　　　　　　　　　　711 031.76
　　贷：物资采购　　　　　　　　　　　　　　　　　　711 031.76

练习题

一、单项选择题

1. 关税是对进出国境或关境的货物、物品征收的一种税。我国负责关税征收工作的部门是（　　）。

　　A. 税务机关　　　　　B. 海关　　　　　　C. 工商部门　　　　D. 财政部门

2. 随着进口商品价格由高到低而设置由低到高的关税计征方法是（　　）。

　　A. 从价税　　　　　　B. 从量税　　　　　C. 复合税　　　　　D. 滑准税

3. 进出口货物的纳税义务人，应当自海关填发税款缴款书之日起（　　）日内，向指定银行缴纳税款。

　　A. 10　　　　　　　　B. 7　　　　　　　　C. 15　　　　　　　D. 5

4. 纳税人因特殊原因可以申请延期缴纳关税，但最长不得超过（　　）。

　　A. 2个月　　　　　　B. 3个月　　　　　　C. 6个月　　　　　D. 12个月

5. 关税按税收收入归属，属于（　　）。

　　A. 中央税　　　　　　　　　　　　　　　　B. 地方税
　　C. 中央与地方共享税　　　　　　　　　　　D. 固定税

6. 进出口货物的完税价格,由海关以该货物的( )为基础审查确定。

  A. 成交价格   B. 市场价格   C. 估算价格   D. 重置价格

7. 关税税额在人民币( )元以下的一票货物,可免征关税。

  A. 100   B. 50   C. 150   D. 200

8. 进口货物自运输工具申报进境之日起( )日内,由纳税义务人向进境地海关申报纳税。

  A. 14   B. 15   C. 7   D. 10

9. 因海关误征,多纳税款的,进出口货物的纳税义务人可以自缴纳税款之日起( )年内,向海关申请退税。

  A. 3   B. 1   C. 2   D. 半年

10. 任何国家或地区对其进口的原产于我国的货物征收歧视性关税或者给予其他歧视性待遇的,我国对产于该国家或地区的进口货物,可以征收( )关税。

  A. 保障性   B. 反倾销   C. 报复性   D. 反补贴

二、多项选择题

1. 进出我国国境的下列物品,需要缴纳关税的有( )。

  A. 贸易性商品

  B. 个人邮递物品

  C. 入境旅客随身携带的物品

  D. 各种运输工具上服务人员携带进口的自用物品

2. 关税减免的类型主要有( )。

  A. 法定减免   B. 特定减免   C. 临时减免   D. 困难减免

3. 按征税性质,关税可以分为( )。

  A. 普通关税   B. 优惠关税   C. 差别关税   D. 进出口关税

4. 纳税义务人自缴纳税款之日起1年内,可以申请退还关税的情形有( )。

  A. 已征进口关税的货物,因品质或者规格原因,原状退货复运出境的

  B. 已征出口关税的货物,因品质或者规格原因,原状退货复运进境,并已重新缴纳因出口而退还的国内环节有关税收的

  C. 已征出口关税的货物,因故未装运出口,申报退关的

  D. 因纳税义务人原因而多缴纳的进口关税

5. 对于进口货物成交价格不能确定时,海关经与纳税义务人磋商后,可按( )方法估定完税价格。

  A. 相同货物的成交价格估价方法   B. 类似货物的成交价格估价方法

  C. 倒扣价格估价方法   D. 计算价格估价方法

6. 下列各项中,属于关税法定纳税义务人的有( )。

  A. 进口货物的收货人   B. 进出境物品所有人

  C. 出口货物的发货人   D. 跨境代购代理人

7. 进口货物时,下列( )费用,如能与该货物实付或应付价格区分,不得计入完税价格。

  A. 设备进口后的安装费

  B. 货物运抵境内输入地点之后的运输费、保险费和其他相关费用

C. 进口关税及其他国内税收

D. 由买方负担的包装材料和包装劳务费

8. 关税的强制执行措施有（　　）。

A. 书面通知其开户银行或者其他金融机构从其存款中扣缴税款

B. 将应税货物依法变卖，以变卖所得抵缴税款

C. 扣留并依法变卖其价值相当于应纳税款的货物或者其他财产，以变卖所得抵缴税款

D. 海关采取强制措施时，对纳税义务人、担保人未缴纳的滞纳金同时强制执行

9. 进口货物的成交价格，因有不同的成交条件而有不同的价格形式，常用的价格条款有（　　）。

A. FOB　　　　　　　B. CFR　　　　　　C. CIF　　　　　　D. FOR

10. 下列进出口货物或进出境物品免征关税的有（　　）。

A. 关税税额在人民币 50 元以下的一票货物

B. 无商业价值的广告品和货样

C. 外国政府、国际组织无偿赠送的物资

D. 在海关放行前遭受损坏或损失的货物

三、判断题

1. 个人邮递进境的物品不必缴纳关税。　　　　　　　　　　　　　　　　（　　）

2. 纳税义务人向海关申报的价格等于完税价格。　　　　　　　　　　　　（　　）

3. 我国对少数进口商品计征关税时所采用的滑准税实质上是一种特殊的从价税。

（　　）

4. 最惠国待遇是缔约国一方给予第三国家的一切特权、优惠和豁免，缔约国另一方可以享受同样待遇。　　　　　　　　　　　　　　　　　　　　　　　　　　　（　　）

5. 由买方负担的购货佣金不计入完税价格。　　　　　　　　　　　　　　（　　）

6. 纳税义务人未在关税缴纳期限内缴纳税款，即构成关税滞纳。　　　　　（　　）

7. 关税的补征期为 3 年。　　　　　　　　　　　　　　　　　　　　　　（　　）

8. 出口货物的完税价格由海关以该货物的成交价格为基础审查确定，并应当包括货物运至中华人民共和国境内输出地点装载前的运输及其相关费用、保险费。　　　　（　　）

9. 租赁方式进口的货物，以租金方式对外支付的，在租赁期间以海关审查确定的租金作为完税价格，利息不计入完税价格。　　　　　　　　　　　　　　　　　　（　　）

10. 关税滞纳金不足 50 元的免予征收。　　　　　　　　　　　　　　　（　　）

四、操作题

华普汽车公司委托中正进出口公司从国外进口一批原材料，进口货款 2 500 000 元人民币已汇入中正进出口公司账户。该原材料到岸价格为 220 000 美元，关税税率为 20%，代理手续费为进价的 5%。原材料已验收入库，并已与进口公司结算完毕。已知增值税率为 13%，假设外汇牌价 USD100＝CNY680，进口缴款书载明纳税人为华普公司，中正公司代为办理进出口事项，相关款项已收付。请计算华普公司应纳关税、增值税，并对华普公司和中正公司进行相关业务会计处理。

第5章

个人所得税纳税实务

【学习目标】

　　通过本章的学习,熟悉个人所得税的纳税义务人、征税范围、税率、征收管理基本规定;掌握个人所得税应纳税额的计算方法;掌握企业代扣代缴个人所得税及个体工商业户应纳个人所得税的会计处理方法;掌握个人所得税的纳税申报方法。

【内容框架】

```
                                    ┌ 个人所得税的纳税义务人
                                    │ 个人所得税的征税范围
                        个人所得税基本法规┤ 个人所得税的税率
                                    │ 个人所得税的优惠政策
                                    └ 个人所得税的征收管理
个人所得税                           ┌ 个人所得税应纳税所得额的确定
纳税实务  ┤  个人所得税应纳税额的计算┤
                                    └ 个人所得税应纳税额的计算
                                    ┌ 个人所得税核算的账户设置
                        个人所得税的会计处理┤
                                    └ 个人所得税的会计处理方法
                        个人所得税纳税实务模拟操作
```

5.1　个人所得税基本法规

　　个人所得税是以个人(含个体工商户、个人独资企业、合伙企业中的个人投资者、承租承包者个人)取得的各项应税所得为征税对象所征收的一种税。

　　我国个人所得税所具有的特点:实行混合征收,超额累进税率与比例税率并用,费用扣除额较宽,采用源泉扣缴和自行申报纳税。

5.1.1 个人所得税的纳税义务人

个人所得税的纳税人,可以泛指取得所得的自然人,包括中国公民、个体工商户、个人独资企业、合伙企业中的个人投资者,以及在中国境内有所得的外籍个人(含无国籍个人)、香港、澳门、台湾同胞。为了有效地行使税收管辖权,我国采用国际上常用的住所标准和居住时间标准,将纳税人划分为居民个人和非居民个人。

1. 居民个人

居民个人是指在中国境内有住所,或者无住所但在一个纳税年度内在中国境内居住累计满 183 天的个人。居民个人负全面的纳税义务,就其来源于中国境内和境外的所得对中国政府负有纳税义务。

所称在中国境内有住所,是指因户籍、家庭、经济利益关系而在中国境内习惯性居住。在中国境内无住所的个人,在中国境内居住累计满 183 天的年度连续不满六年的,经向主管税务机关备案,其来源于中国境外且由境外单位或者个人支付的所得,免予缴纳个人所得税;在中国境内居住累计满 183 天的任一年度中有一次离境超过 30 天的,其在中国境内居住累计满 183 天的年度的连续年限重新起算。

所称从中国境内和境外取得的所得,分别是指来源于中国境内的所得和来源于中国境外的所得。按照税法规定,下列所得,不论支付地点是否在中国境内,均为来源于中国境内的所得。

(1) 因任职、受雇、履约等在中国境内提供劳务取得的所得。

(2) 将财产出租给承租人在中国境内使用而取得的所得。

(3) 许可各种特许权在中国境内使用而取得的所得。

(4) 转让中国境内的不动产等财产或者在中国境内转让其他财产取得的所得。

(5) 从中国境内企业、事业单位、其他组织以及居民个人取得的利息、股息、红利所得。

2. 非居民个人

非居民个人是指在中国境内无住所又不居住,或者无住所但在一个纳税年度内在中国境内居住累计不满 183 天的个人。非居民个人负有限的纳税义务,就其来源于中国境内的所得对中国政府负有纳税义务。

在中国境内无住所的个人,在一个纳税年度内在中国境内居住累计不超过 90 天的,其来源于中国境内的所得,由境外雇主支付并且不由该雇主在中国境内的机构、场所负担的部分,免予缴纳个人所得税。

5.1.2 个人所得税的征税范围

个人所得税的征税对象是个人取得的应税所得。《中华人民共和国个人所得税法》列举征税的个人所得共有 9 项,《中华人民共和国个人所得税法实施条例》及相关法规具体确定了个人各项应税所得的征税范围,具体内容如下。

1. 工资、薪金所得

工资、薪金所得是指个人因任职或受雇而取得的工资、薪金、奖金、年终加薪、劳动分红、津贴、补贴以及与任职或者受雇有关的其他所得。

根据我国目前个人收入的构成情况,税法规定对于一些不属于工资、薪金性质的补贴、津贴或者不属于纳税人本人工资、薪金所得项目的收入,不予征税。这些项目包括以下四项。

(1) 独生子女补贴。

(2) 执行公务员工资制度未纳入基本工资总额的补贴、津贴差额和家属成员的副食品补贴。

(3) 托儿补助费。

(4) 差旅费津贴、误餐补助。

2. 劳务报酬所得

劳务报酬所得是指个人从事劳务取得的所得,包括从事设计、装潢、安装、制图、化验、测试、医疗、法律、会计、咨询、讲学、翻译、审稿、书画、雕刻、影视、录音、录像、演出、表演、广告、展览、技术服务、介绍服务、经纪服务、代办服务以及其他劳务取得的所得。

3. 稿酬所得

稿酬所得是指个人因其作品以图书、报刊等形式出版、发表而取得的所得。

这里所说的作品包括文学作品、书画作品、摄影作品以及其他作品。作者去世后,财产继承人取得的遗作稿酬,亦按稿酬所得项目征收个人所得税。

4. 特许权使用费所得

特许权使用费所得是指个人提供专利权、商标权、著作权、非专利技术以及其他特许权的使用权取得的所得;提供著作权的使用权取得的所得,不包括稿酬所得。

5. 经营所得

具体包括:

(1) 个体工商户从事生产、经营活动取得的所得,个人独资企业投资人、合伙企业的个人合伙人来源于境内注册的个人独资企业、合伙企业生产、经营的所得;

(2) 个人依法从事办学、医疗、咨询以及其他有偿服务活动取得的所得;

(3) 个人对企业、事业单位承包经营、承租经营以及转包、转租取得的所得;

(4) 个人从事其他生产、经营活动取得的所得。

6. 利息、股息、红利所得

利息、股息、红利所得是指个人拥有债权、股权等而取得的利息、股息、红利所得。其中,利息一般是指存款、贷款和债券的利息;股息是指个人拥有股权取得的公司、企业派息分红,按照一定的比率派发的每股息金;红利是指根据公司、企业应分配的、超过股息部分的利润,按股派发的红股。个人取得的上述所得,除另有规定外,均应缴纳个人所得税。

7. 财产租赁所得

财产租赁所得是指个人出租不动产、机器设备、车船以及其他财产取得的所得。

个人取得的财产转租收入也属于财产租赁所得,由财产转租人缴纳个人所得税。

8. 财产转让所得

财产转让所得是指个人转让有价证券、股权、合伙企业中的财产份额、不动产、机器设备、车船以及其他财产取得的所得。个人取得的各项财产转让所得,除另有规定外,都要征收个人所得税。

9. 偶然所得

偶然所得是指个人得奖、中奖、中彩以及其他偶然性质的所得。其中,得奖是指参加各种有奖竞赛活动,取得名次得到的奖金;中奖、中彩是指参加各种有奖活动,如有奖销售、有奖储蓄或购买彩票,经过规定程序,抽中、摇中号码而取得的奖金。由于偶然所得的不确定性、不可预见性、偶然性和多样性,除了税法规定的得奖、中奖、中彩等所得外,其他偶然性所得的征税问题,需由税务机关依法具体认定。

居民个人取得前款 1~4 项所得(以下称综合所得),按纳税年度合并计算个人所得税;非居民个人取得前款 1~4 项所得,按月或者按次分项计算个人所得税。纳税人取得前款5~9 项所得,依照本法规定分别计算个人所得税。

5.1.3 个人所得税的税率

个人所得税分别不同所得的项目,规定了超额累进税率和比例税率两种形式。

1. 超额累进税率

1) 七级超额累进税率

综合所得适用 3%~45% 的七级超额累进税率,具体见表 5-1~表 5-4。

表 5-1 综合所得年税率表

级 数	全年应纳税所得额	税率/%	速算扣除数
1	不超过 36 000 元	3	0
2	超过 36 000 元至 144 000 元的部分	10	2 520
3	超过 144 000 元至 300 000 元的部分	20	16 920
4	超过 300 000 元至 420 000 元的部分	25	31 920
5	超过 420 000 元至 660 000 元的部分	30	52 920
6	超过 660 000 元至 960 000 元的部分	35	85 920
7	超过 960 000 元的部分	45	181 920

2) 预扣预缴税率

个人所得税预扣税率表见表 5-2。

表 5-2 个人所得税预扣税率表
(居民个人工资、薪金所得预扣预缴适用)

级 数	累计预扣预缴应纳税所得额	预扣率/%	速算扣除数
1	不超过 36 000 元	3	0
2	超过 36 000 元至 144 000 元的部分	10	2 520
3	超过 144 000 元至 300 000 元的部分	20	16 920
4	超过 300 000 元至 420 000 元的部分	25	31 920
5	超过 420 000 元至 660 000 元的部分	30	52 920
6	超过 660 000 元至 960 000 元的部分	35	85 920
7	超过 960 000 元的部分	45	181 920

表 5-3 个人所得税预扣税率表

（居民个人劳务报酬所得预扣预缴适用）

级　数	预扣预缴应纳税所得额	预扣率/%	速算扣除数
1	不超过 20 000 元的部分	20	0
2	超过 20 000 元至 50 000 元的部分	30	2 000
3	超过 50 000 元的部分	40	7 000

表 5-4 个人所得税税率表

（非居民个人工资、薪金所得，劳务报酬所得，稿酬所得，特许权使用费所得适用）

级　数	应纳税所得额	税率/%	速算扣除数
1	不超过 30 00 元	3	0
2	超过 3000 元至 12 000 元的部分	10	2 10
3	超过 12 000 元至 25 000 元的部分	20	1 410
4	超过 25 000 元至 35 000 元的部分	25	2 660
5	超过 35 000 元至 55 000 元的部分	30	4 410
6	超过 55 000 元至 80 000 元的部分	35	7 160
7	超过 80 000 元的部分	45	15 160

3）五级超额累进税率

个体工商户经营所得适用 5%～35% 的五级超额累进税率，具体见表 5-5。

表 5-5 经营所得税率表

级　数	全年应纳税所得额	税率/%	速算扣除数
1	不超过 30 000 元的	5	0
2	超过 30 000 元至 90 000 元	10	1 500
3	超过 90 000 元至 300 000 元	20	10 500
4	超过 300 000 元至 500 000 元	30	40 500
5	超过 500 000 元的部分	35	65 500

个人独资企业投资者和合伙企业投资者生产经营所得也适用于五级超额累进税率。

2. 比例税率

利息、股息、红利所得，财产租赁所得，财产转让所得和偶然所得适用比例税率，税率为 20%。

为了有效调控居民收入分配，我国的个人所得税制度对有关项目做了减征的规定。

（1）稿酬所得收入额减按 70% 的税率计算征收个人所得税。

（2）对个人出租房屋取得的所得暂减按 10% 的税率计算征收个人所得税。

5.1.4　个人所得税的优惠政策

为鼓励科学发明,支持社会福利、慈善事业和照顾某些纳税人的实际困难,个人所得税法对有关所得项目给予免税、减税的税收优惠,主要有以下几项。

1. 免税项目

下列各项个人所得项目,免征个人所得税。

(1) 省级人民政府、国务院部委和中国人民解放军军以上单位,以及外国组织、国际组织颁发的科学、教育、技术、文化、卫生、体育、环境保护等方面的奖金。

(2) 国债和国家发行的金融债券利息。

国债利息是指个人持有中华人民共和国财政部发行的债券而取得的利息;国家发行的金融债券利息是指个人持有经国务院批准发行的金融债券而取得的利息。

(3) 按照国家统一规定发给的补贴、津贴。

按照国家统一规定发给的补贴、津贴,是指按照国务院规定发给的政府特殊津贴、院士津贴,以及国务院规定免予缴纳个人所得税的其他补贴、津贴。

(4) 福利费、抚恤金、救济金。

福利费是指根据国家有关规定,从企业、事业单位、国家机关、社会组织提留的福利费或者工会经费中支付给个人的生活补助费;救济金是指各级人民政府民政部门支付给个人的生活困难补助费。

(5) 保险赔款。

(6) 军人的转业费、复员费、退役金。

(7) 按照国家统一规定发给干部、职工的安家费、退职费、基本养老金或者退休费、离休费、离休生活补助费。

(8) 依照有关法律规定应予免税的各国驻华使馆、领事馆的外交代表、领事官员和其他人员的所得。

所称依照有关法律规定应予免税的各国驻华使馆、领事馆的外交代表、领事官员和其他人员的所得,是指依照《中华人民共和国外交特权与豁免条例》和《中华人民共和国领事特权与豁免条例》规定免税的所得。

(9) 中国政府参加的国际公约、签订的协议中规定免税的所得。

(10) 国务院规定的其他免税所得。

2. 减税项目

有下列情形之一的,可以减征个人所得税,具体幅度和期限,由省、自治区、直辖市人民政府规定,并报同级人民代表大会常务委员会备案。

(1) 残疾、孤老人员和烈属的所得。

(2) 因自然灾害遭受重大损失的。

国务院可以规定其他减税情形,报全国人民代表大会常务委员会备案。

3. 暂免征税项目

下列各项个人所得,暂免征收个人所得税。

(1) 外籍个人以非现金形式或实报实销形式取得的住房补贴、伙食补贴、搬迁费、洗衣费。

（2）外籍个人按合理标准取得的境内、外出差补贴。

（3）外籍个人取得的探亲费、语言训练费、子女教育费等，经当地税务机关审核批准为合理的部分。

（4）对个人购买社会福利有奖募捐奖券、体育彩票，一次中奖收入在1万元以下（含本数）的暂免征收个人所得税，超过1万元的，全额征收个人所得税。

（5）个人举报、协查各种违法、犯罪行为而获得的奖金。

（6）个人办理代扣代缴税款手续，按规定取得的扣缴手续费。

（7）个人转让自用达5年以上并且是唯一的家庭居住房取得的所得。

（8）达到离休、退休年龄，但确因工作需要，适当延长离休、退休年龄的高级专家（指享受国家发放的政府特殊津贴的专家、学者），其在延长离休、退休期间的工资、薪金所得。

凡符合下列条件之一的外籍专家取得的工资、薪金所得可免征个人所得税：

（1）根据世界银行专项贷款协议，由世界银行直接派往我国工作的外国专家。

（2）联合国组织直接派往我国工作的专家。

（3）为联合国援助项目来华工作的专家。

（4）援助国派往我国专为该国无偿援助项目工作的专家。

（5）根据两国政府签订文化交流项目来华工作两年以内的文教专家，其工资、薪金所得由该国负担的。

（6）根据我国大专院校国际交流项目来华工作两年以内的文教专家，其工资、薪金所得由该国负担的。

（7）通过民间科协来华工作的专家，其工资、薪金所得由该国政府机构负担的。

另外，科研机构、高等学校转化职务科技成果以股份或出资比例等股权形式给予科技人员个人的奖励，经主管税务机关审核后，暂不征收个人所得税。

5.1.5　个人所得税的征收管理

1. 个人所得税的缴纳方法

我国的个人所得税的申报方法有自行申报纳税和全员全额扣缴申报纳税两种。

1）自行申报纳税

自行申报纳税是由纳税人自行在税法规定的纳税期限内，向税务机关申报取得的应税所得项目数额，如实填写个人所得税纳税申报表，并按税法规定计算应纳税额，据此缴纳个人所得税的一种方法。

税法规定，凡有下列情形之一的，纳税人必须自行向税务机关申报所得并缴纳税款。

（1）取得综合所得需要办理汇算清缴。

① 从两处以上取得综合所得，且综合所得年收入额减除专项扣除后的余额超过6万元。

② 取得劳务报酬所得、稿酬所得、特许权使用费所得中一项或者多项所得，且综合所得年收入额减除专项扣除的余额超过6万元。

③ 纳税年度内预缴税额低于应纳税额。

④ 纳税人申请退税。

（2）取得应税所得没有扣缴义务人。

（3）取得应税所得,扣缴义务人未扣缴税款。

（4）取得境外所得。

（5）因移居境外注销中国户籍。

（6）非居民个人在中国境内从两处以上取得工资、薪金所得。

（7）国务院规定的其他情形。

2）扣缴申报管理办法

个人所得税以所得人为纳税人,以支付所得的单位或者个人为扣缴义务人。扣缴义务人向个人支付应税款项时,应当依照个人所得税法规定预扣或者代扣税款,按时缴库,并专项记载备查。上述所称支付,包括现金支付、汇拨支付、转账支付和以有价证券、实物以及其他形式的支付。

（1）扣缴义务人

凡支付个人应纳税所得的企业、事业单位、机关、社团组织、军队、驻华机构、个体户等单位或者个人,为个人所得税扣缴义务人。但驻华机构不包括外国驻华使馆和联合国及其他依法享有外交特权和豁免的国际组织驻华机构。

扣缴义务人应当按照国家规定办理全员全额扣缴申报,并向纳税人提供其个人所得和已扣缴税款等信息。

（2）代扣代缴范围

扣缴义务人在向个人支付下列所得时,应代扣代缴个人所得税。这些所得项目包括:工资、薪金所得;劳务报酬所得;稿酬所得;特许权使用费所得;利息、股息、红利所得;财产租赁所得;财产转让所得;偶然所得。

（3）扣缴义务人法定义务

扣缴义务人在向个人支付应纳税所得时,不论纳税人是否属于本单位人员,均应代扣代缴其应纳的个人所得税。

扣缴义务人依法履行代扣代缴税款义务,纳税人不得拒绝。否则扣缴义务人应及时报告税务机关,并暂停支付其应纳税所得额。

居民个人向扣缴义务人提供专项附加扣除信息的,扣缴义务人按月预扣预缴税款时应当按照规定予以扣除,不得拒绝。

（4）代扣代缴税款的手续费

税务机关对应扣缴义务人按照规定扣缴的税款（不包括税务机关、司法机关等查补或者责令补扣的税款）,按年付给2%的手续费,扣缴义务人领取的扣缴手续费可用于提升办税能力、奖励办税人员。

2. 个人所得税的纳税期限

1）自行申报的纳税期限

（1）纳税人取得应税所得没有扣缴义务人的,应当在取得所得的次月15日内向税务机关报送纳税申报表,并缴纳税款。

（2）纳税人取得应税所得,扣缴义务人未扣缴税款的,纳税人应当在取得所得的次年6月30日前缴纳税款;税务机关通知限期缴纳的,纳税人应当按照期限缴纳税款。

居民个人从中国境外取得所得的,应当在取得所得的次年3月1日至6月30日内申报纳税。非居民个人在中国境内从两处以上取得工资、薪金所得的,应当在取得所得的次月15日内申报纳税。纳税人因移居境外注销中国户籍的,应当在注销中国户籍前办理税款清算。

(3) 居民个人取得综合所得,按年计算个人所得税。

(4) 纳税人取得经营所得,按年计算个人所得税,由纳税人在月度或者季度终了后15日内向税务机关报送纳税申报表,并预缴税款;在取得所得的次年3月31日前办理汇算清缴。

(5) 纳税人取得利息、股息、红利所得,财产租赁所得,财产转让所得和偶然所得,按月或者按次计算个人所得税,有扣缴义务人的,由扣缴义务人按月或者按次代扣代缴税款。

2) 代扣代缴的纳税期限

(1) 居民个人取得综合所得有扣缴义务人的,由扣缴义务人按月或者按次预扣预缴税款;需要办理汇算清缴的,应当在取得所得的次年3月1日至6月30日内办理汇算清缴。预扣预缴办法由国务院税务主管部门制定。

(2) 非居民个人取得工资、薪金所得,劳务报酬所得,稿酬所得和特许权使用费所得,有扣缴义务人的,由扣缴义务人按月或者按次代扣代缴税款,不办理汇算清缴。

(3) 扣缴义务人每月或者每次预扣、代扣的税款,应当在次月15日内缴入国库,并向税务机关报送扣缴个人所得税申报表。

5.2 个人所得税应纳税额的计算

5.2.1 个人所得税应纳税所得额的确定

由于个人所得税的应税项目不同,并且取得某项所得所需的费用也不同,因此计算个人应纳税所得额应按不同应税项目分项计算。以某项应税项目的收入额减去税法规定的该项费用减除标准后的余额,为该项应纳税所得额。

个人所得税的应纳税所得额是指个人取得的各项收入减除税法规定的扣除项目或者扣除金额后的余额,它是正确计算个人所得税应纳税额的基础和前提。

1. 收入形式

个人所得的形式包括现金、实物、有价证券和其他形式的经济利益。所得为实物的,应当按照取得的凭证上所注明的价格计算应纳税所得额,无凭证的实物或者凭证上所注明的价格明显偏低的,参照市场价格核定应纳税所得额;所得为有价证券的,根据票面价格和市场价格核定应纳税所得额;所得为其他形式的经济利益的,参照市场价格核定应纳税所得额。

居民个人取得工资、薪金所得、劳务报酬所得、稿酬所得与特许权使用费所得(以下简称综合所得),按纳税年度合并计算个人所得税;非居民个人取得工资、薪金所得、劳务报酬所得、稿酬所得与特许权使用费所得,按月或者按次分项计算个人所得税。纳税人取得其他形式的所得(包括经营所得;利息、股息、红利所得;财产租赁所得;财产转让所得;偶然所得),分别计算个人所得税。

2. 各项扣除

1）减除费用

在计算个人所得税的应纳税所得额时,除股息、红利、利息所得和偶然所得以外,一般允许纳税人从收入总额中减除一定的费用。

2）专项扣除

专项扣除包括居民个人按照国家规定的范围和标准缴纳的基本养老保险、基本医疗保险、失业保险等社会保险和住房公积金。生育保险和工伤保险由单位缴纳,不在扣除范围内。

3）专项附加扣除

（1）子女教育

纳税人的子女接受全日制学历教育的相关支出,按照每个子女每月 2 000 元的标准定额扣除。

学历教育包括义务教育（小学、初中教育）、高中阶段教育（普通高中、中等职业、技工教育）、高等教育（大学专科、大学本科、硕士研究生、博士研究生教育）。

年满 3 岁至小学入学前处于学前教育阶段的子女,按本条第一款规定执行。

父母可以选择由其中一方按扣除标准的 100% 扣除,也可以选择由双方分别按扣除标准的 50% 扣除,具体扣除方式在一个纳税年度内不能变更。

纳税人子女在中国境外接受教育的,纳税人应当留存境外学校录取通知书、留学签证等相关教育的证明资料备查。

（2）继续教育

纳税人在中国境内接受学历（学位）继续教育的支出,在学历（学位）教育期间按照每月 400 元定额扣除。同一学历（学位）继续教育的扣除期限不能超过 48 个月。纳税人接受技能人员职业资格继续教育、专业技术人员职业资格继续教育的支出,在取得相关证书的当年,按照 3 600 元定额扣除。

个人接受本科及以下学历（学位）继续教育,符合规定扣除条件的,可以选择由其父母扣除,也可以选择由本人扣除。

纳税人接受技能人员职业资格继续教育、专业技术人员职业资格继续教育的,应当留存相关证书等资料备查。

（3）大病医疗

在一个纳税年度内,纳税人发生的与基本医保相关的医药费用支出,扣除医保报销后个人负担（指医保目录范围内的自付部分）累计超过 15 000 元的部分,由纳税人在办理年度汇算清缴时,在 80 000 元限额内据实扣除。

纳税人发生的医药费用支出可以选择由本人或者其配偶扣除;未成年子女发生的医药费用支出可以选择由其父母一方扣除。纳税人及其配偶、未成年子女发生的医药费用支出,按规定分别计算扣除额。

纳税人应当留存医药服务收费及医保报销相关票据原件（或者复印件）等资料备查。医疗保障部门应当向患者提供在医疗保障信息系统记录的本人年度医药费用信息查询服务。

（4）住房贷款利息

纳税人本人或者配偶单独或者共同使用商业银行或者住房公积金个人住房贷款为本人

或者其配偶购买中国境内住房,发生的首套住房贷款利息支出,在实际发生贷款利息的年度,按照每月 1 000 元的标准定额扣除,扣除期限最长不超过 240 个月。纳税人只能享受一次首套住房贷款的利息扣除。所称首套住房贷款是指购买住房享受首套住房贷款利率的住房贷款。

经夫妻双方约定,可以选择由其中一方扣除,具体扣除方式在一个纳税年度内不能变更。

夫妻双方婚前分别购买住房发生的首套住房贷款,其贷款利息支出,婚后可以选择其中一套购买的住房,由购买方按扣除标准的 100% 扣除,也可以由夫妻双方对各自购买的住房分别按扣除标准的 50% 扣除,具体扣除方式在一个纳税年度内不能变更。

纳税人应当留存住房贷款合同、贷款还款支出凭证备查。

(5) 住房租金

纳税人在主要工作城市没有自有住房而发生的住房租金支出,可以按照以下标准定额扣除。

① 直辖市、省会(首府)城市、计划单列市以及国务院确定的其他城市,扣除标准为每月 1 500 元。

② 除第一项所列城市以外,市辖区户籍人口超过 100 万的城市,扣除标准为每月 1 100 元;市辖区户籍人口不超过 100 万的城市,扣除标准为每月 800 元。

纳税人的配偶在纳税人的主要工作城市有自有住房的,视同纳税人在主要工作城市有自有住房。市辖区户籍人口,以国家统计局公布的数据为准。所称主要工作城市,是指纳税人任职受雇的直辖市、计划单列市、副省级城市、地级市(地区、州、盟)全部行政区域范围;纳税人无任职受雇单位的,为受理其综合所得汇算清缴的税务机关所在城市。夫妻双方主要工作城市相同的,只能由一方扣除住房租金支出。住房租金支出由签订租赁住房合同的承租人扣除。纳税人及其配偶在一个纳税年度内不能同时分别享受住房贷款利息和住房租金专项附加扣除。

纳税人应当留存住房租赁合同、协议等有关资料备查。

(6) 赡养老人

纳税人赡养一位及以上被赡养人的赡养支出,统一按照以下标准定额扣除。

① 纳税人为独生子女的,按照每月 3 000 元的标准定额扣除。

② 纳税人为非独生子女的,由其与兄弟姐妹分摊每月 3 000 元的扣除额度,每人分摊的额度不能超过每月 1 500 元。可以由赡养人均摊或者约定分摊,也可以由被赡养人指定分摊。约定或者指定分摊的须签订书面分摊协议,指定分摊优先于约定分摊。具体分摊方式和额度在一个纳税年度内不能变更。

所称被赡养人,是指年满 60 岁的父母,以及子女均已去世的年满 60 岁的祖父母、外祖父母。

专项附加扣除信息报送及留存备查资料。纳税人首次享受专项附加扣除,应当将专项附加扣除相关信息提交扣缴义务人或者税务机关,扣缴义务人应当及时将相关信息报送税务机关,纳税人对所提交信息的真实性、准确性、完整性负责。专项附加扣除信息发生变化的,纳税人应当及时向扣缴义务人或者税务机关提供相关信息。

（7）3 岁以下婴幼儿照护

纳税人照护 3 岁以下婴幼儿子女的相关支出，按照每个婴幼儿每月 2 000 元的标准定额扣除。

父母可以选择由其中一方按扣除标准的 100% 扣除，也可以选择由双方分别按扣除标准的 50% 扣除，具体扣除方式在一个纳税年度内不能变更。

4）依法确定的其他扣除

（1）捐赠扣除

个人将其所得对教育、扶贫、济困等公益慈善事业进行捐赠，捐赠额未超过纳税人申报的应纳税所得额 30% 的部分，可以从其应纳税所得额中扣除。

个人将其所得对教育、扶贫、济困等公益慈善事业进行捐赠，是指个人将其所得通过中国境内的公益性社会组织、国家机关向教育、扶贫、济困等公益慈善事业的捐赠；所称应纳税所得额，是指计算扣除捐赠额之前的应纳税所得额。

个人通过非营利性的社会团体和国家机关向红十字事业、福利性、非营利性老年服务机构、公益性青少年活动场所、农村义务教育（含高中）等的公益性捐赠可以从其应纳税所得额中全额扣除。

个人向受赠对象的直接捐赠支出，不得税前扣除。

（2）其他扣除

其他扣除包括个人缴付符合国家规定的企业年金、职业年金，个人购买符合国家规定的商业健康保险、税收递延型商业养老保险的支出，以及国务院规定可以扣除的其他项目等。

3. 每次收入的确定

每次收入的确定在《个人所得税法》中规定了以下三种。

（1）居民个人工资、薪金所得预扣预缴，实行按月预扣的办法。

（2）居民个人的劳务报酬所得、稿酬所得、特许权使用费所得，按次或者按月预扣预缴个人所得税。

（3）非居民个人的各类所得，扣缴人应按月或者按次代扣代缴个人所得税。

个人所得税中有应税所得项目明确规定按次计算征税的，即每次收入都可以减除定额或定率的费用标准，以其余额计算应纳税额。如何准确划分"次"，对于维护纳税人合法权益，避免税收漏洞都十分重要。为此，税法按不同应税项目作出如下具体规定。

（1）劳务报酬所得，根据不同劳务项目的特点，分别规定如下。

① 只有一次性收入的，以取得该项收入为一次。

② 属于同一事项连续取得收入的，以一个月内取得的收入为一次，不能以每天取得的收入为一次。

（2）稿酬所得，以每次出版、发表取得的收入为一次，具体可分为以下情况。

① 同一作品再版取得的所得，应视为另一个稿酬所得计征个人所得税。

② 同一作品先在报刊上连载，然后再出版，或者先出版，再在报刊上连载的，应视为两次稿酬所得征税，即连载作为一次，出版再作为另一次。

③ 同一作品在报刊上连载取得收入的，以连载完成取得的所有收入合并为一次计征个人所得税。

④ 同一作品在出版和发表时，以预付稿酬或分次支付稿酬等形式取得的稿酬收入，应

合并计算为一次。

⑤ 同一作品出版、发表后,因添加印数而追加稿酬的,应与以前出版、发表时取得的稿酬合并计算为一次。

(3) 其他所得每次收入的确定,具体规定如下。

① 特许权使用费所得,以某项使用权的一次转让所取得的收入为一次。如果该次转让取得的收入是分笔支付的,以一个月内取得的收入为一次。

② 财产租赁所得,以一个月内取得的收入为一次。

③ 利息、股息、红利所得,以支付利息、股息、红利取得的收入为一次。

④ 偶然所得以每次收入为一次。

5.2.2 个人所得税应纳税额的计算

针对不同的应税所得项目,其应纳税额计算公式分别如下。

1. 综合所得

综合所得应纳税额计算居民个人的综合所得,以每一纳税年度的收入额减除费用6万元以及专项扣除、专项附加扣除和依法确定的其他扣除后的余额,为应纳税所得额。

居民个人从中国境内和境外取得的综合所得、经营所得,应当分别合并计算应纳税额;从中国境内和境外取得的其他所得,应当分别单独计算应纳税额。

居民个人取得综合所得,按年计算个人所得税;有扣缴义务人的,由扣缴义务人按月或者按次预扣预缴税款;需要办理汇算清缴的,应当在取得所得的次年3月1日至6月30日内办理汇算清缴。

非居民个人取得工资、薪金所得,劳务报酬所得,稿酬所得和特许权使用费所得,有扣缴义务人的,由扣缴义务人按月或者按次代扣代缴税款,不办理汇算清缴。

1) 居民个人预扣预缴

扣缴义务人向居民个人支付工资、薪金所得,劳务报酬所得,稿酬所得,特许权使用费所得时,按以下方法预扣预缴个人所得税,并向主管税务机关报送个人所得税扣缴申报表。年度预扣预缴税额与年度应纳税额不一致的,由居民个人于次年3月1日至6月30日内向主管税务机关办理综合所得年度汇算清缴,税款多退少补。

(1) 工资、薪金所得的预扣预缴计算

① 应纳税所得额的确定

a. 费用扣除

居民个人的工资、薪金所得实行按月预扣的方法,每月可以减除费用5 000元。

b. 专项扣除和专项附加扣除

专项扣除是指居民个人按月计算工资、薪金所得的应纳税所得额时,可以扣除居民个人按照国家规定的范围和标准缴纳的基本养老保险、基本医疗保险、失业保险等社会保险费和住房公积金等。

专项附加扣除是指居民个人按月计算工资、薪金所得的应纳税所得额时,可以扣除居民个人的子女教育、继续教育、住房贷款利息、住房租金以及赡养老人等专项附加扣除。居民个人向扣缴义务人提供专项附加扣除信息的,扣缴义务人按月预扣预缴税款时应当按照规定予以扣除,不得拒绝。

c. 依法确定的其他扣除

依法确定的其他扣除,包括个人缴付符合国家规定的企业年金、职业年金,个人购买符合国家规定的商业健康保险、税收递延型商业养老保险的支出,以及国务院规定可以扣除的其他项目。

② 预扣预缴税款的计算

扣缴义务人向居民个人支付工资、薪金所得时,应当按照累计预扣法计算预扣税款,并按月办理全员全额扣缴申报。

累计预扣法是指扣缴义务人在一个纳税年度内预扣预缴税款时,以纳税人在本单位截至当前月份工资、薪金所得累计收入减除累计免税收入、累计减除费用、累计专项扣除、累计专项附加扣除和累计依法确定的其他扣除后的余额,为累计预扣预缴应纳税所得额,适用个人所得税预扣率,计算累计应预扣预缴税额,再减除累计减免税额和累计已预扣预缴税额,其余额为本期应预扣预缴税额。余额为负值时,暂不退税。纳税年度终了后余额仍为负值时,由纳税人通过办理综合所得年度汇算清缴,税款多退少补。具体计算公式为

$$\begin{aligned}\text{累计预扣预缴}\atop\text{应纳税所得额} = \ &\text{累计收入} - \text{累计免税收入} - \text{累计减除费用} - \text{累计专项扣除}\\ &- \text{累计专项附加扣除} - \text{累计依法确定的其他扣除}\end{aligned}$$

$$\begin{aligned}\text{本期应预扣预缴税额} = \ &\text{累计预扣预缴}\atop\text{应纳税所得额} \times \text{预扣率} - \text{速算扣除数} - \text{累计减免税额}\\ &- \text{累计已预扣预缴税额}\end{aligned}$$

式中,累计减除费用按照 5 000 元/月乘以纳税人当年截至本月在本单位的任职受雇月份数计算,纳税人如果 3 月入职,则扣缴义务人发放 3 月工资扣缴税款时,减除费用按 5 000 元计算;4 月发工资扣缴税款时,减除费用按 10 000 元计算,以此类推。

累计预扣法仅适用于中国居民个人取得的工资、薪金所得的日常预扣预缴,由该个人任职单位作为扣缴义务人,按月为其办理全额扣缴申报。向居民个人支付的劳务报酬所得、稿酬所得和特许权使用费所得,或者向非居民个人支付的 4 项综合所得,则不采用累计预扣法计算应纳个人所得税额。

【例 5-1】　张力 2022 年入职,2023 年每月应发工资均为 15 000 元,每月减除费用 5 000 元,"三险一金"等专项扣除为 2 000 元,1 月起享受子女教育专项附加扣除 2 000 元、三岁以下婴幼儿照护专项附加扣除 2 000 元,赡养父母专项附加扣除 3 000 元,没有减免收入及减免税额等情况。

计算 2023 年 1—2 月每月预扣预缴个人所得税税额。

情况说明:张力有两个孩子,一个男孩在上高中,一个 2022 年刚出生的女孩,针对子女教育专项附加扣除 2 000 元/月和三岁以下婴幼儿照护专项附加扣除 2 000 元/月,张力与配偶商定,由张力 100% 扣除;张力是独生子女,且其父亲于 2022 年 5 月年满 60 周岁,故张力每月可享受赡养父母专项附加扣除 3 000 元。

2023 年 1 月预扣预缴
　　个人所得税税额 $= (15\,000 - 5\,000 - 2\,000 - 2\,000 - 2\,000 - 3000) \times 3\% = 30(元)$

2023 年 2 月预扣预缴
　　个人所得税税额 $= (15\,000 \times 2 - 5\,000 \times 2 - 2\,000 \times 2 - 2\,000 \times 2 - 2\,000 \times 2$

$$-3\,000\times2)\times3\%-30$$
$$=30(元)$$

（2）劳务报酬所得、稿酬所得、特许权使用费所得预扣预缴税款计算

扣缴义务人向居民个人支付劳务报酬所得、稿酬所得、特许权使用费所得，按次或者按月预扣预缴个人所得税。具体预扣预缴方法如下。

劳务报酬所得、稿酬所得、特许权使用费所得以收入减除费用后的余额为收入额。其中，稿酬所得的收入额减按70%计算。

减除费用：劳务报酬所得、稿酬所得、特许权使用费所得每次收入不超过4\,000元的，减除费用按800元计算；每次收入超过4\,000元的，减除费用按20%计算。

应纳税所得额：劳务报酬所得、稿酬所得、特许权使用费所得，以每次收入额为预扣预缴应纳税所得额。

劳务报酬所得适用20%~40%的三级超额累进预扣率，稿酬所得、特许权使用费所得适用20%预扣率。

劳务报酬所得应预扣预缴税额＝预扣预缴应纳税所得额×预扣率－速算扣除数

稿酬所得、特许权使用费所得应预扣预缴税额＝预扣预缴应纳税所得额×20%

【例5-2】　假设居民纳税人张威，取得劳务报酬所得20\,000元，计算应预扣预缴的个人所得税税额。

预扣预缴的个人所得税税额＝20\,000×（1－20%）×20%＝3\,200（元）

【例5-3】　假设居民纳税人李娜，取得稿酬所得20\,000元，计算应预扣预缴的个人所得税税额。

预扣预缴的个人所得税税额＝20\,000×（1－20%）×70%×20%＝2\,240（元）

2）居民个人综合所得应纳税额的计算

居民个人综合所得应纳税额的计算及汇算清缴，以每一纳税年度的收入额减除费用6万元以及专项扣除、专项附加扣除和依法确定的其他扣除后的余额，为应纳税所得额。

劳务报酬所得、稿酬所得、特许权使用费所得以收入减除20%的费用后的余额为收入额。稿酬所得的收入额减按70%计算。

个人将其所得对教育、扶贫、济困等公益慈善事业进行捐赠，捐赠额未超过纳税人申报的应纳税所得额30%的部分，可以从其应纳税所得额中扣除；国务院规定对公益慈善事业捐赠实行全额税前扣除的，从其规定。

专项扣除，包括居民个人按照国家规定的范围和标准缴纳的基本养老保险、基本医疗保险、失业保险等社会保险费和住房公积金等；专项附加扣除，包括子女教育、继续教育、大病医疗、住房贷款利息或者住房租金、赡养老人等支出，具体范围、标准和实施步骤由国务院确定，并报全国人民代表大会常务委员会备案。

专项扣除、专项附加扣除和依法确定的其他扣除，以居民个人一个纳税年度的应纳税所得额为限额；一个纳税年度扣除不完的，不能结转以后年度扣除。

【例5-4】　假设居民纳税人王可在2023年取得如下所得。

（1）2023年每月应发工资均为10\,000元，每月减除费用5\,000元，"三险一金"等专项扣除为2\,000元，1月起享受子女教育专项附加扣除1\,000元、赡养父母专项附加扣除1\,000元，没有减免收入及减免税额等情况。

（2）5 月取得劳务报酬所得 20 000 元。

（3）9 月取得稿酬所得 30 000 元。

（4）12 月取得特许权使用费所得 10 000 元。

情况说明：王可只有一个在上小学的儿子，针对子女教育专项附加扣除 2 000 元/月，王可与配偶决定每人各扣 50%；王可不是独生子女，他有两个哥哥，针对赡养父母专项附加扣除 3 000 元/月，三兄弟经过协商，决定每人每月各扣 1 000 元。

计算应预扣预缴个人所得税额及汇算清缴应纳个人所得税额。

（1）工资薪金所得应预扣预缴个人所得税额如下。

2023 年 1 月预扣预缴个人所得税税额 $= (10\,000 - 5\,000 - 2\,000 - 1\,000 - 1\,000) \times 3\% = 30(元)$

2023 年 2 月预扣预缴个人所得税税额 $= (10\,000 \times 2 - 5\,000 \times 2 - 2\,000 \times 2 - 1\,000 \times 2 - 1\,000 \times 2) \times 3\% - 30 = 30(元)$

2023 年 3 月预扣预缴个人所得税税额 $= (10\,000 \times 3 - 5\,000 \times 3 - 2\,000 \times 3 - 1\,000 \times 3 - 1\,000 \times 3) \times 3\% - 30 \times 2 = 30(元)$

2023 年 4 月预扣预缴个人所得税税额 $= (10\,000 \times 4 - 5\,000 \times 4 - 2\,000 \times 4 - 1\,000 \times 4 - 1\,000 \times 4) \times 3\% - 30 \times 3 = 30(元)$

2023 年 5 月预扣预缴个人所得税税额 $= (10\,000 \times 5 - 5\,000 \times 5 - 2\,000 \times 5 - 1\,000 \times 5 - 1\,000 \times 5) \times 3\% - 30 \times 4 = 30(元)$

2023 年 6 月预扣预缴个人所得税税额 $= (10\,000 \times 6 - 5\,000 \times 6 - 2\,000 \times 6 - 1\,000 \times 6 - 1\,000 \times 6) \times 3\% - 30 \times 5 = 30(元)$

2023 年 7 月预扣预缴个人所得税税额 $= (10\,000 \times 7 - 5\,000 \times 7 - 2\,000 \times 7 - 1\,000 \times 7 - 1\,000 \times 7) \times 3\% - 30 \times 6 = 30(元)$

2023 年 8 月预扣预缴个人所得税税额 $= (10\,000 \times 8 - 5\,000 \times 8 - 2\,000 \times 8 - 1\,000 \times 8 - 1\,000 \times 8) \times 3\% - 30 \times 7 = 30(元)$

2023 年 9 月预扣预缴个人所得税税额 $= (10\,000 \times 9 - 5\,000 \times 9 - 2\,000 \times 9 - 1\,000 \times 9 - 1\,000 \times 9) \times 3\% - 30 \times 8 = 30(元)$

2023 年 10 月预扣预缴个人所得税税额 $= (10\,000 \times 10 - 5\,000 \times 10 - 2\,000 \times 10 - 1\,000 \times 10 - 1\,000 \times 10) \times 3\% - 30 \times 9 = 30(元)$

2023 年 11 月预扣预缴个人所得税税额 $= (10\,000 \times 11 - 5\,000 \times 11 - 2\,000 \times 11 - 1\,000 \times 11 - 1\,000$

$$×11)×3\%-30×10$$
$$=30(元)$$

$$\begin{aligned}2023年12月预扣预缴\\个人所得税税额\end{aligned}=(10\,000×12-5\,000×12-2\,000×12-1\,000×12-1\,000$$
$$×12)×3\%-30×11$$
$$=30(元)$$

2023 年度共预扣预缴个人所得税税额＝30×12＝360(元)

（2）劳务报酬所得应预扣预缴个人所得税税额＝20 000×(1－20％)×20％＝3 200(元)。

（3）稿酬所得应预扣预缴个人所得税税额＝20 000×(1－20％)×70％×20％＝2 240(元)。

（4）特许权使用费所得应预扣预缴个人所得税税额＝10 000×(1－20％)×20％＝1 600(元)。

（5）汇算清缴应纳个人所得税额如下。

$$\begin{aligned}全年综合所得应纳税所得额&=10\,000×12+20\,000×(1-20\%)+20\,000\\&\quad×(1-20\%)×70\%+10\,000×(1-20\%)\\&\quad-60\,000-2\,000×12-1\,000×12-1\,000×12\\&=47\,200\end{aligned}$$

全年综合所得应纳税额＝47 200×10％－2 520＝2 200(元)

2023 年度共预扣预缴个人所得税税额＝360＋3 200＋2 240＋1 600＝7 400(元)

汇算清缴应退个人所得税额＝7 400－2 200＝5 200(元)

3）全年一次性奖金应纳税额的计算

全年一次性奖金是指行政机关、企事业单位等扣缴义务人根据其全年经济效益和对雇员全年工作业绩的综合考核情况,向雇员发放的一次性奖金。一次性奖金也包括年终加薪、实行年薪制和绩效工资办法的单位根据考核情况兑现的年薪和绩效工资。

（1）居民个人取得全年一次性奖金,符合《国家税务总局关于调整个人取得全年一次性奖金等计算征收个人所得税方法问题的通知》(国税发〔2005〕9 号)规定的,在 2027 年 12 月 31 日前,不并入当年综合所得,以全年一次性奖金收入除以 12 个月得到的数额,按照本通知所附按月换算后的综合所得税率表(以下简称月度税率表),确定适用税率和速算扣除数,单独计算纳税。《财政部、税务总局关于延续实施全年一次性奖金个人所得税政策的公告》(财税〔2023〕30 号文件)。

其计算公式为

应纳税额＝全年一次性奖金收入×适用税率－速算扣除数

自 2023 年 1 月 1 日至 2027 年 12 月 31 日,居民个人取得全年一次性奖金,也可以选择并入当年综合所得计算纳税。

从当前政策来看,自 2028 年 1 月 1 日起,居民个人取得全年一次性奖金,应并入当年综合所得计算缴纳个人所得税。

（2）在一个纳税年度内,对每一个纳税人,该计税办法只允许采用一次。

（3）雇员取得除全年一次性奖金以外的其他各种名目的奖金,如半年奖、季度奖、加班奖、先进奖、考勤奖等,一般应将全部奖金与当月工资、薪金收入合并,按税法规定缴纳个人所得税。

【例 5-5】 王天明为中国居民纳税人,任职于甲公司,2023 年 3 月领取上一年度年终奖 12 000 元。假定王天明不选择并入当年综合所得计算年终奖金纳税。试计算 2023 年 3 月王天明取得年终奖金应缴纳的个人所得税税额。

商数:12 000÷12＝1 000(元)。

通过查表可知,适用的税率为 3%,速算扣除数为 0。

年终奖金应缴纳的个人所得税税额为:12 000×3%＝360(元)。

4)非居民个人应纳税额的计算

扣缴义务人向非居民个人支付工资、薪金所得,劳务报酬所得,稿酬所得和特许权使用费所得时,应当按以下方法按月或者按次代扣代缴个人所得税。

非居民个人的工资、薪金所得,以每月收入额减除费用 5 000 后的余额为应纳税所得额;劳务报酬所得、稿酬所得、特许权使用费所得,以每次收入额为应纳税所得额,适用按月换算后的非居民个人月度税率表计算应纳税额。其中,劳务报酬所得、稿酬所得、特许权使用费所得以收入减除 20%的费用后的余额为收入额。稿酬所得的收入额减按 70%计算。

非居民个人工资、薪金所得,劳务报酬所得,稿酬所得,特许权使用费所得的应纳税额计算公式为

$$应纳税额＝应纳税所得额×税率－速算扣除数$$

非居民个人的工资、薪金所得实行按月计征的方法,其应纳税所得额为月收入减除费用 5 000 元后的余额。

其计算公式为

$$应纳税所得额＝月工资、薪金收入－5 000$$

非居民个人取得工资、薪金所得,劳务报酬所得,稿酬所得和特许权使用费所得,有扣缴义务人的,由扣缴义务人按月或者按次代扣代缴税款,不办理汇算清缴。

【例 5-6】 假设非居民纳税人张静取得劳务报酬所得 25 000 元,计算这笔所得应代扣代缴的个人所得税额。

应代扣代缴的个人所得税额＝25 000×(1－20%)×20%－1 410＝2 590(元)

【例 5-7】 假设非居民纳税人李丽取得稿酬所得 25 000 元,计算这笔所得应代扣代缴的个人所得税额。

应代扣代缴的个人所得税额＝25 000×(1－20%)×70%×20%－1 410＝1 390(元)

【例 5-8】 假设非居民纳税人约翰任职于中国某公司,2023 年 5 月约翰从该公司取得工资收入 25 000 元人民币,计算这笔所得应代扣代缴的个人所得税额。

应代扣代缴的个人所得税额＝(25 000－5 000)×20%－1 410＝2 590(元)

2. 经营所得

1)应纳税所得额的确定

经营所得,以每一纳税年度的收入总额减除成本、费用以及损失后的余额,为应纳税所得额。

(1)收入总额

收入总额是指纳税人从事生产经营以及与生产经营有关的活动(以下简称生产经营)取得的货币形式和非货币形式的各项收入。收入总额包括销售货物收入、提供劳务收入、转让

财产收入、利息收入、租金收入、接受捐赠收入、其他收入。其中,其他收入包括个体工商户资产溢余收入、逾期一年以上的未退包装物押金收入、确实无法偿付的应付款项、已作坏账损失处理后又收回的应收款项、债务重组收入、补贴收入、违约金收入、汇兑收益等。

（2）准予扣除项目

准予扣除项目成本、费用是指生产、经营活动中发生的各项直接支出和分配计入成本的间接费用以及销售费用、管理费用、财务费用;损失是指生产、经营活动中发生的固定资产和存货的盘亏、毁损、报废损失,转让财产损失,坏账损失,自然灾害等不可抗力因素造成的损失以及其他损失。取得经营所得的个人,没有综合所得的,计算其每一纳税年度的应纳税所得额时,应当减除费用6万元、专项扣除、专项附加扣除以及依法确定的其他扣除。专项附加扣除在办理汇算清缴时减除。

从事生产、经营活动,未提供完整、准确的纳税资料,不能正确计算应纳税所得额的,由主管税务机关核定应纳税所得额或者应纳税额。

（3）其他扣除项目及列支标准

① 工资薪金支出

纳税人实际支付给从业人员的、合理的工资薪金支出,准予扣除。

业主的工资薪金支出不得税前扣除。个体工商户业主的费用扣除标准,依照相关法律、法规和政策规定执行。

② 保险支出

纳税人按照国务院有关主管部门或者省级人民政府规定的范围和标准为其业主和从业人员缴纳的基本养老保险费、基本医疗保险费、失业保险费、生育保险费、工伤保险费和住房公积金,准予扣除。

纳税人为从业人员缴纳的补充养老保险费、补充医疗保险费,分别在不超过从业人员工资总额5%标准内的部分据实扣除;超过部分,不得扣除。

业主本人缴纳的补充养老保险费、补充医疗保险费,以当地（地级市）上一年度社会平均工资的3倍为计算基数,分别在不超过该计算基数5%标准内的部分据实扣除;超过部分,不得扣除。

除纳税人依照国家有关规定为特殊工种从业人员支付的人身安全保险费和财政部、国家税务总局规定可以扣除的其他商业保险费外,业主本人或者为从业人员支付的商业保险费,不得扣除。

纳税人参加财产保险,按照规定缴纳的保险费,准予扣除。

③ 费用支出

纳税人向当地工会组织拨缴的工会经费、实际发生的职工福利费支出、职工教育经费支出,分别在工资薪金总额的2%、14%、2.5%的标准内据实扣除。

纳税人发生的与生产经营活动有关的业务招待费,按照实际发生额的60%扣除,但最高不得超过当年销售（营业）收入的5‰。

纳税人每一纳税年度发生的与其生产经营活动直接相关的广告费和业务宣传费不超过当年销售（营业）收入15%的部分,可以据实扣除;超过部分,准予在以后纳税年度结转扣除。

纳税人在生产、经营活动中向金融企业借款发生的利息支出,准予税前扣除;向非金融企业和个人借款发生的利息支出,不超过按照金融企业同期同类贷款利率计算的数额部分,准予税前扣除。

④ 公益性捐赠

纳税人通过公益性社会团体或者县级以上人民政府及其部门,用于《中华人民共和国公益事业捐赠法》规定的公益事业的捐赠,捐赠额不超过其应纳税所得额 30% 的部分可以据实扣除。

财政部、国家税务总局规定可以全额在税前扣除的捐赠支出项目,按有关规定执行。直接对受益人的捐赠不得扣除。

⑤ 其他规定

纳税人取得与生产、经营活动无关的各项应税所得,应分别适用各应税项目的规定计算征收个人所得税。

因在纳税年度中间开业、合并、注销及其他原因,导致该纳税年度的实际经营期不足 1 年的,对个体工商户业主、个人独资企业投资者和合伙企业自然人合伙人的生产、经营所得计算个人所得税时,以其实际经营期为 1 个纳税年度。

(4) 不得在税前列支的项目

纳税人下列支出不得扣除。

① 个人所得税税款。

② 税收滞纳金。

③ 罚金、罚款和被没收财物的损失。

④ 不符合扣除规定的捐赠支出。

⑤ 赞助支出。

⑥ 用于个人和家庭的支出。

⑦ 与取得生产经营收入无关的其他支出。

⑧ 国家税务总局规定不准扣除的支出。

纳税人生产经营活动中,应当分别核算生产经营费用和个人、家庭费用。对于生产经营与个人、家庭生活混用难以分清的费用,其 40% 视为与生产经营有关的费用,准予扣除。

2) 应纳税额的计算

经营所得以其应纳税所得额,确定适用税率和速算扣除数计算应纳税额,计算公式为

$$应纳税额 = 应纳税所得额 \times 适用税率 - 速算扣除数$$

纳税人取得经营所得,按年计算个人所得税,由纳税人在月度或者季度终了后 15 日内向税务机关报送纳税申报表,并预缴税款;在取得所得的次年 3 月 31 日前办理汇算清缴。

由于经营所得的应纳税额实行按年计算、分月(季)预缴、年终汇算清缴、多退少补的方法,因此,需要分别按月(季)预缴税款。其计算公式为

本月(季)应预缴税额 = 本月(季)累计应纳税所得额 × 适用税率 - 速算扣除数

上月(季)累计已预缴税额全年应纳税额 = 全年应纳税所得额 × 适用税率 - 速算扣除数

汇算清缴税额 = 全年应纳税额 - 全年累计已预缴税额

合伙企业个人所得税的缴纳是"先分后税",也就是合伙企业计算出应纳税所得额后,先分配给每个合伙人,由每个合伙人再按照五级超额累进税率计税。合伙企业的具体分配一般按照合伙协议进行分配,没有合伙协议的先协商,协商不成的按照出资比例,如果上述方

法不可行则平均分配,但是不允许约定将利润分配给一个合伙人。

$$应纳税额 = (全年收入总额 - 成本费用及损失) \times 适用税率 - 速算扣除数$$

【例 5-9】 许斌是一个个体工商户,2023 年 1 月 1 日起承包某酒店西餐厅,经营期限 12 个月。假设全年承包收入为 640 000 元,上交承包费用 200 000 元,全年已预缴所得税款 42 500 元。许斌没有综合所得,计算许斌 2023 年度汇算清缴时应补(退)个人所得税额。

全年应纳税所得额 $= 640\,000 - 200\,000 - 60\,000 = 380\,000$(元)

全年应纳税额 $= 380\,000 \times 30\% - 40\,500 = 73\,500$(元)

全年已预缴所得税款 $= 42\,500$ 元

2023 年度汇算清缴时应补个人所得税额 $= 73\,500 - 42\,500 = 31\,000$(元)

3. 财产租赁所得应纳税额的计算

1) 应纳税所得额的确定

财产租赁所得费用扣除计算方法与劳务报酬所得、稿酬所得、特许权使用费所得相同。财产租赁所得以一个月内取得的收入为一次。

财产租赁所得,每次收入不超过 4 000 元的,减除费用 800 元;4 000 元以上的,减除 20% 的费用,其余额为应纳税所得额。在确定财产租赁的应纳税所得额时,纳税人在出租财产过程中缴纳的税金和教育费附加,可持完税(缴款)凭证,从其财产租赁收入中扣除。此外,准予扣除的项目除了规定费用和有关税费外,还准予扣除能够提供有效、准确凭证,证明由纳税人负担的该出租财产实际开支的修缮费用。允许扣除的修缮费用,以每次 800 元为限。一次扣除不完的,准予在下一次继续扣除,直到扣完为止。

应纳税所得额的计算公式如下。

(1) 每次(月)收入不超过 4 000 元的:

应纳税所得额 = 每次(月)收入额 - 准予扣除项目 - 修缮费用(800 元为限) - 800

(2) 每次(月)收入超过 4 000 元的:

应纳税所得额 $=$ [每次(月)收入额 - 准予扣除项目 - 修缮费用(800 元为限)]
$\times (1 - 20\%)$

2) 应纳税额的计算

财产租赁所得适用 20% 的比例税率,但对个人出租的居民住房取得的所得,暂按 10% 的税率征税。

财产租赁所得应纳税额的计算公式为

$$应纳税额 = 应纳税所得额 \times 适用税率$$

在计算个人所得税时未考虑其他税、费。如果对租金收入计征城市维护建设税、房产税和教育费附加等,还应将其从税前的收入中先扣除,而后再计算应缴纳的个人所得税。

【例 5-10】 中国公民李某是高校教授,2023 年将位于市区的私有住房出租 1 年供他人租住,月租金收入 3 000 元,当年 3 月发生租房修缮费用 2 000 元(暂不考虑其他税费)。试计算出租房屋应纳的个人所得税。

出租房屋应纳的个人所得税 $= (3\,000 - 800) \times 10\% \times 9 + (3\,000 - 800 - 800)$
$\times 10\% \times 2 + (3\,000 - 400 - 800) \times 10\% \times 1$
$= 2\,440$(元)

4. 利息、股息红利所得应纳税额的计算

1) 应纳税所得额的确定

利息、股息、红利所得以个人每次取得的收入额为应纳税所得额,不得从收入额中扣除任何费用。其中,每次收入是指支付单位或者个人每次支付利息、股息、红利时,个人所取得的收入。对于个人从股份公司获得的以股票形式发放的股息红利(简称红股),以派发红股的股票票面金额为收入额,计算征收个人所得税。利息、股息、红利所得,以支付利息、股息、红利时取得的收入为一次。

个人从公开发行和转让市场取得的上市公司股票,持股期限在1个月以内(含1个月)的,其股息、红利所得全额计入应纳税所得额;持股期限在1个月以上至1年(含1年)的,暂减按50%计入应纳税所得额;持股期限超过1年的,股息红利所得暂免征收个人所得税。上述所得统一适用20%的税率计征个人所得税。

2) 应纳税额的计算

股息、红利、利息所得适用20%的比例税率。

股息、红利、利息所得的应纳税额计算公式为

$$应纳税额=应纳税所得额(每次收入额)\times适用税率$$

【例5-11】 吴昊取得借款利息所得5 000元,购买某公司的债券利息为2 200元,问吴昊应纳多少个人所得税?

$$应纳税额=(5\,000+2\,200)\times20\%=1\,440(元)$$

5. 财产转让所得应纳税额的计算

1) 应纳税所得额的确定

财产转让所得,以转让财产的收入额减除财产原值和合理费用后的余额,为应纳税所得额。

财产转让所得的应纳税所得额计算公式为

$$应纳税所得额=每次收入额-财产原值-合理税费$$

合理税费是指卖出财产时按照规定支付的有关税费。"每次"是指以一件财产的所有权一次转让取得的收入为一次。

财产转让所得,按照一次转让财产的收入额减除财产原值和合理税费后的余额计算纳税。财产原值,按照下列方法确定。

(1) 有价证券,为买入价以及买入时按照规定交纳的有关费用。

(2) 建筑物,为建造费或者购进价格以及其他有关费用。

(3) 土地使用权,为取得土地使用权所支付的金额、开发土地的费用以及其他有关费用;

(4) 机器设备、车船,为购进价格、运输费、安装费以及其他有关费用。

其他财产,参照前款规定的方法确定财产原值。

纳税人未提供完整、准确的财产原值凭证,不能按照本条第一款规定的方法确定财产原值的,由主管税务机关核定财产原值。

2) 应纳税额的计算

财产转让所得适用20%的比例税率。

财产转让所得的应纳税额计算公式为

$$应纳税额＝应纳税所得额×适用税率$$

一般财产转让所得应纳税额的计算公式为

$$应纳税额＝应纳税所得额×适用税率＝（收入总额－财产原值－合理税费）×20\%$$

个人转让房屋的个人所得税应税收入不含增值税,其取得房屋时所支付价款中包含的增值税计入财产原值,计算转让所得时可扣除的税费不包括本次转让缴纳的增值税。

【例 5-12】　秦鹏转让住房一套,售价为 600 000 元,买房成本为 345 200 元,在转让过程中按规定支付交易费等有关费用 24 800 元,试计算秦鹏转让住房应纳的个人所得税。

$$应纳税所得额＝600 000－345 200－24 800＝230 000（元）$$

$$应纳税额＝230 000×20\%＝46 000（元）$$

6. 偶然所得应纳税额的计算

1）应纳税所得额的确定

偶然所得以个人的每次收入额为应纳税所得额,不扣除任何费用。偶然所得,以每次取得该项收入为一次。除有特殊规定外,每次收入就是应纳税所得额。

2）应纳税额的计算

偶然所得适用 20% 的比例税率,应纳税额的计算公式为

$$应纳税额＝应纳税所得额（每次收入额）×适用税率$$

【例 5-13】　叶先生购买体育彩票获得价值 15 000 元的摩托车一辆,同时购买福利彩票获得奖金 3 000 元,试计算叶先生应缴纳的个人所得税。

$$应缴纳个人所得税＝15 000×20\%＝3 000（元）$$

7. 个人所得税计算的特殊问题

1）公益性捐赠的计税方法

个人将其所得对教育、扶贫、济困等公益慈善事业进行捐赠,捐赠额未超过纳税人申报的应纳税所得额 30% 的部分,可以从其应纳税所得额中扣除;国务院规定对公益慈善事业捐赠实行全额税前扣除的,从其规定。

公益性捐赠额的扣除以不超过纳税人申报应纳税所得额的 30% 为限。其计算公式为

$$公益性捐赠扣除限额＝应纳税所得额×30\%$$

实际捐赠额小于捐赠扣除限额时,允许扣除的捐赠额等于实际捐赠额;实际捐赠额大于捐赠扣除限额时,只能按捐赠限额扣除。

2）境外缴纳税额抵免的计税方法

居民个人从中国境外取得的所得,可以从其应纳税额中抵免已在境外缴纳的个人所得税税额,但抵免额不得超过该纳税人境外所得依照我国个人所得税税法规定计算的应纳税额。

（1）已在境外缴纳的个人所得税税额是指居民个人来源于中国境外的所得,依照该所得来源国家（地区）的法律应当缴纳并且实际已经缴纳的所得税税额。

（2）纳税人境外所得依照个人所得税税法规定计算的应纳税额,是居民个人抵免已在境外缴纳的综合所得、经营所得以及其他所得的所得税税额的限额（以下简称抵免限额）。

除国务院财政、税务主管部门另有规定外,来源于中国境外一个国家(地区)的综合所得抵免限额、经营所得抵免限额以及其他所得抵免限额之和,为来源于该国家(地区)所得的抵免限额。

(3) 居民个人在中国境外一个国家(地区)实际已经缴纳的个人所得税税额,低于依照前款规定计算出的来源于该国家(地区)所得的抵免限额的,应当在中国缴纳差额部分的税款;超过来源于该国家(地区)所得的抵免限额的,其超过部分不得在本纳税年度的应纳税额中抵免,但是可以在以后纳税年度来源于该国家(地区)所得的抵免限额的余额中补扣。补扣期限最长不得超过五年。

(4) 居民个人申请抵免已在境外缴纳的个人所得税税额,应当提供境外税务机关出具的税款所属年度的有关纳税凭证。

3) 两人以上共同取得同一项目收入的计税方法

两个以上的个人共同取得同一项目收入的,应当对每个人取得的收入分别按照个人所得税法的规定计算纳税,即实行"先分、后扣、再税"的办法。

4) 个人无偿受赠房屋产权的计税问题

为加强个人所得税征管,财税〔2009〕78号文件就无偿受赠房产个人所得税问题做了相关规定,以下情况免征个人所得税。

(1) 房屋产权所有人将房屋产权无偿赠与配偶、父母、子女、祖父母、外祖父母、孙子女、外孙子女、兄弟姐妹。

(2) 房屋产权所有人将房屋产权无偿赠与对其承担直接抚养或赡养义务的抚养人或赡养人。

(3) 房屋产权所有人死亡,依法取得房屋产权的法定继承人、遗嘱继承人或受遗赠人。

5) 企业年金、职业年金个人所得税的处理

年金包括企业年金和职业年金。企业年金是指企业及其职工按照《企业年金试行办法》的规定,在依法参加基本养老保险的基础上,自愿建立的补充养老保险。职业年金是事业单位及其职工依据自身经济状况,按照《机关事业单位职业年金办法》的规定,在依法缴纳基本养老保险的基础上,自愿建立的补充养老保险。

5.3　个人所得税的会计处理

5.3.1　个人所得税核算的账户设置

对采用自行申报缴纳个人所得税的纳税人,除实行查账征收的个体工商户外(个人独资企业、合伙企业参照个体工商户执行,下同),一般不需要进行会计处理。实行查账征收的个体工商户,应设置"应交税费——应交个人所得税"账户,核算其应缴纳的个人所得税;一般企业涉及的代扣代缴个人所得税业务,应设置"应交税费——代扣个人所得税"账户,核算其代扣代缴个人所得税的情况。

5.3.2 个人所得税的会计处理方法

1. 经营所得个人所得税的会计处理

实行查账征收的个体工商户,其应缴纳的个人所得税,应通过"盈余公积""利润分配——未分配利润"和"应交税费——应交个人所得税"等账户核算。在计算应纳个人所得税时,借记"盈余公积""利润分配——未分配利润"账户,贷记"应交税费——应交个人所得税"账户;实际上缴税款时,借记"应交税费——应交个人所得税"账户,贷记"银行存款"账户。

【例 5-14】 假设个体工商户徐敏敏 2023 年全年经营收入为 500 000 元,其中生产经营成本、费用总额为 400 000 元,计算其全年应纳的个人所得税并进行会计处理。

$$应纳税所得额=500\,000-400\,000-60\,000=40\,000(元)$$
$$应纳税额=40\,000\times10\%-1\,500=2\,500(元)$$

会计分录如下。

(1)计算应缴个人所得税时

借:盈余公积	250
利润分配——未分配利润	2 250
贷:应交税费——应交个人所得税	2 500

(2)实际缴纳税款时

借:应交税费——应交个人所得税	2 500
贷:银行存款	2 500

2. 代扣代缴个人所得税的会计处理

现行会计准则并未对代扣税款核算作出规定,但在实际工作中,一般可在"应交税费"总账下设置"代扣个人所得税"明细账进行核算。同时,根据所代扣税款的具体项目不同,将代扣的税额冲减"应付职工薪酬""应付账款""其他应付款"等账户。

1)支付工资、薪金所得的单位代扣代缴个人所得税的会计处理

企业对支付给职工的工资、薪金代扣个人所得税时,借记"应付职工薪酬"和"应付账款"等账户,贷记"应交税费——代扣个人所得税"账户;实际缴纳个人所得税税款时,借记"应交税费——代扣个人所得税"账户,贷记"银行存款"账户。

【例 5-15】 某企业按月发放职工工资时,代扣代缴职工李某个人所得税 230 元。该企业应作如下会计分录。

(1)按规定应代扣代缴的个人所得税

借:应付职工薪酬	230
贷:应交税费——代扣个人所得税	230

(2)按规定期限上缴税款时

借:应交税费——代扣个人所得税	230
贷:银行存款	230

2)支付其他所得的单位代扣代缴个人所得税的会计处理

企业代扣工资薪金所得以外的个人所得税时,根据个人所得项目不同代扣个人所得税

时,应分别借记"应付债券""应付股利""应付账款""其他应付款"等账户,贷记"应交税费——代扣个人所得税"账户;实际缴纳个人所得税税款时,借记"应交税费——代扣个人所得税"账户,贷记"银行存款"账户。

【例5-16】 某企业2023年3月与非居民约翰签约购入其一项发明专利,支付专利转让费80 000元。根据《个人所得税法》规定,计算该企业应代扣代缴约翰专利转让应交的个人所得税。

应代扣代缴的个人所得税额=80 000×(1-20%)×20%=12 800(元)

会计分录如下。

(1)购入专利时

借:无形资产　　　　　　　　　　　　　　　　　　　80 000
　　贷:其他应付款　　　　　　　　　　　　　　　　　　80 000

(2)支付转让款,并代扣个人所得税时

借:其他应付款　　　　　　　　　　　　　　　　　　80 000
　　贷:应交税费——代扣个人所得税　　　　　　　　　　12 800
　　　　银行存款　　　　　　　　　　　　　　　　　　67 200

5.4　个人所得税纳税实务模拟操作

5.4.1　模拟操作案例

哈尔滨市泛德印务设计有限公司,扣缴义务人纳税人识别号(统一社会信用代码)230109020570111000,2023年1月份支付人工费用如下。

(1)支付李莉(身份证号230102198612317723)工资12 000元,缴付的"三险一金"为2 520元(其中:基本养老保险费960元、基本医疗保险费240元、失业保险费120元、住房公积金1 200元),专项附加扣除中子女教育2 000元,赡养老人3 000元。

(2)支付张明(身份证号230101198710127841)工资14 000元,缴付的"三险一金"为2 940元(其中:基本养老保险费1 120元、基本医疗保险费280元、失业保险费140元、住房公积金1 400元),专项附加扣除中三岁以下婴幼儿照护2 000元,住房贷款利息1 000元。

(3)支付王华(身份证号230102197511154585)设计劳务费6 000元。

(4)因有奖销售支付刘云(身份证号230104198408252824)奖金5 000元。

(5)支付孙濛(身份证号230102198608195321)某项专利权使用费20 000元。

5.4.2　模拟操作要求与指导

1. 模拟操作要求

根据案例,填制个人所得税基础信息表(见表5-6)和扣缴个人所得税报告表(见表5-7)。

2. 模拟操作指导

向学生讲解扣缴个人所得税报告表的填制方法并指导其填制。

表 5-6　个人所得税基础信息表（A 表）
（适用于扣缴义务人填报）

扣缴义务人名称：哈尔滨市泛德印务设计有限公司
扣缴义务人纳税人识别号（统一社会信用代码）：[2][3][0][1][0][9][0][2][0][5][7][0][1][1][0][0][0][0]

序号	纳税人基本信息（带*必填）						任职受雇从业信息					联系方式					银行账户		投资信息		其他信息		华侨、港澳台、外籍个人信息（带*必填）					备注
	*纳税人识别号	*纳税人姓名	*身份证件类型	*身份证件号码	*出生日期	*国籍/地区	类型	职务	学历	任职受雇从业日期	离职日期	手机号码	户籍所在地	经常居住地	联系地址	电子邮箱	开户银行	银行账号	投资额（元）	投资比例	是否残疾/孤老/烈属	残疾/烈属证号	*出生地	*性别	*首次入境时间	*预计离境时间	*涉税事由	
	2	3	4	5	6	7	8	9	10	11	12	13	14	15	16	17	18	19	20	21	22	23	24	25	26	27	28	29
1	23010 2×××× 12037 7232	李莉	身份证	23010 2×××× 12317 723	1986.12	中国																						
2	23010 1×××× 10127 8431	张明	身份证	23010 1×××× 10127 841	1987.10	中国																						
3	23010 2×××× 11154 5852	王华	身份证	23010 2×××× 11154 585	1975.11	中国																						
4	23010 4×××× 00855 224	刘云	身份证	23010 4×××× 08252 824	1984.08	中国																						
5	23010 2×××× 08195 321	孙潆	身份证	23010 2×××× 08195 321	1986.08	中国																						

谨声明：本表是根据国家税收法律法规及相关规定填报的，是真实的、可靠的、完整的。

扣缴义务人（签章）：

经办人签字：
经办人身份证件号码：
代理机构签章：
代理机构统一社会信用代码：

受理人：
受理税务机关（章）：
受理日期：　　年　月　日

年　月　日

国家税务总局监制

表 5-7 个人所得税扣缴申报表

税款所属期：2023 年 1 月 1 日至 2023 年 1 月 31 日

扣缴义务人名称：哈尔滨市泛德印务设计有限公司

扣缴义务人纳税人识别号（统一社会信用代码）：2 3 0 1 0 9 0 2 0 5 1 7 0 1 1 1 0 0 0 0

金额单位：人民币元（列至角分）

序号	姓名	身份证件类型	身份证件号码	纳税人识别号	是否为非居民个人	所得项目	收入额计算				本月（次）情况 专项扣除				其他扣除						累计情况			累计专项附加扣除						累计其他扣除	减按计税比例	准予扣除的捐赠额	应纳税所得额	税款计算						备注
							收入	费用	免税收入	减除费用	基本养老保险费	基本医疗保险费	失业保险费	住房公积金	年金	商业健康保险	税延养老保险	财产原值	允许扣除的税费	其他	累计收入额	累计减除费用	累计专项扣除	子女教育	三岁以下婴幼儿照护	赡养老人	住房贷款利息	住房租金	继续教育					税率/预扣率	速算扣除数	应纳税额	减免税额	已缴税额	应补/退税额	
2		3	4	5	6	7	8	9	10	11	12	13	14	15	16	17	18	19	20	21	22	23	24	25	26	27	28	29	30	31	32	33	34	35	36	37	38	39	40	41
1	李莉	身份证	230102 ×××× 12317723	身份证号	否	工资	12 000			5 000	960	240	120	1 200										2 000		3 000							0	3%	0	0			0	
2	张明	身份证	230101 ×××× 10127841	身份证号	否	工资	14 000			5 000	1 120	280	140	1 400											2 000		1 000						2 060	3%	0	61.80			61.80	
3	王华	身份证	230102 ×××× 11154585	身份证号	否	劳务报酬	6 000	1 200																									4 800	20%		960			960	
4	刘云	身份证	230104 ×××× 08252824	身份证号	否	偶然	5 000																										5 000	20%		1 000			1 000	
5	孙谦	身份证	230102 ×××× 08195321	身份证号	否	特许权使用费	20 000	4 000																									16 000	20%		3 200			3 200	
	合计						51 500	5 200		10 000	2 080	520	260	2 600										2 000	2 000	3 000	1 000						27 860			5 221.80			5 221.80	

谨声明：本表是根据国家税收法律法规及相关规定填报的，是真实的、可靠的、完整的。

经办人签字：

经办人身份证件号码：

代理机构签章：

代理机构统一社会信用代码：

扣缴义务人（章）： 年 月 日

受理人：

受理税务机关：

受理日期： 年 月 日

国家税务总局监制

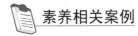 **素养相关案例**

规范行业税收秩序，引导依法纳税

常态化依法打击各类涉税违法行为是保障市场公平竞争的必要手段，也是打造法治公平营商环境的应有之义。

近年来，税务部门依法依规对网络直播、加油站、涉税中介等行业税收违法行为进行查处并曝光，并非对相关行业进行"打击"，而是通过规范税收监管，遏制违法违规行为，推动行业在公平公正的环境下健康、持续发展。

在2023年4月6日"权威部门话开局"系列主题新闻发布会上，国家税务总局总会计师罗天舒介绍税务部门打击涉税违法行为方面工作时指出，税务部门将聚焦涉税风险，有序推进精准治理。对发现的一般性涉税违规行为，税务部门将综合运用"五步工作法"，先提示提醒、再督促整改、后约谈警示，让更多的纳税人有自我纠正的机会，展示税务执法的"温度"和"柔性"。对仍然拒不改正或者是屡查屡犯的，要依法立案稽查，并且对情节严重、性质恶劣的案件公开进行曝光，彰显严格执法的"力度"和"刚性"。

当前，2022年度个人所得税综合所得汇算清缴正在进行。记者注意到，从安徽蚌埠市税务部门通报的案情来看，涉案的自然人纳税人存在未据实办理汇算清缴的情形，经税务部门提醒督促，拒不如实办理更正申报，当地税务部门遂对其立案检查，并追缴少缴的个人所得税、加收滞纳金，处以相应罚款。

税务部门提醒纳税人依法及时办理个人所得税综合所得汇算清缴，并核查以前年度是否存在应当办理汇算清缴而未办理、申报缴税不规范、取得应税收入未申报等情形并抓紧补正。税务机关发现存在涉税问题的，会通过提示提醒、督促整改和约谈警示等方式，提醒、督促纳税人整改，对于拒不整改或整改不彻底的纳税人，税务机关将依法追缴税款、滞纳金，并纳入税收监管重点人员名单，对其以后3个纳税年度申报情况加强审核，情节严重的将依法进行立案检查。

（资料来源：国家税务总局. 坚持宽严相济　促依法诚信纳税［EB/OL］. (2023-04-26)［2023-05-01］. http://www.chinatax.gov.cn/chinatax/n810219/n810780/c5192967/content.html. ）

 **练习题**

一、单项选择题

1. 我国个人所得税（　　）。
   A. 只对我国公民征收
   B. 只对我国境内的外籍公民征收
   C. 只对我国居民征收
   D. 以上都不对

2. 对居民纳税义务人来源于我国境外的所得（　　）。
   A. 计税时允许扣除境外已纳税款
   B. 计税时不允许扣除境外已纳税款
   C. 计税时允许扣除境外已纳税款不超过抵免限额的部分

D. 计税时允许扣除境外已纳税款的 30%

3. 在计算个人所得税应纳税所得额时允许在所得中扣除费用的是(　　)。

    A. 劳务报酬所得   B. 利息所得

    C. 彩票中奖所得   D. 非上市公司股息、红利所得

4. 在下列所得中,以一个月内取得的收入为一次而纳税的有(　　)。

    A. 稿酬所得   B. 财产转让所得   C. 利息所得   D. 财产租赁所得

5. 个人所得税扣缴义务人每月预扣预缴税款上缴国库的期限为(　　)。

    A. 次月 3 日   B. 次月 5 日   C. 次月 15 日   D. 次月 10 日

6. 王教授的科研成果获得市政府颁布的科学技术进步奖 10 000 元,该笔所得应(　　)。

    A. 免征个人所得税   B. 征收个人所得税

    C. 减半征收个人所得税   D. 由当地税务机关确定是否征税

7. 下列所得可实行加成征收的是(　　)。

    A. 稿酬所得   B. 偶然所得

    C. 劳务报酬所得   D. 股息红利所得

8. 郭某是哈尔滨某高校教师,2023 年收入情况如下:单位每月的工资为 15 000 元,每月按照国家规定的范围和标准缴纳的"三险一金"3 200 元,子女教育、赡养老人、住房贷款利息等专项附加扣除合计每月 4 500 元。此外,郭某还担任了某上市公司的独立董事,全年取得报酬 100 000 元,出版专著取得稿酬 70 000 元,计算郭某 2023 年应纳个人所得税额为(　　)元。

    A. 9 400   B. 9 000   C. 12 440   D. 9 500

9. 某画家 8 月将其精选的书画作品交由某出版社出版,从出版社取得稿酬 10 万元。该笔稿酬在预扣预缴个人所得税时适用的税目是(　　)。

    A. 工资薪金所得   B. 劳务报酬所得

    C. 特许使用费所得   D. 稿酬所得

10. 作家李先生从 2023 年 3 月 1 日起在某报刊连载一小说,每期取得报社收入 300 元,共连载 110 期(其中 3 月 30 期)。9 月连载完毕结集出版,取得稿酬 48 600 元。下列表述正确的是(　　)。

    A. 连载每期取得的收入应由报社按劳务报酬预扣预缴个人所得税 60 元

    B. 小说连载取得收入应合并为一次,由报社按稿酬所得预扣预缴个人所得税 3 696 元

    C. 3 月小说连载收入应由报社按稿酬所得预扣预缴个人所得税 1 800 元

    D. 出版小说取得的稿酬缴纳个人所得税时允许抵扣其在报刊连载时已缴纳的个人所得税

二、多项选择题

1. 下列各项中,税率为 20% 比例税率的是(　　)。

    A. 工资、薪金所得   B. 利息所得

    C. 财产转让所得   D. 财产租赁所得

2. 个体户王某 2023 年 3 月取得的下列所得中,可以免征个人所得税的是(　　)。

    A. 国债利息   B. 生产经营所得

  C. 私房出租所得　 D. 保险赔款

 3. 按"4 000元以下扣除800元，超过4 000元扣除20%"的方式扣除附加费用的应税项目是(　　)。

  A. 劳务报酬所得　 B. 稿酬所得

  C. 财产租赁所得　 D. 特许权使用费所得

 4. 纳税义务人取得的下列各项所得中应缴纳个人所得税的是(　　)。

  A. 工资、薪金所得　 B. 居民的储蓄存款利息

  C. 国债利息　 D. 特许权使用费所得

 5. 下列应税所得中，按次计算纳税的是(　　)。

  A. 财产转让所得　 B. 劳务报酬所得

  C. 工资、薪金所得　 D. 稿酬所得

 6. 下列各项中，按"劳务报酬所得"项目缴纳个人所得税的有(　　)。

  A. 外部董事的董事费收入

  B. 个人业余兼职收入

  C. 某教师为企业做演讲取得的收入

  D. 在校学生参加勤工俭学活动取得的收入

 7. 下列属于稿酬所得项目的有(　　)。

  A. 出版学术著作取得的报酬

  B. 在文学刊物上发表评论文章取得的报酬

  C. 因摄影作品被杂志作为封面而取得的报酬

  D. 在报纸上发表文章取得的报酬

 8. 下列对居民纳税义务人境外所得已纳税款的扣除的说法中不正确的是(　　)。

  A. 纳税义务人境外所得可以全额抵扣

  B. 纳税义务人境外所得不得抵扣

  C. 境外已纳税款超过抵免限额的不得抵扣

  D. 境外已纳税款超过抵免限额的可以在以后年度抵扣，但最长期限不得超过5年

 9. 下列各项中，以取得的收入全额为应纳税所得额直接计征个人所得税的有(　　)。

  A. 稿酬所得　 B. 偶然所得

  C. 股息所得　 D. 特许权使用费所得

 10. 下列各项中，适用5%～35%的超额累进税率计征个人所得税的有(　　)。

  A. 个体工商户的生产经营所得　 B. 个人独资企业的生产经营所得

  C. 对企事业单位的承包经营所得　 D. 合伙企业的生产经营所得

三、判断题

 1. 某大学生在校期间学习成绩优异，大二下学期期末获得校级一等学业奖，奖学金3 000元。该学生应按"偶然所得"缴纳个人所得税600元。　 (　　)

 2. 某大学教授每月从其工资中拿出300元直接寄往其家乡的农村小学，用于资助失学儿童。该教授的月工资为3 500元，其每月工资应纳个人所得税35元。　 (　　)

 3. 某作家将小说在文学月刊上连载，每月取得稿酬1 000元，共连载10个月。其应纳个人所得税税额是(1 000－800)×20%×(1－30%)×10＝280(元)。　 (　　)

4. 某公司支付职工工资时代扣代缴个人所得税,本月扣缴税款共 20 万元,其应得的代扣代缴手续费为 4 000 元。 （ ）

5. 个人取得应纳税所得,没有扣缴义务人的或者扣缴义务人未按规定扣缴税款的,均应自行申报缴纳个人所得税。 （ ）

6. 居民个人承担有限纳税义务,即仅就其来源于中国境内的所得,向中国缴纳个人所得税。 （ ）

7. 居民张某 5 月取得稿酬收入 10 万元,对于该稿费收入张某应预扣预缴的个人所得税为 1.12 万元。 （ ）

8. 吴某买体育彩票中奖了,奖金 5 000 元,需要按"偶然所得"缴纳个人所得税 1 000 元。
（ ）

9. 小王 2014 在美国留学,已有两年未回其国内居住地居住,因而小王不属于我国居民纳税义务人。 （ ）

10. 张某 2023 年承包单位的小卖店,合同规定:小卖店的盈利和亏损都由单位承担,但单位将根据盈利多少确定张某的年终奖金。年末,小卖店盈利状况很好,单位给张某奖金 20 000 元。张某应按"经营所得"缴纳个人所得税。 （ ）

四、计算题

1. 2023 年 3 月,某研究所专家郑某年度个人收入情况如下。

(1) 每月取得工资收入 13 500 元,每月减除费用 5 000 元,"三险一金"等专项扣除为 2 000 元,1 月起享受子女教育专项附加扣除 1 000 元、赡养父母专项附加扣除 1 000 元,没有减免收入及减免税额等情况。(情况说明:郑某只有一个在上初中的女儿,针对子女教育专项附加扣除 2 000 元/月,张力与配偶决定每人各扣 50%;张力不是独生子女,他有两个哥哥,针对赡养父母专项附加扣除 3 000 元/月,三兄弟决定每人每月各扣 1 000 元。)

(2) 3 月将自有住房一套对外出租用于居住,每月租金收入 1 600 元。

(3) 3 月向某地矿局提供一项专有技术,一次性取得特许权使用费 50 000 元。

(4) 3 月获得省政府颁发的科技发明奖 20 000 元。

(5) 3 月出版一本专著,取得稿酬 8 000 元。

(6) 3 月取得国债利息 2 000 元。

要求:计算 2023 年 3 月应预扣预缴个人所得税税额。

2. 丁某是哈尔滨市常住人口,他本人为独生子女,父母均已年满 60 周岁;有子女两名,一名男孩 13 周岁读初中,另一名女孩刚满 1 周岁;家庭首套房贷款利息支出每月 1 650 元,第二套房贷款利息支出每月 4 500 元;除上述情况外,无其他专项附加扣除项目;丁某与配偶商定,专项附加扣除支出均由丁某扣除,2023 年 1 月,丁某应发工资 17 500 元,个人应承担养老保险 1 160.40 元,失业保险 93 元,医疗保险 381.91 元,住房公积金 1 435.44 元。

要求:

(1) 计算丁某 2023 年 1 月个人所得税的应纳税所得额和应纳税额。

(2) 计算丁某 2023 年 1 月实发工资金额(计算结果保留 2 位小数)。

第6章

企业所得税纳税实务

【学习目标】

通过本章的学习,熟悉企业所得税纳税人、征税对象、税率、征收管理基本规定;正确理解和运用准予扣除项目调整的有关规定,准确计算应纳税所得额;掌握应纳所得税税额的计算方法;正确理解和运用所得税的会计处理方法;掌握企业所得税申报表的填制方法。

【内容框架】

企业所得税纳税实务
- 企业所得税基本法规
  - 企业所得税的纳税义务人
  - 企业所得税的征税对象
  - 企业所得税的税率
  - 企业所得税的优惠政策
  - 企业所得税的征收管理
- 企业所得税应纳税所得额的计算
  - 收入总额
  - 扣除原则和范围
  - 亏损弥补
- 资产的税务处理
  - 固定资产的税务处理
  - 无形资产的税务处理
  - 长期待摊费用的税务处理
  - 存货的税务处理
  - 投资资产的税务处理
- 企业所得税应纳税额的计算
  - 居民企业应纳税额的计算
  - 非居民企业应纳税额的计算
- 企业所得税的会计处理
  - 永久性差异和暂时性差异
  - 企业所得税核算的账户设置
  - 企业所得税的会计处理方法
- 企业所得税纳税实务模拟操作

6.1 企业所得税基本法规

企业所得税是以企业取得的生产经营所得和其他所得为征税对象征收的一种税。

企业所得税具有五个方面的特征,表现为:企业所得税的课税对象是纳税人的所得额;企业所得税是直接税,其纳税人与负税人是一致的;企业所得税是企业的一项费用支出;企业所得税征税原则体现为"量能负担";所得税会计相对独立于企业财务会计核算体系。

6.1.1 企业所得税的纳税义务人

企业所得税的纳税义务人是指在中华人民共和国境内的企业和其他取得收入的组织。《中华人民共和国企业所得税法》(以下简称《企业所得税法》)第一条规定,除个人独资企业、合伙企业不适用企业所得税法外,凡在我国境内,企业和其他取得收入的组织(以下统称企业)为企业所得税的纳税人,依照本法规定缴纳企业所得税。

企业所得税的纳税人分为居民企业和非居民企业,这是根据企业纳税义务范围的宽窄进行的分类方法,不同的企业在向中国政府缴纳所得税时,纳税义务不同。把企业分为居民企业和非居民企业,是为了更好地保障我国税收管辖权的有效行使。税收管辖权是一国政府在征税方面的主权,是国家主权的重要组成部分。根据国际上的通行做法,我国选择了地域管辖权和居民管辖权的双重管辖权标准,最大限度地维护我国的税收利益。

1. 居民企业

居民企业是指依法在中国境内成立,或者依照外国(地区)法律成立但实际管理机构在中国境内的企业。这里的企业包括国有企业、集体企业、私营企业、联营企业、股份制企业、外商投资企业、外国企业,以及有生产、经营所得和其他所得的其他组织。其中,有生产、经营所得和其他所得的其他组织是指经国家有关部门批准依法注册、登记的事业单位、社会团体等组织。由于我国的一些社会团体组织、事业单位在完成国家事业计划的过程中,开展多种经营和有偿服务活动,取得除财政部门各项拨款、财政部和国家价格主管部门批准的各项规费收入以外的经营收入,具有了经营的特点,应当视同企业纳入征税范围。其中,实际管理机构是指对企业的生产经营、人员、账务、财产等实施实质性全面管理和控制的机构。

2. 非居民企业

非居民企业是指依照外国(地区)法律成立且实际管理机构不在中国境内,但在中国境内设立机构、场所的,或者在中国境内未设立机构、场所,但有来源于中国境内所得的企业。

上述所称机构、场所是指在中国境内从事生产经营活动的机构、场所,包括:

(1) 管理机构、营业机构、办事机构;

(2) 工厂、农场、开采自然资源的场所;

(3) 提供劳务的场所;

(4) 从事建筑、安装、装配、修理、勘探等工程作业的场所;

(5) 其他从事生产经营活动的机构、场所。

非居民企业委托营业代理人在中国境内从事生产经营活动的,包括委托单位或个人经常代其签订合同,或者储存、交付货物等,该营业代理人被视为非居民企业在中国境内设立的机构、场所。

6.1.2 企业所得税的征税对象

企业所得税的征税对象是指企业的生产经营所得、其他所得和清算所得。

1. 居民企业的征税对象

居民企业应就来源于中国境内、境外的所得作为征税对象。所得,包括销售货物所得、提供劳务所得、转让财产所得、股息红利等权益性投资所得,以及利息所得、租金所得、特许权使用费所得、接受捐赠所得和其他所得。

2. 非居民企业的征税对象

非居民企业在中国境内设立机构、场所的,应当就其所设机构、场所取得的来源于中国境内的所得,以及发生在中国境外但与其所设机构、场所有实际联系的所得缴纳所得税,或者虽设立机构、场所但取得的所得与其机构、场所没有实际联系的,应当就其来源于中国境内的所得缴纳企业所得税。

上述所称实际联系是指非居民企业在中国境内设立的机构、场所拥有的据以取得的股权、债权,以及拥有、管理、控制据以取得所得的财产。

3. 所得来源的确定

纳税人各种所得按下列原则确定其所得来源地:

(1) 销售货物所得,按照交易活动发生地确定;

(2) 提供劳务所得,按照劳务发生地确定;

(3) 转让财产所得,不动产转让所得按照不动产所在地确定,动产转让所得按照转让动产的企业或者机构、场所所在地确定,权益性投资资产转让所得按照被投资企业所在地确定;

(4) 股息、红利等权益性投资所得,按照分配所得的企业所在地确定;

(5) 利息所得、租金所得、特许权使用费所得,按照负担、支付所得的企业或者机构、场所所在地确定,或者按照负担、支付所得的个人的住所地确定;

(6) 其他所得,由国务院财政、税务主管部门确定。

6.1.3 企业所得税的税率

企业所得税税率是体现国家与企业分配关系的核心要素。税率设计的原则是兼顾国家、企业、职工个人三者利益,既要保证财政收入的稳定增长,又要使企业在发展生产、经营方面有一定的财力保证。既要考虑到企业的实际情况和负担能力,又要维护税率的统一性。

企业所得税实行比例税率。比例税率简便易行,透明度高,不会因征税而改变企业间收入分配比例,有利于促进效率的提高。现行规定如下。

(1) 基本税率为25%:适用于居民企业和在中国境内设有机构、场所且所得与机构、场所有关联的非居民企业。

(2) 低税率为20%:适用于在中国境内未设立机构、场所的,或者虽设立机构、场所但取得的所得与其所设机构、场所没有实际联系的非居民企业。

（3）优惠税率。

① 10％：适用于执行 20％税率的非居民企业。

② 15％：适用于高新技术企业、技术先进型服务企业及其他特定企业。

③ 20％：适用于小型微利企业。

6.1.4 企业所得税的优惠政策

税收优惠是指国家运用税收政策在税收法律、行政法规中规定对某一部分特定企业和课税对象给予减轻或免除税收负担的一种措施。税法规定的企业所得税的税收优惠方式包括免税、减税、加计扣除、加速折旧、减计收入、税额抵免等。

1. 免征与减征优惠

企业从事下列所得,可以免征、减征企业所得税。企业从事国家限制和禁止发展的项目,不得享受税法规定的企业所得税优惠。

1）从事农、林、牧、渔业项目的所得

企业从事农、林、牧、渔业项目的所得,包括免征、减征两部分。

（1）企业从事下列项目的所得,免征企业所得税。

① 蔬菜、谷物、薯类、油料、豆类、棉花、麻类、糖料、水果、坚果的种植。

② 农作物新品种的选育。

③ 中药材的种植。

④ 林木的培育和种植。

⑤ 牲畜、家禽的饲养。

⑥ 林产品的采集。

⑦ 灌溉、农产品初加工、兽医、农技推广、农机作业和维修等农、林、牧、渔服务业项目。

⑧ 远洋捕捞。

（2）企业从事下列项目的所得,减半征收企业所得税。

① 花卉、茶以及其他饮料作物和香料作物的种植。

② 海水养殖、内陆养殖。

③ 观赏性植物的种植。

2）从事国家重点扶持的公共基础设施项目投资经营的所得

企业所得税法所称国家重点扶持的公共基础设施项目,是指《公共基础设施项目企业所得税优惠目录》规定的港口码头、机场、铁路、公路、电力、水利等项目。

企业从事国家重点扶持的公共基础设施项目的投资经营的所得,自项目取得第一笔生产经营收入所属纳税年度起,第一年至第三年免征企业所得税,第四年至第六年减半征收企业所得税。

企业承包经营、承包建设和内部自建自用本条规定的项目,不得享受本条规定的企业所得税优惠。

3）从事符合条件的环境保护、节能节水项目的所得

环境保护、节能节水项目的所得,自项目取得第一笔生产经营收入所属纳税年度起,第一年至第三年免征企业所得税,第四年至第六年减半征收企业所得税。

符合条件的环境保护、节能节水项目,包括公共污水处理、公共垃圾处理、沼气综合开发利用、节能减排技术改造、海水淡化等。项目的具体条件和范围由国务院财政、税务主管部门商国务院有关部门制定,报国务院批准后公布施行。

但是以上规定享受减免税优惠的项目,在减免税期限内转让的,受让方自受让之日起,可以在剩余期限内享受规定的减免税优惠;减免税期限届满后转让的,受让方不得就该项目重复享受减免税优惠。

4) 符合条件的技术转让所得

企业所得税法所称符合条件的技术转让所得免征、减征企业所得税,是指一个纳税年度内,居民企业转让技术所有权所得不超过 500 万元的部分,免征企业所得税;超过 500 万元的部分,减半征收企业所得税。

2. 高新技术企业优惠

国家需要重点扶持的高新技术企业减按 15% 的所得税税率征收企业所得税。国家需要重点扶持的高新技术企业是指拥有核心自主知识产权,并同时符合下列条件的企业。

(1) 产品(服务)属于《国家重点支持的高新技术领域》规定的范围。

(2) 研究开发费用占销售收入的比例不低于规定比例。

(3) 高新技术产品(服务)收入占企业总收入的比例不低于规定比例。

(4) 科技人员占企业职工总数的比例不低于规定比例。

(5) 高新技术企业认定管理办法规定的其他条件。

3. 小型微利企业优惠

自 2022 年 1 月 1 日至 2024 年 12 月 31 日,对小型微利企业年度应纳税所得额不超过 100 万元的部分,减按 12.5% 计入应纳税所得额,减按 20% 的税率缴纳企业所得税;对年度应纳税所得额超过 100 万元但不超过 300 万元的部分,减按 25% 计入应纳税所得额,按 20% 的税率缴纳企业所得税。《财政部、税务总局关于进一步实施小微企业所得税优惠政策公告》(2022 年第 13 号):

小型微利企业无论按查账征收方式或核定征收方式缴纳企业所得税,均可享受上述优惠政策。

小型微利企业的条件如下:

小型微利企业是指从事国家非限制和禁止行业,且同时符合年度应纳税所得额不超过 300 万元、从业人数不超过 300 人、资产总额不超过 5 000 万元等条件的企业。

4. 加计扣除优惠

加计扣除优惠包括研究开发费与企业安置残疾人员所支付的工资两项内容如下。

(1) 研究开发费是指企业为开发新技术、新产品、新工艺发生的研究开发费用,未形成无形资产计入当期损益的,在按照规定据实扣除的基础上,自 2023 年 1 月 1 日起,再按实际发生额的 100% 在税前加计扣除;形成无形资产的,按照无形资产成本的 200% 在税前摊销。《财政部、税务总局、科技部关于完善研究开发费用税前加计扣除政策的通知》(财税〔2015〕119 号);《财政部、税务总局关于进一步完善研究开发费用税前加计扣除政策的公告》(2023 年第 7 号)等政策作为制度性安排长期实施。

除制造业企业以外的企业(不包括烟草制造业、住宿和餐饮业、批发和零售业、房地产业、租赁和商务服务业、娱乐业),开展研发活动中的实际发生的研发费用,未形成无形资产计入当期损益的,在 2023 年 12 月 31 日前,在按规定据实扣除的基础上,再按实际发生额的 75% 在税前加计扣除;形成无形资产的,在上述期间按照无形资产成本的 175% 在税前摊销。根据《财政部、税务总局、科技部关于提高研究开发费用税前加计扣除比例的通知》(财税〔2018〕99 号);《财政部、税务总局关于延长部分税收优惠政策执行期限的公告》(2021 年第 6 号)等政策执行。

(2) 企业安置残疾人员所支付的工资是指企业安置残疾人员的,在按照支付给残疾职工工资据实扣除的基础上,按照支付给残疾职工工资的 100% 加计扣除。残疾人员的范围适用《中华人民共和国残疾人保障法》的有关规定。

企业安置国家鼓励安置的其他就业人员所支付的工资的加计扣除办法,由国务院另行规定。

5. 创投企业优惠

创投企业从事国家需要重点扶持和鼓励的创业投资,可以按投资额的一定比例抵扣应纳税所得额。

创投企业优惠是指创业投资企业采取股权投资方式投资于未上市的中小高新技术企业 2 年以上的,可以按照其投资额的 70% 在股权持有满 2 年的当年抵扣该创业投资企业的应纳税所得额;当年不足抵扣的,可以在以后纳税年度结转抵扣。

例如,甲企业 2022 年 1 月 1 日向乙企业(未上市的中小高新技术企业)投资 100 万元,股权持有到 2023 年 12 月 31 日。甲企业 2023 年度可抵扣的应纳税所得额为 70 万元。

6. 加速折旧优惠

企业的固定资产由于技术进步等原因,确需加速折旧的,可以采取缩短折旧年限或者采取加速折旧的方法折旧固定资产,可以加速折旧的固定资产包括:

(1) 由于技术进步,产品更新换代较快的固定资产;

(2) 常年处于强震动、高腐蚀状态的固定资产。

采取缩短折旧年限方法的,最低折旧年限不得低于《中华人民共和国企业所得税实施条例》第六十条规定折旧年限的 60%;采取加速折旧方法的,可以采取双倍余额递减法或者年数总和法。

7. 减计收入优惠

减计收入优惠是指企业综合利用资源,生产符合国家产业政策规定的产品所取得的收入,可以在计算应纳税所得额时减计收入。

综合利用资源是指企业以《资源综合利用企业所得税优惠目录》规定的资源作为主要原材料,生产国家非限制和禁止并符合国家和行业相关标准的产品取得的收入,减按 90% 计入收入总额。

上述所称原材料占生产产品材料的比例不得低于《资源综合利用企业所得税优惠目录》规定的标准。

8. 税额抵免优惠

税额抵免是指企业购置并实际使用《环境保护专用设备企业所得税优惠目录》《节能节水专用设备企业所得税优惠目录》和《安全生产专用设备企业所得税优惠目录》规定的环境

保护、节能节水、安全生产等专用设备的,该专用设备的投资额的 10% 可以从企业当年的应纳税额中抵免;当年不足抵免的,可以在以后 5 个纳税年度结转抵免。

享受前款规定的企业所得税优惠的企业,应当实际购置并自身实际投入使用前款规定的专用设备;企业购置上述专用设备在 5 年内转让、出租的,应当停止享受企业所得税优惠,并补缴已经抵免的企业所得税税款。

9. 民族自治地方的优惠

民族自治地方的自治机关对本民族自治地方的企业应缴纳的企业所得税中属于地方分享的部分,可以决定减征或者免征。自治州、自治县决定减征或者免征的,须报省、自治区、直辖市人民政府批准。

企业所得税法所称民族自治地方,是指依照《中华人民共和国民族区域自治法》的规定,实行民族区域自治的自治区、自治州、自治县。对民族自治地方内国家限制和禁止行业的企业,不得减征或者免征企业所得税。

10. 非居民企业优惠

非居民企业减按 10% 的所得税税率征收企业所得税。这里的非居民企业是指在中国境内未设立机构、场所的,或者虽设立机构、场所但取得的所得与其所设机构、场所没有实际联系的企业。该类非居民企业取得下列所得免征企业所得税。

(1) 外国政府向中国政府提供贷款取得的利息所得。

(2) 国际金融组织向中国政府和居民企业提供优惠贷款取得的利息所得。

(3) 经国务院批准的其他所得。

11. 其他特定企业的优惠税率

自 2011 年 1 月 1 日起至 2030 年 12 月 31 日,对设在西部地区的鼓励类产业企业减按 15% 的税率征收企业所得税。上述鼓励类企业是指以《西部地区鼓励类产业目录》中规定的产业项目为主营业务,且其主营业务收入占企业收入总额 70% 以上的企业。

自 2011 年 1 月 1 日起至 2030 年 12 月 31 日,国家规划布局内的重点软件企业和集成电路设计企业,当年未享受免税优惠的,可减按 10% 的税率缴纳企业所得税。

6.1.5 企业所得税的征收管理

1. 企业所得税的纳税地点

除税收法律、行政法规另有规定外,居民企业以企业登记注册地为纳税地点,但登记注册地在境外的,以实际管理机构所在地为纳税地点。企业注册登记地是指企业依照国家有关规定登记注册的住所地。

居民企业在中国境内设立不具有法人资格的营业机构的,应当汇总计算并缴纳企业所得税。企业汇总计算并缴纳企业所得税时,应当统一核算应纳税所得额,具体办法由国务院财政、税务主管部门另行制定。

非居民企业在中国境内设立机构、场所的,应当就其所设机构、场所取得的来源于中国境内的所得,以及发生在中国境外但与其所设机构、场所有实际联系的所得,以机构、场所所在地为纳税地点。非居民企业在中国境内设立两个或者两个以上机构、场所的,经税务机关审核批准,可以选择由其主要机构、场所汇总缴纳企业所得税。非居民企业经批准汇总缴纳企业所得税后,需要增设、合并、迁移、关闭机构、场所或者停止机构、场所业务的,应当事先由负责汇总申报缴纳企业所得税的主要机构、场所向其所在地税务机关报告;需要变更汇总缴纳企业所得税的主要机构、场所的,依照前款规定办理。

非居民企业在中国境内未设立机构、场所的,或者虽设立机构、场所但取得的所得与其所设机构、场所没有实际联系的所得,以扣缴义务人所在地为纳税地点。

除国务院另有规定外,企业之间不得合并缴纳企业所得税。

2. 企业所得税的纳税期限

企业所得税按年计征,分月或者分季预缴,年终汇算清缴,多退少补。

企业所得税的纳税年度,自公历 1 月 1 日起至 12 月 31 日止。企业在一个纳税年度的中间开业,或者由于合并、关闭等原因终止经营活动,使该纳税年度的实际经营期不足 12 个月的,应当以其实际经营期为一个纳税年度。企业清算时,应当以清算期间作为一个纳税年度。

自年度终了之日起 5 个月内,向税务机关报送年度企业所得税纳税申报表,并汇算清缴,结清应缴应退税款。

企业在年度中间终止经营活动的,应当自实际经营终止之日起 60 日内,向税务机关办理当期企业所得税汇算清缴。

3. 企业所得税的纳税申报

按月或按季预缴的,应当自月份或者季度终了之日起 15 日内,向税务机关报送预缴企业所得税纳税申报表,预缴税款。

企业在报送企业所得税纳税申报表时,应当按照规定附送财务会计报告和其他有关资料。

企业应当在办理注销登记前,就其清算所得向税务机关申报并依法缴纳企业所得税。

依照企业所得税法缴纳的企业所得税,以人民币计算。所得以人民币以外的货币计算的,应当折合成人民币计算并缴纳税款。

企业在纳税年度内无论盈利或者亏损,都应当依照企业所得税法第五十四条规定的期限,向税务机关报送预缴企业所得税纳税申报表、年度企业所得税纳税申报表、财务会计报告和税务机关规定应当报送的其他有关资料。

6.2 企业所得税应纳税所得额的计算

应纳税所得额是企业所得税的计税依据,按照《企业所得税法》的规定,应纳税所得额为企业每一个纳税年度的收入总额,减除不征税收入、免税收入、各项扣除,以及允许弥补的以前年度亏损后的余额。其基本公式为

应纳税所得额＝收入总额－不征税收入－免税收入－各项扣除－以前年度亏损

企业应纳税所得额的计算以权责发生制为原则,属于当期的收入和费用,不论款项是否收付,均作为当期的收入和费用;不属于当期的收入和费用,即使款项已经在当期收付,均不作为当期的收入和费用。应纳税所得额的正确计算直接关系到国家财政收入和企业的税

收负担,并且同成本、费用核算关系密切。因此,企业所得税法对应纳税所得额计算做了明确规定,主要内容包括收入总额、扣除范围和标准、资产的税务处理、亏损弥补等。

6.2.1　收入总额

企业的收入总额包括货币形式和非货币形式的各种来源收入,具体有:销售货物收入、提供劳务收入、转让财产收入、股息、红利等权益性投资收益,以及利息收入、租金收入、特许权使用费收入、接受捐赠收入、其他收入。

企业取得收入的货币形式,包括现金、存款、应收账款、应收票据、准备持有至到期的债券投资以及债务的豁免等;纳税人以非货币形式取得的收入,包括固定资产、生物资产、无形资产、股权投资、存货、不准备持有至到期的债券投资、劳务以及有关权益等,这些非货币资产应当按照公允价值确定收入额,公允价值是指按照市场价格确定的价值。

1. 一般收入的确认

一般收入项目及其确认规定如下。

(1)销售货物收入是指企业销售商品、产品、原材料、包装物、低值易耗品以及其他存货取得的收入。

(2)劳务收入是指企业从事建筑安装、修理修配、交通运输、仓储租赁、金融保险、邮电通信、咨询经纪、文化体育、科学研究、技术服务、教育培训、餐饮住宿、中介代理、卫生保健、社区服务、旅游、娱乐、加工以及其他劳务服务活动取得的收入。

(3)转让财产收入是指企业转让固定资产、生物资产、无形资产、股权、债权等财产取得的收入。

(4)股息、红利等权益性投资收益是指企业因权益性投资从被投资方取得的收入。股息、红利等权益性投资收益,除国务院财政、税务主管部门另有规定外,按照被投资方作出利润分配决定的日期确认收入的实现。

(5)利息收入是指企业将资金提供他人使用但不构成权益性投资,或者因他人占用本企业资金取得的收入,包括存款利息、贷款利息、债券利息、欠款利息等收入。利息收入按照合同约定的债务人应付利息的日期确认收入的实现。

(6)租金收入是指企业提供固定资产、包装物或者其他有形资产的使用权取得的收入。租金收入按照合同约定的承租人应付租金的日期确认收入的实现。

(7)特许权使用费是指企业提供专利权、非专利技术、商标权、著作权以及其他特许权的使用权取得的收入。特许权使用费收入按照合同约定的特许权使用人应付特许权使用费的日期确认收入的实现。

(8)捐赠收入是指企业接受的来自其他企业、组织或者个人无偿给予的货币性资产、非货币性资产。接受捐赠收入按照实际收到捐赠资产的日期确认收入的实现。

(9)其他收入是指企业取得的除以上收入外的其他收入,包括企业资产溢余收入、逾期未退包装物押金收入、确实无法偿付的应付款项、已作坏账损失处理后又收回的应收款项、债务重组收入、补贴收入、违约金收入、汇兑收益等。

2. 特殊收入的确认

特殊收入项目及其确认规定如下。

（1）以分期收款方式销售货物的，按照合同约定的收款日期确认收入的实现。

（2）企业受托加工制造大型机械设备、船舶、飞机，以及从事建筑、安装、装配工程业务或者提供其他劳务等，持续时间超过 12 个月的，按照纳税年度内完工进度或者完成的工作量确认收入的实现。

（3）采取产品分成方式取得收入的，按照企业分得产品的日期确认收入的实现，其收入额按照产品的公允价值确定。

（4）企业发生非货币性资产交换，以及将货物、财产、劳务用于捐赠、偿债、赞助、集资、广告、样品、职工福利或者利润分配等用途的，应当视同销售货物、转让财产或者提供劳务，但国务院财政、税务主管部门另有规定的除外。

3．不征税收入和免税收入

国家为了扶持和鼓励某些特殊的纳税人和特定的项目，或者避免因征税影响企业的正常经营，对企业取得的某些收入予以不征税或免税的特殊政策，以减轻企业的负担，促进经济的协调发展，或准予抵扣应纳税所得额，或对专项用途的资金作为非税收入处理，减轻企业的税负，增加企业可用资金。

1）不征税收入

（1）财政拨款是指各级人民政府对纳入预算管理的事业单位、社会团体等组织拨付的财政资金，但国务院和国务院财政、税务主管部门另有规定的除外。

（2）依法收取并纳入财政管理的行政事业性收费、政府性基金。行政事业性收费是指依照法律法规等有关规定，按照国务院规定程序批准，在实施社会公共管理，以及在向公民、法人或者其他组织提供特定公共服务的过程中，向特定对象收取并纳入财政管理的费用。政府性基金是指企业依照法律、行政法规等有关规定，代政府收取的具有专项用途的财政资金。

（3）国务院规定的其他不征税收入，是指企业取得的，由国务院财政、税务主管部门规定专项用途并经国务院批准的财政性资金。

2）免税收入

（1）国债利息收入，为鼓励企业积极购买国债，支援国家建设，税法规定企业因购买国债所得的利息收入，免征企业所得税。

（2）符合条件的居民企业之间的股息、红利等权益性收益，是指居民企业直接投资于其他居民企业取得的投资收益。

（3）在中国境内设立机构、场所的非居民企业从居民企业取得与该机构、场所有实际联系的股息、红利等权益性投资收益，该收益不包括连续持有居民企业公开发行并上市流通的股票不足 12 个月取得的投资收益。

（4）符合条件的非营利组织的收入。企业所得税法所称符合条件的非营利组织的收入，不包括非营利组织从事营利性活动取得的收入，但国务院财政、税务主管部门另有规定的除外。

6.2.2　扣除原则和范围

1．税前扣除项目的原则

企业申报的扣除项目和金额要真实、合法。所谓真实，是指能提供证明有关支出确属已经实际发生；合法是指符合国家税法的规定，若其他法规规定与税收法规规定不一致，应以税收法规规定为标准。

除税收法规另有规定外，税前扣除一般应遵循以下原则。

（1）权责发生制原则，是指企业费用应在发生的所属期扣除，而不是在实际支付时确认扣除。

（2）配比原则，是指企业发生的费用应当与收入配比扣除。除特殊规定外，企业发生的费用不得提前或滞后申报扣除。

（3）相关性原则，是指企业可扣除的费用从性质和根源上必须与取得应税收入直接相关。

（4）确定性原则，即企业可扣除的费用不论何时支付，其金额必须是确定的。

（5）合理性原则，是指符合生产经营活动常规，应当计入当期损益或者有关资产成本的必要和正常的支出。

2. 扣除项目的范围

企业所得税法规定，企业实际发生的与取得收入有关的、合理的支出，包括成本、费用、税金、损失和其他支出，准予在计算应纳税所得额时扣除。

（1）成本是指企业在生产经营活动中发生的销售成本、销货成本、业务支出，以及其他耗费，即企业销售商品（产品、材料、下脚料、废料、废旧物资等）、提供劳务、转让固定资产、无形资产（包括技术转让）的成本。

（2）费用是指企业每一个纳税年度为生产、经营商品和提供劳务等所发生的销售（经营）费用、管理费用和财务费用。已经计入成本的有关费用除外。

销售费用是指应由企业负担的为销售商品而发生的费用，包括广告费、运输费、装卸费、包装费、展览费、保险费、销售佣金（能直接认定的进口佣金调整商品进价成本）、代销手续费、经营性租赁费及销售部门发生的差旅费、工资、福利费等费用。

管理费用是指企业的行政管理部门为管理组织经营活动提供各项支援性服务而发生的费用。

财务费用是指企业筹集经营性资金而发生的费用，包括利息净支出、汇总净损失、金融机构手续费以及其他非资本化支出。

（3）税金是指企业发生的除企业所得税和允许抵扣的增值税以外的企业缴纳的各项税金及其附加。即企业按规定缴纳的消费税、城市维护建设税、关税、资源税、土地增值税、房产税、车船税、土地使用税、印花税、教育费附加等产品销售税金及附加。这些已纳税金准予税前扣除。准许扣除的税金有两种方式：一是在发生当期扣除；二是在发生当期计入相关资产的成本，在以后各项分摊扣除。

（4）损失是指企业在生产经营活动中发生的固定资产和存货的盘亏、毁损、报废损失，转让财产损失，呆账损失，坏账损失，自然灾害等不可抗力因素造成的损失以及其他损失。

（5）扣除的其他支出是指除成本、费用、税金、损失外，企业在生产经营活动中发生的与生产经营活动有关的、合理的支出。

在实际中，计算应纳税所得额时还应注意三方面的内容：第一，企业发生的支出应当区分收益性支出和资本性支出，收益性支出在发生当期直接扣除，资本性支出应当分期扣除或者计入有关资产成本，不得在发生当期直接扣除；第二，企业的不征税收入用于支出所形成的费用或者财产，不得扣除或者计算对应的折旧、摊销扣除；第三，除企业所得税法和本条例另有规定外,企业实际发生的成本、费用、税金、损失和其他支出,不得重复扣除。

3. 扣除项目的标准

在计算应纳税所得额时,下列项目可按照实际发生额或规定的标准扣除。

1) 工资、薪金支出

企业发生的合理的工资薪金支出,准予扣除。工资、薪金支出是企业每一纳税年度支付给在本企业任职或者受雇的员工的所有现金形式或者非现金形式的劳动报酬,包括基本工资、奖金、津贴、补贴、年终加薪、加班工资,以及与员工任职或者受雇有关的其他支出。

2) 职工福利费、工会经费、职工教育费

企业发生的职工福利费、工会经费、职工教育费按标准扣除,未超过标准的按实际数扣除,超过标准的只能按标准扣除。

(1) 企业发生的职工福利费支出,不超过工资薪金总额14%的部分准予扣除。

(2) 企业拨缴的工会经费,不超过工资薪金总额2%的部分准予扣除,凭工会组织开具的工会经费专用收据在企业所得税前扣除。

(3) 除国务院财政、税务主管部门另有规定外,企业发生的职工教育经费支出,不超过工资薪金总额8%的部分准予扣除,超过部分准予结转以后纳税年度扣除。自2018年1月1日起实施(财税〔2018〕51号文件)。

(4) 软件生产企业发生的职工教育经费中的职工培训费用,依据财税〔2012〕27号文件规定,可以全额在企业所得税前扣除。

3) 社会保险费

(1) 企业依照国务院有关主管部门或者省级人民政府规定的范围和标准为职工缴纳的"五险一金",即基本养老保险费、基本医疗保险费、失业保险费、工伤保险费、生育保险费等基本社会保险费和住房公积金,准予扣除。

(2) 企业为投资者或者职工支付的补充养老保险费、补充医疗保险费,分别为不超过工资薪金总额5%的部分准予扣除,企业依照国家有关规定为特殊工种职工支付的人身安全保险费和符合国务院财政、税务主管部门规定可以扣除的商业保险费,准予扣除。

(3) 企业参加财产保险,按照规定缴纳的保险费,准予扣除。企业为投资者或者职工支付的商业保险费,不得扣除。

4) 借款费用

(1) 企业在生产、经营活动中发生的合理的不需要资本化的借款费用,即利息费用,按下列规定扣除。

① 非金融企业向金融企业借款的利息支出、金融企业的各项存款利息支出和同业拆借利息支出、企业经批准发行债券的利息支出,可据实扣除。

② 非金融企业向非金融企业借款的利息支出,不超过按照金融企业同期同类贷款利率计算的数额的部分可据实扣除,超过部分不许扣除。

(2) 企业为购置、建造固定资产、无形资产和经过12个月以上的建造才能达到预定可销售状态的存货发生借款的,在有关资产购置、建造期间发生的合理的借款费用,应予以资本化,作为资本性支出计入有关资产的成本;有关资产交付使用后发生的借款利息,可在发生当期扣除。

5) 汇兑损失

企业在货币交易中,以及纳税年度终了时,将人民币以外的货币性资产、负债按照期末即期人民币汇率中间价折算为人民币时产生的汇兑损失,除已经计入有关资产成本以及与向所有者进行利润分配相关的部分外,准予扣除。

6) 业务招待费

企业发生的与生产经营活动有关的业务招待费支出,按照发生额的60%扣除,但最高不得超过当年销售收入(含视同销售收入额)的5‰。

7) 广告费和业务宣传费

企业发生的符合条件的广告费和业务宣传费支出,除国务院财政、税务主管部门另有规定外,不超过当年销售收入(含视同销售收入额和创投企业的投资收益,但不包括营业外收入和非创投企业的投资收益)15%的部分,准予扣除;超过部分,准予结转以后纳税年度扣除。

企业申报扣除的广告费支出应与赞助支出严格区分。企业申报扣除的广告费支出,必须符合下列条件:广告是通过市场监督管理部门批准的专门机构制作的;已实际支付费用,并已取得相应发票;通过一定的媒体传播。

8) 环境保护专项资金

企业依照法律、行政法规有关规定提取的用于环境保护、生态恢复等方面的专项资金,准予扣除。上述专项资金提取后改变用途的,不得扣除。

9) 租赁费

企业根据生产经营活动的需要租入固定资产支付的租赁费,按照以下方法扣除:

(1) 以经营租赁方式租入固定资产发生的租赁费支出,按照租赁期限均匀扣除;

(2) 以融资租赁方式租入固定资产发生的租赁费支出,按照规定构成融资租入固定资产价值的部分应当提取折旧费用,分期扣除。融资租赁是指在实质上转移与一项资产所有权有关的全部风险和报酬的一种租赁。

10) 劳动保护支出

企业实际发生的合理的劳动保护支出,准予扣除。劳动保护支出是指确因工作需要为雇员配备或提供工作服、手套、安全保护用品、防暑降温用品等所发生的支出。

11) 公益性捐赠支出

公益性捐赠是指企业通过公益性社会团体或者县级以上人民政府及其部门,用于《中华人民共和国公益事业捐赠法》规定的公益事业的捐赠。

企业发生的公益性捐赠支出,不超过年度利润总额12%的部分,准予扣除;超过年度利润总额12%的部分,准予结转以后三年内税前扣除(财税〔2018〕15号文件)。

年度利润总额是指企业依照国家统一会计制度的规定计算的年度会计利润。

12) 有关资产的费用

企业转让各类固定资产发生的费用,允许扣除。企业按规定计算的固定资产折旧费、无形资产和递延资产的摊销费,准予扣除。

13) 总机构分摊的费用

非居民企业在中国境内设立的机构、场所,就其中国境外总机构发生的与该机构、场所生产经营有关的费用,能够提供总机构出具的费用汇集范围、定额、分配依据和方法等证明文件,并合理分摊的,准予扣除。

14)资产损失

企业当期发生的固定资产和流动资产盘亏、毁损净损失,由其提供清查盘存资料经主管税务机关审核后,准予扣除;企业因存货盘亏、毁损、报废等原因不得从销项税金中抵扣的进项税金,应视同企业财产损失,准予与存货损失一起在所得税前按规定扣除。

15)其他项目

依照有关法律、行政法规和国家有关税法规定准予扣除的其他项目,如会员费、合理的会议费、差旅费、违约金、诉讼费用等。

4.不得扣除的项目

在计算应纳税所得额时,下列支出不得扣除:

(1)向投资者支付的股息、红利等权益性投资收益款项;

(2)企业所得税税款;

(3)税收滞纳金,是指纳税人违反税收法规,被税务机关处以的滞纳金;

(4)罚金、罚款和被没收财物的损失,是指纳税人违反国家有关法律、法规规定,被有关部门处以的罚款,以及被司法机关处以的罚金和被没收财物;

(5)超过规定标准的捐赠支出;

(6)赞助支出,是指企业发生的与生产经营活动无关的各种非广告性质支出;

(7)未经核定的准备金支出是指不符合国务院财政、税务主管部门规定的各项资产减值准备、风险准备等准备金支出;

(8)企业之间支付的管理费、企业内营业机构之间支付的租金和特许权使用费,以及非银行企业内营业机构之间支付的利息;

(9)与取得收入无关的其他支出。

6.2.3 亏损弥补

亏损是指企业依照企业所得税法和暂行条例的规定,将每一纳税年度的收入总额减除不征税收入、免税收入和各项扣除后小于零的数额。税法规定,企业某一纳税年度发生的亏损可以用下一年度的所得弥补,下一年度的所得不足以弥补的,可以逐年延续弥补,但最长不得超过 5 年。而且,企业在汇总计算缴纳企业所得税时,其境外营业机构的亏损不得抵减境内营业机构的盈利。具备高新技术企业或科技型中小企业资格的企业,国家鼓励的集成电路企业,其具备资格年度之前 5 个年度发生的尚未弥补完的亏损,准予结转以后年度弥补,最长结转年限为 10 年。

6.3 资产的税务处理

资产是由于资本投资而形成的财产,对于资本性支出以及无形资产受让、开办、开发费用,不允许作为成本、费用从纳税人的收入总额中做一次性扣除,只能采取分次计提折旧或分次摊销的方式予以扣除。即纳税人经营活动中使用的固定资产的折旧费用、无形资产和长期待摊费用的摊销费用可以扣除。

税法规定,纳入税务处理范围的资产形式主要有固定资产、生物资产、无形资产、长期待摊费用、投资资产、存货等,均以历史成本作为计税基础。历史成本是指企业取得该项资产时实际发生的支出。企业持有各项资产期间资产增值或者减值,除国务院财政、税务主管部门规定可以确认损益外,不得调整该资产的计税基础。

6.3.1　固定资产的税务处理

固定资产是指企业为生产产品、提供劳务、出租或者经营管理而持有的、使用时间超过12个月的非货币性资产,包括房屋、建筑物、机器、机械、运输工具,以及其他与生产经营活动有关的设备、器具、工具等。

1. 固定资产计税基础

企业按下列规定确定固定资产的计税基础。

(1) 外购的固定资产,以购买价款和支付的相关税费以及直接归属于使该资产达到预定用途发生的其他支出为计税基础。

(2) 自行建造的固定资产,以竣工结算前发生的支出为计税基础。

(3) 企业固定资产投入使用后,由于工程款项尚未结清未取得全额发票的,可暂按合同规定的金额计入固定资产计税基础计提折旧,待发票取得后进行调整(该项调整应在固定资产投入使用后12个月内进行)。

(4) 融资租入的固定资产,以租赁合同约定的付款总额和承租人在签订租赁合同过程中发生的相关费用为计税基础,租赁合同未约定付款总额的,以该资产的公允价值和承租人在签订租赁合同过程中发生的相关费用为计税基础。

(5) 盘盈的固定资产,以同类固定资产的重置完全价值为计税基础。

(6) 通过捐赠、投资、非货币性资产交换、债务重组等方式取得的固定资产,以该资产的公允价值和支付的相关税费为计税基础。

(7) 改建的固定资产,除企业已足额提取折旧的固定资产和租入的固定资产以外的其他固定资产,以改建过程中发生的改建支出增加计税基础。

2. 固定资产的折旧范围

在计算应纳税所得额时,企业按照规定计算的固定资产折旧,准予扣除。下列固定资产不得计算折旧扣除。

(1) 房屋、建筑物以外未投入使用的固定资产。

(2) 以经营租赁方式租入的固定资产。

(3) 以融资租赁方式租出的固定资产。

(4) 已足额提取折旧仍继续使用的固定资产。

(5) 与经营活动无关的固定资产。

(6) 单独估价作为固定资产入账的土地。

(7) 其他不得计算折旧扣除的固定资产。

3．固定资产折旧的计提方法

企业按下列规定的方法计提固定资产折旧。

（1）企业应当自固定资产投入使用月份的次月起计算折旧；停止使用的固定资产,应当自停止使用月份的次月起停止计算折旧。

（2）企业应当根据固定资产的性质和使用情况,合理确定固定资产的预计净残值。固定资产的预计净残值一经确定,不得变更。

（3）固定资产按照直线法计算的折旧,准予扣除。

4．固定资产折旧的计提年限

除国务院财政、税务主管部门另有规定外,固定资产计算折旧的最低年限如下。

（1）房屋、建筑物,为 20 年。

（2）飞机、火车、轮船、机器、机械和其他生产设备,为 10 年。

（3）与生产经营活动有关的器具、工具、家具等,为 5 年。

（4）飞机、火车、轮船以外的运输工具,为 4 年。

（5）电子设备,为 3 年。

从事开采石油、天然气等矿产资源的企业,在开始商业性生产前发生的费用和有关固定资产的折耗、折旧方法,由国务院财政、税务主管部门另行规定。

6.3.2 无形资产的税务处理

无形资产是指企业长期使用但没有实物形态的资产,包括专利权、商标权、著作权、土地使用权、非专利技术、商誉等。

1．无形资产的计税基础

无形资产按照以下方法确定计税基础。

（1）外购的无形资产,以购买价款和支付的相关税费,以及直接归属于使该资产达到预定用途发生的其他支出为计税基础。

（2）自行开发的无形资产,以开发过程中该资产符合资本化条件后至达到预定用途前发生的支出为计税基础。

（3）通过捐赠、投资、非货币性资产交换、债务重组等方式取得的无形资产,以该资产的公允价值和支付的相关税费为计税基础。

2．无形资产摊销的范围

在计算应纳税所得额时,企业按照规定计算的无形资产摊销费用,准予扣除。以下几种情形不得摊销。

（1）自行开发的支出已在计算应纳税所得额时扣除的无形资产。

（2）自创商誉。

（3）与经营活动无关的无形资产。

（4）其他不得计算摊销费用扣除的无形资产。

3．无形资产的摊销方法及年限

无形资产的摊销采取直线法计算。无形资产的摊销年限不得低于 10 年。作为投资或者受让的无形资产,有关法律规定或者合同约定了使用年限的,可以按照规定或者约定的使用年限分期摊销。外购商誉的支出,在企业整体转让或者清算时准予扣除。

6.3.3　长期待摊费用的税务处理

长期待摊费用是指企业发生的应在一个年度以上或几个年度进行摊销的费用。在计算应纳税所得额时,企业发生的下列支出作为长期待摊费用,按照规定摊销的,准予扣除。

(1) 已足额提取折旧的固定资产的改建支出。

(2) 租入固定资产的改建支出。

(3) 固定资产的大修理支出。

(4) 其他应当作为长期待摊费用的支出。

企业的固定资产修理支出可在发生当期直接扣除。企业的固定资产改良支出,如果有关固定资产尚未提足折旧,可增加固定资产价值;如果有关固定资产已提足折旧,可作为长期待摊费用,在规定的期间内平均摊销。

固定资产的改建支出是指企业改变房屋或者建筑物结构、延长使用年限等发生的支出。已足额提取折旧的固定资产的改建支出,按照固定资产预计尚可使用年限分期摊销;租入固定资产的改建支出,按照合同约定的剩余租赁期限分期摊销;改建的固定资产延长使用年限的,除已足额提取折旧的固定资产、租入固定资产的改建支出外,其他的固定资产发生的改建支出,应当适当延长折旧年限。

大修理支出,按照固定资产尚可使用年限分期摊销。

企业所得税法所指固定资产的大修理支出,是指同时符合下列条件的支出。

(1) 修理支出达到取得固定资产时的计税基础50%以上。

(2) 修理后固定资产的使用年限延长2年以上。

其他应当作为长期待摊费用的支出,自支出发生月份的次月起,分期摊销,摊销年限不得低于3年。

6.3.4　存货的税务处理

存货是指企业持有以备出售的产品或者商品、处在生产过程中的在产品、在生产或者提供劳务过程中耗用的材料和物料等。

1. 存货的成本

存货按照以下方法确定计税基础。

(1) 通过支付现金方式取得的存货,以购买价款和支付的相关税费为成本。

(2) 通过支付现金以外的方式取得的存货,以该存货的公允价值和支付的相关税费为成本。

(3) 生产性生物资产收获的农产品,以产出或者采收过程中发生的材料费、人工费和分摊的间接费用等必要支出为成本。

2. 存货的成本计算方法

企业使用或者销售的存货的成本计算方法,可以在先进先出法、加权平均法、个别计价法中选用一种。计价方法一经选用,不得随意变更。

企业所得税法规定企业转让以上资产,在计算企业应纳税所得额时,资产的净值允许扣除。其中,资产的净值是指有关资产、财产的计税基础减除按照规定准予扣除的折旧、折耗、摊销、准备金等后的余额。

除国务院财政、税务主管部门另有规定外,企业在重组过程中,应当在交易发生时确认有关资产的转让所得或损失,相关资产应当按照交易价格重新确定计税基础。

6.3.5 投资资产的税务处理

投资资产是指企业对外进行权益性投资和债权性投资形成的资产。

1. 投资资产的成本

投资资产按照以下方法确定成本。

(1)通过支付现金方式取得的投资资产,以购买价款为成本。

(2)通过支付现金以外的方式取得的投资资产,以该资产的公允价值和支付的相关税费为成本。

2. 投资资产成本的扣除方法

企业对外投资期间,投资资产的成本在计算应纳税所得额时不得扣除,企业在转让或者处置投资资产时,投资资产的成本准予扣除。

6.4 企业所得税应纳税额的计算

6.4.1 居民企业应纳税额的计算

1. 居民企业应纳税额的计算公式

居民企业应纳税额等于应纳税所得额乘以适用税率,基本计算公式为

居民企业应纳税额＝应纳税所得额×适用税率－减免税额－抵免税额

根据计算公式可以看出,居民企业应纳税额的多少,取决于应纳税所得额和适用税率两个因素。在实际过程中,应纳税所得额的计算一般有以下两种方法。

1)直接计算法

在直接计算法下,居民企业每一纳税年度的收入总额减除不征税收入、免税收入、各项扣除以及允许弥补的以前年度亏损后的余额为应纳税所得额。其计算公式如下:

应纳税所得额＝收入总额－不征税收入－减免税收入－各项扣除金额
－抵扣和减免所得、弥补亏损

2)间接计算法

在间接计算法下,是在会计利润总额的基础上加或减按照税法规定调整的项目金额后,即为应纳税所得额。其计算公式如下:

应纳税所得额＝会计利润总额±纳税调整项目金额

税收调整项目金额包括两方面的内容:一是企业的财务会计处理和税收规定不一致的应予以调整的金额;二是企业按税法规定准予扣除的税收金额。

【例6-1】 兴盛机电设备经销有限公司为居民企业,2023年经营业务如下。

（1）取得销售收入 25 000 000 元。

（2）销售成本 11 000 000 元。

（3）发生销售费用 6 700 000 元，其中含广告费 4 500 000 元；管理费用 4 800 000 元，其中含业务招待费 150 000 元；财务费用 600 000 元。

（4）销售税额 1 600 000 元，其中含增值税 1 200 000 元。

（5）营业外收入 700 000 元；营业外支出 500 000 元，其中含通过公益性社会团体向贫困山区捐款 300 000 元、支付税收滞纳金 60 000 元。

（6）计入成本、费用中的实发工资总额 1 500 000 元、拨缴职工工会经费 30 000 元、支出职工福利费 240 000 元、职工教育经费 50 000 元。

要求：计算该企业 2023 年度实际应纳的企业所得税。

会计利润总额＝25 000 000＋700 000－11 000 000－6 700 000－4 800 000－600 000
　　　　　　　－400 000－500 000＝1 700 000（元）

广告费和业务宣传费税前扣除限额＝25 000 000×15％＝3 750 000（元）

广告费和业务宣传费调增所得额＝4 500 000－3 750 000＝750 000（元）

业务招待费税前扣除限额为下列两个计算结果较小者：

营业收入的 5‰＝25 000 000×5‰＝125 000（元）

业务招待费实际发生额的 60％＝150 000×60％＝90 000（元）

所以

业务招待费调增所得额＝150 000－90 000＝60 000（元）

公益性捐赠支出税前扣除限额＝1 700 000×12％＝204 000（元）

捐赠支出应调增所得额＝300 000－204 000＝96 000（元）

与工资相关的三项费用税前扣除限额计算如下：

职工福利费税前扣除限额＝1 500 000×14％＝210 000（元）

工会经费税前扣除限额＝1 500 000×2％＝30 000（元）

职工教育经费税权扣除限额＝1 500 000×8％＝120 000（元）

所以

"三费"应调增所得额＝240 000－210 000＝30 000（元）

应纳税所得额＝1 700 000＋750 000＋60 000＋96 000＋30 000＋60 000＝2 696 000（元）

2023 年应缴企业所得税＝2 696 000×25％＝674 000（元）

2. 境外所得抵扣税额的计算

企业取得的下列所得已在境外缴纳的所得税税额，可以从其当期应纳税额中抵免，抵免限额为该项所得依照本法规定计算的应纳税额；超过抵免限额的部分，可以在以后的 5 个年度内，用每年度抵免限额抵免当年应抵税额后的余额进行抵补：

（1）居民企业来源于中国境外的应税所得；

（2）非居民企业在中国境内设立机构、场所，取得发生在中国境外但与该机构、场所有实际联系的应税所得。

居民企业从其直接或者间接控制的外国企业分得的来源于中国境外的股息、红利等权益性投资收益，外国企业在境外实际缴纳的所得税税额中属于该项所得负担的部分，可以作为该居民企业的可抵免境外所得税税额，在企业所得税税法规定的抵免限额内抵免。

上述所称直接控制是指居民企业直接持有外国企业 20％以上股份。

上述所称间接控制是指居民企业以间接持股方式持有外国企业 20% 以上股份,具体认定办法由国务院财政、税务主管部门另行制定。

已在境外缴纳的所得税税额是指企业来源于中国境外的所得依照中国境外税收法律以及相关规定应当缴纳并已经实际缴纳的企业所得税性质的税款。

企业依照企业所得税法的规定抵免企业所得税税额时,应当提供中国境外税务机关出具的税款所属年度的有关纳税凭证。

抵免限额是指企业来源于中国境外的所得,依照企业所得税法和本条例的规定计算的应纳税额。除国务院财政、税务主管部门另有规定外,该抵免限额应当分国(地区)不分项计算,其计算公式为

抵免限额=中国境内、境外所得依照企业所得税法和条例规定计算的应纳税总额

×来源于某国(地区)的应纳税所得额÷中国境内、境外应纳税所得总额

前述 5 个年度是指从企业取得的来源于中国境外的所得,已经在中国境外缴纳的企业所得税性质的税额超过抵免限额的当年的次年起连续 5 个纳税年度。

【例 6-2】 吉利汽车制造股份有限公司 2023 年度境内应纳税所得额为 10 000 000 元,适用 25% 的企业所得税税率。另外,该公司分别在美国、日本两国设有分支机构,我国与美国、日本两国已经缔结避免双重征税协定,在美国分支机构的应纳税所得额为 5 000 000 元,美国企业所得税税率为 20%;在日本的分支机构的应纳税所得额为 3 000 000 元,日本企业所得税税率为 30%。假设该公司在美国、日本两国所得按我国税法计算的应纳税所得额和按美国、日本两国税法计算的应纳税所得额一致,两个分支机构在美国、日本两国分别缴纳了 1 000 000 元和 900 000 元的企业所得税。

要求:计算该公司汇总纳税时在我国应缴纳的企业所得税税额。

(1) 该企业按我国税法计算的境内、境外所得的应纳税额。

应纳税额=(10 000 000+5 000 000+3 000 000)×25%=4 500 000(元)

(2) 美国、日本两国的扣除限额

美国扣除限额=4 500 000×[5 000 000÷(10 000 000+5 000 000+3 000 000)]

=1 250 000(元)

日本扣除限额=4 500 000×[3 000 000÷(10 000 000+5 000 000+30 000 000)]

=750 000(元)

在美国缴纳的所得税为 1 000 000 元,低于扣除限额 1 250 000 元,可全额扣除。

在日本缴纳的所得税为 900 000 元,高于扣除限额 750 000 元,其超过扣除限额的部分 150 000 元当年不能扣除。

汇总时在我国应缴纳的所得税=4 500 000-1 000 000-750 000=2 750 000(元)

6.4.2 非居民企业应纳税额的计算

1. 非居民企业应纳税额的计算公式

对于非居民企业在中国境内设立的机构、场所的所得,其应纳税额的计算公式与居民企业计税公式相同,对于非居民企业在中国境内设立机构、场所,或虽设立机构、场所但取得的所得与其没有实际联系的所得,按以下公式计算应纳税额:

应纳税额=应纳税所得额×适用税率

对于在中国境内未设立机构、场所的，或者虽设立机构、场所但取得的所得与其所设机构、场所没有实际联系的非居民企业的所得，按照下列方法计算应纳税所得额。

（1）股息、红利等权益性投资收益和利息、租金、特许权使用费所得，以收入全额为应纳税所得额。

（2）转让财产所得，以收入全额减除财产净值后的余额为应纳税所得额。财产净值是指财产的计税基础减除已经按照规定扣除的折旧、折耗、摊销、准备金等后的余额。

（3）其他所得，参照前两项规定的方法计算应纳税所得额。

2. 源泉扣缴

1）扣缴义务人

扣缴义务人规定如下。

（1）对非居民企业在中国境内未设立机构、场所的，或者虽设立机构、场所但取得的所得与其所设机构、场所没有实际联系的，应缴纳的所得税实行源泉扣缴，以支付人为扣缴义务人。税款由扣缴义务人在每次支付或者到期应支付时，从支付或者到期应支付的款项中扣缴。

（2）对非居民企业在中国境内取得的工程作业和劳务所得应缴纳的所得税，税务机关可以指定工程价款或者劳务费的支付人为扣缴义务人。

2）扣缴方法

扣缴方法规定如下。

（1）扣缴义务人扣缴税款时，按前述非居民企业计算方法计算税款。

（2）应当扣缴的所得税，扣缴义务人未依法扣缴或者无法履行扣缴义务的，由企业在所得发生地缴纳。企业未依法缴纳的，税务机关可以从该企业在中国境内其他收入项目的支付人应付的款项中，追缴该企业的应纳税款。

上述所称所得发生地是指依照《实施条例》第七条规定的原则确定的所得发生地。在中国境内存在多处所得发生地的，由企业选择其中之一申报缴纳企业所得税。

上述所称该企业在中国境内其他收入是指该企业在中国境内取得的其他各种来源的收入。

（3）税务机关在追缴该企业应纳税款时，应当将追缴理由、追缴数额、缴纳期限和缴纳方式等告知该企业。

（4）扣缴义务人每次代扣的税款，应当自代扣之日起 7 日内缴入国库，并向所在地的税务机关报送扣缴企业所得税报告表。

6.5　企业所得税的会计处理

我国企业所得税的会计处理采用了资产负债表债务法，要求企业从资产负债表出发，通过比较资产负债表上列示的资产、负债按照会计准则规定确定的账面价值与按照税法规定确定的计税基础，对于两者之间的差异分别确认为应纳税暂时性差异与可抵扣暂时性差异，并确认相关的递延所得税负债与递延所得税资产，最后在此基础上确定每一会计期间利润表中的所得税费用。

6.5.1 永久性差异和暂时性差异

由于会计制度与税收法规的目的不同,两者对收益、费用、资产、负债确认的时间、范围也不同,从而产生税前会计利润与应税所得之间的差异,这一差异分为永久性差异和暂时性差异。

1. 永久性差异

永久性差异是指某一会计期间,由于会计制度和税法在计算收益、费用或损失时的口径不同所产生的税前会计利润与应税利润之间的差异。这种差异在本期发生,不会在以后各期转回。永久性差异不产生递延所得税资产或者递延所得税负债,但会对当期的所得税造成影响,尤其是在当年亏损(税法标准)的情况下,会影响到以后年度的亏损弥补额,从而影响当期确认的递延所得税资产。永久性差异主要有:超支的业务招待费;因违反法律、行政法规而交付的罚款、罚金、滞纳金;超支的工资及三项福利;超标准的业务宣传费、超标准的利息、超过扣除范围的资产损失、超标准的社会保险、超标准的公益性救济捐赠、贿赂等非法支出;企业在纳税年度内应计而未计的扣除项目和免税收入等。

2. 暂时性差异

暂时性差异是指资产或负债的账面价值与其计税基础之间的差额。未作为资产和负债确认的项目,按照税法规定可以确定其计税基础的,该计税基础与其账面价值之间的差额也属于暂时性差异。这类项目主要是指费用和收入,如广告费和业务宣传费超过15%的部分可以无限期递延至以后年度抵扣;接受捐赠的金额占当年应纳税所得额比较大的部分可以递延到以后的5个纳税年度中确认;一次性收取或支付超过一年以上租赁期的租赁费,出租方应按照合同约定的租赁期限分期计算收入,承租方应相应分期摊销租赁费。

尚未弥补的亏损和已支付的所得税超过应支付的部分,也应确认为递延所得税资产,属于可抵扣的暂时性差异。

按照暂时性差异对未来期间应税金额的影响,可分为应纳税暂时性差异和可抵扣暂时性差异。

1) 应纳税暂时性差异

应纳税暂时性差异是指未来收回该资产或清偿该负债时,将导致应纳税金额的暂时性差异。

2) 可抵扣暂时性差异

可抵扣暂时性差异是指未来收回该资产或清偿该负债时,将导致可抵扣金额的暂时性差异。

概括起来,大体可分为以下四种情况。

(1) 资产的账面价值大于其计税基础,产生应纳税暂时性差异,其对所得税的影响额记入"递延所得税负债"账户。

(2) 资产的账面价值小于其计税基础,产生可抵扣暂时性差异,其对所得税的影响额记入"递延所得税资产"账户。

(3) 负债的账面价值大于其计税基础,产生可抵扣暂时性差异,其对所得税的影响额记入"递延所得税资产"账户。

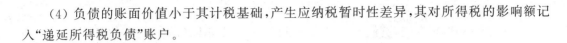

（4）负债的账面价值小于其计税基础，产生应纳税暂时性差异，其对所得税的影响额记入"递延所得税负债"账户。

6.5.2 企业所得税核算的账户设置

1."所得税费用"账户

"所得税费用"账户核算企业确认的应从当期利润总额中扣除的所得税费用。

资产负债表日，企业按照税法规定计算确定的当期应交所得税，借记本账户，贷记"应交税费——应交所得税"账户。

资产负债表日，根据递延所得税资产的应有余额大于"递延所得税资产"账户余额的差额，借记"递延所得税资产"账户，贷记本账户、"资本公积——其他资本公积"等账户；递延所得税资产的应有余额小于"递延所得税资产"账户余额的差额做相反的会计分录。

企业应予确认的递延所得税负债，应当比照上述原则调整本账户、"递延所得税负债"账户及有关账户。

期末，应将本账户的余额转入"本年利润"账户，结转后本账户无余额。

2."递延所得税资产"账户

"递延所得税资产"账户核算企业确认的可抵扣暂时性差异对所得税的影响。

根据税法规定，可用以后年度税前利润弥补的亏损及税款抵减产生的所得税资产，也在本账户核算。

资产负债表日，企业确认的递延所得税资产，借记本账户，贷记"所得税费用"账户。

资产负债表日，递延所得税资产的应有余额大于其账面余额的，应按其差额确认，借记本账户，贷记"所得税费用"等账户；资产负债表日递延所得税资产的应有余额小于其账面余额的差额做相反的会计分录。

企业合并中取得资产、负债的入账价值与其计税基础不同形成可抵扣暂时性差异的，应于购买日确认递延所得税资产，借记本账户，贷记"商誉"等账户。与直接计入所有者权益的交易或事项相关的递延所得税资产，借记本账户，贷记"资本公积——其他资本公积"账户。

资产负债表日，预计未来期间很可能无法获得足够的应纳税所得额用以抵扣可抵扣暂时性差异的，按原已确认的递延所得税资产中应减记的金额，借记"所得税费用""资本公积——其他资本公积"等账户，贷记本账户。

本账户期末借方余额反映企业确认的递延所得税资产。

3."递延所得税负债"账户

"递延所得税负债"账户核算企业确认的应纳税暂时性差异产生的所得税负债，可按应纳税暂时性差异的项目进行明细核算。

资产负债表日，企业确认的递延所得税负债，借记"所得税费用"账户，贷记本账户。

资产负债表日，递延所得税负债的应有余额大于其账面余额的，应按其差额确认，借记"所得税费用"账户，贷记本账户；递延所得税负债的应有余额小于其账面余额的做相反的会计分录。

与直接计入所有者权益的交易或事项相关的递延所得税负债，借记"资本公积——其他资本公积"账户,贷记本账户。

企业合并中取得资产、负债的入账价值与其计税基础不同形成应纳税暂时性差异的,应于购买日确认递延所得税负债,同时调整商誉,借记"商誉"等账户,贷记本账户。

本账户期末贷方余额反映企业已确认的递延所得税负债。

4."应交税费——应交所得税"账户

企业按照税法规定计算应交的所得税,借记"所得税费用"等账户,贷记本账户。交纳的所得税,借记本账户,贷记"银行存款"等账户。

6.5.3 企业所得税的会计处理方法

所得税会计的主要目的之一是确定当期应交所得税以及利润表中的所得税费用。在按照资产负债表债务法核算所得税的情况下,利润表中的所得税费用包括当期所得税和递延所得税两个部分。

1. 当期所得税

当期所得税是指企业按照税法规定计算确定的针对当期发生的交易和事项,应交纳给税务部门的所得税金额,即当期应交所得税。

企业在确定当期应交所得税时,对于当期发生的交易或事项,会计处理与税收处理不同的,应在会计利润的基础上,按照适用税收法规的规定进行调整,计算出当期应纳税所得额,按照应纳税所得额与适用所得税税率计算确定当期应交所得税。一般情况下,应纳税所得额可在会计利润的基础上,考虑会计与税收之间的差异,按照以下公式计算确定:

$$应纳税所得额＝会计利润±纳税调整项目金额$$

2. 递延所得税

递延所得税是指按照所得税准则规定当期应予确认的递延所得税资产和递延所得税负债金额,即递延所得税资产及递延所得税负债当期发生额的综合结果,但不包括计入所有者权益的交易或事项的所得税影响。用公式表示如下。

$$递延所得税＝(递延所得税负债的期末余额－递延所得税负债的期初余额)$$
$$－(递延所得税资产的期末余额－递延所得税资产的期初余额)$$

应予说明的是,企业因确认递延所得税资产和递延所得税负债产生的递延所得税,一般应当计入所得税费用,但以下情况除外:

某项交易或事项按照会计准则规定应计入所有者权益的,由该交易或事项产生的递延所得税资产或递延所得税负债及其变化也应计入所有者权益,不构成利润表中的递延所得税费用。

【例 6-3】 甲企业持有的某项可供出售金融资产,成本为 5 000 000 元,会计期末其公允价值为 6 000 000 元,该企业适用的所得税税率为 25％。除该事项外,该企业不存在其他会计与税收之间的差异,且递延所得税资产和递延所得税负债不存在期初余额。

会计期末在确认 100 万元的公允价值变动时,会计处理如下。

借:可供出售金融资产　　　　　　　　　　　　　　1 000 000
　　贷:资本公积——其他资本公积　　　　　　　　　　　　1 000 000

确认应纳税暂时性差异的所得税影响时,会计处理如下。

借:资本公积——其他资本公积   250 000

  贷:递延所得税负债   250 000

3. 所得税费用

计算确定了当期所得税及递延所得税以后,利润表中应予确认的所得税费用为两者之和,即

$$所得税费用=当期所得税+递延所得税$$

【例 6-4】 A 公司 2023 年度利润表中利润总额为 3 000 000 元,该公司适用的所得税税率为 25%。递延所得税资产及递延所得税负债不存在期初余额。

2023 年发生的有关交易和事项中,会计处理与税收处理存在的差别如下。

(1)2023 年 1 月开始计提折旧的一项固定资产,成本为 1 500 000 元,使用年限为 10 年,净残值为 0,会计处理按双倍余额递减法计提折旧,税收处理按直线法计提折旧。假定税法规定的使用年限及净残值与会计规定的相同。

(2)向关联企业捐赠现金 5 000 000 元。假定按照税法规定,企业向关联方的捐赠不允许税前扣除。

(3)当期取得作为交易性金融资产核算的股票投资成本为 8 000 000 元。2023 年 12 月 31 日的公允价值为 12 000 000 元。税法规定,以公允价值计量的金融资产持有期间市价变动不计入应纳税所得额。

(4)违反环保法规定应支付罚款 2 500 000 元。

(5)期末对持有的存货计提了 750 000 元的存货跌价准备。

分析:

(1)2023 年度当期应交所得税

    应纳税所得额=3 000 000+1 500 000+5 000 000-4 000 000

        +2 500 000+750 000=8 750 000(元)

   应交所得税=8 750 000×25%=2 187 500(元)

(2)2023 年度递延所得税

    递延所得税资产=2 250 000×25%=562 500(元)

    递延所得税负债=4 000 000×25%=1 000 000(元)

    递延所得税=1 000 000-562 500=437 500(元)

(3)利润表中应确认的所得税费用

    所得税费用=2 187 500+437 500=2 625 000(元)

确认所得税费用的会计处理如下。

借:所得税费用   2 625 000

  递延所得税资产   562 500

  贷:应交税费——应交所得税   2 187 500

    递延所得税负债   1 000 000

该公司 2023 年资产负债表相关项目金额及其计税基础见表 6-1。

表 6-1 部分资产负债账面价值与计税基础分析表   单位：元

项　目	账面价值	计税基础	差异	
			应纳税暂时性差异	可抵扣暂时性差异
存货	20 000 000.00	20 750 000.00		750 000.00
固定资产：				
固定资产原价	15 000 000.00	15 000 000.00		
减：累计折旧	3 000 000.00	1 500 000.00		
减：固定资产减值准备	0.00	0.00		
固定资产账面价值	12 000 000.00	13 500 000.00		1 500 000.00
交易性金融资产	12 000 000.00	8 000 000.00	4 000 000.00	
其他应付款	2 500 000.00	2 500 000.00		
总计			4 000 000.00	2 250 000.00

6.6　企业所得税纳税实务模拟操作

6.6.1　模拟操作案例

1. 企业概况

（1）纳税人名称：广元广告服务有限公司。

（2）纳税人识别号：330108161020368935。

（3）公司成立时间：2020 年 12 月 28 日。

（4）法人代表名称：张均。

（5）经济性质：有限责任公司。

（6）注册资本：100 万元。

（7）股东信息：

张　均（中国国籍，身份证 362321××××××××0154）出资比例 65%。

刘玉衡（中国国籍，身份证 362321××××××××0061）出资比例 25%。

黄　磊（中国国籍，身份证 332321××××××××0042）出资比例 10%。

（8）开户银行：中国工商银行杭州市城南支行。

（9）银行账号：49122901045996×××。

（10）注册地址：浙江省杭州市江干区慕华街 45 号。

（11）电话号码：0571-86×××001。

（12）营业地址：浙江省杭州市江干区慕华街 45 号。

（13）所属行业：7240（广告业）。

（14）会计主管：张衡鑫。

（15）适用的会计准则：企业会计准则（一般企业）。

（16）会计核算软件：用友。

（17）记账本位币：人民币。

（18）会计档案存方地：浙江省杭州市江干区慕华街 45 号。

（19）会计政策和估计是否发生变化：否。

（20）固定资产折旧方法：年限平均法。

（21）存货成本计价方法：先进先出法。

（22）坏账损失核算方法：备抵法。

（23）所得税计算方法：资产负债表债务法。

（24）企业主要经营范围：平面设计、3D 设计、园林设计、环境设计、建筑设计、印刷、喷绘、雕刻、广告灯箱，LED 电子显示屏、电子灯箱、户外喷绘、写真展板、海报吊旗、旗类展架条幅、车体墙体广告。

（25）企业 2023 年在职人员 120 人，公司为非汇总纳税企业。

2. 业务资料

业务 1：广元广告服务有限公司 2023 年全年已经预缴所得税额 30 000.00 元，企业利润表见表 6-2。

表 6-2 利润表

编制单位：广元广告服务有限公司　　　　2023 年 12 月　　　　　　　　　　　单位：元

项　　目	本期金额	本年累计数
一、营业收入		5 602 000.00
减：营业成本		62 000.00
税金及附加		1 500 000.00
销售费用		605 000.00
管理费用		2 020 000.00
研发费用		
财务费用		120 000.00
其中：利息费用		
利息收入		
加：其他收益		
投资收益（损失以"－"号填列）		5 000.00
其中：对联营企业和合营企业的投资收益		
以摊余成本计量的金融资产终止确认收益（损失以"－"号填列）		
净敞口套期收益（损失以"－"号填列）		
公允价值变动收益（损失以"－"号填列）		
信用减值损失（损失以"－"号填列）		
资产减值损失（损失以"－"号填列）		
资产处置收益（损失以"－"号填列）		
二、营业利润（亏损以"－"号填列）		1 300 000.00
加：营业外收入		
减：营业外支出		
三、利润总额（亏损总额以"－"号填列）		1 300 000.00
减：所得税费用		

项　　目	本期金额	本年累计数
四、净利润(净亏损以"－"号填列)		
(一)持续经营净利润(净亏损以"－"号填列)		
(二)终止经营净利润(净亏损以"－"号填列)		
五、其他综合收益的税后净额		
(一)不能重分类进损益的其他综合收益		
1.重新计量设定受益计划变动额		
2.权益法下不能转损益的其他综合收益		
3.其他权益工具投资公允价值变动		
4.企业自身信用风险公允价值变动		
(二)将重分类进损益的其他综合收益		
1.权益法下可转损益的其他综合收益		
2.其他债权投资公允价值变动		
3.金融资产重分类计入其他综合收益的金额		
4.其他债权投资信用减值准备		
5.现金流量套期储备		
6.外币财务报表折算差额		
7.其他		
六、综合收益总额		
七、每股收益:		
(一)基本每股收益(元/股)		
(二)稀释每股收益(元/股)		

业务 2：企业主营收入明细表见表 6-3。

表 6-3　主营收入明细表

编制单位：广元广告服务有限公司　　　　2023 年 12 月　　　　　　　　单位：元

一级科目	明细科目	金额	备注
主营业务收入	提供劳务收入	5 600 000.00	
	让渡资产使用权收入	2 000.00	
投资收益	国债红利	5 000.00	

业务 3：企业期间费用明细表见表 6-4。

表 6-4　期间费用明细表

单位：元

一级科目	明细科目	金额	备注
销售费用	职工薪酬	600 000.00	
	业务宣传费	5 000.00	

续表

一级科目	明细科目	金额	备注
管理费用	职工薪酬	2 000 000	
	固定资产折旧摊销费	20 000.00	
财务费用	利息支出	120 000.00	

业务 4：企业资产折旧/摊销情况见表 6-5。

表 6-5　资产折旧/摊销情况

（备注：企业本年度采用年限平均法，与税法一致）

资产项目	会　计				税　法			
	原值/元	折旧年限/年	本年折旧/摊销额/元	累计折旧/摊销额/元	原值/元	折旧年限/年	本年折旧/摊销额/元	累计折旧/摊销额/元
办公电子设备等	100 000.00	5	20 000.00	40 000.00	100 000.00	5	20 000.00	40 000.00

业务 5：企业业务宣传费调整明细见表 6-6。

表 6-6　业务宣传费调整明细　　　　　　单位：元

项目	会计	税法	调整	备注
业务宣传费	5 000.00			

业务 6：企业职工薪酬调整明细见表 6-7。

表 6-7　职工薪酬需要调整明细　　　　　　单位：元

项　目	2023 年会计列支	2022 年会计列支
职工薪酬	2 000 000.00	1 600 000.00
职工福利费	300 000.00	200 000.00
工会经费	280 000.00	20 000.00
职工教育经费	20 000.00	50 000.00
合计	2 600 000.00	1 870 000.00

业务 7：企业盈利及亏损情况见表 6-8。

表 6-8　公司近 2 年盈利及亏损情况表　　　　　　单位：元

年　度	盈利额或亏损额	备　注
2021	−225 002.00	
2022	107 202.00	

6.6.2 纳税申报表的填制

（1）企业所得税年度纳税申报表填报表单的填制具体见表 6-9。

表 6-9 企业所得税年度申报填报表单

表单编号	表 单 名 称	是否填报
A000000	企业所得税年度纳税申报基础信息表	✓
A100000	中华人民共和国企业所得税年度纳税申报表（A 类）	✓
A101010	一般企业收入明细表	✓
A101020	金融企业收入明细表	☐
A102010	一般企业成本支出明细表	✓
A102020	金融企业支出明细表	☐
A103000	事业单位、民间非营利组织收入、支出明细表	☐
A104000	期间费用明细表	✓
A105000	纳税调整项目明细表	✓
A105010	视同销售和房地产开发企业特定业务纳税调整明细表	☐
A105020	未按权责发生制确认收入纳税调整明细表	☐
A105030	投资收益纳税调整明细表	☐
A105040	专项用途财政性资金纳税调整明细表	☐
A105050	职工薪酬支出及纳税调整明细表	✓
A105060	广告费和业务宣传费跨年度纳税调整明细表	✓
A105070	捐赠支出及纳税调整明细表	☐
A105080	资产折旧、摊销及纳税调整明细表	✓
A105090	资产损失税前扣除及纳税调整明细表	☐
A105100	企业重组及递延纳税事项纳税调整明细表	☐
A105110	政策性搬迁纳税调整明细表	☐
A105120	特殊行业准备金纳税调整明细表	☐
A106000	企业所得税弥补亏损明细表	✓
A107010	免税、减计收入及加计扣除优惠明细表	✓
A107011	符合条件的居民企业之间的股息、红利等权益性投资收益优惠明细表	☐
A107012	研发费用加计扣除优惠明细表	☐
A107020	所得减免优惠明细表	☐
A107030	抵扣应纳税所得额明细表	☐
A107040	减免所得税优惠明细表	☐
A107041	高新技术企业优惠情况及明细表	☐
A107042	软件、集成电路企业优惠情况及明细表	☐
A107050	税额抵免优惠明细表	☐

续表

表单编号	表　单　名　称	是否填报
A108000	境外所得税收抵免明细表	☐
A108010	境外所得纳税调整后所得明细表	☐
A108020	境外分支机构弥补亏损明细表	☐
A108030	跨年度结转抵免境外所得税明细表	☐
A109000	跨地区经营汇总纳税企业年度分摊企业所得税明细表	☐
A109010	企业所得税汇总纳税分支机构所得税分配表	☐

说明：企业应当根据实际情况选择需要填制的表单。

（2）企业基础信息表的填制具体见表 6-10。

A000000　　　　　　　**表 6-10　企业所得税年度纳税申报基础信息表**

纳税人识别号：　3 3 0 1 0 8 1 6 1 9 2 9 3 6 7 8 3 5

基本经营情况（必填项目）

101 纳税申报企业类型（填写代码）	100 非跨地区经营企业	102 分支机构就地纳税比例(％)	0.000000
103 资产总额(填写平均值,单位：万元)	100.00	104 从业人数(填写平均值,单位：人)	120
105 所属国民经济行业（填写代码）	7240|广告业	106 从事国家限制或禁止行业	☐是 ☑否
107 适用会计准则或会计制度(填写代码)	110|一般企业	108 采用一般企业财务报表格式（2022 年版）	☑是 ☐否
109 小型微利企业	☐是 ☑否	110 上市公司	是(☐境内 ☐境外) ☑否

有关涉税事项情况（存在或者发生下列事项时必填）

201 从事股权投资业务	☐是	202 存在境外关联交易	☐是
203 选择采用的境外所得抵免方式	☐分国(地区)不分项 ☐不分国(地区)不分项		
204 有限合伙制创业投资企业的法人合伙人	☐是	205 创业投资企业	☐是
206 技术先进型服务企业类型(填写代码)		207 非营利组织	☐是
208 软件、集成电路企业类型(填写代码)		209 集成电路生产项目类型	☐130 纳米 ☐65 纳米

210 科技型中小企业

210-1		年	（申报所属期年度）入库编号 1		210-2 入库时间 1	
210-3		年	（所属期下一年度）入库编号 2		210-4 入库时间 2	

211 高新技术企业申报所属期年度有效的高新技术企业证书			
211-1 证书编号 1		211-2 发证时间 1	
211-3 证书编号 2		211-4 发证时间 2	
212 重组事项税务处理方式	□一般性 □特殊性	213 重组交易类型（填写代码）	
214 重组当事方类型（填写代码）		215 政策性搬迁开始时间	年　月
216 发生政策性搬迁且停止生产经营无所得年度	□是	217 政策性搬迁损失分期扣除年度	□是
218 发生非货币性资产对外投资递延纳税事项	□是	219 非货币性资产对外投资转让所得递延纳税年度	□是
220 发生技术成果投资入股递延纳税事项	□是	221 技术成果投资入股递延纳税年度	□是
222 发生资产（股权）划转特殊性税务处理事项	□是	223 债务重组所得递延纳税年度	□是

主要股东及分红情况（必填项目）					
股东名称	证件种类	证件号码	投资比例	当年（决议日）分配的股息、红利等权益性投资收益金额	国籍（注册地址）
张均	201|居民身份证	362321××××××××0154	65%		156|中国
刘玉衡	201|居民身份证	362321××××××××0061	25%		156|中国
黄磊	201|居民身份证	332321××××××××0042	10%		156|中国
其余股东合计	—	—	—		—

（3）企业所得税年度纳税申报表及明细表的填制，具体见表 6-11～表 6-19。

A100000 表 6-11 中华人民共和国企业所得税年度纳税申报表（A 类）

行次	类别	项　目	金　额
1	利润总额计算	一、营业收入（填写 A101010\101020\103000）	5 602 000.00
2		减：营业成本（填写 A102010\102020\103000）	62 000.00
3		税金及附加	1 500 000.00
4		销售费用（填写 A104000）	605 000.00
5		管理费用（填写 A104000）	2 020 000.00
6		财务费用（填写 A104000）	120 000.00
7		资产减值损失	0.00
8		加：公允价值变动收益	0.00
9		投资收益	5 000.00
10		二、营业利润（1－2－3－4－5－6－7＋8＋9）	1 300 000.00
11		加：营业外收入（填写 A101010\101020\103000）	0.00
12		减：营业外支出（填写 A102010\102020\103000）	0.00
13		三、利润总额（10＋11－12）	1 300 000.00
14	应纳税所得额计算	减：境外所得（填写 A108010）	0.00
15		加：纳税调整增加额（填写 A105000）	250 000.00
16		减：纳税调整减少额（填写 A105000）	0.00
17		减：免税、减计收入及加计扣除（填写 A107010）	5 000.00
18		加：境外应税所得抵减境内亏损（填写 A108000）	0.00
19		四、纳税调整后所得（13－14＋15－16－17＋18）	1 545 000.00
20		减：所得减免（填写 A107020）	0.00
21		减：抵扣应纳税所得额（填写 A107030）	0.00
22		减：弥补以前年度亏损（填写 A106000）	117 800.00
23		五、应纳税所得额（19－20－21－22）	1 427 200.00
24	应纳税额计算	税率（25％）	25.00％
25		六、应纳所得税额（23×24）	356 800.00
26		减：减免所得税额（填写 A107040）	0.00
27		减：抵免所得税额（填写 A107050）	0.00
28		七、应纳税额（25－26－27）	356 800.00
29		加：境外所得应纳所得税额（填写 A108000）	0.00
30		减：境外所得抵免所得税额（填写 A108000）	0.00

行次	类别	项　　目	金　　额
31		八、实际应纳所得税额(28+29−30)	356 800.00
32		减：本年累计实际已预缴的所得税额	30 000.00
33	应纳税额计算	九、本年应补(退)所得税额(31−32)	356 800.00
34		其中：总机构分摊本年应补(退)所得税额(填写 A109000)	0.00
35		财政集中分配本年应补(退)所得税额(填写 A109000)	0.00
36		总机构主体生产经营部门分摊本年应补(退)所得税额(填写 A109000)	0.00
37	附列资料	以前年度多缴的所得税额在本年抵减额	0.00
38		以前年度应缴未缴在本年入库所得税额	0.00

A101010　　　　　　　　　　表 6-12　一般企业收入明细表

行次	项　　目	金　　额
1	一、营业收入(2+9)	5 602 000.00
2	(一)主营业务收入(3+5+6+7+8)	5 602 000.00
3	1. 销售商品收入	0.00
4	其中：非货币性资产交换收入	0.00
5	2. 提供劳务收入	5 600 000.00
6	3. 建造合同收入	0.00
7	4. 让渡资产使用权收入	2 000.00
8	5. 其他	0.00
9	(二)其他业务收入(10+12+13+14+15)	0.00
10	1. 销售材料收入	0.00
11	其中：非货币性资产交换收入	0.00
12	2. 出租固定资产收入	0.00
13	3. 出租无形资产收入	0.00
14	4. 出租包装物和商品收入	0.00
15	5. 其他	0.00
16	二、营业外收入(17+18+19+20+21+22+23+24+25+26)	0.00
17	(一)非流动资产处置利得	0.00
18	(二)非货币性资产交换利得	0.00
19	(三)债务重组利得	0.00
20	(四)政府补助利得	0.00

续表

行次	项　目	金　额
21	（五）盘盈利得	0.00
22	（六）捐赠利得	0.00
23	（七）罚没利得	0.00
24	（八）确实无法偿付的应付款项	0.00
25	（九）汇兑收益	0.00
26	（十）其他	0.00

A102010　　　　　　　　　表6-13　一般企业成本支出明细表

行次	项　目	金　额
1	一、营业成本(2＋9)	62 000.00
2	（一）主营业务成本(3＋5＋6＋7＋8)	62 000.00
3	1. 销售商品成本	62 000.00
4	其中：非货币性资产交换成本	0.00
5	2. 提供劳务成本	0.00
6	3. 建造合同成本	0.00
7	4. 让渡资产使用权成本	0.00
8	5. 其他	0.00
9	（二）其他业务成本(10＋12＋13＋14＋15)	0.00
10	1. 材料销售成本	0.00
11	其中：非货币性资产交换成本	0.00
12	2. 出租固定资产成本	0.00
13	3. 出租无形资产成本	0.00
14	4. 包装物出租成本	0.00
15	5. 其他	0.00
16	二、营业外支出(17＋18＋19＋20＋21＋22＋23＋24＋25＋26)	0.00
17	（一）非流动资产处置损失	0.00
18	（二）非货币性资产交换损失	0.00
19	（三）债务重组损失	0.00
20	（四）非常损失	0.00
21	（五）捐赠支出	0.00
22	（六）赞助支出	0.00
23	（七）罚没支出	0.00

续表

行次	项 目	金 额
24	（八）坏账损失	0.00
25	（九）无法收回的债券股权投资损失	0.00
26	（十）其他	0.00

A104000 　　　　　表 6-14　期间费用明细表

行次	项 目	销售费用	其中：境外支付	管理费用	其中：境外支付	财务费用	其中：境外支付
		1	2	3	4	5	6
1	一、职工薪酬	600 000.00	*	2 000 000.00	*	*	*
2	二、劳务费					*	*
3	三、咨询顾问费					*	*
4	四、业务招待费		*		*	*	*
5	五、广告费和业务宣传费	5 000.00	*		*	*	*
6	六、佣金和手续费						
7	七、资产折旧摊销费		*	20 000.00	*	*	*
8	八、财产损耗、盘亏及毁损损失		*		*	*	*
9	九、办公费		*		*	*	*
10	十、董事会费		*		*	*	*
11	十一、租赁费					*	*
12	十二、诉讼费		*		*	*	*
13	十三、差旅费		*		*	*	*
14	十四、保险费		*		*	*	*
15	十五、运输、仓储费					*	*
16	十六、修理费					*	*
17	十七、包装费		*		*	*	*
18	十八、技术转让费					*	*
19	十九、研究费用					*	*
20	二十、各项税费		*		*	*	*
21	二十一、利息收支	*	*	*	*	120 000.00	
22	二十二、汇兑差额	*	*	*	*		
23	二十三、现金折扣	*	*	*	*		*
24	二十四、党组织工作经费	*	*		*	*	*
25	二十五、其他						
26	合计(1+2+3+…+25)						

A105050

表 6-15　职工薪酬纳税调整明细表

行次	项　目	账载金额	税收规定扣除率	以前年度累计结转扣除额	税收金额	纳税调整金额	累计结转以后年度扣除额
		1	2	3	4	5(1-4)	6(1+3-4)
1	一、工资薪金支出	2 000 000.00	*	*	2 000 000.00		*
2	其中：股权激励		*	*			*
3	二、职工福利费支出	300 000.00	14%	*	280 000.00	20 000.00	*
4	三、职工教育经费支出	20 000.00	*	10 000.00	30 000.00	−10 000.00	
5	其中：按税收规定比例扣除的职工教育经费	20 000.00	8%	10 000.00	30 000.00	−10 000.00	
6	按税收规定全额扣除的职工培训费用		100%	*			*
7	四、工会经费支出	280 000.00	2%	*	40 000.00	240 000.00	*
8	五、各类基本社会保障性缴款		*	*			*
9	六、住房公积金		*	*			*
10	七、补充养老保险		5%	*			*
11	八、补充医疗保险		5%	*			*
12	九、其他		*				*
13	合计(1+3+4+7+8+9+10+11+12)	2 600 000.00	*	10 000.00	2 350 000.00	250 000.00	

A105060

表 6-16　广告费和业务宣传费跨年度纳税调整明细表

行次	项　目	金　额
1	一、本年广告费和业务宣传费支出	5 000.00
2	减：不允许扣除的广告费和业务宣传费支出	
3	二、本年符合条件的广告费和业务宣传费支出(1−2)	5 000.00
4	三、本年计算广告费和业务宣传费扣除限额的销售(营业)收入	5 602 000.00
5	乘：税收规定扣除率	15.00%
6	四、本企业计算的广告费和业务宣传费扣除限额(4×5)	840 300.00
7	五、本年结转以后年度扣除额(3>6，本行=3−6；3≤6，本行=0)	
8	加：以前年度累计结转扣除额	
9	减：本年扣除的以前年度结转额[3>6，本行=0；3≤6，本行=8或(6−3)孰小值]	
10	六、按照分摊协议归集至其他关联方的广告费和业务宣传费(10≤3或6孰小值)	
11	按照分摊协议从其他关联方归集至本企业的广告费和业务宣传费	

续表

行次	项　目	金　额
12	七、本年广告费和业务宣传费支出纳税调整金额(3>6,本行=2+3-6+10-11；3≤6,本行=2+10-11-9)	
13	八、累计结转以后年度扣除额(7+8-9)	

A105000　　　　　　　　　　表 6-17　纳税调整项目明细表

行次	项　目	账载金额	税收金额	调增金额	调减金额
		1	2	3	4
1	一、收入类调整项目(2+3+4+5+6+7+8+10+11)	*	*		
2	（一）视同销售收入(填写 A105010)	*			*
3	（二）未按权责发生制原则确认的收入(填写 A105020)				
4	（三）投资收益(填写 A105030)				
5	（四）按权益法核算长期股权投资对初始投资成本调整确认收益	*	*	*	
6	（五）交易性金融资产初始投资调整	*	*		*
7	（六）公允价值变动净损益		*		
8	（七）不征税收入	*	*		
9	其中：专项用途财政性资金(填写 A105040)	*	*		
10	（八）销售折扣、折让和退回				
11	（九）其他				
12	二、扣除类调整项目(13+14+15+16+17+18+19+20+21+22+23+24+26+27+28+29+30)	*	*	250 000.00	
13	（一）视同销售成本(填写 A105010)	*		*	
14	（二）职工薪酬(填写 A105050)	2 600 000.00	2 350 000.00	250 000.00	
15	（三）业务招待费支出				*
16	（四）广告费和业务宣传费支出(填写 A105060)	*	*		
17	（五）捐赠支出(填写 A105070)				*
18	（六）利息支出				
19	（七）罚金、罚款和被没收财物的损失		*		*
20	（八）税收滞纳金、加收利息		*		*
21	（九）赞助支出		*		*

续表

行次	项　目	账载金额	税收金额	调增金额	调减金额
		1	2	3	4
22	（十）与未实现融资收益相关在当期确认的财务费用				
23	（十一）佣金和手续费支出				*
24	（十二）不征税收入用于支出所形成的费用	*	*		*
25	其中：专项用途财政性资金用于支出所形成的费用（填写 A105040）	*	*		*
26	（十三）跨期扣除项目				
27	（十四）与取得收入无关的支出		*		*
28	（十五）境外所得分摊的共同支出	*	*		
29	（十六）党组织工作经费				
30	（十七）其他				
31	三、资产类调整项目（32＋33＋34＋35）	*	*		
32	（一）资产折旧、摊销（填写 A105080）	20 000.00	20 000.00		
33	（二）资产减值准备金		*		
34	（三）资产损失（填写 A105090）				
35	（四）其他				
36	四、特殊事项调整项目（37＋38＋39＋40＋41＋42）	*	*		
37	（一）企业重组及递延纳税事项（填写 A105100）				
38	（二）政策性搬迁（填写 A105110）	*	*		
39	（三）特殊行业准备金（填写 A105120）				
40	（四）房地产开发企业特定业务计算的纳税调整额（填写 A105010）	*			
41	（五）合伙企业法人合伙人应分得的应纳税所得额				
42	（六）其他	*	*		
43	五、特别纳税调整应税所得	*	*		
44	六、其他	*	*		
45	合计（1＋12＋31＋36＋43＋44）	*	*	250 000.00	

A107010　　　　　　　表 6-18　免税、减计收入及加计扣除优惠明细表

行次	项　目	金额
1	一、免税收入(2＋3＋6＋7＋8＋9＋10＋11＋12＋13＋14＋15＋16)	5 000.00
2	（一）国债利息收入	5 000.00
3	（二）符合条件的居民企业之间的股息、红利等权益性投资收益(填写 A107011)	
4	其中：内地居民企业通过沪港投资且连续持有 H 股满 12 个月取得的股息红利所得免征企业所得税(填写 A107011)	
5	内地居民企业通过深港投资且连续持有 H 股满 12 个月取得的股息红利所得免征企业所得税(填写 A107011)	
6	（三）符合条件的非营利组织的收入	
7	（四）符合条件的非营利组织(科技企业孵化器)的收入	
8	（五）符合条件的非营利组织(国家大学科技园)的收入	
9	（六）中国清洁发展机制基金取得的收入	
10	（七）投资者从证券投资基金分配中取得的收入	
11	（八）取得的地方政府债券利息收入	
12	（九）中国保险保障基金有限责任公司取得的保险保障基金等收入	
13	（十）中国奥委会取得北京冬奥会组委支付的收入	
14	（十一）中国残奥会取得北京冬奥会组委分期支付的收入	
15	（十二）其他 1	
16	（十三）其他 2	
17	二、减计收入(18＋19＋23＋24)	
18	（一）综合利用资源生产产品取得的收入	
19	（二）金融、保险等机构取得的涉农利息、保费减计收入(20＋21＋22)	
20	1. 金融机构取得的涉农贷款利息收入	
21	2. 保险机构取得的涉农保费收入	
22	3. 小额贷款公司取得的农户小额贷款利息收入	
23	（三）取得铁路债券利息收入减半征收企业所得税	
24	（四）其他	
25	三、加计扣除(26＋27＋28＋29＋30)	
26	（一）开发新技术、新产品、新工艺发生的研究开发费用加计扣除（填写 A107012)	
27	（二）科技型中小企业开发新技术、新产品、新工艺发生的研究开发费用加计扣除(填写 A107012)	
28	（三）企业为获得创新性、创意性、突破性的产品进行创意设计活动而发生的相关费用加计扣除	
29	（四）安置残疾人员所支付的工资加计扣除	
30	（五）其他	
31	合计(1＋17＋25)	5 000.00

表 6-19　企业所得税弥补亏损明细表

A106000

行次	项目	年度	当年境内所得额	分立转出的亏损额	合并、分立转入的亏损额		弥补亏损企业类型	当年亏损额	当年待弥补的亏损额	用本年度所得额弥补的以前年度亏损额		当年可结转以后年度弥补的亏损额
					可弥补年限5年	可弥补年限10年				使用境内所得弥补	使用境外所得弥补	
		1	2	3	4	5	6	7	8	9	10	11
1	前十年度	2013					100 一般企业					
2	前九年度	2014					100 一般企业					
3	前八年度	2015					100 一般企业					
4	前七年度	2016					100 一般企业					
5	前六年度	2017					100 一般企业					
6	前五年度	2018					100 一般企业					
7	前四年度	2019					100 一般企业					
8	前三年度	2020					100 一般企业					
9	前二年度	2021	-225 002.00				100 一般企业	-225 002.00	-225 002.00	107 202.00		117 800.00
10	前一年度	2022	107 202.00				100 一般企业					
11	本年度	2023	1 607 000.00				100 一般企业					117 800.00
12	可结转以后年度弥补的亏损额合计											117 800.00

素养相关案例

诚信纳税之"金名片"

山东金泽尔冷暖设备有限公司的财务负责人崔女士曾因纳税信用等级较低而倍感烦恼，"受纳税信用等级低的影响，我们当年的各项工作都非常被动"。原来，2018年该公司因工作人员的疏忽未能及时缴纳税款，导致当年纳税信用等级被评为C级。虽然年纳税额超过百万元，但因为纳税信用等级较低，不仅时常导致项目招标无法中标，申请财政补贴受限，而且在申请"税易贷"银税互动信用贷款时，也被拒了。对企业来说，以良好的纳税信用为"抵押物"，不仅在申请信用贷款时更方便、快捷，而且降低了贷款门槛与融资成本，但该公司却错过了这样一款免抵押、免担保的低息贷款。

2018年度被评为C级后的种种不便，使金泽尔全体员工都认识到了纳税信用等级的重要性。为帮助金泽尔有限公司提升纳税信用等级，国家税务总局济南市长清区税务局工作人员主动向其宣传讲解了信用等级评价指标和信用修复等政策情况，并提供了专家团队上门精准辅导的个性化涉税服务，在组织税收财会知识培训辅导的同时，重点加强了对相关税收法律责任的宣传。在2019年纳税信用等级评价中，山东金泽尔冷暖设备有限公司纳税信用等级又重回A级，并一直保持至今。

"非常感谢税务部门为我们的日常涉税业务提供了政策指引和技术支持，这对我们来说不仅仅是办税方便了，而且贷款、融资、项目招标不再受限，申请'税易贷'等贷款无须抵押、利率还低，特别是参与政府采购项目招标时，纳税信用等级A级是项目招标的重要指标，这些对我们企业来说都是看得见、摸得着的红利。"崔女士在接受诚信纳税宣传辅导服务后表示，"我们会继续规范经营，认真做好税款申报和缴纳工作，积极履行纳税义务，为保持A级而持续努力。"

思考：诚信纳税的意义是什么？

（资料来源：王健，陈纪伟.诚信纳税：打造企业"金名片"[EB/OL].[2021-06-21]. https://baijiahao. baidu. com/s?id=17031570650768493708&wfr=spider&for=pc.）

一、单项选择题

1. 企业应纳税所得额的计算，以（　　）为原则，属于当期的收入和费用，不论款项是否收付，均作为当期的收入和费用；不属于当期的收入和费用，即使款项已经在当期收付，均不作为当期的收入和费用。本条例和国务院财政、税务主管部门另有规定的除外。

　　A. 权责发生制　　　　B. 收付实现制　　　C. 实际控制　　　D. 全面控制

2. 企业所得税法所称亏损，是指企业依照企业所得税法及其实施条例的规定将每一纳税年度的收入总额减除不征税收入、免税收入和各项扣除后小于零的数额，与企业所得税会计利润的关系是（　　）。

　　A. 相等　　　　　B. 不相等　　　　C. 一般不相等　　　D. 绝对不相等

3．企业所得税法所称企业以非货币形式取得的收入，应当按照（　　）确定收入额。

    A．合同协议价格　　　B．账面价值　　　　C．折现价值　　　　D．公允价值

4．企业所得税法所称接受捐赠收入，是指企业接受的来自其他企业、组织或者个人无偿给予的（　　）。

    A．货币性资产　　　　　　　　　　　B．非货币性资产

    C．货币性资产与非货币性资产　　　　D．有形资产

5．企业所得税法所称损失，是指企业在（　　）中发生的固定资产和存货的盘亏、毁损、报废损失，转让财产损失，呆账损失，坏账损失，自然灾害等不可抗力因素造成的损失以及其他损失。

    A．偶然活动　　　　　B．经济活动　　　　C．主营活动　　　　D．生产经营活动

6．企业发生的符合条件的广告费和业务宣传费支出，除国务院财政、税务主管部门另有规定外，不超过当年销售（营业）收入（　　）的部分，准予扣除；超过部分，准予在以后纳税年度结转扣除。

    A．5％　　　　　　　B．10％　　　　　　C．12％　　　　　　D．15％

7．企业发生的公益性捐赠支出，不超过年度（　　）12％的部分，准予扣除。

    A．应纳税所得额　　　　　　　　　　B．利润总额

    C．息税前利润　　　　　　　　　　　D．纳税调整后所得

8．企业的各项资产，包括固定资产、生物资产、无形资产、长期待摊费用、投资资产、存货等，以（　　）为计税基础。

    A．重置成本　　　　　B．折现成本　　　　C．历史成本　　　　D．公允价值

9．企业每一纳税年度的收入总额减除（　　）后的余额，为应纳税所得额。

    A．不征税收入、各项扣除、免税收入以及允许弥补的以前年度亏损

    B．不征税收入、免税收入、各项扣除以及允许弥补的以前年度亏损

    C．免税收入、不征税收入、各项扣除以及允许弥补的以前年度亏损

    D．不征税收入、各项扣除、允许弥补的以前年度亏损以及免税收入

10．非居民企业取得企业所得税法规定的所得，减按（　　）的税率征收企业所得税。

    A．5％　　　　　　　B．10％　　　　　　C．15％　　　　　　D．18％

二、多项选择题

1．不征收企业所得税的企业是（　　）。

    A．外商独资企业　　　　　　　　　　B．中外合资企业

    C．个人独资企业　　　　　　　　　　D．合伙企业

2．企业所得税法所称依法在中国境内成立的企业，包括依照中国法律、行政法规在中国境内成立的（　　）。

    A．企业　　　　　　　　　　　　　　B．事业单位

    C．社会团体　　　　　　　　　　　　D．其他取得收入的组织

3．企业所得税法所称来源于中国境内、境外的所得，按照以下原则确定（　　）。

    A．销售货物所得，按照交易活动发生地确定

    B．提供劳务所得，按照劳务发生地确定

    C．转让财产所得，不动产转让所得按照不动产所在地确定，动产转让所得按照转让

动产的企业或者机构、场所所在地确定,权益性投资资产转让所得按照被投资企业所在地确定

D. 股息、红利等权益性投资所得,按照分配所得的企业所在地确定

4. 下列关于收入确认时间判断正确的是(　　)。

A. 股息、红利等权益性投资收益,除国务院财政、税务主管部门另有规定外,按照被投资方作出利润分配决定的日期确认收入的实现

B. 利息收入,按照合同约定的债务人应付利息的日期确认收入的实现

C. 租金收入,按照合同约定的承租人应付租金的日期确认收入的实现

D. 特许权使用费收入,按照合同约定的特许权使用人应付特许权使用费的日期确认收入的实现

5. 企业的下列生产经营业务可以分期确认收入的实现(　　)。

A. 期货交易

B. 以分期收款方式销售货物的,按照合同约定的收款日期确认收入的实现

C. 企业受托加工制造大型机械设备、船舶、飞机,以及从事建筑、安装、装配工程业务或者提供其他劳务等,持续时间超过 12 个月的,按照纳税年度内完工进度或者完成的工作量确认收入的实现

D. 利息收入

6. 企业所得税法所称费用,是指企业在生产经营活动中发生的(　　)。

A. 已经计入成本的有关费用　　　　　B. 销售费用

C. 管理费用　　　　　　　　　　　　D. 财务费用

7. 无形资产按照以下方法确定计税基础(　　)。

A. 通过捐赠、投资、非货币性资产交换、债务重组等方式取得的无形资产,以该资产的公允价值为计税基础

B. 外购的无形资产,以购买价款和支付的相关税费以及直接归属于使该资产达到预定用途发生的其他支出为计税基础

C. 外购的无形资产,以购买价款和支付的相关税费为计税基础

D. 自行开发的无形资产,以开发过程中该资产符合资本化条件后至达到预定用途前发生的支出为计税基础

8. 企业使用或者销售的存货的成本计算方法,可以在(　　)中选用一种。计价方法一经选用,不得随意变更。

A. 先进先出法　　　B. 后进先出法　　　C. 加权平均法　　　D. 个别计价法

9. 企业所得税法所称符合条件的技术转让所得免征、减征企业所得税,是指一个纳税年度内,居民企业技术转让所得(　　)的部分,免征企业所得税;(　　)的部分,减半征收企业所得税。

A. 不超过 800 万元　　　　　　　　B. 超过 800 万元

C. 不超过 500 万元　　　　　　　　D. 超过 500 万元

10. 会计和税法之间的差异分为(　　)两类。

A. 永久性差异　　B. 暂时性差异　　C. 实质性差异　　D. 形式上差异

三、判断题

1. 企业所得税法所称销售货物收入,是指企业销售商品、产品、原材料、包装物、低值易耗品或固定资产取得的收入。　　　　　　　　　　　　　　　　　　　（　　）

2. 接受捐赠收入,按照实际收到捐赠资产的日期确认收入的实现。　　　（　　）

3. 企业所得税法所称可税前扣除的费用,是指企业在生产经营活动中发生的销售费用、管理费用与财务费用。　　　　　　　　　　　　　　　　　　　　（　　）

4. 企业已经作为损失处理的资产,在以后纳税年度又全部收回或者部分收回时,不必计入当期收入。　　　　　　　　　　　　　　　　　　　　　　　（　　）

5. 历史成本是指企业取得该项资产时实际发生的支出。　　　　　　　（　　）

6. 企业持有各项资产期间资产增值或者减值,都可调整该资产的计税基础。（　　）

7. 企业所得税法规定的一般修理支出,按照固定资产尚可使用年限分期摊销。（　　）

8. 企业以《资源综合利用企业所得税优惠目录》规定的资源作为主要原材料,生产国家非限制和禁止并符合国家和行业相关标准的产品取得的收入,减按80%计入收入总额。

（　　）

9. 企业同时从事适用不同企业所得税待遇的项目的,其优惠项目应当单独计算所得,并合理分摊企业的期间费用。　　　　　　　　　　　　　　　　　（　　）

10. 税务机关根据税收法律、行政法规的规定,对企业作出特别纳税调整的,应当对补征税款加收利息。　　　　　　　　　　　　　　　　　　　　　　（　　）

四、操作题

哈尔滨市锦程机电经销有限公司,纳税人识别号为230106978930189,2023年1月1日至2023年12月31日会计资料反映的生产经营情况如下。

(1) 销售商品收入总额22 000 000元。

(2) 国债投资400 000元,取得国债利息收入22 000元;金融债券投资560 000元,取得金融债券利息收入26 880元。

(3) 产品销售成本8 600 000元。

(4) 税金及附加374 000元。

(5) 销售费用3 090 960元,其中产品广告费2 000 000元。

(6) 管理费用2 000 000元,其中业务招待费100 000元。

(7) 财务费用95 000元,其中年初向工商银行贷款1 000 000元,用于商品经营,年利率为5%;年初向其他公司借款300 000元,用于经营,年利率为8%。

(8) 2022年发生亏损300 000元。

(9) 2023年度已预缴企业所得税累计为45 000元。

要求:计算该公司2023应纳企业所得税额,根据企业所得税征收管理法的要求,年终汇算清缴企业所得并计算填列公司企业所得税年度纳税申报表。

第7章

其他税种纳税实务

【学习目标】

通过本章的学习,熟悉资源税、土地增值税、房产税、车船税等税种纳税人、征收对象、税率、征收管理的基本规定；掌握资源税等税种应纳税额的计算方法及会计处理方法；熟悉资源税等税种纳税申报表的填制方法。

【内容框架】

其他税种纳税实务
- 资源税类纳税实务
  - 资源税纳税实务
  - 城镇土地使用税纳税实务
- 财产行为税纳税实务
  - 房产税纳税实务
  - 车船税纳税实务
  - 契税纳税实务
  - 印花税纳税实务
- 特定目的纳税实务
  - 土地增值税纳税实务
  - 车辆购置税纳税实务
  - 耕地占用税纳税实务
  - 烟叶税纳税实务
- 其他相关税种纳税实务
  - 城市维护建设税、教育费附加和地方教育费附加纳税实务
  - 环境保护税纳税实务
  - 船舶吨税纳税实务
- 其他税种纳税实务模拟操作

7.1 资源税类纳税实务

7.1.1 资源税纳税实务

1. 资源税的基本法规

资源税是以各种自然资源为纳税对象,调节资源级差收入并体现国有资源有偿使用而

征收的一种税。资源税法是用以调整国家与资源纳税人之间征纳关系的法律规范。

资源税与其他各税相比,具有征税范围的有限性、纳税环节的一次性、计税方法的从属性等特点。

1)资源税的纳税义务人

在中华人民共和国领域及管辖海域开采或者生产应税产品的单位和个人,为资源税的纳税义务人,具体包括国有企业、集体企业、私营企业、股份制企业、外商投资企业、外国企业和行政单位、事业单位、军事单位、社会团体及其他单位,以及个体经营者和其他个人。

自2011年11月1日起,中外合作开采陆上石油资源、海洋石油资源的企业依法缴纳资源税,不再缴纳矿区使用费。但是,本决定施行前已依法订立的中外合作开采海洋、石油资源的合同,在已约定的合同有效期内,继续依照当时国家有关规定缴纳矿区使用费,不缴纳资源税;合同期满后,依法缴纳资源税。独立矿山、联合企业和其他收购未税矿产品的单位,为资源税的扣缴义务人。

自2016年7月1日起,在河北省利用取水工程或者设施直接从江河、湖泊(含水库)和地下取用地表水、地下水的单位和个人,为水资源税纳税人。自2017年12月1日起,在北京、天津、山西、内蒙古、山东、河南、四川、陕西、宁夏等9个省(自治区、直辖市)扩大水资源税改革试点。纳税人应按《中华人民共和国水法》《取水许可和水资源费征收管理条例》等规定申领取水许可证。

2)资源税的征税对象和征税范围

(1)原油是指开采的天然原油,不包括人造石油。

(2)天然气是指专门开采或与原油同时开采的天然气,暂不包括煤矿生产的天然气。

(3)煤炭是指原煤,包括原煤和以未税原煤加工的洗选煤。

(4)其他非金属矿原矿是指除原油、天然气、煤炭和井矿盐以外的非金属矿原矿,如宝石、大理石、石膏和石棉等。

(5)黑色金属矿原矿是指纳税人开采后自行销售的,用于直接入炉冶炼或者作为主产品先入选精矿,制造人工矿,再最终入炉冶炼的金属矿石原矿,如铁矿石、锰矿石等。

(6)有色金属矿原矿,包括铜矿石、铅矿石、铝土矿石、钨矿石、锡矿石,锑矿石、钼矿石、镍矿石、黄金矿石等。

(7)水资源。水资源的征收对象为地表水和地下水。

地表水是陆地表面上动态水和静态水的总称,包括江、河、潮泊(含水库)、雪山融水等水资源。

地下水是埋藏在地表以下各种形式的水资源。

下列情形,不缴纳水资源税:

① 农村集体经济组织及其成员从本集体经济组织的水塘、水库中取用水的;

② 家庭生活和零星散养、圈养畜禽饮用等少量取用水的;

③ 水利工程管理单位为配置或者调度水资源取水的;

④ 为保障矿井等地下工程施工安全和生产安全,必须进行临时应急取用(排)水的;

⑤ 为消除对公共安全或者公共利益的危害临时应急取水的;

⑥ 为农业抗旱和维护生态与环境必须临时应急取水的。

3)资源税的税目和单位税额

资源税采取从价定率或者从量定额的办法征收,分别以应税产品的销售额乘以纳税人具体适用的比例税率或者应税产品的销售数量乘以纳税人具体适用的定额税率计算,实施"级差调整"。

资源税税目、税额见表 7-1。

表 7-1 资源税税目、税额表

税	目		征税对象	税 率
能源矿产	原油		原矿	6%
	天然气、页岩气、天然气水合物		原矿	6%
	煤		原矿或者选矿	2%～10%
	煤成(层)气		原矿	1%～2%
	铀、钍		原矿	4%
	油页岩、油砂、天然沥青、石煤		原矿或者选矿	1%～4%
	地热		原矿	1%～20%或者每立方米1～30元
金属矿产	黑色金属	铁、锰、铬、钒、钛	原矿或者选矿	1%～9%
	有色金属	铜、铅、锌、锡、镍、锑、镁、钴、铋、汞	原矿或者选矿	2%～10%
		铝土矿	原矿或者选矿	2%～9%
		钨	选矿	6.5%
		钼	选矿	8%
		金、银	原矿或者选矿	2%～6%
		铂、钯、钌、锇、铱、铑	原矿或者选矿	5%～10%
		轻稀土	选矿	7%～12%
		中重稀土	选矿	20%
		铍、锂、锆、锶、铷、铯、铌、钽、锗、镓、铟、铊、铪、铼、镉、硒、碲	原矿或者选矿	2%～10%
非金属矿产	矿物类	高岭土	原矿或者选矿	1%～6%
		石灰岩	原矿或者选矿	1%～6%或者每吨(或者每立方米)1～10元
		磷	原矿或者选矿	3%～8%
		石墨	原矿或者选矿	3%～12%
		萤石、硫铁矿、自然硫	原矿或者选矿	1%～8%
		天然石英砂、脉石英、粉石英、水晶、工业用金刚石、冰洲石、蓝晶石、硅线石(矽线石)、长石、滑石、刚玉、菱镁矿、颜料矿物、天然碱、芒硝、钠硝石、明矾石、砷、硼、碘、溴、膨润土、硅藻土、陶瓷土、耐火黏土、铁矾土、凹凸棒石黏土、海泡石黏土、伊利石黏土、累托石黏土	原矿或者选矿	1%～12%

续表

税　目			征 税 对 象	税　率
非金属矿产	矿物类	叶蜡石、硅灰石、透辉石、珍珠岩、云母、沸石、重晶石、毒重石、方解石、蛭石、透闪石、工业用电气石、白垩、石棉、蓝石棉、红柱石、石榴子石、石膏	原矿或者选矿	2%～12%
		其他黏土(铸型用黏土、砖瓦用黏土、陶粒用黏土、水泥配料用黏土、水泥配料用红土、水泥配料用黄土、水泥配料用泥岩、保温材料用黏土)	原矿或者选矿	1%～5%或者每吨(或者每立方米)0.1～5元
	岩石类	大理岩、花岗岩、白云岩、石英岩、砂岩、辉绿岩、安山岩、闪长岩、板岩、玄武岩、片麻岩、角闪岩、页岩、浮石、凝灰岩、黑曜岩、霞石正长岩、蛇纹岩、麦饭石、泥灰岩、含钾岩石、含钾砂页岩、天然油石、橄榄岩、松脂岩、粗面岩、辉长岩、辉石岩、正长岩、火山灰、火山渣、泥炭	原矿或者选矿	1%～10%
		砂石	原矿或者选矿	1%～5%或者每吨(或者每立方米)0.1～5元
	宝玉石类	宝石、玉石、宝石级金刚石、玛瑙、黄玉、碧玺	原矿或者选矿	4%～20%
水气矿产		二氧化碳气、硫化氢气、氦气、氡气	原矿	2%～5%
		矿泉水	原矿	1%～20%或者每立方米1～30元
盐		钠盐、钾盐、镁盐、锂盐	选矿	3%～15%
		天然卤水	原矿	3%～15%或者每吨(或者每立方米)1～10元
		海盐		2%～5%

4）资源税的税收优惠

资源税的减免、免税规定主要如下。

（1）开采原油以及油田范围内运输原油过程中用于加热的原油、天然气。

（2）煤炭开采企业因安全生产需要抽采的煤成(层)气。

（3）纳税人开采或生产应税产品过程中，因意外事故或自然灾害等原因遭受重大损失的,由省、自治区、直辖市人民政府酌情决定减税或者免税。

自2022年1月1日至2024年12月31日,由省、自治区、直辖市人民政府根据本地区实际情况,以及宏观调控需要确定,对增值税小规模纳税人、小型微利企业和个体工商户可以在50%的税额幅度内减征资源税。

（4）国务院规定的其他减税、免税项目。

纳税人的减税、免税项目应当单独核算课税数量；未单独核算或者不能准确提供课税数量的,不予减税或者免税。

5) 资源税的征收管理

(1) 资源税的纳税义务发生时间

纳税人销售应税产品的,纳税义务发生时间为收讫销售款或者取得索取销售款凭据的当日;自用应税产品的,纳税义务发生时间为移送应税产品的当日。

(2) 资源税的纳税期限

资源税按月或者按季申报缴纳;不能按固定期限计算缴纳的,可以按次申报缴纳。

纳税人按月或者按季申报缴纳的,应当自月度或者季度终了之日起 15 日内,向税务机关办理纳税申报并缴纳税款。

(3) 资源税的纳税地点

纳税人应当在矿产品的开采地或者海盐的生产地缴纳资源税。

2. 资源税的计税方法

资源税的应纳税额,按照从价定率或者从量定额的办法,分别以应税产品的销售额乘以纳税人具体适用的比例税率或者以应税产品的销售数量乘以纳税人具体适用的定额税率计算。

1) 从价计征

$$应纳资源税＝销售额×税率$$

(1) 销售额的确定

销售额为纳税人销售应税产品向购买方收取的全部价款和价外费用,但不包括收取的增值税销项税额。

价外费用,包括价外向购买方收取的手续费、补贴、基金、集资费、返还利润、奖励费、违约金、滞纳金、延期付款利息、赔偿金、代收款项、代垫款项、包装费、包装物租金、储备费、优质费、运输装卸费以及其他各种性质的价外收费。但下列项目不包括在内。

① 同时符合以下条件的代垫运输费用:

a. 承运部门的运输费用发票开具给购买方的;

b. 纳税人将该项发票转交给购买方的。

② 同时符合以下条件代为收取的政府性基金或者行政事业性收费:

a. 由国务院或者财政部批准设立的政府性基金,由国务院或者省级人民政府及其财政、价格主管部门批准设立的行政事业性收费;

b. 收取时开具省级以上财政部门印制的财政票据;

c. 所收款项全额上缴财政。

(2) 视同销售

纳税人申报的应税产品销售额明显偏低并且无正当理由的、有视同销售应税产品行为而无销售额的,除财政部、国家税务总局另有规定外,按下列顺序确定销售额:

① 按纳税人最近时期同类产品的平均销售价格确定;

② 按其他纳税人最近时期同类产品的平均销售价格确定;

③ 按组成计税价格确定。组成计税价格的计算公式为

$$组成计税价格＝成本×(1＋成本利润率)÷(1－资源税税率)$$

公式中的成本是指应税产品的实际生产成本。公式中的成本利润率由省、自治区、直辖市税务机关确定。

2）从量计征

$$应纳资源税＝课税数量（或视同销售的自用数量）×单位税额$$

（1）资源税课税数量的确定

确定资源税课税数量的基本方法如下。

① 纳税人开采或者生产应税产品销售的，以销售数量为课税数量。

② 纳税人开采或者生产应税产品自用的，以自用数量为课税数量。

（2）特殊情况课税数量的确定

① 纳税人开采或者生产应税产品用于连续生产应税产品的，不缴纳资源税；自用于其他方面的，视同销售，依法缴纳资源税。

② 纳税人不能准确提供应税产品销售数量或移送使用数量的，以应税产品的产量或主管税务机关确定的折算比例换算的数量为依据，确认课税数量。

③ 金属和非金属矿产品原矿，因无法准确掌握纳税人移送使用原矿数量的，可对其精矿按选矿比折算成原矿数量，作为课税数量。

$$选矿比＝精矿数量÷耗用原矿数量$$

④ 对于纳税人开采或者生产不同税目应税产品的，应当分别核算；不能准确提供不同税目应税产品课税数量的，从高适用税额。

3）煤炭资源税从价计征

国家税务总局制定了《煤炭资源税征收管理办法（试行）》。自 2015 年 8 月 1 日起施行。

$$原煤应纳税额＝原煤销售额×适用税率$$

$$洗选煤应纳税额＝洗选煤销售额×折算率×适用税率$$

2014 年 12 月 1 日后销售的洗选煤，其所用原煤如果此前已按从量定额办法缴纳了资源税，这部分已缴税款可在其应纳税额中抵扣。

【例 7-1】　某油田 2024 年 4 月开采原油 3.5 万吨，其中已销售 2 万吨，每吨售价为 4 680 元（含税），自用 0.3 万吨，另有 0.1 万吨在采油过程中用于加热和修理油井，尚待销售 1.4 万吨，适用 6％的资源税税率。计算当月应纳的资源税。

$$应纳资源税＝（2＋0.3）×4 680÷（1＋13％）×6％＝572（万元）$$

【例 7-2】　某煤炭开采企业 2024 年 5 月将开采的价值为 3 000 万元的原煤自用于连续生产洗选煤 5 万吨（洗选煤的成本为 4 000 万元），并全部销售，开具增值税专用发票注明金额 5 000 万元，另取得从甲煤炭开采企业到码头含增值税的运费收入 50 万元。假设洗选煤的折算率为 80％，煤炭的资源税税率为 6％，计算该煤炭企业应缴纳的资源税。

$$应纳资源税税额＝洗选煤销售额×折算率×适用税率$$

$$＝5 000×80％×6％＝240（万元）$$

3．资源税的会计处理

1）资源税核算的账户设置

企业进行资源税会计核算时，应通过"应交税费——应交资源税"账户核算，该账户是负债类科目，贷方核算企业依法应缴纳的资源税，借方核算企业已缴纳或允许抵扣的资源税，期末余额在贷方，反映企业期末应缴未缴的资源税额。

2）资源税的会计处理

由于企业资源税应纳税额的计算存在不同情况，因此，其会计处理也应视具体情况分别处理。

(1) 销售应税资源矿产品的会计处理

企业计算销售应税产品应缴纳的资源税时,借记"税金及附加",贷记"应交税费——应交资源税";在上缴资源税时,借记"应交税费——应交资源税",贷记"银行存款"。

(2) 自产自用应矿资源矿产品的会计处理

企业计算自产自用应税产品应缴纳的资源税时,借记"生产成本""制造费用"等科目,贷记"应交税费——应交资源税";在上缴资源税时,借记"应交税费——应交资源税",贷记"银行存款"。

(3) 收购未税矿产品的会计处理

对于有些企业税源小、零散、不定期开采、容易漏税等问题,《中华人民共和国资源税暂行条例》规定:收购未税矿产品的单位为资源税的扣缴义务人,这些单位包括独立矿山、联合企业及其他收购未税矿产品的单位。这些企业收购未税矿产品时,按实际支付的收购款,借记"材料采购"等科目,贷记"银行存款"等科目;按照代扣、代缴的资源税,借记"材料采购"等科目,贷记"应交税费——应交资源税"等科目;上缴资源税时,借记"应交税费——应交资源税",贷记"银行存款"等科目。

【例 7-3】 某铜矿开采企业 5 月份开采铜矿原矿 2 万吨,当月销售铜矿原矿 500 吨,取得不含税销售额为 500 万元;移送加工成选矿的铜矿本月全部销售 1 000 吨,取得不含税销售额 2 200 万元。铜矿原矿和选矿的资源税税率分别为 5% 和 7%。

当月应交资源税计算如下:

$$应交资源税=500×5\%+2\,200×7\%=179(万元)$$

借:税金及附加   1 790 000

  贷:应交税费——应交资源税   1 790 000

【例 7-4】 某公司为石油开采企业,11 月份开采并销售原油 1 000 吨,取得不含税销售额 200 万元,其中 300 吨为低丰度油气田开采。

当月原油销售应交资源税计算如下:

$$一般原油销售额=200×(1\,000-300)÷1\,000=140(万元)$$
$$应交资源税=140×6\%=8.4(万元)$$
$$低丰度油气田开采的原油销售额=200×300÷1\,000=60(万元)$$
$$应交资源税=60×6\%×(1-20\%)=2.88(万元)$$
$$当月应交资源税合计=8.4+2.88=11.28(万元)$$

应交资源税会计分录如下。

借:税金及附加   112 800

  贷:应交税费——应交资源税   112 800

7.1.2 城镇土地使用税纳税实务

1. 城镇土地使用税的基本法规

《中华人民共和国城镇土地使用税暂行条例》,2013 年 12 月 4 日国务院第三十二次会议作出部分修改(2013 年 12 月 7 日起实施)。城镇土地使用税简称土地使用税,它是以我国境内的城市、县城、建制镇、工矿区范围内拥有土地使用权的单位和个人为纳税人,对其实际占用的土地面积为计税依据征收的一种税。城镇土地使用税的征收，一方面是为了促使纳税人合理利用城镇土地；另一方面也是为了调节不同地区、不同地段之间的土地级差收入，提高土地使用效益，以及加强有关部门对土地的管理。

1）土地使用税的纳税义务人

凡是在城市、县城、建制镇、工矿区范围内拥有土地使用权的单位和个人，均为土地使用税的纳税义务人。这里所称的单位，包括国有企业、集体企业、私营企业、股份制企业、外商投资企业、外国企业，以及其他企业和事业单位、社会团体、国家机关、军队及其他单位；所称的个人，包括个体工商户及其他个人。

2）土地使用税的征税对象

我国城镇土地归国家所有，单位和个人占用或拥有土地使用权，必须依法纳税。目前，土地使用税的征税对象包括在城市、县城、建制镇、工矿区范围内的国家所有和集体所有的土地。

3）土地使用税的税率

土地使用税采用定额税率，以纳税人实际占用的土地面积为计税依据；土地面积的计量标准为每平方米，每平方米应税土地的年税额如下。

（1）大城市 1.50 元至 30 元。

（2）中等城市 1.20 元至 24 元。

（3）小城市 0.90 元至 18 元。

（4）县城、建制镇、工矿区 0.60 元至 12 元。

但为了调节土地的级差收入，对不同城镇或者对同一城镇的不同地段，各省、自治区、直辖市人民政府，可以在规定的税额幅度内，根据市政建设状况、经济繁荣程度等条件，确定所辖地区的适用税额幅度。经济落后地区土地使用税的适用税额标准可以适当降低，但降低额不得超过上述规定最低税额的 30%。经济发达地区土地使用税的适用税额标准可以适当提高，但须报经财政部批准。

4）土地使用税的税收优惠

符合下列条件的土地免缴土地使用税：

（1）国家机关、人民团体、军队自用的土地；

（2）由国家财政部门拨付事业经费的单位自用的土地；

（3）宗教寺庙、公园、名胜古迹自用的土地；

（4）市政街道、广场、绿化地带等公共用地；

（5）直接用于农、林、牧、渔业的生产用地；

（6）经批准开山填海整治的土地和改造的废弃土地，从使用的月份起免缴土地使用税5~10 年；

（7）农民自用住宅地；

（8）由财政部另行规定免税的能源、交通、水利设施用地和其他用地。

5）城镇土地使用税的征收管理

（1）城镇土地使用税的纳税时间

① 纳税人购置新建商品房，自房屋交付使用之次月起，缴纳城镇土地使用税。

② 纳税人购置存量房，自办理房产权属转移、变更登记手续，房地产权属登记机关签发房屋权属证书之次月起，缴纳城镇土地使用税。

③ 纳税人出租、出借房产,自交付出租、出借房产之次月起,缴纳城镇土地使用税。

④ 房地产开发企业自用、出租、出借本企业建造的商品房,自房屋使用或交付次月起,缴纳城镇土地使用税。

⑤ 纳税人新征用的耕地,自批准征用之日起满1年时开始缴纳土地使用税。

⑥ 纳税人新征用的非耕地,自批准征用次月起缴纳土地使用税。

土地使用税实行按年计算、分期缴纳的征收方法,具体缴纳期限由省、自治区、直辖市人民政府确定。

（2）城镇土地使用税的纳税地点

城镇土地使用税在土地所在地缴纳。

纳税人使用的土地不属于同一省、自治区、直辖市管辖的,由纳税人分别向土地所在地的税务机关缴纳城镇土地使用税;在同一省、自治区、直辖市管辖范围内,纳税人跨地区使用的土地,其纳税地点由各省、自治区、直辖市税务局确定。

城镇土地使用税由土地所在地的税务机关征收,其收入纳入地方财政预算管理。城镇土地使用税征收工作涉及面广、政策性较强,在税务机关负责征收的同时,还必须注意加强同国土管理、测绘等有关部门的联系,及时取得土地的权属资料、沟通情况,共同协作把征收管理工作做好。

2. 城镇土地使用税的计税方法

1）城镇土地使用税的计税依据

城镇土地使用税以纳税人实际占用的土地面积为计税依据,土地面积计量的标准为每平方米。纳税人实际占用的土地面积按下列办法确定。

（1）凡有由省、自治区、直辖市人民政府确定的单位组织测定土地面积的,以测定的面积为准。

（2）尚未组织测量,但纳税人持有政府部门核发的土地使用证书的,以证书确认的土地面积为准。

（3）尚未核发土地使用证书的,应由纳税人申报土地面积,据以纳税,待核发土地使用证以后再作调整。

（4）对在城镇土地使用税征税范围内单独建造的地下建筑用地,按规定征收城镇土地使用税。暂按应征税额的50%征收城镇土地使用税。

2）城镇土地使用税的计算方法

城镇土地使用税的计算方法是按照纳税人实际占用的土地面积和适用的单位税额标准计算缴纳的,其计算公式为

$$应纳土地使用税税额 = 实际占用的应税土地面积 × 适用单位税额$$

【例7-5】 前程公司实际占用的土地面积为12 000平方米,当地政府规定的城镇土地使用税每平方米年税额为15元。请计算该公司全年应纳土地使用税税额。

$$应纳城镇土地使用税税额 = 12\,000 × 15 = 180\,000(元)$$

3. 城镇土地使用税的会计处理

城镇土地使用税按年计算、分期缴纳。在每期计提土地使用税时,借记"税金及附加",贷记"应交税费——应交城镇土地使用税";分期缴纳土地使用税时,借记"应交税费——应

交城镇土地使用税"，贷记"银行存款"。

【**例7-6**】　承例7-5，该公司按照当地政府的相关规定按季度缴纳城镇土地使用税，那么该公司应如何进行会计处理？

会计处理如下。

（1）每月计提城镇土地使用税时

借：税金及附加　　　　　　　　　　　　　　　　　15 000
　　　贷：应交税费——应交城镇土地使用税　　　　　　　　15 000

（2）每季度缴纳城镇土地使用税时

借：应交税费——应交城镇土地使用税　　　　　　　45 000
　　　贷：银行存款　　　　　　　　　　　　　　　　　　　45 000

7.2　财产行为税纳税实务

7.2.1　房产税纳税实务

1. 房产税的基本法规

房产税是以房产为征税对象，依据房产价格或房产租金收入向房产所有人或经营人征收的一种税，其纳税范围为城市、县城、建制镇、工矿区。

1）房产税的纳税人

房产税的纳税人是房屋的产权所有人。其具体规定如下。

（1）产权属于全民所有的，其经营管理的单位为纳税义务人；产权属于集体和个人所有的，由集体单位和个人纳税。

（2）产权出典的，承典人为纳税义务人。

（3）产权所有人、承典人不在房产所在地的，或者产权未确定以及租典纠纷尚未解决的，房产代管人或者使用人为纳税义务人。

（4）纳税单位和个人无租使用房产管理部门、免税单位及纳税单位的房产，应由使用人代为缴纳房产税。

自2009年1月1日起，对外商投资企业、外国企业和外国个人经营的房产征收房产税。

2）房产税的征税对象

我国房产税的征税对象为城市、县城、工矿区、建制镇内的房产，不包括农村及行政所在地内的房产。所谓房产，是指有屋面和围护结构（有墙或两边有柱），能够遮风避雨，可提供人们在其中生产、学习、工作、娱乐、居住或储藏物资的场所。

3）房产税的税率

（1）以房产价值为依据从价计征的，税率为1.2%。

（2）以房租租金为依据从租计征的，税率为12%。

2015年3月1日起，对个人居住用房出租仍用于居住的，不区分用途，按4%的税率征收房产税。对企事业单位、社会团体以及其他组织按市场价格向个人出租用于居住的住房，减按4%的税率征收房产税。

4）房产税的税收优惠

以下情况免征房产税。

（1）国家机关、人民团体、军队自用的房产。

（2）由国家财政部门拨付事业经费的单位自用的房产。

（3）宗教寺庙、公园、名胜古迹自用的房产。

（4）个人所有非营业用的房产。

（5）经财政部批准免税的其他房产。

纳税人纳税确有困难的，可由省、自治区、直辖市人民政府确定，定期减征或者免征房产税。

5）房产税的征收管理

（1）房产税的纳税义务发生时间

① 纳税人将原有房产用于生产经营的，从生产经营之月起，缴纳房产税。

② 纳税人自行新建房屋用于生产经营的，从建成之次月起，缴纳房产税。

③ 纳税人委托施工企业建设的房屋，从办理验收手续之次月起，缴纳房产税。

④ 纳税人购置新建的商品房，自房屋交付使用之次月起，缴纳房产税。

⑤ 纳税人购置的存量房，自办理房产权属转移、变更登记手续，房地产权属登记机关签发房屋权属证书之次月起，缴纳房产税。

⑥ 纳税人出租、出借房产的，自交付出租、出借房产之次月起，缴纳城镇房产税。

⑦ 房地产开发企业自用、出租、出借本企业建造的商品房，自房屋使用或交付次月起，缴纳城镇房产税。

房产税实行按年计算、分期缴纳的征收方法，具体缴纳期限由省、自治区、直辖市人民政府确定。

（2）房产税的纳税地点

城镇房产税在房产所在地缴纳，由土地所在地的税务机关征收。房产不在同一地方的纳税人，应按房产的坐落地点分别向所在地税务机关缴纳。

2. 房产税的计税方法

1）房产税的计税依据

房产税的计税依据有从价计征和从租计征两种。按照房产计税价值计算缴纳的，称为从价计征；按照房产租金收入计算缴纳的，称为从租计征。

（1）从价计征

房产税暂行条例规定，房产税从价计征的，依照房产原值一次减除 $10\%\sim30\%$ 后的余值计算缴纳。各地扣除比例由当地省、自治区、直辖市人民政府确定。

① 房产原值是指纳税人按照企业会计制度的规定，在企业账簿"固定资产"科目中记载的房屋原价。

② 房产原值应包括与房屋不可分割的各种附属设备或一般不单独计算价值的配套设备。

③ 纳税人对原有房屋进行改建、扩建的，要相应增加房屋的原值。

（2）从租计征

房产税暂行条例中规定，房产出租的，以房产的租金收入作为房产的计税依据。所谓房产的租金收入，是指房屋所有人出租房产使用权所得的报酬，包括货币收入和实物收入。

2）房产税的计算方法

（1）从价计征的房产税的计算

从价计征的房产税，是指按照房产的原值减除一定比例后的余额来计算征收房产税。其计算公式为

$$应纳房产税税额 = 应税房产原值 × (1 - 扣除比例) × 1.2\%$$

上述公式当中的扣除比例，由省、自治区、直辖市人民政府规定，该比例可略有不同。如果没有房产原值作为计价依据的，由房产所在地税务机关参考同类房产核定。

【例 7-7】 南海公司的经营用房产原值为 40 000 000 元，按照当地政府规定允许减除 25% 后计征房产税，适用税率为 1.2%，请计算该企业应纳房产税税额。

$$应纳房产税税额 = 40 000 000 × (1 - 25\%) × 1.2\% = 360 000（元）$$

（2）从租计征的房产税的计算

从租计征的房产税，是以房产出租的租金收入来计算征收房产税，该种计算方法税率为 12%。其计算公式为

$$应纳房产税税额 = 租金收入 × 12\%（或 4\%）$$

【例 7-8】 启明贸易公司用于出租的库房共有 3 栋，其房产原值为 10 000 000 元，年租金收入为 2 000 000 元，适用税率为 12%，请计算该企业应纳房产税税额。

$$租金收入应纳房产税税额 = 2 000 000 × 12\% = 240 000（元）$$

3. 房产税的会计处理

企业为了核算应纳的房产税，可设置"应交税费——应交房产税"账户。该账户贷方反映计算应缴纳的房产税税额；借方反映实际已缴纳数；贷方余额反映应缴未缴数，借方余额为实际多缴数。由于房产税按年计征、分期缴纳，所以当企业计算出应缴房产税后，应借记"税金及附加"账户，贷记"应交税费——应交房产税"账户；实际缴纳税款时，借记"应交税费——应交房产税"账户，贷记"银行存款"账户。

【例 7-9】 承例 7-7，南海公司的会计处理如下。

（1）每月计提房产税时

借：税金及附加	30 000	
贷：应交税费——应交房产税		30 000

（2）按季度缴纳房产税时

借：应交税费——应交房产税	90 000	
贷：银行存款		90 000

7.2.2 车船税纳税实务

《中华人民共和国车船税法》（以下简称《车船税法》）自 2012 年 1 月 1 日起施行。2006 年 12 月 29 日国务院公布的《中华人民共和国车船税暂行条例》同时废止。

1. 车船税的基本法规

车船税是对在我国境内依法应当到公安、交通、农业、渔业、军事等管理部门办理登记的车辆、船舶，根据其种类，按照规定的计税单位和年税额标准计算征收的一种财产税。车船税的

征收有利于配合有关部门加强对车辆、船舶的管理,保证交通安全和促进交通运输业的发展。

1) 车船税的纳税义务人

在中华人民共和国境内属于本法所附车船税税目税额表规定的车辆、船舶(以下简称车船)的所有人或者管理人,为车船税的纳税义务人,应当依照本法缴纳车船税。其中,所有人是指在我国境内拥有车船的单位和个人;管理人是指对车船具有管理使用权,但不具有所有权的单位。上述所称的单位包括国有企业、集体企业、私营企业、股份制企业、外商投资企业、外国企业,以及其他企业和事业单位、社会团体、国家机关、军队及其他单位;所称的个人,包括个体工商户及其他个人。

2) 车船税的征税范围

车船税的征税范围,包括依法在车船管理部门登记并行驶于中国境内公共道路的车辆和航行于中国境内河流、湖泊或领海的船舶两大类。具体包括载客汽车、载货汽车、三轮汽车低速货车、摩托车和船舶。

3) 车船税的税率

车船税实行定额税率。定额税率又称固定税额,它计算简便,适宜于从量计征的税种。

(1) 车辆税额

《车船税法》对应税车辆实行有幅度的定额税率,即对各类车辆分别规定一个最低到最高限度的年税额,车辆的具体适用税额由省、自治区、直辖市人民政府在规定的税额幅度内,根据当地的实际情况,对同一计税标准的车辆具体确定。车辆税税目税额表见表7-2。

表7-2 车船税税目税额表

税 目		计税单位	年计准税额	备 注
乘用车[按发动机汽缸容量(排气量)分档]	1.0升(含)以下的	每辆	60元至360元	核定载客人数9人(含)以下
	1.0升以上至1.6升(含)的		300元至540元	
	1.6升以上至2.0升(含)的		360元至660元	
	2.0升以上至2.5升(含)的		660元至1 200元	
	2.5升以上至3.0升(含)的		1 200元至2 400元	
	3.0升以上至4.0升(含)的		2 400元至3 600元	
	4.0升以上的		3 600元至5 400元	
商用车	客 车	每辆	480元至1 440元	核定载客人数9人以上,包括电车
	货 车	整备质量每吨	16元至120元	1. 包括半挂牵引车、挂车、客货两用汽车、三轮汽车和低速载货汽车等。2. 挂车按照货车税额的50%计算
其他车辆	专用作业车	整备质量每吨	16元至120元	不包括拖拉机
	轮式专用机械车		16元至120元	
摩托车		每辆	36元至180元	

税　目		计税单位	年计准税额	备　注
船舶	机动船舶	净吨位每吨	3 元至 6 元	拖船、非机动驳船分别按照机动船舶税额的 50% 计算
	游艇	艇身长度每米	600 元至 2 000 元	

（2）船舶税额

机动船舶具体适用税额如下。

① 净吨位不超过 200 吨的，每吨 3 元。

② 净吨位超过 200 吨但不超过 2 000 吨的，每吨 4 元。

③ 净吨位超过 2 000 吨但不超过 10 000 吨的，每吨 5 元。

④ 净吨位超过 10 000 吨的，每吨 6 元。

拖船按照发动机功率每 1 千瓦折合净吨位 0.67 吨计算征收车船税。

游艇具体适用税额如下。

① 艇身长度不超过 10 米的游艇，每米 600 元。

② 艇身长度超过 10 米但不超过 18 米的游艇，每米 900 元。

③ 艇身长度超过 18 米但不超过 30 米的游艇，每米 1 300 元。

④ 艇身长度超过 30 米的游艇，每米 2 000 元。

⑤ 辅助动力帆艇，每米 600 元。

游艇艇身长度是指游艇的总长。

其中，考虑到非机动驳船只有与拖船连接才能发挥运输功能，《车船税法》规定，非机动驳船和拖船各按上述船舶税额的 50% 计算征收。拖船是指专门用于拖（推）动运输船舶的专业作业船舶。拖船按照发动机功率每 2 马力折合净吨位 1 吨计算征收车船税。

另外，船舶净吨位尾数在 0.5 吨以下（含 0.5 吨）的不予计算，超过 0.5 吨的按照 1 吨计算。1 吨以下的小型船舶，一律按照 1 吨计算。

4）车船税的税收优惠

下列车船免征车船税。

（1）捕捞、养殖渔船。

（2）军队、武装警察部队专用的车船。

（3）警用车船。

（4）依照法律规定应当予以免税的外国驻华使领馆、国际组织驻华代表机构及其有关人员的车船。

（5）自 2012 年 1 月 1 日起，对节约能源的车辆排量（1.6 升以下的燃用汽油、柴油的乘用车）减半、使用新能源的车辆船，可以免征车船税；对受严重自然灾害影响纳税困难以及有其他特殊原因确需减税、免税的，可以减征或者免征车船税。

（6）为了支持公共交通事业的发展，由省级人民政府根据当地实际情况可以对公共交通车船，农村居民拥有并主要在农村地区使用的摩托车、三轮汽车和低速载货汽车，定期减征或者免征车船税。

5）车船税的征收管理

（1）车船税的纳税期限

车船税纳税义务发生时间为取得车船所有权或者管理权的当月。以购买车船的发票或其他证明文件所载日期的当月为准。

（2）车船税的纳税地点

车船税的纳税地点为车船的登记地或者车船税扣缴义务人所在地。

扣缴义务人代收代缴车船税的，纳税地点为扣缴义务人所在地。

纳税人自行申报缴纳车船税的，纳税地点为车船登记地的主管税务机关所在地。

依法不需要办理登记的车船，其车船税的纳税地点为车船的所有人或者管理人所在地。

（3）车船税的纳税申报

车船税按年申报、分月计算、一次性缴纳，纳税人应如实填写财产和行为税纳税申报表及相应的税源明细表。纳税年度为公历1月1日至12月31日。具体申报纳税期限由省、自治区、直辖市人民政府规定。

税务机关可以在车船管理部门、车船检验机构的办公场所集中办理车船税征收事宜。

公安机关交通管理部门在办理车辆相关登记和定期检验手续时，对未提交自上次检验后各年度依法纳税或者免税证明的，不予登记，不予发放检验合格标志。

海事部门、船舶检验机构在办理船舶登记和定期检验手续时，对未提交依法纳税或者免税证明，且拒绝扣缴义务人代收代缴车船税的纳税人，不予登记，不予发放检验合格标志。

对于依法不需要购买机动车交通事故责任强制保险的车辆，纳税人应当向主管税务机关申报缴纳车船税。

纳税人在首次购买机动车交通事故责任强制保险时缴纳车船税或者自行申报缴纳车船税的，应当提供购车发票及反映排气量、整备质量、核定载客人数等与纳税相关的信息及其相应凭证。

从事机动车第三者责任强制保险业务的保险机构为机动车车船税的扣缴义务人，应当在收取保险费时依法代收车船税，并出具代收税款凭证。

机动车车船税扣缴义务人在代收车船税时，应当在机动车交通事故责任强制保险的保险单以及保费发票上注明已收税款的信息，作为代收税款凭证。已完税或者依法减免税的车辆，纳税人应当向扣缴义务人提供登记地的主管税务机关出具的完税凭证或者减免税证明。纳税人没有按照规定期限缴纳车船税的，扣缴义务人在代收代缴税款时，可以一并代收代缴欠缴税款的滞纳金。车船税扣缴义务人代收代缴欠缴税款的滞纳金，从各省、自治区、直辖市人民政府规定的申报纳税期限截止日期的次日起计算。扣缴义务人已代收代缴车船税的，纳税人不再向车辆登记地的主管税务机关申报缴纳车船税（即纳税人在购买“交强险”时，由扣缴义务人代收代缴车船税的，凭注明已收税款信息的“交强险”保险单，车辆登记地的主管税务机关不再征收该纳税年度的车船税。再次征收的，车辆登记地主管税务机关应予退还）。没有扣缴义务人的，纳税人应当向主管税务机关自行申报缴纳车船税。

2. 车船税的计税方法

1）车船税计税依据

车船税以车船税暂行条例规定的应税车船为征税对象，以征税对象的计量标准为计税依据，从量计征。

车船税的计税依据,按车船的种类和性能,分别确定为辆、自重和净吨位三种。

(1) 载客汽车和摩托车以"辆"为计税依据。

(2) 载货汽车(包括客货两用汽车)和三轮汽车低速货车以"自重"为计税依据。

(3) 船舶以"净吨位"为计税依据。所谓净吨位,是指额定装运货物的船舱所占用的空间容积。

2) 车船税应纳税额的计算方法

车船税应纳税额的计算公式为

载客汽车和摩托车的应纳税额＝车辆数×适用单位税额

$$\text{载货汽车、三轮汽车、低速货车}\atop \text{和专项作业车与轮式专用机械车的应纳税额}=\text{自重吨数}\times\text{适用单位税额}$$

船舶的应纳税额＝净吨位数×适用单位税额

非机动驳船和拖船的应纳税额＝净吨位数×适用单位税额×50％

拖船的应纳税额＝马力数×适用单位税额×50％

特殊说明:购置的新车船,购置当年的应纳税额自纳税义务发生的当月起按月计算。计算公式为

$$应纳税额＝(年应纳税额÷12)×应纳税月份数$$

$$应纳税月份数＝12－纳税义务发生时间(取月份)＋1$$

【例 7-10】　某运输公司拥有商用货车 10 辆(整备质量 20 吨),商用客车 30 辆,乘用车 5 辆。假设商用货车每吨车船税为 60 元,商用客车每辆车船税为 1 000 元,乘用车每辆车船税为 500 元。公司年应交车船税计算如下。

$$商用货车应交车船税＝10×20×60＝12 000(元)$$

$$商用客车应交车船税＝30×1 000＝30 000(元)$$

$$乘用车应交车船税＝5×500＝2 500(元)$$

$$应交车船税合计＝12 000＋30 000＋2 500＝44 500(元)$$

【例 7-11】　顺风航运公司 3 月购入一艘净吨位为 10 050 吨的船舶,一艘 20 000 千瓦的拖船,发票日期为当月。拖船按照发动机功率每 1 千瓦折合净吨位 0.67 吨计缴车船税。试计算新增船舶、拖船当年应交车船税。

$$拖船的功率数折合为净吨位数＝0.67×20 000＝13 400(元)$$

船舶、拖船相应税目的具体适用税额为每吨 6 元,则

$$船舶当年应交车船税＝10 050×6×10/12＝50 250(元)$$

$$拖船当年应交车船税＝13 400×6×10/12×50％＝33 500(元)$$

$$应交车船税合计＝50 250＋33 500＝83 750(元)$$

3. 车船税的会计处理

企业应缴纳的车船税应直接记入"税金及附加"账户,并在"应交税费"账户下设置"应交车船税"明细账户,该账户贷方反映计算的应缴数,借方反映实际已缴数;贷方余额反映应缴未缴数,借方余额为实际多缴数。

【例 7-12】　承例 7-10,该运输公司车船税会计处理如下。

(1) 反映应交车船税时

借:税金及附加　　　　　　　　　　　　　　　44 500

贷：应交税费——应交车船税　　　　　　　　　　　　44 500

（2）实际缴纳税款时

借：应交税费——应交车船税　　　　　　　　　　　　44 500

贷：银行存款　　　　　　　　　　　　　　　　　　44 500

7.2.3　契税纳税实务

1. 契税的基本法规

契税法是指国家制定的用以调整契税征收与缴纳权利及义务关系的法律规范。现行契税法的基本规范，是 2020 年 8 月 11 日第十三届全国人民代表大会常务委员会第二十一次会议表决通过，并于 2021 年 9 月 1 日开始施行的《中华人民共和国契税法》（以下简称《契税法》）。

契税是以在中华人民共和国境内转移土地、房屋权属为征税对象，向承受权属的单位和个人征收的一种财产税。征收契税有利于增加地方财政收入，保护合法产权，避免产权纠纷。

1）契税的纳税义务人

契税的纳税义务人是境内转移土地、房屋权属，承受权属的单位和个人。境内是指中华人民共和国实际税收行政管辖范围内。土地、房屋权属是指土地使用权和房屋所有权。单位是指企业单位、事业单位、国家机关、军事单位和社会团体以及其他组织。个人是指个体工商户及其他个人，包括中国公民和外籍人员。

2）契税的征税范围

（1）国有土地使用权出让。国有土地使用权出让是指土地使用者向国家交付土地使用权出让费用，国家将国有土地使用权在一定年限内让予土地使用者的行为。

（2）土地使用权转让。土地使用权转让是指土地使用者以出售、赠与、交换或者其他方式将土地使用权转移给其他单位和个人的行为，但是不包括农村集体土地承包经营权的转移。

（3）房屋买卖。房屋买卖是指房屋所有者将其房屋出售，由承受者交付货币、实物、无形资产或者其他经济利益的行为。

（4）房屋赠与。房屋赠与是指房屋所有者将其房屋无偿转让给受赠者的行为。

（5）房屋交换。房屋交换是指房屋所有者之间相互交换房屋的行为。

3）契税的税率

契税实行 3%～5% 的幅度税率。具体适用税率，由各省、自治区、直辖市人民政府在3%～5% 的幅度内提出，报同级人民代表大会常务委员会决定，并报全国人民代表大会常务委员会和国务院备案。

省、自治区、直辖市可以依照上述规定的程序对不同主体、不同地区、不同类型的住房的权属转移确定差别税率。

4）契税的税收优惠

（1）有以下情况之一的，可以免征契税。

① 国家机关、事业单位、社会团体、军事单位承受土地、房屋用于办公、教学、医疗、科研和军事设施的，免征契税。

② 城镇职工按规定第一次购买公有住房的,免征契税。

③ 因不可抗力灭失住房而重新购买住房的,酌情准予减征或者免征契税。

④ 自 2019 年 6 月 1 日至 2025 年 12 月 31 日,为社区提供养老、托育、家政等服务的机构,承受房屋、土地用于提供社区养老、托育、家政服务的,免征契税。

⑤ 财政部规定的其他减征、免征契税的项目。

经批准减征、免征契税的纳税人改变有关土地、房屋的用途,不再属于减征、免征契税范围的,应当补缴已经减征、免征的税款。

(2) 对个人购买家庭唯一住房(家庭成员范围包括购房人、配偶以及未成年子女,下同),面积为 90 平方米及以下的,减按 1% 的税率征收契税;面积为 90 平方米以上的,减按 1.5% 的税率征收契税。

对个人购买家庭第二套改善性住房,面积为 90 平方米及以下的,减按 1% 的税率征收契税;面积为 90 平方米以上的,减按 2% 的税率征收契税。

家庭第二套改善性住房是指已拥有一套住房的家庭,购买的家庭第二套住房。(北京市、上海市、广州市、深圳市不实施该项规定,采用当地规定的契税税率 3%)

(3) 对个人购买经济适用住房,在法定税率基础上减半征收契税。

(4) 个人首次购买 90 平方米以下改造安置住房的,按 1% 的税率计征契税;购买超过 90 平方米,但符合普通住房标准的改造安置住房,按法定税率减半计征契税。个人因房屋被征收而取得货币补偿并用于购买改造安置住房,或因房屋被征收而进行房屋产权调换并取得改造安置住房的,按有关规定减免契税。

5) 契税的征收管理

(1) 契税的纳税义务发生时间

契税申报以不动产单元为基本单位,契税的纳税义务发生时间是纳税人签订土地、房屋权属转移合同的当日,或者纳税人取得其他具有土地、房屋权属转移合同性质凭证的当日。

特殊情形下,契税纳税义务发生时间规定如下:

因人民法院、仲裁委员会的生效法律文书或者监察机关出具的监察文书等发生土地、房屋权属转移的,纳税义务发生时间为法律文书等生效当日。

因改变土地、房屋用途等情形应当缴纳已经减征、免征契税的,纳税义务发生时间为改变有关土地、房屋用途等情形的当日。

因改变土地性质、容积率等土地使用条件需补缴土地出让价款,应当缴纳契税的,纳税义务发生时间为改变土地使用条件当日。

发生上述情形,按规定不再需要办理土地、房屋权属登记的,纳税人应自纳税义务发生之日起 90 日内申报缴纳契税。

(2) 契税的纳税期限

纳税人应当在依法办理土地、房屋权属登记手续前申报缴纳契税。

(3) 契税的纳税地点

契税在土地、房屋所在地的税务征收机关缴纳。

2. 契税的计税方法

1) 契税的计税依据

(1) 国有土地使用权出让、土地使用权出售、房屋买卖,计税依据为成交价格。

（2）土地使用权赠与、房屋赠与，由征收机关参照土地使用权出售、房屋买卖的市场价格作为计税依据核定。

（3）土地使用权交换、房屋交换，计税依据为所交换的土地使用权、房屋的价格的差额。

如果成交价格明显低于市场价格并且无正当理由的，或者所交换土地使用权、房屋的价格的差额明显不合理并且无正当理由的，由征收机关参照市场价格作为计税依据核定。

2）契税应纳税额的计算方法

契税应纳税额计算公式为

$$应纳税额＝计税依据×税率$$

应纳税额以人民币计算。转移土地、房屋权属以外汇结算的，按照纳税义务发生之日中国人民银行公布的人民币市场汇率中间价折合成人民币计算。

【例 7-13】 居民甲有两套住房，将一套出售给居民乙，成交价格为 1 200 000 元；将另一套两室住房与居民丙交换成两套一室住房，并支付给丙换房差价款 300 000 元。试计算甲、乙、丙相关行为应缴纳的契税（假定税率为 4%）。

$$甲应缴纳契税＝300 000×4\%＝12 000（元）$$
$$乙应缴纳契税＝1 200 000×4\%＝48 000（元）$$

丙无须缴纳契税。

3. 契税的会计处理

企业按规定计算的应交契税，应借记"固定资产""无形资产"等，贷记"应交税费——应交契税"。企业也可以不通过"应交税费——应交契税"账户核算，当实际缴纳契税时，借记"固定资产""无形资产"账户，贷记"银行存款"账户。

【例 7-14】 天德公司 2024 年 1 月从当地政府手中取得某块土地使用权，支付土地使用权出让费 1 200 000 元，省政府规定契税的税率为 3%，试计算该企业应当缴纳的契税，并进行会计处理。

（1）契税应纳税额的计算

$$应纳税额＝1 200 000×3\%＝36 000（元）$$

（2）企业在实际缴纳契税时会计处理如下

借：无形资产——土地使用权　　　　　　　　　　　　　　36 000
　　贷：银行存款　　　　　　　　　　　　　　　　　　　　　36 000

7.2.4　印花税纳税实务

印花税法是指国家制定的用以调整印花税征收与缴纳权利及义务关系的法律规范。现行印花税法的基本规范是由第十三届全国人民代表大会常务委员会 2021 年 6 月 10 日通过，2022 年 7 月 1 日起施行的《中华人民共和国印花税法》（以下简称《印花税法》）。

印花税是以经济活动和经济交往中，书立、领受应税凭证的行为为征税对象征收的一种税。印花税因其采用在应税凭证上粘贴印花税票的方法缴纳税款而得名。征收印花税有利于增加财政收入、配合和加强经济合同的监督管理、培养纳税意识，也有利于配合对其他应纳税种的监督管理。

1. 印花税的基本法规

1）印花税的纳税义务人

在中华人民共和国境内书立应税凭证、进行证券交易的单位和个人，为印花税的纳税义务人，应当依照本法规定缴纳印花税。在中华人民共和国境外书立在境内使用的应税凭证的单位和个人，应当依照《印花税法》规定缴纳印花税。应税凭证是指《印花税法》所附印花税税目税率表列明的合同、产权转移书据和营业账簿。证券交易是指转让在依法设立的证券交易所、国务院批准的其他全国性证券交易场所交易的股票和以股票为基础的存托凭证。

2）印花税的税目

印花税的税目是指《印花税暂行条例》明确规定的应当纳税的项目，它具体划定了印花税的征税范围。一般来说，列入税目的就要征税，未列入税目的就不征税。

企业之间书立的确定买卖关系、明确买卖双方权利义务的订单、要货单等单据，且未另外书立买卖合同的，应当按规定缴纳印花税。发电厂与电网之间、电网与电网之间书立的购售电合同，应当按买卖合同税目缴纳印花税。

3）印花税的税率

印花税的税率设计，遵循税负从轻、共同负担的原则，所以税率比较低；凭证的当事人，即对凭证有直接权利与义务关系的单位和个人均应就其所持凭证依法纳税。印花税税目税率表见表7-3。

表 7-3　印花税税目税率表

应税凭证	税　目	税　率	备　注
合同（指书面合同）	借款合同	借款金额的万分之零点五	银行业金融机构、经国务院银行业监督管理机构批准设立的其他金融机构与借款人（不包括同业拆借）的借款合同
	融资租赁合同	租金的万分之零点五	
	买卖合同	价款的万分之三	指动产买卖合同（不包含个人书立的动产买卖合同）
	承揽合同	报酬的万分之三	
	建设工程合同	价款的万分之三	
	运输合同	运输费用的万分之三	指货运合同和多式联运合同（不括管道运输合同）
	技术合同	价款、报酬或者使用费的万分之三	不包括专利权、专有技术使用权转让书据
	租赁合同	租金的千分之一	
	保管合同	保管费的千分之一	
	仓储合同	仓储费的千分之一	
	财产保险合同	保险费的千分之一	不包括再保险合同
产权转移书据	土地使用权出让合同	价款的万分之五	转让包括买卖（出售）、继承、赠与、互换、分割

续表

应税凭证	税　目	税　率	备　注
产权转移书据	土地使用权、房屋等建筑物和构筑物所有权转让书据（不包括土地承包经营权和土地经营权转移）	价款的万分之五	转让包括买卖（出售）、继承、赠与、互换、分割
	股权转让书据（不包括应缴纳证券交易印花税的）	价款的万分之五	
	商标专用权、著作权、专利权、专有技术使用权转让书据	价款的万分之三	
营业账簿		实收资本（股本）、资本公积合计金额的万分之二点五	
证券交易		成交金额的千分之一	

4）印花税的税收优惠

下列凭证免征印花税：

（1）应税凭证的副本或者抄本；

（2）依照法律规定应当予以免税的外国驻华使馆、领事馆和国际组织驻华代表机构为获得馆舍书立的应税凭证；

（3）中国人民解放军、中国人民武装警察部队书立的应税凭证；

（4）农民、家庭农场、农民专业合作社、农村集体经济组织、村民委员会购买农业生产资料或者销售农产品书立的买卖合同和农业保险合同；

（5）无息或者贴息借款合同、国际金融组织向中国提供优惠贷款书立的借款合同；

（6）财产所有权人将财产赠与政府、学校、社会福利机构、慈善组织书立的产权转移书据；

（7）非营利性医疗卫生机构采购药品或者卫生材料书立的买卖合同；

（8）个人与电子商务经营者订立的电子订单。

根据国民经济和社会发展的需要，国务院对居民住房需求保障，企业改制重组、破产，支持小型微型企业发展等情形可以规定减征或者免征印花税，报全国人民代表大会常务委员会备案。

5）印花税的征收管理

（1）印花税的申报地点

① 纳税人为单位的，应当向其机构所在地的主管税务机关申报缴纳印花税；纳税人为个人的，应当向应税凭证书立地或者纳税人居住地的主管税务机关申报缴纳印花税。不动产产权发生转移的，纳税人应当向不动产所在地的主管税务机关申报缴纳印花税。

② 纳税人为境外单位或者个人，在境内有代理人的，以其境内代理人为扣缴义务人，向境内代理人机构所在地（居住地）主管税务机关申报解缴税款。在境内没有代理人的，由纳税人自行申报缴纳印花税，境外单位或者个人可以向资产交付地、境内服务提供方或者接受方所在地（居住地）、书立应税凭证境内书立人所在地（居住地）主管税务机关申报缴纳印花

税;涉及不动产产权转移的,应当向不动产所在地主管税务机关申报缴纳印花税。

证券登记结算机构为证券交易印花税的扣缴义务人,应当向其机构所在地的主管税务机关申报解缴税款以及银行结算的利息。

(2)印花税的纳税义务发生时间和纳税申报

印花税的纳税义务发生时间为纳税人书立应税凭证或者完成证券交易的当日。证券交易印花税的扣缴义务发生时间为证券交易完成的当日。

应税合同、产权转移书据未列明金额,在后续实际结算时确定金额的,纳税人应当于书立应税合同、产权转移书据的首个纳税申报期申报应税合同、产权转移书据书立情况,在实际结算后下一个纳税申报期,以实际结算金额计算申报缴纳印花税。

印花税按季、按年或者按次计征。实行按季、按年计征的,纳税人应当自季度、年度终了之日起十五日内申报缴纳税款;实行按次计征的,纳税人应当自纳税义务发生之日起十五日内申报缴纳税款。应税合同、产权转移书据印花税可以按季或者按次申报缴纳,应税营业账簿印花税可以按年或者按次申报缴纳,具体纳税期限由各省、自治区、直辖市、计划单列市税务局结合征管实际确定。

境外单位或者个人的应税凭证印花税可以按季、按年或者按次申报缴纳,具体纳税期限由各省、自治区、直辖市、计划单列市税务局结合征管实际确定。

证券交易印花税按周解缴。证券交易印花税扣缴义务人应当自每周终了之日起五日内申报解缴税款以及银行结算的利息。

2. 印花税的计税方法

1)印花税的计税依据

印花税的计税依据为各种应税凭证上所记载的计税金额。具体规定如下。

(1)应税合同的计税依据为合同所列的金额,不包括列明的增值税税款。

(2)应税产权转移书据的计税依据为产权转移书据所列的金额,不包括列明的增值税税款。

(3)应税营业账簿的计税依据为账簿记载的实收资本(股本)、资本公积合计金额。

(4)证券交易的计税依据为成交金额。

(5)应税合同、产权转移书据未列明金额的,印花税的计税依据按照实际结算的金额确定。计税依据按照前款规定仍不能确定的,按照书立合同、产权转移书据时的市场价格确定;依法应当执行政府定价或者政府指导价的,按照国家有关规定确定。

(6)证券交易无转让价格的,按照办理过户登记手续时该证券前一个交易日的收盘价计算确定计税依据;无收盘价的,按照证券面值计算确定计税依据。

(7)同一应税合同、应税产权转移书据中涉及两方以上纳税人,且未列明纳税人各自涉及金额的,以纳税人平均分摊的应税凭证所列金额(不包括列明的增值税税款)确定计税依据。

(8)应税合同、应税产权转移书据所列的金额与实际结算金额不一致,不变更应税凭证所列金额的,以所列金额为计税依据;变更应税凭证所列金额的,以变更后的所列金额为计税依据。已缴纳印花税的应税凭证,变更后所列金额增加的,纳税人应当就增加部分的金额补缴印花税;变更后所列金额减少的,纳税人可以就减少部分的金额向税务机关申请退还或者抵缴印花税。

(9) 纳税人因应税凭证列明的增值税税款计算错误,导致应税凭证的计税依据减少或者增加的,应当按规定调整应税凭证列明的增值税税款,重新确定应税凭证计税依据。已缴纳印花税的应税凭证,调整后计税依据增加的,纳税人应当就增加部分的金额补缴印花税;调整后计税依据减少的,纳税人可以就减少部分的金额向税务机关申请退还或者抵缴印花税。

(10) 纳税人转让股权的印花税计税依据,按照产权转移书据所列的金额(不包括列明的认缴后尚未实际出资权益部分)确定。

(11) 应税凭证金额为人民币以外的货币的,应当按照凭证书立当日的人民币汇率中间价折合人民币确定计税依据。

(12) 境内的货物多式联运,采用在起运地统一结算全程运费的,以全程运费作为运输合同的计税依据,由起运地运费结算双方缴纳印花税;采用分程结算运费的,以分程的运费作为计税依据,分别由办理运费结算的各方缴纳印花税。

(13) 未履行的应税合同、产权转移书据,已缴纳的印花税不予退还及抵缴税款。

(14) 纳税人多贴的印花税票,不予退税及抵缴税款。

2) 印花税的计税方法

印花税的应纳税额按照计税依据乘以适用税率计算。其计算公式为

$$应纳税额＝计税依据×适用税率$$

【例 7-15】 某企业某年 12 月开业,当年发生以下有关业务事项:与其他企业订立转移专用技术使用权书据 1 份,所载不含增值税金额 100 万元;订立产品买卖合同 1 份,所载不含增值税金额 200 万元;与银行订立借款合同 1 份,所载不含增值税金额 400 万元。计算该企业上述内容应缴纳的印花税税额。

(1) 企业订立产权转移书据应纳税额:

$$应纳税额＝1\ 000\ 000×0.3‰＝300(元)$$

(2) 企业订立买卖合同应纳税额:

$$应纳税额＝2\ 000\ 000×0.3‰＝600(元)$$

(3) 企业订立借款合同应纳税额:

$$应纳税额＝4\ 000\ 000×0.05‰＝200(元)$$

(4) 当年企业应纳印花税税额:

$$应纳印花税税额＝300＋600＋200＝1\ 100(元)$$

同一应税凭证载有两个以上税目事项并分别列明金额的,按照各自适用的税目税率分别计算应纳税额;未分别列明金额的,从高适用税率。

同一应税凭证由两方以上当事人书立的,按照各自涉及的金额分别计算应纳税额。

已缴纳印花税的营业账簿,以后年度记载的实收资本(股本)、资本公积合计金额比已缴纳印花税的实收资本(股本)、资本公积合计金额增加的,按照增加部分计算应纳税额。

3. 印花税的会计处理

企业在发生纳税义务时,凡是不需要预计应缴税款的,或者与税务机关不存在结算、清算关系的(不会形成税款债务),则直接计算缴纳税金,并且在进行会计处理时,可以不通过"应交税费"账户核算,如印花税、车辆购置税、耕地占用税、契税等。这样进行会计处理,固然可以简化工作量,但"应交税费"及其二级账户不能反映企业缴纳的全部税种及其金额,也

不能通过一个账户了解企业纳税的全貌,从而不便于分析企业的整体税负。因此,本书对包括印花税在内的所有税种,不论大小(税种、金额),也不论是否会形成税金负债,均通过"应交税费"账户核算。

　　由于印花税的适用范围较广,记入的账户应视业务的具体情况予以确定:若是固定资产、无形资产的转让或租赁,作为购买方或承受方、承租方,其支付的印花税应借记"固定资产""无形资产""税金及附加"等;作为销售方或转让方、出租方,其支付的印花税应借记"固定资产清理""其他业务支出"等。在其他情况下,企业支付的印花税应借记"税金及附加"(如果一次购买印花税和缴纳税额较大,需分期摊入费用,可采用"待摊费用"账户)。企业在债务重组时,债务人应缴的印花税应借记"税金及附加",贷记"银行存款";债权人应借记"长期股权投资",贷记"银行存款"。

　　【例 7-16】　某建筑安装公司 8 月承包某工厂建筑工程一项,工程造价为 6 000 万元,按照经济合同法,双方签订建筑承包工程合同。订立建筑安装承包合同,应按合同金额 0.3‰贴花。试计算应交印花税并做会计分录。

$$应交印花税 = 60\ 000\ 000 \times 0.3‰ = 18\ 000(元)$$

借:税金及附加　　　　　　　　　　　　　　　　18 000
　　贷:应交税费——应交印花税　　　　　　　　　　　　　18 000
同时,
借:应交税费——应交印花税　　　　　　　　　　18 000
　　贷:银行存款　　　　　　　　　　　　　　　　　　　18 000

各种合同应于合同正式签订时贴花。建筑公司应在自己的合同正本上贴花 18 000 元,由于该份合同应纳税额超过 500 元,该公司应向税务机关申请填写缴款书或完税证,将其中一联粘贴在合同上或由税务机关在合同上加注完税标记。

7.3　特定目的税纳税实务

7.3.1　土地增值税纳税实务

1. 土地增值税的基本法规

　　土地增值税是对转让国有土地使用权、地上建筑物及其附着物并取得收入的单位和个人,就其转让房地产所取得的增值额征收的一种税。土地增值税法是用以调整国家与土地增值税纳税人之间征纳关系的法律规范。

　　我国开征土地增值税的主要目的是:进一步完善税制,加强对房地产市场的宏观调控,抑制土地投机、获取暴利的行为,增加国家财政收入。

　　1)土地增值税的纳税义务人

　　土地增值税的纳税义务人是转让国有土地使用权、地上的建筑物及其附着物(房地产)并取得收入的单位和个人。不论是法人还是自然人、不论经济性质、不论是内资还是外资,只要有偿转让房地产,都是土地增值税的纳税义务人。

　　2)土地增值税的征税范围

　　土地增值税的征税范围包括以下内容。

（1）转让国有土地使用权

"国有土地"是指按照国家法律规定，属于国家所有的土地。

（2）地上的建筑物及其附着物连同国有土地一并转让

"地上的建筑物"是指建于地上的一切建筑物及地上地下的各种附属设施；"附着物"是指附着于土地上的不能移动或一经移动即遭受损坏的物品。

（3）存量房地产的买卖

存量房地产的买卖是指已经建成并已投入使用的房地产，其房屋所有人将房屋产权和土地使用权一并转让给其他单位和个人。这种行为按照国家有关的房地产法律和法规，应当到有关部门办理房产产权和土地使用权的转移变更手续；原土地使用权属于无偿划拨的，还应到土地管理部门补交土地出让金。

3）土地增值税的税率

土地增值税实行四级超率累进税率，具体见表7-4。

表 7-4　土地增值税实行四级超率累进税率表

级数	增值额与扣除项目金额的比率	税率/%	速算扣除系数/%
1	不超过50%的部分	30	0
2	超过50%～100%的部分	40	5
3	超过100%～200%的部分	50	15
4	超过200%的部分	60	35

4）土地增值税的税收优惠

（1）纳税人建造普通标准住宅出售，且增值额未超过扣除项目金额20%的，免征土地增值税。

（2）因国家建设需要依法征用、收回的房地产，免征土地增值税。

（3）财税〔2008〕137号规定自2015年11月1日起对个人销售住房暂免征收土地增值税。

（4）因城市实施规划、国家建设的需要而搬迁，由纳税人自行转让原房地产的，免征土地增值税。

（5）对企事业单位、社会团体以及其他组织转让旧房作为改造安置住房或公共租赁住房房源，且增值额未超过扣除项目金额20%的，免征土地增值税。

5）土地增值税的征收管理

（1）土地增值税的纳税义务发生时间与纳税地点

由房地产所在地税务机关负责征收。纳税人应当自转让房产合同签订之日起7日内，向房地产所在地税务机关办理纳税申报。因经常发生房地产转让行为而难以在每次转让后纳税申报的纳税人，经税务机关审核同意后，可以定期进行纳税申报，具体情况由税务机关根据具体情况确定。

纳税人转让的房地产坐落在两个或两个以上地区的，应按房地产所在地分别申报、缴纳土地增值税。

（2）土地增值税的缴纳

土地增值税的纳税义务人需按下列法定程序进行纳税手续的办理。

① 纳税人在转让房地产合同签订后 7 日内,到房地产所在地办理纳税申报,并向税务机关提供有关规定的资料。

② 纳税人按照税务机关核定的税额及规定的期限缴纳土地增值税。

③ 纳税人按规定办理纳税手续后,将纳税凭证送到房产、土地管理部门办理产权变更手续。

2. 土地增值税的计税方法

土地增值税的计税依据为纳税人转让土地所取得的增值税额,即纳税人转让土地取得的收入减除规定扣除项目金额后的余额。

1) 应税收入的确定

应税收入是指纳税人转让房地产所取得的全部价款及有关的经济利益,包括货币收入、实物收入以及其他收入在内的全部收入。

2) 扣除项目的确定

转让房地产所得的收入,允许从中扣除的项目,概括起来有以下五项。

(1) 取得土地使用权所支付的金额

取得土地使用权所支付的金额包括以下两方面的内容。

① 纳税人为取得土地使用权所支付的地价款。如果是以协议、招标、拍卖等出让方式取得土地使用权的,地价款为纳税人所支付的土地出让金;如果是以行政划拨方式取得土地使用权的,地价款为按照国家有关规定补交的土地出让金;如果是以转让方式取得土地使用权的,地价款为向原土地使用权人实际支付的地价款。

② 纳税人在取得土地使用权时按国家统一规定缴纳的有关费用。它是指纳税人在取得土地使用权过程中为办理有关手续,按国家统一规定缴纳的有关登记、过户手续费。

(2) 房地产开发成本

房地产开发成本是指纳税人房地产开发项目实际发生的成本,包括土地的征用及拆迁补偿费、前期工程费、建筑安装工程费、基础设施费、公共配套设施费、开发间接费用等。

(3) 房地产开发费用

房地产开发费用是指与房地产开发项目有关的销售费用、管理费用和财务费用。根据现行财务会计制度的规定,这三项费用作为期间费用,直接计入当期损益,不按成本核算对象进行分摊。故作为土地增值税扣除项目的房地产开发费用,不按纳税人房地产开发项目实际发生的费用进行扣除,而需按《中华人民共和国土地增值税暂行条例实施细则》的标准进行扣除。

其中,财务费用中的利息支出,在最高不超过按商业银行同类同期贷款利息的金额的前提下,允许据实扣除;其他房地产开发费用,按第(1)、(2)项规定金额的 5% 以内计算扣除。具体计算公式如下:

$$允许扣除的房地产开发费＝利息＋(取得土地使用权所支付的金额＋房地产开发成本)×5\%$$

如果纳税人不能按转让房地产项目计算分摊利息支出或不能提供金融机构贷款证明的,其允许扣除的房地产开发费用为在以下金额内扣除。具体计算公式如下:

$$允许扣除的房地产开发费＝(取得土地使用权所支付的金额＋房地产开发成本)×10\%$$

(4) 与转让房地产有关的税金

与转让房地产有关的税金是指在转让房地产时缴纳的城市维护建设税、印花税。因转让房地产缴纳的教育费附加,也可视同税金予以扣除。需要明确的是,房地产开发企业按照《施工、房地产开发企业财务制度》有关规定,在转让时缴纳的印花税已列入管理费用中,故不允许再单独扣除。其他纳税人缴纳的印花税(按产权转移书据所载金额的 0.5‰贴花)允许在此扣除。

(5)其他扣除项目

对于从事房地产开发的纳税人,允许其按取得土地使用权所支付的金额和房地产开发成本之和,加计 20%扣除。需要特别指出的是,此条优惠只适用于从事房地产开发的纳税人,除此之外的其他纳税人不适用,其目的是抑制炒买炒卖房地产的投机行为,保护正常开发投资者的积极性。

(6)旧房及建筑物的评估价格

旧房及建筑物的评估价格是指在转让已使用的房屋及建筑物时,由政府批准设立的房地产评估机构评定的重置成本价乘以成新度折扣率后的价格。评估价格须经当地税务机关确认。

3)应纳税额的计算

土地增值税按照纳税人转让房地产所取得的增值税额和规定的税率计算征收。土地增值税应纳税额的计算公式为

$$应纳税额 = \sum(每级距的土地增值税额 \times 适用税率)$$

在实际工作中,一般采取速算扣除法计算,具体计算公式如下:

$$应纳税额 = 增值额 \times 适用税率 - 允许扣除项目金额 \times 速算扣除系数$$

【例 7-17】 保利房地产开发有限公司 4 月转让一块已开发的土地使用权,取得转让收入为 21 000 000 元,为取得土地使用权所支付的金额为 900 000 元,开发土地成本为 4 875 000 元,可在税前扣除土地开发费用为 577 500 元,应纳有关税费为 1 155 000 元。计算该公司应纳土地增值税额。

允许扣除项目金额 = 900 000 + 4 875 000 + 577 500 + 1 155 000 + (900 000 + 4 875 000) × 20%
　　　　　　　　 = 8 662 500(元)

增值额 = 21 000 000 - 8 662 500 = 12 337 500(元)

增值额占允许扣除项目的比率 = 12 337 500 ÷ 8 662 500 × 100% = 142.42%

应纳土地增值税额 = 12 337 500 × 50% - 8 662 500 × 15%
　　　　　　　　 = 6 168 750 - 1 299 375
　　　　　　　　 = 4 869 375(元)

【例 7-18】 某年报达公司(兼营房地产开发)4 月份买进一块土地及土地上建筑物,价值 8 400 000 元。同年 5 月,该企业将土地使用权连同地上建筑物一并转让给另一企业,取得转让收入为 11 000 000 元。假如转让过程中企业上交 9%的增值税,7%的城建税,3%的教育费附加。转让时该建筑物已提旧 1 000 000 元。计算该企业应纳土地增值税额。

企业应交增值税额 = (11 000 000 - 8 400 000) × 9% = 234 000(元)

企业应交城建税额 = 234 000 × 7% = 16 380(元)

企业应交教育费附加 = 234 000 × 3% = 7 020(元)

允许扣除项目金额 = 8 400 000 + 16 380 + 7 020 = 8 423 400(元)

增值额 = 11 000 000 - 8 423 400 = 2 576 600(元)

增值额与允许扣除项目的比率＝2 576 600÷8 423 400×100％＝30.56％

应纳土地增值税额＝2 576 600×30％＝772 980(元)

3. 土地增值税的会计处理

1）土地增值税的账户设置

为了核算企业应缴纳土地增值税的情况,企业应在"应交税费"账户下设置"应交土地增值税"明细账户进行核算。同时,企业负担的土地增值税额,根据具体情况,分别在"税金及附加""其他业务成本""固定资产清理"等账户中列支。

2）土地增值税的会计处理

(1)主营房地产业务的企业土地增值税的会计处理

主营房地产业务的企业,既有房地产开发企业,也有对外经济合作企业、股份制试点企业和外商投资房地产企业等。由于土地增值税是在转让房地产的流转环节中纳税,并且是为了取得当期销售收入而支付的费用,因此,计算应缴土地增值税时,应借记"税金及附加"等,贷记"应交税费——应交土地增值税"。实际缴纳土地增值税时,应借记"应交税费——应交土地增值税",贷记"银行存款"等。

【例7-19】 承例7-17,做相应的会计处理如下。

① 取得转让收入时

借：银行存款   21 000 000

　　贷：主营业务收入   21 000 000

② 计提土地增值税时

借：税金及附加   4 869 375

　　贷：应交税费——应交土地增值税   4 869 375

③ 缴纳土地增值税时

借：应交税费——应交土地增值税   4 869 375

　　贷：银行存款   4 869 375

在实际工作中,纳税人在项目全部竣工前往往已经取得转让房地产的收入。由于涉及成本计算等原因,而无法据以计算土地增值税,这时就需要预缴土地增值税,待项目全部竣工、办理结算后,再进行清算,多退少补。预缴土地增值税的会计处理和企业上缴土地增值税相同。

(2)兼营房地产业务企业土地增值税的会计处理

兼营房地产业务企业应纳土地增值税,在"其他业务成本"账户中列支。兼营房地产业务的企业转让房地产应缴的土地增值税,与其应缴增值税一样,也记入"税金及附加"账户。企业按规定计算出应缴纳的土地增值税时,应借记"税金及附加",贷记"应交税费——应交土地增值税"。企业实际缴纳土地增值税时,应借记"应交税费——应交土地增值税",贷记"银行存款"。

【例7-20】 某兼营房地产业务的金融公司按5 000元/平方米的价格购入一栋两层楼房,共计2 000平方米,支付价款10 000 000元。后来,该公司没有经过任何开发,以9 000元/平方米的价格出售,取得转让收入18 000 000元,缴纳增值税等流转税990 000元。该公司既不能按转让房地产项目计算分摊利息支出,也不能提供金融机构证明。

① 计算应交土地增值税

扣除项目金额＝10 000 000＋10 000 000×10%＋990 000＝11 990 000(元)

增值额＝18 000 000－11 990 000＝6 010 000(元)

增值额占扣除项目的比例＝(6 010 000÷11 990 000)×100%＝50.13%

应交土地增值税＝6 010 000×40%－11 990 000×5%＝1 804 500(元)

② 确认应由当期销售收入负担的土地增值税时

借：税金及附加　　　　　　　　　　　　　　　　1 804 500

　　贷：应交税费——应交土地增值税　　　　　　　　　1 804 500

③ 实际缴纳土地增值税时

借：应交税费——应交土地增值税　　　　　　　　1 804 500

　　贷：银行存款　　　　　　　　　　　　　　　　　　1 804 500

(3) 转让房地产的土地增值税的会计处理

企业转让国有土地使用权连同地上建筑物及其附着物,应通过"固定资产清理"等账户核算,取得的转让收入记入"固定资产清理"等账户的贷方;应缴纳的土地增值税,借记"固定资产清理"等,贷记"应交税费——应交土地增值税"等。转让以行政划拨方式取得的国有土地使用权,也应缴纳土地增值税。企业先将缴纳的土地出让金记入"无形资产"账户,按转让无形资产进行会计处理。

【例7-21】 天缘商贸公司系增值税一般纳税人,在营改增后转让以行政划拨方式取得的土地使用权,转让土地使用权应补交土地出让金5万元,取得土地使用权转让收入21.8万元(含税)。

① 补交出让金时

借：无形资产　　　　　　　　　　　　　　　　　50 000

　　贷：银行存款　　　　　　　　　　　　　　　　　　50 000

② 计算应交增值税和土地增值税时

销售额＝218 000÷(1＋9%)＝200 000(元)

应交增值税＝200 000×9%＝18 000(元)

增值额＝218 000÷(1＋9%)－50 000＝150 000(元)

增值率＝(150 000÷50 000)×100%＝300%

应交土地增值税＝150 000×60%－50 000×35%＝72 500(元)

借：银行存款　　　　　　　　　　　　　　　　　218 000

　　贷：应交税费——应交增值税(销项税额)　　　　　　18 000

　　　　　　　　——应交土地增值税　　　　　　　　　72 500

　　　　无形资产　　　　　　　　　　　　　　　　　　50 000

　　　　资产处置损益　　　　　　　　　　　　　　　　77 500

③ 上缴土地增值税时

借：应交税费——应交土地增值税　　　　　　　　72 500

　　贷：银行存款　　　　　　　　　　　　　　　　　　72 500

7.3.2　车辆购置税纳税实务

1. 车辆购置税的基本法规

车辆购置税法是指国家制定的用以调整车辆购置税征收与缴纳权利及义务关系的法律规范。现行车辆购置税法的基本规范,是于 2018 年 12 月 29 日第十三届全国人民代表大会常务委员会第七次会议通过,并于 2019 年 7 月 1 日起施行的《中华人民共和国车辆购置税法》(以下简称《车辆购置税法》)。征收车辆购置税有利于合理筹集财政资金,规范政府行为,调节收入差距,也有利于配合打击车辆走私和维护国家权益。

1)车辆购置税的纳税人

车辆购置税是以在中国境内购置规定车辆为课税对象、在特定的环节向车辆购置者征收的一种税。就其性质而言,属于直接税的范畴。

车辆购置税的纳税人是指在中华人民共和国境内购置汽车、有轨电车、汽车挂车、排气量超过 150 毫升的摩托车(以下统称应税车辆)的单位和个人。其中购置是指以购买、进口、自产、受赠、获奖或者其他方式取得并自用应税车辆的行为。车辆购置税实行一次性征收。购置已征车辆购置税的车辆,不再征收车辆购置税。

2)车辆购置税的征税范围

车辆购置税以列举的车辆作为征税对象,未列举的车辆不纳税。其征税范围包括汽车、有轨电车、汽车挂车、排气量超过 150 毫升的摩托车。

纳税人进口自用应税车辆是指纳税人直接从境外进口或者委托代理进口自用的应税车辆,不包括在境内购买的进口车辆。

3)车辆购置税的税率

车辆购置税的税率为 10%。

4)车辆购置税的税收优惠

根据《财政部、税务总局关于继续执行的车辆购置税优惠政策的公告》(财政部 税务总局公告 2019 年第 75 号),继续执行的车辆购置税优惠政策如下。

(1)外国驻华使馆、领事馆和国际组织驻华机构及其外交人员自用车辆免征车辆购置税。

(2)中国人民解放军和中国人民武装警察部队列入装备订货计划的车辆免征车辆购置税。

(3)悬挂应急救援专用号牌的国家综合性消防救援车辆免征车辆购置税。

(4)设有固定装置的非运输专用作业车辆免征车辆购置税。

(5)对购置日期在 2024 年 1 月 1 日至 2025 年 12 月 31 日期间的新能源汽车免征车辆购置税,其中,每辆新能源乘用车免税额不超过 3 万元;对购置日期在 2026 年 1 月 1 日至 2027 年 12 月 31 日期间的新能源汽车减半征收车辆购置税,其中,每辆新能源乘用车减税额不超过 1.5 万元。

(6)中国妇女发展基金会"母亲健康快车"项目的流动医疗车免征车辆购置税。

(7)城市公交企业购置的公共汽电车辆免征车辆购置税。

(8)回国服务的在外留学人员用现汇购买 1 辆个人自用国产小汽车和长期来华定居专家进口 1 辆自用小汽车免征车辆购置税。

(9)防汛部门和森林消防部门用于指挥、检查、调度、报汛(警)、联络的由指定厂家生产的设有固定装置的指定型号的车辆免征车辆购置税。

5）车辆购置税的征收管理

车辆购置税由税务机关负责征收。具体征收规定如下。

（1）车辆购置税的纳税申报

纳税人在办理纳税申报时应如实填写车辆购置税纳税申报表，主管税务机关应对纳税申报资料进行审核，确定计税依据、征收税款、核发完税证明。

① 购买自用应税车辆的，应当自购买之日起 60 日内申报纳税。

② 进口自用应税车辆的，应当自进口之日起 60 日内申报纳税。

③ 自产、受赠、获奖或者以其他方式取得并自用应税车辆的，应当自取得之日起 60 日内申报纳税。

④ 免税、减税车辆因转让、改变用途等原因其免税条件消失的，纳税人应在免税条件消失之日起 60 日内到主管税务机关重新申报纳税。

（2）车辆购置税的纳税地点

① 需要办理车辆登记注册手续的纳税人，向车辆登记注册地的主管税务机关办理纳税申报。

② 不需要办理车辆登记注册手续的纳税人，向纳税人所在地征收车辆购置税的主管税务机关办理纳税申报。

车辆购置税实行一车一申报制度。

2. 车辆购置税的计税方法

车辆购置税实行从价定率的办法计算应纳税额。应纳税额的计算公式为

$$应纳税额＝计税价格×税率$$

车辆购置税的计税价格根据不同情况，按照下列规定确定。

（1）纳税人购买自用的应税车辆的计税价格，为纳税人购买应税车辆而支付给销售者的全部价款和价外费用，不包括增值税税款。

（2）纳税人进口自用的应税车辆的计税价格的计算公式为

$$计税价格＝关税完税价格＋关税＋消费税$$

（3）纳税人自产、受赠、获奖或者以其他方式取得并自用的应税车辆的计税价格，由主管税务机关参照最低计税价格核定。国家税务总局参照应税车辆市场平均交易价格，规定不同类型应税车辆的最低计税价格。

（4）纳税人购买自用或者进口自用应税车辆，申报的计税价格低于同类型应税车辆的最低计税价格，又无正当理由的，按照最低计税价格征收车辆购置税。

3. 车辆购置税的会计处理

企业购买、进口、自产、受赠、获奖以及以其他方式取得并自用的应税车辆应缴的车辆购置税，或者当初购置的属于减免税的车辆在转让或改变用途后，按规定应补缴的车辆购置税，借记"固定资产"等，贷记"银行存款""应交税费"等。作为固定资产成本构成的车辆购置税，在车辆使用期间，采用计提折旧方式的，可以在税前扣除。

【例 7-22】 某公司 8 月份购进一辆小汽车，增值税专用发票所列价款 22 万元，增值税额 2.86 万元，9 月份到主管税务机关缴纳车辆购置税。

（1）应纳税额的计算

$$应交车辆购置税＝220\,000×10\%＝22\,000（元）$$

（2）购置时会计业务处理

借：固定资产——小汽车　　　　　　　　　　　　　　242 000

　　应交税费——应交增值税（进项税额）　　　　　　28 600

　　　贷：银行存款/应付账款等　　　　　　　　　　　　　248 600

　　　　应交税费——应交车辆购置税　　　　　　　　　22 000

如果是执行《小企业会计准则》的企业，以收付实现制为会计基础，其缴纳的印花税、耕地占用税、契税、车辆购置税等，不通过"应交税费"科目，直接记入"税金及附加""在建工程""固定资产""无形资产"等相应科目。如本例，小企业购置小汽车，已确认实际支付或应付价款及相关税费时，会计分录如下。

借：固定资产——小汽车　　　　　　　　　　　　　　270 600

　　　贷：银行存款/应付账款等　　　　　　　　　　　　　270 600

（3）下个月公司缴纳车辆购置税时

借：应交税费——应交车辆购置税　　　　　　　　　　22 000

　　　贷：银行存款　　　　　　　　　　　　　　　　　　22 000

7.3.3　耕地占用税纳税实务

1. 耕地占用税的基本法规

耕地占用税法是指国家制定的调整耕地占用税征收与缴纳权利及义务关系的法律规范。现行耕地占用税法的基本规范，是于 2018 年 12 月 29 日第十三届全国人民代表大会常务委员会第七次会议通过的《中华人民共和国耕地占用税法》（以下简称《耕地占用税法》）。

耕地占用税是对占用耕地建房或从事其他非农业建设的单位和个人，就其实际占用的耕地面积征收的一种税，它属于对特定土地资源占用课税。耕地是土地资源中最重要的组成部分，是农业生产最基本的生产资料。但我国人口众多，耕地资源相对较少，要用占世界总量 7% 的耕地，养活占世界总量 22% 的人口，人多地少的矛盾十分突出。为了遏制并逐步改变这种状况，政府决定开征耕地占用税，运用税收经济杠杆与法律、行政等手段相配合，以便有效地保护耕地。通过开征耕地占用税，使那些占用耕地建房及从事其他非农业建设的单位和个人承担必要的经济责任，有利于政府运用税收经济杠杆调节他们的经济利益，引导他们节约、合理地使用耕地资源。这对于保护国土资源，促进农业可持续发展，以及强化耕地管理，保护农民的切身利益等，都具有十分重要的意义。

1）耕地占用税的纳税义务人

耕地占用税的纳税义务人是指在中华人民共和国境内占用耕地建设建筑物、构筑物或者从事非农业建设的单位和个人。

经批准占用耕地的，纳税人为农用地转用审批文件中标明的建设用地人；农用地转用审批文件中未标明建设用地人的，纳税人为用地申请人，其中用地申请人为各级人民政府的，由同级土地储备中心、自然资源主管部门或政府委托的其他部门、单位履行耕地占用税申报纳税义务。

未经批准占用耕地的,纳税人为实际用地人。

2)耕地占用税的征税范围

耕地占用税的征税范围包括纳税人占用耕地建设建筑物、构筑物或者从事非农业建设的国家所有和集体所有的耕地。所称耕地,是指用于种植农作物的土地,包括菜地、园地。其中,园地包括花圃、苗圃、茶园、果园、桑园和其他种植经济林木的土地。

占用鱼塘及其他农用土地建房或从事其他非农业建设,也视同占用耕地,必须依法征收耕地占用税。占用已开发从事种植、养殖的滩涂、草场、水面和林地等从事非农业建设,由省、自治区、直辖市本着有利于保护土地资源和生态平衡的原则,结合具体情况确定是否征收耕地占用税。

3)耕地占用税的计税依据和税率

由于我国不同地区之间人口和耕地资源的分布极不均衡,有些地区人口稠密,耕地资源相对匮乏;而有些地区人烟稀少,耕地资源比较丰富。各地区之间的经济发展水平也有很大差异。考虑到不同地区之间客观条件的差别以及与此相关的税收调节力度和纳税人负担能力方面的差别,耕地占用税在税率设计上采用了地区差别定额税率。税率具体标准如下。

(1)人均耕地不超过1亩的地区(以县、自治县、不设区的市、市辖区为单位,下同),每平方米为10~50元。

(2)人均耕地超过1亩但不超过2亩的地区,每平方米为8~40元。

(3)人均耕地超过2亩但不超过3亩的地区,每平方米为6~30元。

(4)人均耕地超过3亩的地区,每平方米为5~25元。

各地区耕地占用税的适用税额,由省、自治区、直辖市人民政府根据人均耕地面积和经济发展等情况,在规定的税额幅度内提出,报同级人民代表大会常务委员会决定,并报全国人民代表大会常务委员会和国务院备案。各省、自治区、直辖市耕地占用税适用税额的平均水平,不得低于各省、自治区、直辖市耕地占用税平均税额表规定的平均税额(见表7-5)。

表 7-5　各省、自治区、直辖市耕地占用税平均税额表　　　　　单位:元

省、自治区、直辖市	每平方米平均税额
上海	45
北京	40
天津	35
江苏、浙江、福建、广东	30
辽宁、湖北、湖南	25
河北、安徽、江西、山东、河南、重庆、四川	22.5
广西、海南、贵州、云南、陕西	20
山西、吉林、黑龙江	17.5
内蒙古、西藏、甘肃、青海、宁夏、新疆	12.5

在人均耕地低于0.5亩的地区,省、自治区、直辖市可以根据当地经济发展情况,适当提高耕地占用税的适用税额,但提高的部分不得超过确定的适用税额的50%。具体适用税额

需按照规定程序确定。

占用基本农田的,应当按照当地适用税额,加按150％征收。

4) 耕地占用税的税收优惠

耕地占用税对占用耕地实行一次性征收,对生产经营单位和个人不设立减免税,仅对公益性单位和需照顾群体设立减免税。

纳税人改变原占地用途,不再属于免征或减征情形的,应自改变用途之日起30日内申报补缴税款,补缴税款按改变用途的实际占用耕地面积和改变用途时当地适用税额计算。

耕地占用税的免征项目有:军事设施占用耕地;学校、幼儿园、社会福利机构、医疗机构占用耕地;农村烈士遗属、因公牺牲军人遗属、残疾军人以及符合农村最低生活保障条件的农村居民,在规定用地标准以内新建自用住宅,免征耕地占用税。

铁路线路、公路线路、飞机场跑道、停机坪、港口、航道、水利工程占用耕地,减按每平方米2元的税额征收耕地占用税。

农村居民在规定用地标准以内占用耕地新建自用住宅,按照当地适用税额减半征收耕地占用税;其中,农村居民经批准搬迁,新建自用住宅占用耕地不超过原宅基地面积的部分,免征耕地占用税。

5) 耕地占用税的征收管理

耕地占用税由税务机关负责征收。耕地占用税的纳税义务发生时间为纳税人收到自然资源主管部门办理占用耕地手续的书面通知的当日。纳税人应当自纳税义务发生之日起30日内申报缴纳耕地占用税。

纳税人改变原占地用途,需要补缴耕地占用税的,其纳税义务发生时间为改变用途当日,具体为:经批准改变用途的,纳税义务发生时间为纳税人收到批准文件的当日;未经批准改变用途的,纳税义务发生时间为自然资源主管部门认定纳税人改变原占地用途的当日。

未经批准占用耕地的,耕地占用税纳税义务发生时间为自然资源主管部门认定的纳税人实际占用耕地的当日。

纳税人占用耕地,应当在耕地所在地申报纳税。纳税人应按照规定及时办理纳税申报,并如实填写财产和行为税纳税申报表及相应的税源明细表。

2. 耕地占用税的计税方法

耕地占用税的应纳税额计算公式如下。

$$耕地占用税的应纳税额＝实际占用耕地面积(平方米)×适用定额税率$$

【例7-23】 某市一家企业新占用1 000平方米耕地用于厂房建设,所占用耕地适用的定额税率为20元/平方米。请计算该企业应纳耕地占用税的金额。

$$应纳税额＝1 000×20＝20 000(元)$$

3. 耕地占用税的会计处理

由于耕地占用税于占用耕地时一次性缴纳,纳税人可将其记入"长期待摊费用"账户,计算出应交耕地占用税后,借记"长期待摊费用"账户,贷记"应交税费——应交耕地占用税"账户。持续经营中的企业因占用耕地而应交耕地占用税时,借记"在建工程"账户,贷记"应交税费——应交耕地占用税"账户或直接贷记"银行存款"账户。

【例7-24】 某新建服装厂征用一块面积为1万平方米的耕地建厂,当地核定的单位税额是 20 元/平方米。请计算该厂应交耕地占用税并做会计分录。

$$应交耕地占用税＝10\,000×20＝200\,000（元）$$

（1）在筹建期间计提税金时

借：长期待摊费用——开办费　　　　　　　　　　　　　　200 000
　　贷：应交税费——应交耕地占用税　　　　　　　　　　　　　　200 000

（2）开始生产经营当月

借：税金及附加　　　　　　　　　　　　　　　　　　　　200 000
　　贷：长期待摊费用——开办费　　　　　　　　　　　　　　　　200 000

（3）若该厂不作为建设单位而作为生产企业时

借：在建工程　　　　　　　　　　　　　　　　　　　　　200 000
　　贷：应交税费——应交耕地占用税　　　　　　　　　　　　　　200 000

7.3.4　烟叶税纳税实务

1. 烟叶税的基本法规

烟叶税是指对在我国境内从事烟叶收购的单位在收购环节征收的一种税。烟叶税是在全面停止征收农牧业税和农业特产税的前提下，为了维持烟叶征纳农业特产税时的税负水平而开征的。征收烟叶税可以为地方筹集时政资金，还可以通过税收手段对烟叶种植和收购以及烟草行业的生产和经营实施必要的宏观调控。

2017 年 12 月 27 日，第十二届全国人民代表大会常务委员会第十一次会议通过了《中华人民共和国烟叶税法》（以下简称《烟叶税法》），自 2018 年 7 月 1 日起实施。

1）烟叶税的纳税义务人

按照《烟叶税法》的规定，在中华人民共和国境内收购烟叶的单位和个人为烟叶税的纳税义务人。单位是指依照《中华人民共和国烟草专卖法》的规定有权收购烟叶的烟草公司或者受其委托收购烟叶的单位。依照《中华人民共和国烟草专卖法》查处没收的违法收购的烟叶，由收购罚没烟叶的单位按照购买金额计算缴纳烟叶税。

2）烟叶税的征税范围

烟叶税的征税范围是烟叶。烟叶是指晾晒烟叶、烤烟叶。

3）烟叶税的计税依据和税率

烟叶税实行比例税率，税率为 20%。税率的调整由国务院决定。

纳税人收购烟叶的收购金额是烟叶税的计税依据。收购金额包括烟叶收购方支付给销售方的烟叶收购价款和价外补贴。对价外补贴统一暂按烟叶收购价款的 10% 计入收购金额征收烟叶税。收购金额的计算公式为

$$收购金额＝收购价款×（1＋10\%）$$

4）烟叶税的征收管理

烟叶税的纳税义务发生时间为纳税人收购烟叶的当天，即纳税人向烟叶销售者付讫收购烟叶款项或者开具收购烟叶凭据的当天。烟叶税的纳税人应当自纳税义务发生月终了之日起 15 日内申报纳税。其具体纳税期限由主管税务机关核定。烟叶税纳税人应按照规定及时办理纳税申报。根据《国家税务总局关于简并税费申报有关事项的公告》（国家税务总

局公告 2021 年第 9 号),自 2021 年 6 月 1 日起,纳税人申报缴纳城镇土地使用税、房产税、车船税、印花税、耕地占用税、资源税、土地增值税、契税、环境保护税、烟叶税中一个或多个税种时,使用财产和行为税纳税申报表。纳税人新增税源或税源变化时,按规定填报财产和行为税税源明细表。

2. 烟叶税的计税方法

烟叶税应纳税额按照纳税人收购烟叶的收购金额和规定的税率计算,其计算公式为

$$应纳税额 = 烟叶收购金额 \times 20\%$$

对烟叶税纳税人按规定缴纳的烟叶税,准予并入烟叶产品的买价计算增值税的进项税额,可在计算缴纳增值税时予以抵扣。烟叶收购单位收购烟叶时,按照国家有关规定以现金形式直接补贴烟农的生产投入补贴(以下简称价外补贴),属于农产品买价。烟叶收购单位应将价外补贴与烟叶收购价格在同一张农产品收购发票或者销售发票上分别注明,否则,价外补贴不得计算增值税进项税额进行抵扣。

【例 7-25】 某烟草公司是增值税一般纳税人,2024 年 5 月末向农业生产者收购烟叶 20 000 克,烟叶收购价格为 3.5 元/克(含支付价外补贴 10%),总计 70 000 元,货款已全部支付。6 月初商品提回并验收入库。

该纳税人税款计算如下:

应纳烟叶额 = 70 000 × 20% = 14 000(元)

纳税人购进烟叶准予抵扣的增值税进项税额 = (70 000 + 70 000 × 20%) × 9% = 7 560(元)

3. 烟叶税的会计处理

烟叶税通过"应交税费——烟叶税"科目核算。计提烟叶税时,应借记"在途物资"等科目,贷记"应交税费——烟叶税"科目;缴纳烟叶税时,应借记"应交税费——烟叶税"科目,贷记"银行存款"科目。本科目期末贷方余额反映企业应交而未缴的烟叶税。

【例 7-26】 承例 7-25,相应的会计处理如下。

(1) 5 月末,烟叶尚未提回时,根据有关收购凭证等作如下账务处理。

借:在途物资	84 000
应交税费——应交增值税(进项税额)	7 560
贷:银行存款	77 560
应交税费——烟叶税	14 000

(2) 6 月初,烟叶提回入库时,根据收货单等凭证作如下账务处理。

借:库存商品	84 000
贷:在途物资	84 000

7.4 其他相关税种纳税实务

7.4.1 城市维护建设税、教育费附加和地方教育费附加纳税实务

1. 城市维护建设税的基本法规

城市维护建设税是以纳税人实际缴纳的"二税"(增值税、消费税)税额为计税依据而征

收的一种税。

城市维护建设税是一种具有附加税性质的税种,按"二税"税额附加征收,其本身没有特定的、独立的课税对象。开征城市维护建设税的目的主要是筹集城市公用事业和公共设施的维护、建设资金,加快城市开发建设步伐。

1) 城市维护建设税的纳税义务人

在中华人民共和国境内缴纳增值税、消费税的单位和个人,为城市维护建设税的纳税义务人,应当依照规定缴纳城市维护建设税。

对进口货物或者境外单位和个人向境内销售劳务、服务、无形资产缴纳的增值税、消费税税额,不征收城市维护建设税。

采用委托代征、代扣代缴、代收代缴、预缴、补缴等方式缴纳两税的,应当同时缴纳城市维护建设税。

2) 城市维护建设税的计税依据和税率

城市维护建设税的计税依据是纳税人实际缴纳的"二税"之和,但不包括纳税人违反"二税"有关税法而征收的滞纳金和罚款。城建税以"二税"税额为计税依据并同时征收,如果免征或减征"二税",也就同时免征或减征城市维护建设税。但出口产品退还增值税、消费税的,不退还已缴纳的城建税;进口产品需征收增值税、消费税而不缴纳的城建税,简称城建税进口环节不征,或出口环节不退。

城市维护建设税采用比例税率。按纳税人所在地不同,其税率分别为:市区7%,县城和建制镇5%,不在市区、县城或建制镇的1%。城建税的适用税率,应当按纳税人所在地的规定税率执行。但是,对下列两种情况,可按缴纳"二税"所在地的规定税率就地缴纳城建税:一是由受托方代征代扣"二税"的单位和个人,其代征代扣的城建税按受托方所在地适用税率缴纳;二是流动经营等无固定纳税地点的个人,在经营地缴纳"二税"的,其城建税的缴纳按经营地适用税率缴纳。

3) 城市维护建设税的税收优惠

(1) 城市维护建设税随"二税"的减免而减免。

(2) 城市维护建设税随"二税"的退库而退库。

(3) 个别缴纳城市维护建设税确有困难的单位和个人,由县(市)级人民政府审批,酌情给予税收减免。

4) 城市维护建设税的征收管理

(1) 城市维护建设税的纳税地点

城市维护建设税的纳税地点同"二税"的缴纳地点。

① 对代扣、代缴"二税"的单位和个人,其纳税地点为代扣、代缴地。

② 对跨省开采的油田,下属生产单位与核算单位不在同一个省内的,其生产的原油,在油井所在地缴纳城建税。

③ 对管道输油部门的收入,由取得收入的各管理局所在地缴纳城建税。

④ 对流动经营等无固定纳税地点的单位和个人,应随同"二税"在经营地缴纳城建税。

(2) 城市维护建设税的纳税期限

城市维护建设税的纳税期限分别与"二税"的纳税期限一致。关于城建税的具体纳税期限,主管税务机关可根据纳税人应纳税额大小分别核定。不能按照固定期限纳税的,可以依次纳税。

2. 城市维护建设税的计税方法

城建税的应纳税额计算公式为

$$应纳税额＝实际缴纳的"二税"（增值税＋消费税）×适用税率$$

【例7-27】 某县城东方公司2024年4月缴纳增值税320 000元，消费税300 000元。请计算该公司2024年4月应缴纳的城建税。

$$应缴城建税税额＝（320 000＋300 000）×5\%＝31 000（元）$$

3. 城市维护建设税的会计处理

城市维护建设税通过"应交税费——应交城市维护建设税"科目核算。计提城市维护建设税时，应借记"税金及附加"科目，贷记"应交税费——应交城市维护建设税"科目；缴纳城市维护建设税时，应借记"应交税费——应交城市维护建设税"科目，贷记"银行存款"科目。本科目期末贷方余额反映企业应交而未缴的城市维护建设税。

【例7-28】 承例7-27，相应的会计处理如下。

（1）计提税金时

借：税金及附加 31 000

　　贷：应交税费——应交城市维护建设税 31 000

（2）缴纳税金时

借：应交税费——应交城市维护建设税 31 000

　　贷：银行存款 31 000

4. 教育费附加和地方教育费附加的基本法规

教育费附加和地方教育费附加是对缴纳增值税、消费税的单位和个人，就其实际缴纳的税额为计算依据征收的一种附加费。

教育费附加是为了加快地方教育事业、扩大地方教育经费的资金而征收的一项专用基金。1984年，国务院颁布了《关于筹措农村学校办学经费的通知》，开征了农村教育事业经费附加。1985年，中共中央作出了《关于教育体制改革的决定》，指出必须在国家增拨教育基本建设投资和教育经费的同时，充分调动企事业单位和其他各种社会力量办学的积极性，开辟多种渠道筹措经费。为此，国务院于1986年4月28日颁布了《征收教育费附加的暂行规定》，决定从同年7月1日开始在全国范围内征收教育费附加。自2006年9月1日起施行的《中华人民共和国教育法》规定："税务机关依法足额征收教育费附加，由教育行政部门统筹管理，主要用于实施义务教育。省、自治区、直辖市人民政府根据国务院的有关规定，可以决定开征用于教育的地方附加费，专款专用。"2010年财政部下发了《关于统一地方教育费附加政策有关问题的通知》，对各省、自治区、直辖市的地方教育费附加进行了统一。

1）教育费附加和地方教育费附加的征收范围及计征依据

教育费附加和地方教育费附加对缴纳增值税、消费税的单位和个人征收，以其实际缴纳的增值税、消费税税款为计征依据，分别与增值税、消费税同时缴纳。

对海关进口的产品征收的增值税、消费税，不征收教育费附加。

教育费附加、地方教育费附加计征依据与城市维护建设税计税依据一致。

2）教育费附加和地方教育费附加计征比率

教育费附加计征比率为3%。教育费附加计征比率曾几经变化，1986年开征时，规定为

1%；1990 年 5 月《国务院关于修改〈征收教育费附加的暂行规定〉的决定》中规定为 2%；按照 1994 年 2 月 7 日《国务院关于教育费附加征收问题的紧急通知》的规定，教育费附加计征比率为 3%。地方教育费附加计征比率从 2010 年起统一为 2%。

3）教育费附加和地方教育费附加的税收优惠

（1）对由于减免增值税、消费税而发生退税的，可同时退还已征收的教育费附加。但对出口产品退还增值税、消费税的，不退还已征的教育费附加。

（2）对国家重大水利工程建设基金免征教育费附加。

（3）自 2016 年 2 月 1 日起，按月纳税的月销售额或营业额不超过 10 万元（按季度纳税的季度销售额或营业额不超过 30 万元）的纳税义务人，免征教育费附加、地方教育费附加。

（4）自 2022 年 1 月 1 日至 2024 年 12 月 31 日，由省、自治区、直辖市人民政府根据本地区实际情况，以及宏观调控需要确定，对增值税小规模纳税人、小型微利企业和个体工商户可以在 50% 的税额幅度内减征教育费附加、地方教育费附加。

4）教育费附加和地方教育费附加的征收管理

（1）教育费附加和地方教育费附加的缴纳管理

教育费附加和地方教育费附加，分别与消费税、增值税同时缴纳。

（2）教育费附加和地方教育费附加的纳税期限

教育费附加和地方教育费附加的纳税期限与"二税"的纳税期限一致。

5．教育费附加和地方教育费附加的计算

教育费附加和地方教育费附加的计算公式为

应纳教育费＝纳税人实际缴纳的"二税"（增值税＋消费税）×征收率（3%或 2%）

【例 7-29】 承例 7-27，请计算当月应缴纳的教育费附加的金额。

应缴教育费附加金额＝（320 000＋300 000）×3%＝18 600（元）

6．教育费附加和地方教育费附加的会计处理

教育费附加和地方教育费附加通过"应交税费——应交教育费附加""应交税费——应交地方教育费附加"科目核算。计提教育费附加或地方教育费附加时，应借记"税金及附加"科目，贷记"应交税费——应交教育费附加"科目或"应交税费——应交地方教育费附加"科目；缴纳教育费附加时，应借记"应交税费——应交教育费附加"科目或"应交税费——应交地方教育费附加"科目，贷记"银行存款"科目。本科目期末贷方余额反映企业应交而未缴的教育费附加。

【例 7-30】 承例 7-29，相关会计处理如下。

（1）计提教育费附加时

借：税金及附加　　　　　　　　　　　　　　　　　18 600

　　贷：应交税费——应交教育费附加　　　　　　　　　　18 600

（2）缴纳教育费附加时

借：应交税费——应交教育费附加　　　　　　　　　18 600

　　贷：银行存款　　　　　　　　　　　　　　　　　　18 600

7.4.2 环境保护税纳税实务

1. 环境保护税的基本法规

环境保护税是为了保护和改善环境,减少污染物排放,推进生态文明建设而征收的一种税。2016 年 12 月 25 日,《中华人民共和国环境保护法》在第十二届全国人大常委会第二十次会议上获表决通过,并于 2018 年 1 月 1 日起实施。

1) 环境保护税的纳税义务人

在中华人民共和国领域和中华人民共和国管辖的其他海域,直接向环境排放应税污染物的企业事业单位和其他生产经营者为环境保护税的纳税义务人。按照规定,不再征收污染费。

2) 环境保护税的征税范围

环境保护税的征税范围包括大气污染物、水污染物、固体废物和噪声四类污染物,具体按照《环境保护税法》所附环境保护税目税额表及应税污染物和当量值表的规定执行。

有下列情形之一的,不属于直接向环境排放污染物,不缴纳相应污染物的环境保护税。

(1)企业事业单位和其他生产经营者向依法设立的污水集中处理、生活垃圾集中处理场所排放应税污染物的。

(2)企业事业单位和其他生产经营者在符合国家和地方环境保护标准的设施、场所储存或者处置固体废物的。

依法设立的城乡污水集中处理、生活垃圾集中处理场所超过国家和地方规定的排放标准向环境排放应税污染物的,应当缴纳环境保护税。

企业事业单位和其他生产经营者储存或者处置固体废物不符合国家和地方环境保护标准的,应当缴纳环境保护税。

3) 环境保护税的税率

环境保护税税目税额表,具体见表 7-6。

表 7-6 环境保护税税目税额表

税 目		计税单位	税 额	备 注
大气污染物		每污染当量	1.2～12 元	
水污染物		每污染当量	1.4～14 元	
固体废物	煤矸石	每吨	5 元	
	尾矿	每吨	15 元	
	危险废物	每吨	1 000 元	
	冶炼渣、粉煤灰、炉渣、其他固体废物(含半固体、液体废物)	每吨	25 元	

续表

税　目		计税单位	税　额	备　注
噪声	工业噪声	超标 1～3 分贝	每月 350 元	1. 一个单位边界上有多处声超标，根据最高一处超标声级计算应纳税额；当沿边界长度超过 100 米有两个以上超标，按照两个单位计算应纳税额。2. 一个单位有不同地点作业场所，应当分别计算应纳税额，合并计征。3. 昼、夜均超标的环境噪声，昼、夜分别计算应纳税额，累计计征。4. 声源一个月内超标不足 15 天的，减半计算应纳税额。5. 夜间频繁突发和夜间偶然突发厂界超标噪声，按等效声级和峰值两种指标中超标分贝值高的一项计算应纳税额
		超标 4～6 分贝	每月 700 元	
		超标 7～9 分贝	每月 1 400 元	
		超标 10～12 分贝	每月 2 800 元	
		超标 13～15 分贝	每月 5 600 元	
		超标 16 分贝以上	每月 11 200 元	

政府统筹考虑本地区环境承载能力、污染物排放现状和经济社会生态发展目标要求，在规定的税额幅度内提出，报同级人民代表大会常务委员会决定，并报全国人民代表大会常务委员会和国务院备案。

4）环境保护税的计税依据

环境保护税的计税依据，按照下列方法确定：

（1）应税大气污染物按照污染物排放量折合的污染当量数确定；

（2）应税水污染物按照污染物排放量折合的污染当量数确定；

（3）应税固体废物按照固体废物的排放量确定；

（4）应税噪声按照超过国家规定标准的分贝数确定。

5）环境保护税税收优惠

下列情况，暂予免征环境保护税：

（1）农业生产（不包括规模化养殖）排放应税污染物的；

（2）机动车、铁路机车、非道路移动机械、船舶和航空器等流动污染源排放应税污染物的；

（3）依法设立的城乡污水集中处理、生活垃圾集中处理场所排放相应应税污染物，不超过国家和地方规定的排放标准的；

（4）纳税人综合利用的固体废物，符合国家和地方环境保护标准的；

（5）国务院批准免税的其他情形。

下列情况，暂予减征环境保护税：

（1）纳税人排放应税大气污染物或者水污染物的浓度值低于国家和地方规定的污染物排放标准 30% 的，减按 75% 征收环境保护税；

（2）纳税人排放应税大气污染物或者水污染物的浓度值低于国家和地方规定的污染物排放标准 50% 的，减按 50% 征收环境保护税。

6）环境保护税的征收管理

环境保护税的纳税义务发生时间为纳税人排放应税污染物的当日。环境保护税按月计算，按季申报缴纳。不能按固定期限计算缴纳的，可以按次申报缴纳。纳税人按季申报缴纳的，应当自季度终了之日起 15 日内，向税务机关办理纳税申报并缴纳税款。纳税人按次申报缴纳的,应当自纳税义务发生之日起 15 日内,向税务机关办理纳税申报并缴纳税款。

纳税人应当向应税污染物排放地的税务机关申报缴纳环境保护税。纳税人跨区域排放应税污染物,税务机关对税收征收管辖有争议的,由争议各方按照有利于征收管理的原则协商解决;不能协商一致的,报请共同的上级税务机关决定。

2. 环境保护税的计税方法

环境保护税实行从量定额的办法计算应纳税额。应纳税额的计算公式为

应税大气污染物的应纳税额＝污染当量数×具体适用税额

应税水污染物的应纳税额＝污染当量数×具体适用税额

应税固体废物的应纳税额＝固体废物排放量×具体适用税额

应税噪声的应纳税额＝超过国家规定标准的分贝数对应的具体适用税额

应税大气污染物、水污染物、固体废物的排放量和噪声的分贝数,按照下列方法和顺序计算。

(1) 纳税人安装使用符合国家规定和监测规范的污染物自动监测设备的,按照污染物自动监测数据计算。

(2) 纳税人未安装使用污染物自动监测设备的,按照监测机构出具的符合国家有关规定和监测规范的监测数据计算。

(3) 因排放污染物种类多等原因不具备监测条件的,按照国务院环境保护主管部门规定的排污系数、物料衡算方法计算。

(4) 不能按上述第 1 项至第 3 项规定的方法计算的,按照省、自治区、直辖市人民政府环境保护主管部门的抽样测算的方法核定计算。

【例 7-31】　某企业 2024 年 6 月向大气直接排放二氧化硫 160 吨、氮氧化物 228 吨、烟尘 45 吨、一氧化碳 20 吨,该企业所在地区大气污染物的税额标准为 1.2 元/污染当量(千克),该企业只有一个排放口。已知二氧化硫、氮氧化物的污染当量值为 0.95,烟尘污染当量值为 2.18,一氧化碳污染当量值为 16.7。请计算该企业 6 月大气污染物应缴纳的环境保护税(结果保留两位小数)。

① 计算各污染物的污染当量数(补充:1 吨＝1 000 千克):

二氧化硫:　　　　　160×1 000÷0.95＝168 421.05

氮氧化物:　　　　　228×1 000÷0.95＝240 000

烟尘:　　　　　　　45×1 000÷2.18＝20 642.20

一氧化碳:　　　　　20×1 000÷16.7＝1 197.60

② 按污染物的污染当量数排序:

氮氧化物(240 000)＞二氧化硫(168 421.05)＞烟尘(20 642.20)＞一氧化碳(1 197.60)

③ 选取前三项污染物计算应纳税额:

氮氧化物:　　　　　240 000×1.2＝288 000(元)

二氧化硫:　　　　　168 421.05×1.2＝202 105.26(元)

烟尘:　　　　　　　20 642.20×1.2＝24 770.64(元)

该企业 6 月应纳环保税税额＝288 000＋202 105.26＋24 770.64＝514 875.90(元)

3. 环境保护税的会计处理

环境保护税通过"应交税费——应交环境保护税"科目核算。计提环境保护税时,应借

记"税金及附加"等科目,贷记"应交税费——应交环境保护税"科目;缴纳环境保护税时,应借记"应交税费——应交环境保护税"科目,贷记"银行存款"科目。本科目期末贷方余额反映企业应交而未缴的环境保护税。

【例 7-32】 承例 7-31,相应的会计处理如下。

计算出环境保护税时的账务处理如下。

借:税金及附加　　　　　　　　　　　　　　　　514 875.90

　　贷:应交税费——应交环境保护税　　　　　　　　　　514 875.90

实际缴纳环境保护税的账务处理如下。

借:应交税费——应交环境保护税　　　　　　　　514 875.90

　　贷:银行存款　　　　　　　　　　　　　　　　　　514 875.90

7.4.3 船舶吨税纳税实务

1. 船舶吨税的基本法规

船舶吨税是根据船舶运载量课征的一个税种,源于明朝以后税关的"船料"。中英鸦片战争后,海关对出入中国口岸的商船按船舶吨位计征税款,故称船舶吨税。除海关外,内地常关也对过往船只征船料,直到 1931 年常关撤销时,船料废止。现行船舶吨税的基本规范是于 2017 年 12 月 27 日第十二届全国人民代表大会常务委员会第三十一次会议通过的《中华人民共和国船舶吨税法》(简称《船舶吨税法》),于 2018 年 7 月 1 日起施行,经 2018 年 10 月 26 日第十三届全国人民代表大会常务委员会第六次会议修改,于同日以中华人民共和国主席令第十六号公布。

1) 船舶吨税的纳税义务人

对自中国境外港口进入中国境内港口的船舶(简称应税船舶)征收船舶吨税(简称吨税),以应税船舶负责人为纳税义务人。

2) 船舶吨税的税率

吨税税目按船舶净吨位的大小分等级设置为 4 个税目。税率采用定额税率,分为 30日、90 日和 1 年三种不同的税率,具体分为两类:普通税率和优惠税率,我国国籍的应税船舶,船籍国(地区)与我国签订含有互相给予船舶税费最惠国待遇条款的条约或者协定的应税船舶,适用优惠税率;其他应税船舶,适用普通税率。我国现行吨税税目税率见表 7-7。

表 7-7　吨税税目税额表

税目 (按船舶净吨位划分)	税率/(元/净吨)					
	普通税率 (按执照期限划分)			优惠税率 (按执照期限划分)		
	1 年	90 日	30 日	1 年	90 日	30 日
不超过 2 000 净吨	12.6	4.2	2.1	9.0	3.0	1.5
超过 2 000 净吨,但不超过 10 000 净吨	24.0	8.0	4.0	17.4	5.8	2.9
超过 10 000 净吨,但不超过 50 000 净吨	27.6	9.2	4.6	19.8	6.6	3.3
超过 50 000 净吨	31.8	10.6	5.3	22.8	7.6	3.8

3）船舶吨税的计税依据

吨税以船舶净吨位为计税依据。拖船按照发动机功率每千瓦折合净吨位 0.67 吨,无法提供净吨位证明文件的游艇按照发动机功率每千瓦折合净吨位 0.05 吨,拖船和非机动驳船分别按相同净吨位船舶税率的 50% 计征。

4）船舶吨税税收优惠

符合下列情况,免征吨税:

(1) 应纳税额在人民币 50 元以下的船舶;

(2) 自境外以购买、受赠、继承等方式取得船舶所有权的初次进口到港的空载船舶;

(3) 吨税执照期满后 24 小时内不上下客货的船舶;

(4) 非机动船舶(不包括非机动驳船):自身没有动力装置,依靠外力驱动的船舶;

(5) 捕捞、养殖渔船;

(6) 避难、防疫隔离、修理、改造、终止运营或者拆解,并不上下客货的船舶;

(7) 军队、武装警察部队专用或者征用的船舶;

(8) 警用船舶;

(9) 依照法律规定应当给予免税的外国驻华使领馆、国际组织驻华代表机构及其有关人员的船舶;

(10) 国务院规定的其他船舶(由国务院报全国人民代表大会常务委员会备案)。

上述(5)~(9)项优惠,应当提供海事部门、渔业船舶管理部门或者出入境检验检疫部门等部门、机构出具的具有法律效力的证明文件或者使用关系证明文件,申明免税理由。

在吨税执照期限内,应税船舶发生下列情形之一的,海关按照实际发生的天数批注延长吨税执照期限:

(1) 避难、防疫隔离、修理、改造,并不上下客货;

(2) 军队、武装警察部队征用;

(3) 应税船舶因不可抗力在未设立海关地点停泊的,船舶负责人应当立即向附近海关报告,并在不可抗力原因消除后,向海关申报纳税。

应当提供海事部门、船舶管理部门或者出入境检验检疫部门等部门、机构出具的具有法律效力的证明文件或者使用关系证明文件,申明延长吨税执照期限的依据和理由。

5）船舶吨税的征收管理

(1) 船舶吨税的纳税义务发生时间为应税船舶进入港口的当日。

(2) 船舶吨税由海关负责征收。海关征收船舶吨税应当制发缴税凭证。

(3) 应税船舶在吨税执照期满后尚未离开港口的,应当申领新的吨税执照,自上一次执照期满的次日起续缴船舶吨税。

(4) 应税船舶负责人应当自海关填发船舶吨税缴款凭证之日起 15 日内缴清税款。未按期缴清税款的,自滞纳税款之日起至缴清税款之日止,按日加收滞纳税款 0.5‰ 的滞纳金。

应税船舶到达港口前,经海关核准先行申报并办结出入境手续的,应税船舶负责人应当向海关提供与其依法履行船舶吨税缴纳义务相适应的担保;应税船舶到达港口后,向海关申报纳税。下列财产、权利可以用作担保:

（1）人民币、可自由兑换货币；

（2）汇票、本票、支票、债券、存单；

（3）银行、非银行金融机构的保函；

（4）海关依法认可的其他财产、权利。

海关发现少征或者漏征税款的,应当自应税船舶应当缴纳税款之日起1年内,补征税款。但因应税船舶违反规定造成少征或者漏征税款的,海关可以自应当缴纳税款之日起3年内追征税款,并自应当缴纳税款之日起按日加征少征或者漏征税款0.5‰的滞纳金。

海关发现多征税款的,应当在24小时内通知应税船舶办理退还手续,并加算银行同期活期存款利息。

应税船舶发现多缴税款的,可以自缴纳税款之日起3年内以书面形式要求海关退还多缴的税款并计算银行同期活期存款利息;海关应当自受理退款申请之日起30日内查实并通知应税船舶办理退还手续。

应税船舶应当自收到退税通知之日起30日内办理有关退还手续。

2. 船舶吨税的计税方法

吨税按照船舶净吨位和吨税执照期限征收,应税船舶负责人在每次申报纳税时,可以按照吨税税目税率表选择申领一种期限的吨税执照。应纳税额的计算公式为

$$应纳税额＝应税船舶净吨位×适用税率$$

海关根据船舶负责人的申报,审核其申报吨位与其提供的船舶吨位证明和船舶国籍证书或者海事部门签发的船舶国籍证书收存证明相符后,按其申报执照的期限计征吨税,并填发缴款凭证交船舶负责人缴纳税款。

【例7-33】 2024年5月20日,A国某运输公司一艘货轮驶入我国某港口,该货轮净吨位为40 000吨,货轮负责人已向我国该海关领取了吨税执照,在港口停留期限为30天,A国已与我国签订有相互给予船舶税费最惠国待遇条款。请计算该货轮负责人应向我国海关缴纳的船舶吨税。

根据船舶吨税的相关规定,该货轮应享受优惠税率,每净吨位为3.3元。

$$应缴纳船舶吨税＝40 000×3.3＝132 000(元)$$

7.5 其他税种纳税实务模拟操作

7.5.1 模拟操作案例

1. 模拟案例（一）

1) 企业概况

（1）纳税人名称：哈尔滨市立信房地产开发股份有限公司。

（2）纳税人类型：股份有限责任公司。

（3）法定代表人：张海旭。

（4）地址及电话：哈尔滨市香坊区新发路26号 0451-88240278。

（5）开户行及账号：工商银行哈尔滨市香坊区支行 350004310900680764。

（6）纳税人识别号（统一社会信用代码）：230110690710126346。

（7）主管税务机关：哈尔滨市香坊区税务局。

2）业务资料 1

该企业于 2023 年 1 月 1 日成立开业，主要从事房地产开发。

业务 1：2023 年 1 月 1 日成立开业时，领受工商营业执照正副本各 1 件，不动产权证 1 件，商标注册证 1 件，设立总账、明细账等经营账簿 9 本。其中资金账簿 1 本，记载的实收资本为 20 000 000 元，资本公积金为 5 000 000 元。

业务 2：2023 年 1 月 10 日与新华保险公司哈尔滨市分公司签订财产保险合同 1 份，投保金额 4 000 000 元，缴纳保险费 50 000 元；与哈尔滨市联塑建筑材料有限公司签订货物买卖合同 1 份，所载金额 5 000 000 元。与哈尔滨市天一建筑公司签订建设工程合同一份，合同金额 10 000 000 元。

业务 3：2023 年 2 月 8 日，通过网上申报并电子转账缴纳印花税 17 000 元。

3）业务资料 2

2023 年 3 月 15 日，哈尔滨市立信房地产开发股份有限公司与哈尔滨市国土资源局签订了哈尔滨市南岗区学府路 101 号国有土地受让合同，拟建造西城商业中心，土地面积 20 000 平方米，每平方米出让价格为 10 000 元，合计 20 000 万元。3 月 20 日通过银行转账付清土地价款。当地政府核定的契税税率为 5%，契税已缴纳并取得完税凭证。

哈尔滨市国土资源局机构组织代码：69076870-5；地址：哈尔滨市道里区红霞街 208 号；联系电话：0451-84326672。

2. 模拟案例（二）

1）企业概况

（1）纳税人名称：哈尔滨市中煤集团股份有限公司。

（2）纳税人类型：股份责任公司（增值税一般纳税人）。

（3）法定代表人：张福禄。

（4）地址及电话：哈尔滨市香坊区珠江路 101 号　0451-89465451。

（5）开户行及账号：工商银行哈尔滨市香坊区支行　3500043109006889901。

（6）纳税人识别号（统一社会信用代码）：230110690700726321。

（7）主管税务机关：哈尔滨市香坊区税务局。

2）业务资料 1

按业务次序逐笔计提资源税，资源税税率为 2%，本年度增值税税率为 13%。

业务 1：本月领用本企业生产原煤 100 吨发放给职工个人生活使用，单位成本 400 元，单位售价 650 元（不含增值税），取得领料单一份。

业务 2：2023 年 5 月销售给哈尔滨热电厂股份有限公司原煤 20 000 吨，单位售价 650 元（不含增值税），开出增值税专用发票，款项已收到。

业务 3：2023 年 5 月，中煤公司使用本矿生产的原煤加工洗煤 8 000 吨并全部对外销售，单位售价 800 元（不含增值税），开出增值税专用发票一份，相关款项已收到。已知该矿加工洗煤的折算率为 80%。

3）业务资料2

2023年6月10日,从美国进口别克轿车一部,海关核定的到岸价格为60 000美元（关税完税价格与到岸价格相同）,当日美元与人民币的汇率为1∶6.75,进口关税税率为20%,消费税税率为10%,增值税税率为13%。当月18日从哈尔滨市丰田汽车华晟4S店购入丰田凯美瑞轿车一部,含增值税价款22.6万元。上述两项购车款已全部付清。

进口车辆应交的进口关税、进口增值税和进口消费税都已缴纳,车辆购置税也已申报缴纳。已取得相关原始凭证。

3. 模拟案例（三）

北京建航购物中心有限公司（统一社会信用代码：911101088022119394）拥有一地下商场的土地房屋产权证,该房产原值为500万元,不动产权证号：201400167,房产自用,房产原值减除比例30%。

该公司土地等级为三级,商场占地面积为3 000平方米,土地编号：茂国用（2014）02005147。每平方米税额为18元/平方米,土地坐落地点即公司通信地址：北京市东城区海运仓街道2号,减免性质代码：10129901。减免项目名称：地下建筑用地暂按50%征收城镇土地使用税。

7.5.2　模拟操作要求与指导

1. 模拟操作要求

（1）计算立信公司应纳的印花税、契税;对相关涉税业务进行会计处理;填制相关税种的纳税申报表。

（2）计算中煤公司应纳的资源税、车辆购置税;对相关涉税业务进行会计处理;填制相关税种的纳税申报表。

（3）计算北京建航购物中心有限公司应纳的房产税、城镇土地使用税;对相关涉税业务进行会计处理;填制相关税种的纳税申报表。

2. 模拟操作指导

（1）向学生讲解案例涉及各税应纳税额的计算方法并指导其计算。

（2）向学生讲解案例涉税业务的会计处理方法并指导其进行账务处理。

（3）向学生讲解案例涉及各税纳税申报表的填制方法并指导其填制纳税申报表。

7.5.3　模拟操作执行

1. 模拟案例（一）执行

1）印花税涉税业务处理

（1）税额计算与会计处理

业务1：

根据营业账簿的实收资本和资本公积金额,计算应纳印花税额：

营业账簿印花税＝(20 000 000＋5 000 000)×0.25‰＝6 250(元)

根据所计算的应纳印花税额进行会计处理如下。

借：税金及附加　　　　　　　　　　　　　　　　　　6 250

　　贷：应交税费——应交印花税　　　　　　　　　　　　　6 250

业务2：

根据所签订的合同及其所载金额，分别计算应纳印花税额：

财产保险合同印花税＝50 000×1‰＝50(元)

买卖合同印花税＝5 000 000×0.3‰＝1 500(元)

建设工程合同印花税＝10 000 000×0.3‰＝3 000(元)

应纳印花税合计＝50＋1 500＋3 000＝4 550(元)

根据所计算的应纳印花税额进行会计处理如下。

借：税金及附加　　　　　　　　　　　　　　　　　　4 550

　　贷：应交税费——应交印花税　　　　　　　　　　　　　4 550

业务3：

根据印花税缴税凭证进行会计处理如下。

借：应交税费——应交印花税　　　　　　　　　　　　17 000

　　贷：银行存款　　　　　　　　　　　　　　　　　　　17 000

(2) 填制印花税税源明细表

填制印花税税源明细表，具体填表结果见表7-8。

根据印花税税源明细表生成的财产和行为税纳税申报表，具体结果见表7-9。

2) 契税业务处理

(1) 契税税额计算与会计处理

根据土地受让合同，计算应纳契税税额：

应纳契税＝20 000×5％＝1 000(万元)

进行应纳契税的会计处理如下。

借：在建工程　　　　　　　　　　　　　　　　10 000 000

　　贷：应交税费——应交契税　　　　　　　　　　　10 000 000

根据契税完税凭证进行会计处理如下。

借：应交税费——应交契税　　　　　　　　　　　10 000 000

　　贷：银行存款　　　　　　　　　　　　　　　　10 000 000

(2) 填制契税税源明细表

具体填制结果见表7-10。

根据契税税源明细表生成的财产和行为税纳税申报表，具体结果见表7-11。

表 7-8 2023 年 1 月份印花税税源明细表

纳税人识别号（统一社会信用代码）：2 3 0 1 1 0 6 9 0 7 1 0 1 2 6 3 4 6

纳税人名称：哈尔滨市立信房地产开发股份有限公司

金额单位：人民币元（列至角分）

序号	*税目	*税款所属期起	*税款所属期止	应纳税凭证编号	应纳税凭证书立（领受）日期	*计税金额或件数	核定比例	*税率	减免性质代码和项目名称
					按期申报				
1									
2									
3									
					按次申报				
1	营业账簿	2023-01-01	2023-01-31			25 000 000.00		0.25‰	
2	财产保险合同	2023-01-01	2023-01-31			50 000.00		1‰	
3	买卖合同	2023-01-01	2023-01-31			5 000 000.00		0.3‰	
4	建设工程合同	2023-01-01	2023-01-31			10 000 000.00		0.3‰	

表7-9 财产和行为税纳税申报表——印花税

纳税人识别号(统一社会信用代码):2 3 0 1 1 0 6 9 0 7 1 0 1 2 6 3 4 6

纳税人名称:哈尔滨市立信房地产开发股份有限公司

金额单位:人民币元(列至角分)

序号	税种	税目	税款所属期起	税款所属期止	计税依据	税率	应纳税额	减免税额	已缴税额	应补(退)税额
1	印花税	营业账簿	2023-01-01	2023-01-31	25 000 000.00	0.25‰	6 250.00	0	0	6 250.00
2	印花税	财产保险合同	2023-01-01	2023-01-31	50 000.00	1‰	50.00	0	0	50.00
3	印花税	买卖合同	2023-01-01	2023-01-31	5 000 000.00	0.3‰	1 500.00	0	0	1 500.00
4	印花税	建设工程合同	2023-01-01	2023-01-31	10 000 000.00	0.3‰	3 000.00	0	0	3 000.00
5										
6										
7										
8										
9										
10										
11	合计	—	—	—	—	—	10 800.00	0	0	10 800.00

声明:此表是根据国家税收法律法规及相关规定填写的,本人(单位)对填报内容(及附带资料)的真实性、可靠性、完整性负责。

纳税人(签章):　　　　年　月　日

经办人:	受理人:
经办人身份证号:	受理税务机关(章):
代理机构签章:	受理日期:　年　月　日
代理机构统一社会信用代码:	

纳税人识别号（统一社会信用代码）：②③⓪①①①⓪⑥⑨⓪⑦①①⓪①②⑥③④⑥

纳税人名称：哈尔滨市立信房地产开发股份有限公司

金额单位：元至角分；面积单位：平方米

表 7-10　契税税源明细表

* 税源编号	系统自动生成	* 土地房屋坐落地址	哈尔滨市南岗区学府路 101 号	不动产单元代码	
合同编号		* 合同签订日期	2023 年 3 月 15 日	* 共有方式	☑ 单独所有/按份共有　□ 共同共有　（共有人：_____）
* 权属转移对象	土地	* 权属转移方式	国有土地使用权出让	* 用途	商业用地
* 成交价格	200 000 000.00	* 权属转移面积	20 000	* 成交单价	10 000.00
* 评估价格		* 计税价格	200 000 000.00		200 000 000.00
* 适用税率	5%	减免性质代码和项目名称			

表 7-11　财产和行为税纳税申报表——契税

纳税人识别号(统一社会信用代码)：②③⓪①①①⓪⑥⑨⓪⑦①⓪①②⑥③④⑥

纳税人名称：哈尔滨市立信房地产开发股份有限公司

金额单位：人民币元(列至角分)

序号	税种	税目	税款所属期起	税款所属期止	计税依据	税率	应纳税额	减免税额	已缴税额	应补(退)税额
1	契税	—	2023-03-01	2023-03-31	200 000 000.00	5%	10 000 000.00	0	0	10 000 000.00
2										
3	合计	—	—	—	—	—	10 000 000.00	0	0	10 000 000.00

声明：此表是根据国家税收法律法规及相关规定填写的，本人(单位)对填报内容(及附带资料)的真实性、可靠性、完整性负责。

纳税人(签章)：

年　月　日

经办人：

经办人身份证号：

代理机构签章：

代理机构统一社会信用代码：

受理人：

受理税务机关(章)：

受理日期：　年　月　日

2. 模拟案例（二）执行

1）中煤公司资源税业务处理

（1）资源税应纳税额计算及会计处理

业务1：

根据此笔领用原煤原始凭证，按照税法的规定确认收入，计算销项税额和资源税应纳税额如下：

$$应确认的收入＝650×100＝65\,000（元）$$

$$销项税额＝65\,000×13\%＝8\,450（元）$$

$$应交资源税＝100×650×2\%＝1\,300（元）$$

进行领用原煤的会计处理如下。

借：应付职工薪酬——非货币性福利	73 450	
贷：主营业务收入		65 000
应交税费——应交增值税（销项税额）		8 450

根据本业务计算的应纳资源税进行会计处理如下。

借：税金及附加	1 300	
贷：应交税费——应交资源税		1 300

业务2：

进行销售业务和销项税的会计处理如下。

借：银行存款	14 690 000	
贷：主营业务收入		13 000 000
应交税费——应交增值税（销项税额）		1 690 000

根据此笔销售业务原始凭证计算资源税应纳税额如下：

$$应交资源税＝20\,000×650×2\%＝260\,000（元）$$

应纳资源税的会计处理如下。

借：税金及附加	260 000	
贷：应交税费——应交资源税		260 000

业务3：

进行销售业务和销项税额的会计处理如下。

借：银行存款	7 232 000	
贷：主营业务收入		6 400 000
应交税费——应交增值税（销项税额）		832 000

根据此笔销售业务原始凭证计算资源税应纳税额如下：

$$应交资源税＝8\,000×800×80\%×2\%＝10\,2400（元）$$

进行应纳资源税会计处理如下：

借：税金及附加	10 2400	
贷：应交税费——应交资源税		10 2400

根据完税凭证进行会计处理如下：

借：应交税费——应交资源税	363 700	
贷：银行存款		363 700

（2）填制资源税税源明细表

具体填制结果见表7-12。

表7-12　资源税税源明细表

税款所属期限：自2023年5月1日至2023年5月31日

纳税人识别号(统一社会信用代码)：$\boxed{2}\boxed{3}\boxed{0}\boxed{1}\boxed{1}\boxed{0}\boxed{6}\boxed{9}\boxed{0}\boxed{7}\boxed{0}\boxed{0}\boxed{7}\boxed{2}\boxed{6}\boxed{9}\boxed{2}\boxed{1}$

纳税人名称：哈尔滨市中煤集团股份有限公司

金额单位：人民币元(列至角分)

申报计算明细										
序号	税目	子目	计量单位	销售数量	准予扣减的外购应税产品购进数量	计税销售数量	销售额	准予扣除的运杂费	准予扣减的外购应税产品购进金额	计税销售额
	1	2	3	4	5	6＝4－5	7	8	9	10＝7-8-9
1	煤炭	原煤	吨	100	0	100	65 000	0	0	65 000
2	煤炭	原煤	吨	20 000	0	20 000	13 000 000	0	0	13 000 000
3	煤炭	洗煤	吨	8 000	0	8 000	6 400 000	0	0	6 400 000
合计				28 100	0	28 100	19 465 000			19 465 000

减免税计算明细								
序号	税目	子目	减免性质代码和项目名称	计量单位	减免税销售数量	减免税销售额	适用税率	减征比例	本期减免税额
	1	2	3	4	5	6	7	8	9①＝5×7×8 / 9②＝6×7×8
1									
2									
合计									

根据资源税税源明细表生成的财产和行为税纳税申报表,具体结果见表7-13。

2) 中煤公司车辆购置税业务处理

(1) 应纳车辆购置税计算

① 进口车辆购置税计算

进口轿车计税价格＝60 000×6.75×(1＋20%)÷(1－10%)＝540 000(元)

进口轿车应纳车辆购置税＝540 000×10%＝54 000(元)

表 7-13　财产和行为税纳税申报表——资源税

纳税人识别号(统一社会信用代码): ②③⓪①①⑥⑨⓪⑦①⓪①②⑥③④⑥

纳税人名称: 哈尔滨市立信房地产开发股份有限公司

金额单位: 人民币元(列至角分)

序号	税种	税目	税款所属期起	税款所属期止	计税依据	税率	应纳税额	减免税额	已缴税额	应补(退)税额
1	资源税	原煤	2023-05-01	2023-05-31	65 000	2%	1 300	0	0	1 300
2	资源税	原煤	2023-05-01	2023-05-31	13 000 000	2%	260 000	0	0	260 000
3	资源税	洗煤	2023-05-01	2023-05-31	6 400 000	2%	102 400	0	0	102 400
4	合计	—	—	—	—	—	363 700	0	0	363 700

声明:此表是根据国家税收法律法规及相关规定填写的,本人(单位)对填报内容(及附带资料)的真实性、可靠性、完整性负责。

纳税人(签章):

年　月　日

经办人:

经办人身份证号:

代理机构签章:

代理机构统一社会信用代码:

受理人:

受理税务机关(章):

受理日期:　年　月　日

② 国内购车车辆购置税计算

$$国内购车应纳车辆购置税＝200\ 000×10\％＝20\ 000(元)$$

（2）车辆购置业务的会计处理

根据进口车辆发票及支付货款凭证进行会计处理如下。

借：物资采购——通用别克轿车　　　　　　　　　　　　　405 000

　　贷：银行存款　　　　　　　　　　　　　　　　　　　　　405 000

根据进口车辆关税完税凭证进行会计处理如下。

借：物资采购——通用别克轿车　　　　　　　　　　　　　81 000

　　贷：银行存款　　　　　　　　　　　　　　　　　　　　　81 000

根据进口车辆增值税完税凭证进行会计处理如下。

借：物资采购——通用别克轿车　　　　　　　　　　　　　702 400

　　贷：银行存款　　　　　　　　　　　　　　　　　　　　　702 400

根据进口车辆消费税完税凭证进行会计处理如下。

借：物资采购——通用别克轿车　　　　　　　　　　　　　54 000

　　贷：银行存款　　　　　　　　　　　　　　　　　　　　　54 000

根据车辆购置税缴款书进行会计处理如下。

借：物资采购——通用别克轿车　　　　　　　　　　　　　54 000

　　贷：银行存款　　　　　　　　　　　　　　　　　　　　　54 000

结转进口车辆成本进行会计处理如下。

借：固定资产——通用别克轿车　　　　　　　　　　　　　680 400

　　贷：物资采购——通用别克轿车　　　　　　　　　　　　　680 400

根据国内购车发票及付款凭证进行会计处理如下。

借：物资采购——丰田凯美瑞轿车　　　　　　　　　　　　226 000

　　贷：银行存款　　　　　　　　　　　　　　　　　　　　　226 000

根据国内车辆购置税缴款书进行会计处理如下。

借：物资采购——丰田凯美瑞轿车　　　　　　　　　　　　20 000

　　贷：银行存款　　　　　　　　　　　　　　　　　　　　　20 000

结转国内购车成本进行会计处理如下。

借：固定资产——丰田凯美瑞轿车　　　　　　　　　　　　246 000

　　贷：物资采购——丰田凯美瑞轿车　　　　　　　　　　　　246 000

（3）填制车辆购置税纳税申报表

具体填制结果见表 7-14、表 7-15。

3. 模拟案例（三）执行

1）房产税业务处理

计算该企业 2023 年第一季度应纳房产税额。

$$房产税第一季度应纳税额＝5\ 000\ 000×(1-30\％)×1.2\％÷12×3＝10\ 500(元)$$

根据应纳房产税额进行会计处理如下。

借：税金及附加　　　　　　　　　　　　　　　　　　　　10 500

　　贷：应交税费——应交房产税　　　　　　　　　　　　　　10 500

表 7-14 车辆购置税纳税申报表 1

填表日期：2023 年 7 月 20 日 金额单位：元

纳税人名称	哈尔滨市中煤集团股份有限公司	申报类型	☑征税□免税□减税	
证件名称	组织机构代码证	证件号码	69070872-8	
联系电话	0451-80912346	地　址	哈尔滨香坊区珠江路 101 号	
合格证编号（货物进口证明书号）		车辆识别代号/车架号		
厂牌型号	DFS1209EQL			
排量（cc）		机动车销售统一发票代码		
机动车销售统一发票号码		不含税价		
海关进口关税专用缴款书（进出口货物征免税证明）号码				
关税完税价格	405 000.00	关税	8 100.00	消费税 54 000.00
其他有效凭证名称		其他有效凭证号码		其他有效凭证价格
购置日期	2023 年 6 月 10 日	申报计税价格	540 000.00	申报免（减）税条件或者代码
是否办理车辆登记		车辆拟登记地点		

纳税人声明：

　　本纳税申报表是根据国家税收法律法规及相关规定填报的，我确定它是真实的、可靠的、完整的。

纳税人（签名或盖章）：

委托声明：

　　现委托（姓名）＿＿＿＿＿＿＿（证件号码）＿＿＿＿＿＿＿＿＿＿办理车辆购置税涉税事宜，提供的凭证、资料是真实、可靠、完整的。任何与本申报表有关的往来文件，都可交予此人。

委托人（签名或盖章）： 被委托人（签名或盖章）：

以 下 由 税 务 机 关 填 写

免（减）税条件代码

计税价格	税率	应纳税额	免（减）税额	实纳税额	滞纳金金额

受理人：　年　月　日	复核人（适用于免、减税申报）：　年　月　日	主管税务机关（章）

表 7-15　车辆购置税纳税申报表 2

填表日期：2023 年 7 月 20 日　　　　　　　　　　　　　　　　金额单位：元

纳税人名称	哈尔滨市中煤集团股份有限公司	申报类型	☑征税□免税□减税
证件名称	组织机构代码证	证件号码	69070872-8
联系电话	0451-80912346	地　址	哈尔滨香坊区珠江路 101 号
合格证编号（货物进口证明书号）		车辆识别代号/车架号	
厂牌型号	WFLDIL20PDF		
排量（cc）		机动车销售统一发票代码	
机动车销售统一发票号码		不含税价	200 000.00

海关进口关税专用缴款书（进出口货物征免税证明）号码

关税完税价格		关　税		消费税	
其他有效凭证名称		其他有效凭证号码		其他有效凭证价格	
购置日期	2023 年 6 月 18 日	申报计税价格	200 000.00	申报免（减）税条件或者代码	
是否办理车辆登记		车辆拟登记地点			

纳税人声明：

　　本纳税申报表是根据国家税收法律法规及相关规定填报的，我确定它是真实的、可靠的、完整的。

纳税人（签名或盖章）：

委托声明：

　　现委托（姓名）＿＿＿＿＿＿＿（证件号码）＿＿＿＿＿＿＿＿＿＿＿办理车辆购置税涉税事宜，提供的凭证、资料是真实、可靠、完整的。任何与本申报表有关的往来文件，都可交予此人。

委托人（签名或盖章）：　　　　　　　　　被委托人（签名或盖章）：

以 下 由 税 务 机 关 填 写

免（减）税条件代码

计税价格	税率	应纳税额	免（减）税额	实纳税额	滞纳金金额

受理人：

　　　　年 月 日

复核人（适用于免、减税申报）：

　　　　年 月 日

主管税务机关（章）

根据电子缴税付款凭证进行会计处理如下。

借：应交税费——应交房产税　　　　　　　　　　　　10 500

　　贷：银行存款　　　　　　　　　　　　　　　　　　　　10 500

2）城镇土地使用税业务处理

计算应纳城镇土地使用税额。

$$城镇土地使用税减免税土地面积＝3\,000×50\%＝1\,500（平方米）$$

$$城镇土地使用税月减免金额＝1\,500×18÷12＝2\,250（元）$$

$$城镇土地使用税第一季度减免税额＝2\,250×3＝6\,750（元）$$

$$城镇土地使用税第一季度应纳税额＝3\,000×18÷12×3＝13\,500（元）$$

根据应纳城镇土地使用税额进行会计处理如下。

借：税金及附加　　　　　　　　　　　　　　　　　　6 750

　　贷：应交税费——应交城镇土地使用税　　　　　　　　　6 750

根据电子缴税付款凭证进行会计处理如下。

借：应交税费——应交城镇土地使用税　　　　　　　　6 750

　　贷：银行存款　　　　　　　　　　　　　　　　　　　　6 750

3）填制房产税、城镇土地使用税的纳税申报表

根据2023年第一季度具体业务，填制城镇土地使用税、房产税税源明细表，并填制财产和行为税纳税申报表，具体填制结果见表7-16、表7-17。

表 7-16　城镇土地使用税、房产税税源明细表

纳税人识别号（统一社会信用代码）：9 1 1 1 0 1 0 8 8 0 2 2 1 1 9 3 9 4

纳税人名称：北京建航购物中心有限公司

金额单位：人民币元（列至角分）；面积单位：平方米

一、城镇土地使用税税源明细					
*纳税人类型	土地使用权人☑ 集体土地使用人○ 无偿使用人□○ 代管人○ 实际使用人○（必选）	土地使用权人纳税人识别号（统一社会信用代码）	911101088022119394	土地使用权人名称	北京建航购物中心有限公司
*土地编号	茂国用(2014)02005147	土地名称		不动产权证号	
不动产单元代码		宗地号		*土地性质	国有☑ 集体○ （必选）
*土地取得方式	划拨○ 出让□ 转让☑ 租赁○ 其他○（必选）	*土地用途		工业○ 商业☑ 居住○ 综合○ 房地产 开发企业的开发用地○ 其他○（必选）	
*土地坐落地址 （详细地址）	（自治区、直辖市）　北京　市（区）　东城　县（区）　海运仓　乡镇（街道）2号 （必填）				
*土地所属主管 税务所（科、分局）	系统自动带出				
*土地取得时间	2014　年　4　月	变更类型	纳税义务终止（权属转移○ 其他○） 信息项变更（土地面积变更○ 土地等级变更○ 减免税变更○ 其他○）	变更时间	年　月
*占用土地面积	3 000	地价		*土地等级 三级	*税额标准 18元/平方米

减免税 部分	序号	减免性质代码和项目名称	减免起止时间		减免税土地面积	月减免税金额
			减免起始月份	减免终止月份		
	1	10129901	2023年1月	2023年12月	1 500.00	2 250.00
	2					
	3					

续表

二、房产税税源明细					

（一）从价计征房产税明细

* 纳税人类型	产权所有人☑ 经营管理人○ 承典人○ 房屋代管人○ 房屋使用人○ 融资租赁承租人○ （必选）	所有权人纳税人识别号 （统一社会信用代码）	911101088022119394	所有权人名称	北京建航购物中心 有限公司
* 房产编号	系统赋予	房产名称			
不动产权证号	201400167	不动产单元代码			
* 房屋坐落地址 （详细地址）	（自治区、直辖市） 北京 市（区） 东城 县（区） 海运仓 乡镇（街道）2 号 （必填）				
* 房产所属主管 税务所(科、分局)	系统自动带出				
房屋所在土地编号	系统自动带出	* 房产用途	工业○ 商业及办公☑ 住房○ 其他○ （必选）		

* 房产取得时间	2014 年 5 月	变更类型	纳税义务终止（权属转移○ 其他○） 信息项变更（房产原值变更○ 出租房原值变更○ 减免税变更○） 申报租金收入变更○ 其他○）	变更时间	年 月
* 建筑面积	3 000	其中：出租房产面积			
* 房产原值	5 000 000	其中：出租房产原值		计税比例	

减免税 部分	序号	减免性质代码和项目名称	减免起止时间		减免税房产 原值	月减免税 金额
			减免起始月份	减免终止月份		
	1		年 月	年 月		
	2					
	3					

（二）从租计征房产税明细

* 房产编号		房产名称	
* 房产所属主管税务所(科、分局)			
承租方纳税人识别号（统一社会 信用代码）		承租方名称	
* 出租面积		* 申报租金收入	
* 申报租金所属租赁期起		* 申报租金所属租赁期止	

减免税 部分	序号	减免性质代码和项目名称	减免起止时间		减免税租金 收入	月减免税 金额
			减免起始月份	减免终止月份		
	1		年 月	年 月		
	2					
	3					

表 7-17　财产和行为税纳税申报表——城镇土地使用税、房产税

纳税人识别号（统一社会信用代码）：⑨①①①①⓪①⓪①⓪⑧⑧⓪②②①①⑨③⑨④

纳税人名称：北京建航购物中心有限公司　　　　　　　金额单位：人民币元（列至角分）

序号	税种	税目	税款所属期起	税款所属期止	计税依据	税率	应纳税额	减免税额	已缴税额	应补（退）税额
1	城镇土地使用税		2023-01-01	2023-03-31	3 000	18元/立方米	13 500	6 750	0	6 750
2	房产税		2023-01-01	2023-03-31	5 000 000	1.2%	10 500	0	0	10 500
3										
4	合计		—	—	—	—	24 000	0	0	17 250

声明：此表是根据国家税收法律法规及相关规定填写的，本人（单位）对填报内容（及附带资料）的真实性、可靠性、完整性负责。

纳税人（签章）：

经办人：

经办人身份证号：

代理机构签章：

代理机构统一社会信用代码：

受理人：

受理税务机关（章）：

受理日期：　　年　　月　　日

年　　月　　日

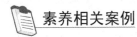 **素养相关案例**

高质量推进中国式现代化税务实践的生动诠释

——2023 年税收工作亮点扫描（节选）

2023 年,全国税务系统坚持以习近平新时代中国特色社会主义思想为指导,全面贯彻党的二十大精神,认真落实党中央、国务院决策部署,聚焦组织收入这一主责主业,牢牢把握服务高质量发展这一首要任务,高质量推进中国式现代化税务实践,税收在国家治理中的基础性、支柱性、保障性作用得到进一步发挥。

一、高质效助力就业安居,不断增进民生福祉

税务部门始终坚持以人民为中心的发展思想,坚决扛牢改善民生的政治责任,促进人民生活品质提升。

支持创业就业更有力。对脱贫人口、失业再创业人群、应届高校毕业生、从事个体经营活动的退役士兵等重点群体和吸纳重点群体的企业,在 3 年内可以定额依次扣减其当年实际应缴纳的税费。延续对增值税小规模纳税人、小型微利企业和个体工商户减半征收"六税两费"("六税两费"是指资源税、城市维护建设税、房产税、城镇土地使用税、印花税(不含证券交易印花税)、耕地占用税和教育费附加、地方教育费附加)。2023 年,中小微企业受益明显,新增减税降费及退税缓费达 14 264.2 亿元,占比 64%。

助力安居乐业更暖心。多管齐下保障居民住房,针对保障性住房、公租房实施免征城镇土地使用税及印花税等多项税惠政策,延续换购住房个人所得税退税政策。完善个人所得税制度,将 3 岁以下婴幼儿照护、子女教育以及赡养老人三项专项附加扣除标准在之前基础上均提高了 1 000 元,进一步减轻了居民生育、抚养和赡养的负担。在个税汇缴中优先保障"上有老下有小"、看病负担较重的纳税人快速获得退税红利,惠及 3 384.5 万人。

推动社保体系更完善。会同相关部门平稳实施基本养老保险全国统筹,推动基本医疗保险、失业保险、工伤保险省级统筹,开展长期护理保险和新就业形态就业人员职业伤害保障试点,对个人养老金实施递延纳税优惠政策,全年组织社会保险费收入达 8.2 万亿元,服务缴费人超过 13 亿,有效助力了具有鲜明中国特色、世界上规模最大的社会保障体系建设。

二、高起点建设绿色税制,助力实现"双碳"目标

深入学习贯彻习近平生态文明思想,全面践行"绿水青山就是金山银山"的理念,减污、利废、降碳作用显著,有效助力企业绿色转型、绿色创新、绿色循环。

推动产业绿色转型。有效发挥绿色税制体系"多税共治"作用,不折不扣落实环境保护税法、资源税法等绿色税收法律法规,通过环境保护税"多排多征、少排少征、不排不征"的导向机制,倒逼企业减少污染排放、加强环境治理、发展循环经济,推动产业绿色转型。2023 年,我国工业企业绿色化投入增长较快,购进环保治理服务增长 17.7%,高耗能制造业占制造业比重降至 30.7%,较 2022 年下降 1.5 个百分点,全年环境保护税入库税收 205 亿元。

推进绿色发展加速。高效落实企业所得税、增值税、车辆购置税等系统性税收优惠政策,推动"多策组合"的绿色税收体系扎根见效,激励企业走绿色高质量发展道路。2023 年,新能源汽车免征车辆购置税、车船税1218 亿元,有效促进汽车行业降碳减排,释放绿色消费

潜力。同时,与生态环境、自然资源等相关部门加大协作治税力度,为绿色发展提供有力支持。

深化资源利用提效。鼓励企业合理开发利用资源,持续深化工业资源综合利用,促进节约资源"变废为宝"。2023年,对资源综合利用产品取得的收入减免企业所得税167亿元,对相关产品及劳务即征即退增值税564亿元,全年资源税入库税收3 070亿元。

(资料来源:国家税务总局高.质量推进中国式现代化税务实践的生动诠释——2023年税收工作亮点扫描[EB/OL].(2024-02-06).https://www.chinatax.gov.cn/chinatax/n810219/n810724/c5221224/content.html.)

 练习题

一、单项选择题

1. 纳税义务人自产自用应税资源产品,其资源税纳税义务发生时间为(   )。
   A. 消费的当天　　B. 销售的当天　　C. 开采的当天　　D. 移送使用的当天

2. 土地增值税采用四级(   )税率。
   A. 全额累进　　　　B. 超额累进　　　　C. 全率累进　　　　D. 超率累进

3. 城建税按纳税义务人(   )的不同,设置了不同税率。
   A. 生产规模大小　　　　　　　　B. 会计制度健全与否
   C. 所在地　　　　　　　　　　　D. 是自然人还是法人

4. 下列经营者中,不需要缴纳城市维护建设税的是(   )。
   A. 加工、修理、修配的私营企业
   B. 生产、销售货物的国有企业
   C. 生产化妆品的集体企业
   D. 外贸企业在进口由海关代征增值税、消费税的产品时

5. 某砂石厂2024年5月开采砂石10 000立方米,对外销售8 000立方米,当地砂石资源税税率为4元/立方米,则该厂当月应缴纳资源税(   )万元。
   A. 4　　　　　　　　B. 3.2　　　　　　　C. 0.8　　　　　　　D. 7.2

6. 独立矿山、联合企业和其他收购未税矿产品的单位为资源税的(   )。
   A. 纳税人　　　　B. 负税人　　　　C. 扣缴义务人　　　D. 代征单位

7. 城镇土地使用税以纳税义务人实际(   )为计税依据,依照规定税额计算征收。
   A. 产权面积　　　　　　　　　　B. 占用和使用面积
   C. 使用权面积　　　　　　　　　D. 分配面积

8. 纳税义务人应向(   )的税务机关申报缴纳房产税。
   A. 房屋产权登记地　　　　　　　B. 房屋产权所有人居住地
   C. 房产所在地　　　　　　　　　D. 房屋产权取得地

9. 下列不属于车船税征税对象的是(   )。
   A. 载客汽车　　　　B. 载货汽车　　　　C. 摩托车　　　　D. 公交汽车

10. 按照契税暂行条例的有关规定,契税纳税义务发生时间为(   )。
    A. 纳税人签订土地、房屋权属转移合同的当天

    B. 纳税人办妥土地、房屋权属变更登记手续的当天

    C. 纳税人签订土地、房屋权属变更登记手续的 10 日内

    D. 房屋、土地移交的当天

二、多项选择题

1. 下列有关车辆购置税的计税依据说法正确的有（　　　）。

    A. 纳税人购买自用的应税车辆的计税价格，为纳税人购买应税车辆而支付给销售者的全部价款和价外费用，包括增值税税款

    B. 纳税人进口自用的应税车辆的计税价格包括关税完税价格、关税、消费税

    C. 纳税人自产、受赠、获奖或者以其他方式取得并自用的应税车辆的计税价格，由主管税务机关参照最低计税价格核定

    D. 纳税人购买自用或者进口自用应税车辆，申报的计税价格低于同类型应税车辆的最低计税价格，又无正当理由的，按照最低计税价格征收车辆购置税

2. 根据《土地增值税条例》规定，对从事房地产开发的纳税义务人，可按（　　　）之和，加计 20% 扣除。

    A. 取得土地使用权所支付的金额　　　　B. 房地产开发成本

    C. 房地产开发费用　　　　　　　　　　D. 与转让房地产有关的税额

3. 土地增值税的纳税义务人转让房地产取得的收入包括（　　　）。

    A. 利息收入　　　　B. 货币收入　　　　C. 实物收入　　　　D. 其他收入

4. 城建税是国家对缴纳（　　　）的单位和个人就其实际缴纳的税额为计税依据而征收的一种税。

    A. 增值税　　　　　B. 关税　　　　　　C. 消费税　　　　　D. 资源税

5. 下列有关城建税说法正确的是（　　　）。

    A. 城建税随"二税"的减免而减免

    B. 城建税随"二税"的退库而退库

    C. 进口货物征收增值税但不征收城建税

    D. 出口货物退还增值税但不退还城建税

6. 《城镇土地使用税暂行条例》中规定开征城镇土地使用税的范围包括（　　　）。

    A. 城市　　　　　　B. 县城　　　　　　C. 建制镇　　　　　D. 农村

7. 城镇土地使用权拥有人不在土地所在地或土地使用权尚未确定的由（　　　）纳税。

    A. 代管人　　　　　B. 产权所有人　　　C. 实际使用人　　　D. 承典人

8. 房产税税率有（　　　）。

    A. 12%　　　　　　B. 10%　　　　　　C. 1.2%　　　　　D. 30%

9. 下列需缴纳印花税的证照有（　　　）。

    A. 工商营业执照　　B. 税务登记证　　　C. 房屋产权证　　　D. 土地使用证

10. 契税条例规定可按实际成交价格征收契税的有（　　　）。

    A. 土地使用权出售　　　　　　　　　　B. 土地使用权赠与

    C. 房屋买卖　　　　　　　　　　　　　D. 土地使用权划拨

三、判断题

1. 甲、乙双方发生房屋交换行为，当交换价格相等时，契税由甲、乙双方各缴一半。　（　　　）

2. 土地增值税的纳税义务人为转让土地使用权、地上的建筑物及其附着物并取得收入的单位和个人。　　　　　　　　　　　　　　　　　　　　　　（　　）

3. 由受托方代扣代缴、代收代缴"二税"的单位和个人,其代扣代缴、代收代缴的城建税按受托方所在地适用税率执行。　　　　　　　　　　　　　　　　　　（　　）

4. 车辆购置税实行一车一申报制度。　　　　　　　　　　　　　　　　（　　）

5. 对高校开办的工厂、商店、招待所等占用的土地均不征收城镇土地使用税。（　　）

6. 宗教寺庙、公园、名胜古迹自用的房产,应纳房产税。　　　　　　　（　　）

7. 只要拥有车船就要缴纳车船税。　　　　　　　　　　　　　　　　　（　　）

8. 所有权证、许可证照都应按固定税额缴纳印花税。　　　　　　　　　（　　）

9. 以房产投资取得固定收入的,由于不承担经营风险,出租方按房产余值计缴房产税。
　　　　　　　　　　　　　　　　　　　　　　　　　　　　　　　（　　）

10. 土地使用权未确定或权属纠纷未解决的土地,暂不缴纳城镇土地使用税。（　　）

四、计算题

哈尔滨市海富房地产开发有限公司(纳税人识别号为230106932177882)。2024年4月出售一栋写字楼,收入总额为10 000万元。开发该写字楼有关支出为:支付地价款及各种费用1 000万元;房地产开发成本为3 000万元;财务费用中的利息支出为500万元(可按转让项目计算分摊并提供金融机构的证明),但其中有50万元属于加罚的利息;转让环节缴纳的有关税费共计555万元(不含印花税);该房地产开发公司所在地政府规定的其他房地产开发费用计算扣除比例为5%。

要求:计算该房地产开发公司应交的土地增值税。

第8章

企业综合纳税实务

【学习目标】

　　通过本章的学习,了解不同类型的企业在经营过程中涉及的主要税种;在分税种学习的基础上,能够结合会计处理程序与方法,掌握企业综合经济业务会计处理、税务处理、税额计算及纳税申报方法,形成企业纳税实务的综合操作能力。

【内容框架】

```
                                    ┌ 工业企业纳税综述
                     企业纳税实务综述 ┤ 商品流通企业纳税综述
                    ┌               │ 服务性企业纳税综述
                    │               └ 其他企业纳税综述
企业综合纳税实务 ────┤
                    │                     ┌ 模拟操作案例
                    └ 企业综合纳税实务模拟操作 ┤ 模拟操作要求与指导
                                          └ 模拟操作执行
```

8.1　企业纳税实务综述

　　在现实经济生活中存在各种性质与类型的企业,不同的企业所从事的具体经济业务千差万别,所以涉及的具体税种也各不相同,应根据企业的具体情况确定应纳税种、税额计算方法、涉税会计处理方法、纳税申报方法与程序等。

8.1.1　工业企业纳税综述

　　工业企业在生产经营中,主要经过筹集资金、采购材料、生产产品、销售货物或提供劳务、回收货款、结算收益并进行利润分配等步骤,在这一系列的生产经营过程中,将主要涉及以下税种。

1. 印花税

工业企业在经济活动和经济交往中,发生书立、使用、领受具有法律效力的凭证的行为时,都需要交纳印花税。

(1) 权力、许可证照。工业企业领取的工商营业执照、房屋产权证、商标注册证、专利证、土地使用证等权力、许可证照,应按每件 5 元贴花。

(2) 营业账簿。工业企业的营业账簿,除记载实收资本、资本公积的资金账簿按所载资金的 0.5‰ 贴花外,其他账簿按每本 5 元贴花。自 2018 年 5 月 1 日起,对按 5‰ 税率贴花的资金账簿减半征收印花税,对按件贴花 5 元的其他账簿免征印花税。

(3) 产权转移书据。工业企业发生产权买卖、交换、赠与、分割等行为时,由立书据人按所载金额的 0.5‰ 贴花,立书据人未贴花的,由持有人负责补贴印花;如果所立书据以合同方式签订,则应由持有书据的各方分别按所载金额的 0.5‰ 贴花。股权转让书据,按所载金额的 1‰ 贴花。

(4) 经济合同。工业企业签订的借款合同应按借款金额的 0.05‰ 贴花;购销合同、技术合同应按所载金额的 0.3‰ 贴花;加工承揽合同、货物运输合同应按所载金额的 0.5‰ 贴花;财产租赁合同、仓储保管合同、财产保险合同应按所载金额的 1‰ 贴花。

2. 增值税

工业企业在我国境内销售货物、进口货物或提供应税劳务、应税服务、销售不动产、转让无形资产,应就其增值额缴纳增值税。

(1) 销售货物。作为一般纳税人的工业企业销售货物时,应按所销售货物适用的税率计算销项税额,在抵扣进项税额后,就销项税额大于进项税额的差额缴纳增值税;小规模工业企业,按其不含税销售额的 3% 计算缴纳增值税。

(2) 提供应税劳务。作为一般纳税人的工业企业提供加工、修理修配劳务时,应按提供劳务收入的 13% 计算销项税额,在抵扣经过认定的进项税额后,就销项税额大于进项税额的差额缴纳增值税;小规模工业企业提供加工、修理修配劳务时,应按提供劳务不含税的收入额的 3% 计算缴纳增值税。

(3) 进口货物。作为一般纳税人的工业企业进口货物时,应在报关进口时在海关核定的关税完税价格的基础上按适用税率计算缴纳增值税,进口过程中缴纳的增值税作为工业企业的进项税额核算;小规模工业企业进口货物时计算缴纳的增值税直接计入进口货物的成本。

(4) 提供应税服务。工业企业提供如租赁、运输等应税服务时,应按应税服务的适用税率计算缴纳增值税。

(5) 转让无形资产。工业企业转让土地使用权、专利权、非专利技术、商标权、著作权、商誉等无形资产时,应按转让价格计算缴纳增值税。

(6) 销售不动产。工业企业销售建筑物或构筑物、其他土地附着物等不动产时,应计算缴纳增值税。

3. 消费税

生产应税消费品的工业企业,应就其生产加工、委托加工、自产自用及进口的应税消费品,按适用税率计算缴纳消费税。

(1) 加工应税消费品。工业企业生产应税消费品,应就其不含增值税的销售额按适用税率计算缴纳消费税。

(2) 自产自用应税消费品。工业企业将自产的应税消费品用于在建工程、管理部门、非生产机构、提供劳务、生产非应税消费以及用于馈赠、赞助、集资、广告、样品、职工福利、奖励等方面,应按移送使用数量,计算缴纳消费税。

(3) 委托加工应税消费品。工业企业委托加工的应税消费品应由受托方代收代缴消费税,工业企业收回加工的应税消费品后,如果用于连续生产应税消费品的,其已纳消费税款准予按照规定从连续生产的应税消费品应纳消费税税额中抵扣;如果收回加工的应税消费品后直接用于销售的,在销售时不再缴纳消费税,此时工业企业应将受托方代收代缴的消费税随同应支付的加工费一并计入委托加工的应税消费品成本之中。

(4) 进口应税消费品。工业企业进口的应税消费品,应在进口时计算缴纳消费税,缴纳的消费税应计入进口应税消费品的成本。

不涉及应税消费品的进口、生产的工业企业不需要缴纳消费税。

4. 城市维护建设税

工业企业应就其当期实际缴纳的增值税、消费税的金额的一定比例计算缴纳城市维护建设税,其税率分别为:市区 7%,县城和建制镇 5%,不在市区、县城或建制镇的 1%

5. 教育费附加

工业企业应就其当期实际缴纳的增值税、消费税的金额的 3% 计算缴纳教育费附加。

6. 关税

工业企业进出口货物时,应按进出口货物的完税价格及适用税率计算缴纳关税。

(1) 进口关税。工业企业进口货物时,应按进口货物的完税价格及适用税率计算缴纳关税,所缴纳的关税税额应计入进口货物的成本。

(2) 出口关税。工业企业出口除享有出口免税的货物以外的货物时,应按出口货物的完税价格及适用税率计算缴纳出口关税,缴纳的出口关税税额应计入当期的"税金及附加"账户。

7. 房产税

工业企业应每年就其房产价格或房产租金收入的一定比例计算缴纳房产税。

(1) 从价计征房产税。依照企业房产原值一次减除 10%~30% 后的余值按 1.2% 的比例计算缴纳房产税。

(2) 从租计征房产税。工业企业将自有房产出租的,应按房产的租金收入的 12% 计算缴纳房产税。

8. 城镇土地使用税

我国境内的城市、县城、建制镇、工矿区范围内拥有土地使用权的工业企业,应就其实际占用的土地面积为计税依据,按各地规定的单位税额计算缴纳城镇土地使用税。

9. 车船使用税

工业企业应就其在我国境内依法已在公安、交通、农业、渔业、军事等管理部门办理登记的车辆、船舶,根据其种类,按照规定的计税单位和年税额标准计算缴纳车船使用税。

10. 企业所得税

工业企业应就其生产经营所得和其他所得按25％的税率计算缴纳企业所得税。

11. 个人所得税

企业应就其员工的工资、薪金所得，雇佣员工的劳务报酬等按适用税率代扣代缴个人所得税。

除上述税种外，工业企业在生产经营过程中，如涉及土地使用权、地上建筑物的转让，还须就转让土地使用权或地上建筑物的增值额按适用税率计算缴纳土地增值税；如涉及购买车辆，还须就购买车辆的价款计算缴纳车辆购置税，并将缴纳的车辆购置税计入所购车辆的成本；如涉及土地、房屋权属的购入，应按所购土地或房屋的价值计算缴纳契税，并将所缴纳的契税款项计入所购土地或房屋的成本。

8.1.2　商品流通企业纳税综述

商品流通企业在生产经营中，主要经过筹集资金、采购商品、销售商品、回收货款、结算收益并进行利润分配等步骤，在这一系列的经营过程中，将主要涉及以下税种。

1. 印花税

商品流通在经济活动和经济交往中，发生书立、使用、领受具有法律效力的凭证的行为时，都需要交纳印花税。

（1）权力、许可证照。商品流通企业领取的工商营业执照、房屋产权证、商标注册证、专利证、土地使用证等权力、许可证照，应按每件5元贴花。

（2）营业账簿。商品流通企业的营业账簿，除记载实收资本、资本公积的资金账簿按所载资金的0.5‰贴花外，其他账簿按每本5元贴花。自2018年5月1日起，对按5‰税率贴花的资金账簿减半征收印花税，对按件贴花5元的其他账簿免征印花税（财税〔2018〕50号文件修改）。

（3）产权转移书据。工商品流通企业发生产权买卖、交换、赠与、分割等行为时，由立书据人按所载金额的0.5‰贴花，立书据人未贴花的，由持有人负责补贴印花；如果所立书据以合同方式签订，则应由持有书据的各方分别按所载金额的0.5‰贴花。股权转让书据，按所载金额的1‰贴花。

（4）经济合同。商品流通企业签订的借款合同应按借款金额的0.05‰贴花；购销合同应按所载金额的0.3‰贴花；货物运输合同应按所载金额的0.5‰贴花；财产租赁合同、仓储保管合同、财产保险合同应按所载金额的1‰贴花。

2. 增值税

商品流通企业在我国境内销售货进口货物或提供应税劳务、应税服务、销售不动产、转让无形资产，应就其增值额缴纳增值税。

（1）销售货物。作为一般纳税人的商品流通企业销售货物时，应按所销售货物适用的税率计算销项税额，在抵扣进项税额后，就销项税额大于进项税额的差额计算缴纳增值税；小规模商品流通企业，按其不含税销售额的3％比例计算缴纳增值税。

（2）进口货物。作为一般纳税人的商品流通企业进口货物时，应在报关进口时在海关核定的关税完税价格的基础上按适用税率计算缴纳增值税,进口过程中缴纳的增值税作为商品流通企业的进项税额核算;小规模商品流通企业进口货物时计算缴纳的增值税直接计入进口货物的成本。

（3）提供应服务。商品流通企业在销售商品的同时,兼营如租赁等增值税应税劳务时,应按劳务收入的适用税率计算缴纳增值税。

（4）转让无形资产。商品流通企业转让土地使用权、专利权、非专利技术、商标权、著作权、商誉等无形资产时,应按转让价格计算缴纳增值税。

（5）销售不动产。商品流通企业销售建筑物或构筑物、其他土地附着物等不动产时,应计算缴纳增值税。

3. 城市维护建设税

商品流通企业应就其当期实际缴纳的增值税、消费税的金额的一定比例计算缴纳城市维护建设税,其税率分别为：市区 7%,县城和建制镇 5%,不在市区、县城或建制镇的 1%。

4. 教育费附加

商品流通企业应就其当期实际缴纳的增值税、消费税的金额的 3% 计算缴纳教育费附加。

5. 关税

商品流通企业进出口货物时,应按进出口货物的完税价格及适用税率计算缴纳关税。

（1）进口关税。商品流通企业进口货物时,应按进口货物的完税价格及适用税率计算缴纳关税,所缴纳的关税税额应计入进口货物的成本。

（2）出口关税。商品流通企业出口除享有出口免税的货物以外的货物时,应按出口货物的完税价格及适用税率计算缴纳出口关税,缴纳的出口关税税额应计入当期的"税金及附加"账户。

6. 房产税

商品流通企业应每年就其房产价格或房产租金收入的一定比例计算缴纳房产税。

（1）从价计征房产税。依照企业房产原值一次减除 $10\%\sim30\%$ 后的余值按 1.2% 的比例计算缴纳房产税。

（2）从租计征房产税。商品流通企业将自有房产出租的,应按房产的租金收入的 12% 计算缴纳房产税。

7. 城镇土地使用税

我国境内的城市、县城、建制镇、工矿区范围内拥有土地使用权的商品流通企业,应就其实际占用的土地面积为计税依据,按各地规定的单位税额计算缴纳城镇土地使用税。

8. 车船使用税

商品流通企业应就其在我国境内依法已在公安、交通、农业、渔业、军事等管理部门办理登记的车辆、船舶,根据其种类,按照规定的计税单位和年税额标准计算缴纳车船使用税。

9. 企业所得税

商品流通企业应就其生产经营所得和其他所得按 25% 的税率计算缴纳企业所得税。

10. 个人所得税

企业应就其员工的工资、薪金所得,雇佣员工的劳务报酬等按适用税率代扣代缴个人所得税。

除上述税种外,商品流通企业在经营过程中,如涉及土地使用权、地上建筑物的转让,还须就转让土地使用权或地上建筑物的增值额按适用税率计算缴纳土地增值税;如涉及购买车辆,还须就购买车辆的价款计算缴纳车辆购置税,并将缴纳的车辆购置税计入所购车辆的成本;如涉及土地、房屋权属的购入,应按所购土地或房屋的价值计算缴纳契税,并将所缴纳的契税款项计入所购土地或房屋的成本;如涉及零售金银饰品、销售自酿啤酒等,应就其不含增值税的销售额计算缴纳消费税。

8.1.3 服务性企业纳税综述

服务性企业在经营中,主要经过筹集资金、提供劳务、回收款项、结算收益并进行利润分配等步骤,在这一系列的经营过程中,将主要涉及以下税种。

1. 印花税

服务性企业在经济活动和经济交往中,发生书立、使用、领受具有法律效力的凭证的行为时,都需要交纳印花税。

(1) 权力、许可证照。服务性企业领取的工商营业执照、房屋产权证、商标注册证、专利证、土地使用证等权力、许可证照,应按每件5元贴花。

(2) 营业账簿。服务性企业的营业账簿,除记载实收资本、资本公积的资金账簿按所载资金的0.5‰贴花外,其他账簿按每本5元贴花。自2018年5月1日起,对按5‰税率贴花的资金账簿减半征收印花税,对按件贴花5元的其他账簿免征印花税(财税2〔2018〕50号文件)。

(3) 产权转移书据。服务性企业发生产权买卖、交换、赠与、分割等行为时,由立书据人按所载金额的0.5‰贴花,立书据人未贴花的,由持有人负责补贴印花;如果所立书据以合同方式签订,则应由持有书据的各方分别按所载金额的0.5‰贴花。股权转让书据,按所载金额的1‰贴花。

(4) 经济合同。服务性企业签订的借款合同应按借款金额的0.05‰贴花;购销合同、建筑安装工程承包合同、技术合同应按所载金额的0.3‰贴花;加工承揽合同、建设工程勘察设计合同、货物运输合同应按所载金额的0.5‰贴花;财产租赁合同、仓储保管合同、财产保险合同应按所载金额的1‰贴花。

2. 增值税

服务性企业在中华人民共和国境内提供应税服务、转让无形资产或销售不动产时应计算缴纳增值税。

(1) 提供增值税应税服务。服务性企业提供如文化体育、旅游、租赁、娱乐服务等增值税应税劳务时,应按服务收入的适用税率计算缴纳增值税。

(2) 转让无形资产。服务性企业转让土地使用权、专利权、非专利技术、商标权、著作权、商誉等无形资产时,应按转让价格计算缴纳增值税。

(3) 销售不动产。服务性企业销售建筑物或构筑物、其他土地附着物等不动产时,应计算缴纳增值税。

3. 城市维护建设税

服务性企业应就其当期实际缴纳的增值税金额的一定比例计算缴纳城市维护建设税，其税率分别为：市区7%，县城和建制镇5%，不在市区、县城或建制镇的1%

4. 教育费附加

服务性企业应就其当期实际缴纳的增值税金额的3%计算缴纳教育费附加。

5. 房产税

服务性企业应每年就其房产价格或房产租金收入的一定比例计算缴纳房产税。

（1）从价计征房产税。依照企业房产原值一次减除10%～30%后的余值按1.2%的比例计算缴纳房产税。

（2）从租计征房产税。服务性企业将自有房产出租的，应按房产的租金收入的12%计算缴纳房产税。

6. 城镇土地使用税

我国境内的城市、县城、建制镇、工矿区范围内拥有土地使用权的工业企业，应就其实际占用的土地面积为计税依据，按各地规定的单位税额计算缴纳城镇土地使用税。

7. 车船使用税

服务性企业应就其在我国境内依法已在公安、交通、农业、渔业、军事等管理部门办理登记的车辆、船舶，根据其种类，按照规定的计税单位和年税额标准计算缴纳车船使用税。

8. 企业所得税

服务性企业应就其生产经营所得和其他所得按25%的税率计算缴纳企业所得税。

9. 个人所得税

企业应就其员工的工资、薪金所得，雇佣员工的劳务报酬等按适用税率代扣代缴个人所得税。

除上述税种外，服务性企业在生产经营过程中，如涉及土地使用权、地上建筑物的转让，还须就转让土地使用权或地上建筑物的增值额按适用税率计算缴纳土地增值税；如涉及购买车辆，还须就购买车辆的价款计算缴纳车辆购置税，并将缴纳的车辆购置税计入所购车辆的成本；运输企业在从事运输服务的同时还销售货物的，应一并缴纳增值税。

8.1.4　其他企业纳税综述

1. 金融企业纳税综述

金融企业在经营中，主要经过筹集资金、提供金融服务、结算收益并进行利润分配等步骤，在这一系列的经营过程中，将主要涉及印花税、增值税、城市维护建设税、教育费附加、房产税、城镇土地使用税、车船使用税、企业所得税，代扣代缴个人所得税，此外，金融企业在经营过程中，还可能涉及土地增值税、车辆购置税、契税等。

2. 房地产开发企业纳税综述

房地产开发企业在经营中，主要经过筹集资金、房地产开发和销售、回收销售款、结算收益并进行利润分配等步骤，在这一系列的经营过程中，将主要涉及印花税、增值税、土地增值税、城市维护建设税、教育费附加、房产税、城镇土地使用税、车船使用税、企业所得税,代扣代缴个人所得税,此外,房地产企业在经营过程中,还可能涉及车辆购置税、契税等。

3. 采掘类企业纳税综述

采掘类企业在生产经营中,主要经过筹集资金、开采矿产资源或生产盐、回收货款、结算收益并进行利润分配等步骤,在这一系列的生产经营过程中,将主要涉及印花税、增值税、资源税、城市维护建设税、教育费附加、房产税、城镇土地使用税、车船使用税、企业所得税,代扣代缴个人所得税,此外,采掘类企业在经营过程中,还可能涉及耕地占用税、土地增值税、车辆购置税、契税等。

 素养相关案例

国务院新闻办举行税收服务高质量发展新闻发布会(节选)

第一财经记者:税收是经济的晴雨表,请问 2023 年的税收大数据反映出我国经济高质量发展中有哪些亮点?

国家税务总局新闻发言人、办公厅主任 黄运:坚持高质量发展是新时代的硬道理。税务总局利用税收大数据构建高质量发展指标体系,相关结果显示,2023 年,在以习近平同志为核心的党中央坚强领导下,我国高质量发展加快推进,具体有十组数据向大家报告一下。

第一,企业创新投入持续加力,申报研发费用加计扣除金额同比增长 13.6%。企业所得税预缴申报数据显示,2023 年前三季度,全国企业申报享受研发费用加计扣除金额 1.85 万亿元,其中制造业企业受益最广,享受加计扣除政策金额占比为 58.9%,全年数据企业正在汇算申报中,规模会比这更大。

第二,创新产业加快成长,高技术产业销售收入同比增长 9.8%。增值税发票数据显示,2023 年,高技术产业销售收入保持较快增长,占全国企业销售收入比重较 2022 年提高0.5 个百分点,且逐年提升,反映近年来创新产业产出成效显著。

第三,高端制造创新突破,装备制造业占制造业比重提高至 44.8%。增值税发票数据显示,2023 年,装备制造业销售收入同比增长 6.4%,较制造业平均增速高 2.9 个百分点,占制造业比重较 2022 年提高 1.2 个百分点。其中,电动载人汽车、锂离子蓄电池、太阳能电池"新三样"产品相关行业销售收入合计同比增长 22.4%。

第四,数实融合加快推进,数字经济核心产业销售收入占全部销售收入比重达 12.1%。增值税发票数据显示,2023 年,数字经济核心产业销售收入同比增长 8.7%,较 2022 年提高2.1 个百分点;全国企业采购数字技术同比增长 10.1%,较 2022 年提高 3.2 个百分点,反映数实融合加快推动数字产业化、产业数字化进程。

第五,统一大市场建设进程加快,省际贸易额占全国贸易总额比重提高至 42.7%。增值税发票数据显示,2023 年,衡量国内各省之间贸易联系紧密度的省际贸易额同比增长5.9%,占全国总贸易金额比重较 2022 年提高 0.5 个百分点,而且呈逐年提升的态势,反映经济内循环更加顺畅。

第六,三大动力源地区带动作用增强,销售收入占全国比重提高至 54.1%。增值税发票数据显示,2023 年,京津冀、长三角、珠三角三大动力源地区经济总体呈现较快发展态势,销售收入合计同比增长 5.4%,占全国销售收入比重较 2022 年提高 0.3 个百分点。

第七,产业绿色转型持续推进,高耗能制造业占制造业比重降至 30.7%。增值税发票数据显示,2023 年,工业企业绿色化投入增长较快,购进环保治理服务同比增长 17.7%。同时,高耗能制造业占制造业比重较 2022 年下降 1.5 个百分点。

第八,外资企业利润再投资稳定增长,享受递延纳税的再投资金额达 1 412 亿元。企业所得税申报数据显示,2023 年,外资企业境外投资者享受递延纳税的再投资金额同比增长 0.8%。自 2018 年实行外商利润再投资暂不缴纳预提所得税优惠政策以来,外商累计享受递延纳税的再投资金额已达 6 603 亿元。

第九,消费活力不断释放,商品和服务消费增长均在 10% 左右。增值税发票数据显示,2023 年,商品消费和服务消费销售收入同比分别增长 11.4% 和 9%。其中,服装、化妆品零售同比分别增长 18.3% 和 14.5%;游乐园、住宿服务、餐饮服务增长较快,增速分别为 69.5%、26.3% 和 19.6%。

第十,社会保障更加有力,社会保险费收入突破 8 万亿元。税务部门数据显示,2023 年,社会保险费收入达 8.2 万亿元,缴费服务人数超过 13 亿,有效助力了具有鲜明中国特色、世界上规模最大的社会保障体系建设。

(资料来源:国家税务总局.国务院新闻办举行税收服务高质量发展新闻发布会[EB/OL].(2024-01-18)[2024-01-20].https://www.chinatax.gov.cn/chinatax/n810219/n810724/c5220650/content.html.)

思考:为什么说税收是经济的晴雨表?税收大数据技术的应用对促进纳税遵从发挥着怎样的作用?你认为如何更好发挥税收大数据在我国经济高质量发展中的作用?

8.2　企业综合纳税实务模拟操作

8.2.1　模拟操作案例

1.任务一:增值税、消费税和企业所得税操作案例

1)企业概况

(1)纳税人名称:浙江红琦酒业有限公司。

(2)经济性质:有限公司。

(3)法人代表名称:景俊希。

(4)注册地址及电话:杭州市西湖区西溪路 502 号　0571-85120771。

(5)开户银行及账号:中国建设银行杭州西溪支行　33050139160678125811。

(6)纳税人识别号(统一社会信用代码):91334040 2817770125。

(7)主管税务机关:杭州市西湖区税务局。

2)业务资料

(1)一般业务资料

公司成立时间:2007 年 6 月 18 日,注册资本为 500 万元,资产总额为 2 776.28 万元,从业人数为 322 人。股东信息:景俊希(中国国籍,身份证 330105198810038052)投资比例 80%;谭杰希(中国国籍,身份证 500112199008213853)投资比例 20%。营业地址:杭州市西湖区西溪路 502 号,所属行业为 1512 白酒制造,会计主管为梁洁,其他资料如下。

① 适用的会计准则：企业会计准则（一般企业）。

② 会计档案存放地：公司档案室。

③ 会计核算软件：用友。

④ 记账本位币：人民币。

⑤ 会计政策和估计是否发生变化：否。

⑥ 固定资产折旧方法：年限平均法。

⑦ 存货成本计价方法：先进先出法。

⑧ 坏账损失核算方法：备抵法。

⑨ 所得税计算方法：资产负债表债务法。

⑩ 企业主要经营范围：酒类生产、销售；配制酒生产、销售；酒类生产技术研发、转让；酒类原料的收储、加工，按国家规定，以各种贸易方式从事进出口业务。（依法须经批准的项目，经相关部门批准后方可开展经营活动）。

⑪ 企业所得税申报：不采用一般企业财务报表格式（2019 年版）；公司为非小型微利企业、非上市公司、非跨地区经营企业。

⑫ 增值税情况：公司属于增值税一般纳税人，税务局核定增值税专用发票最高开票限额为百万元，增值税普通发票的最高开票限额为百万元。所购买固定资产均在当月投入使用。

⑬ 附加税费：城建税征收率为 7%、教育费附加为 3%、地方教育费附加为 2%。

⑭ 商品价格和税率见表 8-1 和表 8-2。

表 8-1 企业商品批发价格一览表

类 别	商品名称	型号	单位	批发价(不含税)	备 注
白酒	石冻春	45 度	箱	590.00 元	每箱 6 瓶，每瓶 500 毫升
	石冻春	50 度	箱	650.00 元	每箱 6 瓶，每瓶 500 毫升
	石冻春	52 度	箱	780.00 元	每箱 6 瓶，每瓶 500 毫升
啤酒(甲类)	特醇	7 度	箱	90.00 元	每箱 12 瓶，每瓶 500 毫升
	玫红	8 度	箱	105.00 元	每箱 12 瓶，每瓶 500 毫升
	教士	9 度	箱	138.00 元	每箱 12 瓶，每瓶 500 毫升
其他酒	白桃酒	12 度	箱	165.00 元	每箱 24 瓶，每瓶 250 毫升
	青梅酒	12 度	箱	208.00 元	每箱 24 瓶，每瓶 250 毫升
	荔枝酒	12 度	箱	262.00 元	每箱 24 瓶，每瓶 250 毫升

注：假定 1 毫升等于 1 克。

表 8-2 消费税税率表

税 目	比 例 税 率	定 额 税 率
白酒	20%	0.5 元/500 克(或 500 毫升)
甲类啤酒		250 元/吨
乙类啤酒		220 元/吨

续表

税 目	比例税率	定额税率
黄酒		240 元/吨
其他酒	10%	

（2）增值税与消费税业务资料

浙江红琦酒业有限公司各税种均按时足额申报纳税，2024 年 1 月初有上期留抵进项税额 58 832.16 元。2024 年 1 月发生的经济业务如下。

业务 1：2024 年 1 月 1 日，向杭州乐维烟酒专卖店（统一社会信用代码：913301097789789789；地址、电话：杭州市文三路 478 号 0571-89936547；开户行及账号：中行中晖支行 37161424922）销售白酒一批，款项已通过银行转账收取，已开具增值税专用发票一份。相关单据见图 8-1～图 8-3。

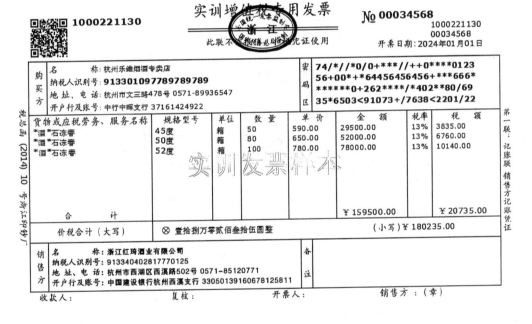

图 8-1 增值税专用发票

图 8-2 出库单

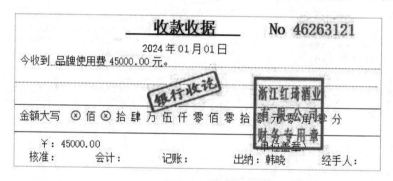

图 8-3　回单

业务 2：2024 年 1 月 1 日，因向杭州乐维烟酒专卖店销售白酒一批，公司通过银行转账收取品牌使用费 45 000.00 元、包装物租金 18 000.00 元。相关单据见图 8-4 和图 8-5。

图 8-4　收据

图 8-5　收据

业务 3：2024 年 1 月 2 日，公司向杭州大酒店有限公司(统一社会信用代码：913301007966904998；地址、电话：杭州市大关路 22 号 87006010；开户行及账号：广发银行杭州市文三路支行662510000004252)销售"玫红"啤酒 800 箱，不含税单价为 105.00 元/箱。款项已通过银行转账收取，已开具增值税专用发票一份。相关单据见图 8-6～图 8-8。

1000221130	实训增值税专用发票	№00034569
	浙江	1000221130
	此联不作报销总账凭证使用	00034569
		开票日期：2024年01月02日

| 购买方 | 名　称：杭州大酒店有限公司
纳税人识别号：91330100796690998
地　址、电话：杭州市大关路22号 87006010
开户行及账号：广发银行杭州市文三路支行 662510000004252 | 密码区 | 73/*//*0/0+***//++0****0123
66+00*+***46336*1665+***666*
******051*****+*6/***157/4*
1*163607*-9/1603033-7918174 | 第一联：记账联 销售方记账凭证 |

货物或应税劳务、服务名称	规格型号	单位	数量	单价	金额	税率	税额
*酒*玫红	8度	箱	800	105.00	84000.00	13%	10920.00
合　　计					￥84000.00		￥10920.00

| 价税合计（大写） | ⊗ 玖万肆仟玖佰贰拾圆整 | （小写）￥94920.00 |

| 销售方 | 名　称：浙江红琦酒业有限公司
纳税人识别号：913340402817770125
地　址、电话：杭州市西湖区西溪路502号 0571-85120771
开户行及账号：中国建设银行杭州西溪支行 33050139160678125811 | 备注 | |

收款人：　　　复核：　　　开票人：　　　销售方：（章）

税总函〔2014〕10号浙江印刷厂

图 8-6　增值税专用发票

出库单　NO 03302252

会计部门编号 001

仓库部门编号 001　　2024 年 01 月 02 日

编号	名称	规格型号	单位	出库数量	单价	金额	备注
1	玫红	8度	箱	800			
	合计			800			

生产车间或部门：生产一车间　　　仓库管理员：顾一萌

第一联 交财务

图 8-7　出库单

图 8-8　回单

业务4：2024年1月2日，因向杭州大酒店有限公司销售"玫红"啤酒800箱，公司通过银行转账收取包装物押金共2 500.00元（单独记账）；同时当期未收到期末退还包装物押金1 000.00元。相关单据见图8-9。

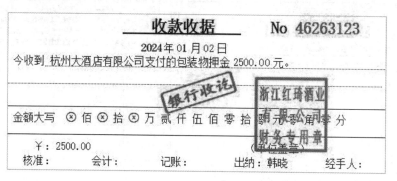

图8-9　收据

业务5：2024年1月2日，公司从杭州醋永酒精实业有限公司购买粮食酒精5吨，不含税售价为16 420.00元/吨，取得增值税专用发票一份，原材料已验收入库；另支付运输公司（增值税一般纳税人）含税运费1 000.00元，取得增值税专用发票。货款及运费均已通过银行转账支付。该批酒精90%用于粮食白酒的生产、10%用于职工福利（取得增值税专用发票先全额抵扣，如属于不得抵扣的金额再进行进项税额转出处理）。相关单据见图8-10～图8-14。

图8-10　增值税专用发票

图 8-11　增值税专用发票

图 8-12　增值税专用发票

业务 6：2024 年 1 月 4 日，公司通过银行转账支付财务软件服务费，用于平台升级，取得增值税普通发票一份，如图 8-15 所示。

3300191130　　浙江增值税专用发票　NO 50003662

开票日期：2024 年 01 月 02 日

购买方	名　称：浙江虹琦酒业有限公司						密码区	03》21*&25*2/26-141\61 21350332132132100.-**6 23/031**212/-0313-03133 23203***/X055-03*2223	
	纳税人识别号：91334040281777 70125								
	地址、电话：杭州市西湖区西溪路 502 号 0571-85120771								
	开户行及账号：中国建设银行杭州西溪支行 3305013916 0678125811								
货物及应税劳务、服务名称		规格型号	单位	数量	单价	金额		税率	税额
*运输服务*运费				1	917.43	917.43		9%	82.57
合　计						￥917.43			￥82.57
价税合计（大写）		⊗壹仟圆整				（小写）￥1000.00			
销售方	名　称：杭州俊达运输有限公司								
	纳税人识别号：913301065769580321								
	地址、电话：杭州市萧山区党山工业区 1 号 56168981								
	开户行及账号：杭州银行萧山支行 03161591623123123								

收款人：　　　复核：　　　开票人：陈有　　　销售方：（章）

图 8-13　增值税专用发票

入库单　　No 02221441

送货厂商：杭州酣永酒精实业有限公司

物料类别：☑原材料　□成品　□其他　　2024 年 01 月 02 日

品名/品牌	订单号	规格	数量	单位	单价	金额
粮食酒精			5	吨	16420.00	82100.00

主管：　　　品管：　　　仓库：　　　送货人：王浩伟

图 8-14　入库单

033011923102　　浙江增值税普通发票　NO 05641271

开票日期：2024 年 01 月 04 日

购买方	名　称：浙江虹琦酒业有限公司						密码区	03》21*&25*2/26-141\61 21350332132132100.-**6 23/031**212/-0313-03133 23203***/X055-03*2223	
	纳税人识别号：91334040281777 70125								
	地址、电话：杭州市西湖区西溪路 502 号 0571-85120771								
	开户行及账号：中国建设银行杭州西溪支行 3305013916 0678125811								
货物及应税劳务、服务名称		规格型号	单位	数量	单价	金额		税率	税额
*软件服务*服务费						594.06		1%	5.94
合　计						￥594.06			￥5.94
价税合计（大写）		⊗伍佰圆整				（小写）￥600.00			
销售方	名　称：杭州金楚电子科技有限公司								
	纳税人识别号：913301083229042101								
	地址、电话：杭州市滨江区聚才路 500 号 B306 室 0571-87215879								
	开户行及账号：杭州银行钱江支行 330104016 0001999439								

收款人：　　　复核：　　　开票人：马亏　　　销售方：（章）

图 8-15　增值税普通发票

业务7：2024年1月5日，公司销售部销售人员安启泰预借差旅费800.00元。相关单据见图8-16。

浙江红琦酒业有限公司　借款单

2024年01月05日

借款单位：销售部		
借款理由：预借差旅费		
借款金额：人民币（大写）捌佰元整	￥800.00	
本部门负责人意见：同意。 邓俊泽	借款人签字：安启泰	
会计主管审批： 同意。 栗洁	付款方式： 网银支付	出纳： 韩晓

图 8-16　借款单

业务8：2024年1月5日，公司向浙江仁本超市有限公司(统一社会信用代码：913323290575443406；地址、电话：杭州市滨江区六一路99号 0571-83294637；开户行及账号：中国农业银行杭州滨江支行 12352628360001)销售52度白酒石冻春300箱，不含税售价为780.00元/箱，已开具增值税专用发票一份，款项已通过银行转账收取。相关单据见图8-17～图8-19。

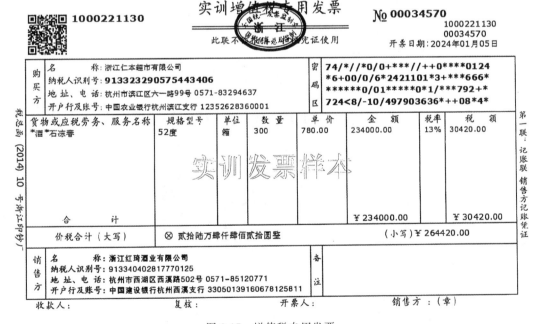

图 8-17　增值税专用发票

业务9：2024年1月5日，因向浙江仁本超市有限公司销售52度白酒石冻春300箱，公司通过银行转账收取包装物押金共1808.00元。收款收据见图8-20。

业务10：2024年1月6日，公司将上月外购的10台B牌冰箱作为福利奖励优秀职工；另将上月外购的10台B牌冰箱用于新建职工宿舍，B牌冰箱购进时均取得了增值税专用发

图 8-18　回单

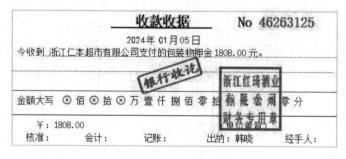

图 8-19　出库单

收款收据　No 46263125

2024 年 01 月 05 日

今收到 浙江仁本超市有限公司支付的包装物押金 1808.00 元。

银行收讫

浙江红琦酒业
财务专用章
单位盖章

金额大写 ⊗佰⊗拾⊗万壹仟捌佰零拾⊗元零⊗分

￥：1808.00

核准：　　会计：　　记账：　　出纳：韩晓　　经手人：

图 8-20　收据

票并已抵扣,每台支付的价税合计金额为 2 260 元。领料单见图 8-21。

业务 11：2024 年 1 月 6 日,公司将自用 10 年的小汽车一辆,账面原价 300 000.00 元,已提折旧 30 000.00 元,以 180 000.00 元的价格(含税)售出,并且未放弃减税。收款收据见图 8-22。

业务 12：2024 年 1 月 7 日,公司从上海青酒厂有限公司购进粮食白酒 6 吨,不含税单价为 15 000.00 元/吨,取得增值税专用发票一份,货款已通过银行转账支付。相关单据见图 8-23 和图 8-24。

领料单

仓库：　　　　　　　　　　　　　　　　　　　　　　2024年01月06日

编号	类别	材料名称	规格	单位	数量		实际价格	
					请领	实发	单价	金额
1		B牌冰箱		台	20	20	2000.00	40000.00
合计					20	20		¥40000.00
用途	用于奖励优秀职工及新建职工宿舍	领料部门		发料部门		财务部门		
		负责人	领料人	核准人	发料人	审核	会计	
		丁涛	宁萌萌	温宁	闫谷池	梁洁	崔柠	

图 8-21　领料单

收款收据　　　No 46263127

2024年01月06日

今收到 自用10年的小汽车售出价款180000.00元。

银行收讫

金额大写	⊗佰 壹 拾 捌 万 零 仟 零 佰 零 拾 零 元 零 角 零 分
¥：180000.00	浙江红琦酒业有限公司财务专用章（单位盖章）
核准：　会计：　记账：	出纳：韩晓　经手人：

图 8-22　收据

3100191230　上海增值税专用发票　NO 47732003　3100191230　47732003

（全国统一发票监制章　上海　国家税务总局监制）抵扣联

开票日期：2024年01月07日

购买方	名　　称：浙江红琦酒业有限公司 纳税人识别号：913340402817770125 地址、电话：杭州市西湖区西溪路502号 0571-85120771 开户行及账号：中国建设银行杭州西溪支行 33050139160678125811				密码区	03》21*&25*2/26-141\61 21350332132132100.-**6 23/031**212/-0313-03133 23203***/X055—03*2223	
货物或应税劳务、服务名称	规格型号	单位	数量	单价	金额	税率	税额
*酒*粮食白酒		吨	6	15000.00	90000.00	13%	11700.00
合　　计					¥90000.00		¥11700.00
价税合计（大写）	⊗壹拾万零壹仟柒佰圆整					（小写）¥101700.00	
销售方	名　　称：上海青酒厂有限公司 纳税人识别号：913101151336890025 地址、电话：上海市嘉定区博乐南路12号 55466675 开户行及账号：交通银行嘉定支行 0796737369904			备注	上海青酒厂有限公司 913101151336890025 发票专用章		

收款人：　　复核：　　开票人：陈澄　　销售方：（章）

税总函[2017]001号[illegible]印制厂

图 8-23　增值税专用发票

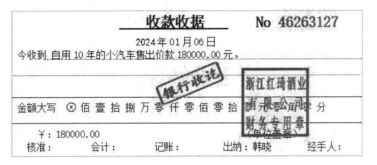

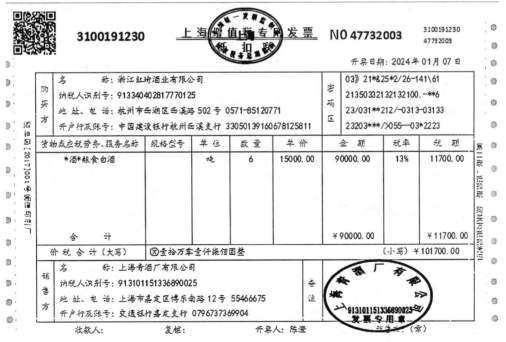

图 8-24 增值税专用发票

业务 13：2024 年 1 月 9 日，公司将自产的 12 度青梅酒 10 箱，以成本价每箱 98.00 元分给职工作为国庆福利，对外销售同类青梅酒不含税单价为每箱 225.00 元。出库单见图 8-25。

会计部门编号 001		出库单			NO 03302254			
仓库部门编号 001		2024 年 01 月 09 日						
编号	名称	规格型号	单位	出库数量	单价	金额	备注	
1	青梅酒	12 度	箱	10				
	合计			10				
生产车间或部门：生产一车间				仓库管理员：顾一萌				

图 8-25 出库单

业务 14：2024 年 1 月 9 日，委托杭州景致酒厂生产 3 吨散装西柚酒，公司提供原材料成本为 105 000.00 元，通过银行转账支付加工费 24 720.00 元(含税)，取得增值税专用发票一份。杭州景致酒厂已代收代缴消费税。该批散装西柚酒收回后将继续用于加工成瓶装西柚酒。相关单据见图 8-26 和图 8-27。

业务 15：2024 年 1 月 10 日，申报缴纳印花税 638.26 元，取得银行电子缴税凭证，见图 8-28。

图 8-26 增值税专用发票

图 8-27 增值税专用发票

业务 16：2024 年 1 月 10 日，财务部会计完成增值税纳税申报，取得银行电子缴税凭证，见图 8-29。

业务 17：2024 年 1 月 10 日，财务部会计完成 2 月税费纳税申报，取得银行电子缴税凭证，见图 8-30。

中国建设银行单位客户专用回单

业务日期：2024 年 01 月 10 日　　　　　　　　凭证字号：3001201820805685341

纳税人全称：浙江红琦酒业有限公司

纳税人识别号（信用代码）：913340402817770125

付款人全称：浙江红琦酒业有限公司　　　　　　咨询（投诉）电话：12366

付款人账号：3305013916 0678125811　　　　　征收机关名称（委托方）：杭州市西湖区税务局

付款人开户银行：中国建设银行杭州西溪支行　　收款国库（银行）名称：国家金库杭州市西湖区支库

小写（合计）金额：￥638.26　　　　　　　　　缴款书交易流水号：20201215652145800026598 7129862

大写（合计）金额：人民币陆佰叁拾捌元贰角陆分　　　税票号码：32018208000009685

税（费）种名称	所属时期		实缴金额
印花税	20220201	20220228	638.26

图 8-28　回单

中国建设银行单位客户专用回单

业务日期：2024 年 01 月 10 日　　　　　　　　凭证字号：3001201820805685341

纳税人全称：浙江红琦酒业有限公司

纳税人识别号（信用代码）：913340402817770125

付款人全称：浙江红琦酒业有限公司　　　　　　咨询（投诉）电话：12366

付款人账号：3305013916 0678125811　　　　　征收机关名称（委托方）：杭州市西湖区税务局

付款人开户银行：中国建设银行杭州西溪支行　　收款国库（银行）名称：国家金库杭州市西湖区支库

小写（合计）金额：￥36225.80　　　　　　　　缴款书交易流水号：20201215652145800026598 7129862

大写（合计）金额：人民币叁万陆仟贰佰贰拾伍元捌角整　　税票号码：32018208000009685

税（费）种名称	所属时期		实缴金额
增值税	20220201	20220228	36225.80

图 8-29　回单

中国建设银行单位客户专用回单

业务日期：2024 年 01 月 10 日　　　　　　　　凭证字号：3001201820805685341

纳税人全称：浙江红琦酒业有限公司

纳税人识别号（信用代码）：913340402817770125

付款人全称：浙江红琦酒业有限公司　　　　　　咨询（投诉）电话：12366

付款人账号：3305013916 0678125811　　　　　征收机关名称（委托方）：杭州市西湖区税务局

付款人开户银行：中国建设银行杭州西溪支行　　收款国库（银行）名称：国家金库杭州市西湖区支库

小写（合计）金额：￥5093.60　　　　　　　　　缴款书交易流水号：20201215652145800026598 7129862

大写（合计）金额：人民币伍仟零玖拾叁元陆角整　　税票号码：32018208000009685

税（费）种名称	所属时期		实缴金额
城建税	20220201	20220228	2535.81
教育费附加	20220201	20220228	1086.77
地方教育费附加	20220201	20220228	724.52
个人所得税	20220201	20220228	746.50

图 8-30　回单

业务 18：2024 年 1 月 11 日，公司收回于 1 月 9 日委托杭州景致酒厂生产的 3 吨散装西柚酒后，将其继续用于加工成瓶装西柚酒 500 箱，以每箱不含税单价为 328.00 元销售给杭州朴朴电子商务有限公司（统一社会信用代码：913301077633455795；地址、电话：杭州市滨江区解放路 209 号 0571-83298856；开户行及账号：杭州银行解放路支行 120206004500358），已开具增值税普通发票一份。相关单据见图 8-31～图 8-33。

图 8-31　增值税普通发票

图 8-32　回单

会计部门编号 001		出库单			NO 03302255		
仓库部门编号 001		2024 年 01 月 11 日					
编号	名称	规格型号	单位	出库数量	单价	金额	备注
1	西柚酒	12 度	箱	500			
	合计			500			
生产车间或部门：生产一车间				仓库管理员：顾一萌			

图 8-33　出库单

业务 19：2024 年 1 月 12 日，公司向杭州丽景烟酒专卖店(统一社会信用代码：913301093218456258；地址、电话：杭州市下城区密渡桥路 302 号 0571-88004850；开户行及账号：中国农业银行杭州大厦支行 61101557275)销售啤酒一批，已开具增值税普通发票一份，款项暂未收取。相关单据见图 8-34 和图 8-35。

图 8-34　增值税专用发票

图 8-35　出库单

业务 20：2024 年 1 月 12 日，公司生产一种新的粮食白酒，广告样品使用 0.2 吨，用于客户试喝。该种白酒无同类产品出厂价，生产成本为每吨 35 000 元，成本利润率为 10%。出库单见图 8-36。

业务 21：2024 年 1 月 12 日，公司收到杭州龙元电力有限公司开具的电费增值税专用发票一份，本月用电共计 11 828 度，其中生产车间用电 8 323 度，行政管理部用电 1 990 度，销售部用电 1 090 度，员工宿舍用电 425 度，电费已通过银行转账支付(取得增值税专用发票先全额抵扣，如属于不得抵扣的金额再进行进项税转出处理)。相关单据见图 8-37 和图 8-38。

会计部门编号 001　　　　**出库单**　　　NO 03302257

仓库部门编号 001　　　　2024 年 01 月 12 日

编号	名称	规格型号	单位	出库数量	单价	金额	备注
1	粮食白酒		吨	0.2			
	合计			0.2			

生产车间或部门：生产一车间　　　　　　　仓库管理员：顾一萌

图 8-36　出库单

图 8-37　增值税专用发票

图 8-38　增值税专用发票

业务 22：2022 年 2 月从杭州威尔电子有限公司购买切线器因质量问题，经协商退回，该设备购入时按库存商品核算，款项未付。3 月 14 日，公司会计到主管税务机关申请开具红字发票开具通知单，并收到杭州威尔电子有限公司根据通知单开具的红字增值税专用发票一份。相关单据见图 8-39～图 8-41。

图 8-39 出库单

图 8-40 增值税专用发票

业务 23：2024 年 1 月 14 日，对外销售公司 2015 年购买自用的机器一台，通过银行转账取得含税收入 153 300.00 元。收款收据见图 8-42。

业务 24：2024 年 1 月 15 日，公司通过银行转账支付防伪税控技术维护费 200.00 元，取得增值税普通发票一份（见图 8-43）。

业务 25：2024 年 1 月 15 日，公司向浙江梅尼超市有限公司（统一社会信用代码：913301093218753621；地址、电话：杭州市滨江区江南大道 802 号 0571-84634251；开户行及账号：建行滨江区高新支行 655328375732756）销售白桃酒及荔枝酒各 200 箱，因是老客户，给予其 5% 折扣销售，已开具增值税专用发票一份，款项暂未收取。相关单据见图 8-44和图 8-45。

货物或应税劳务、服务名称	规格型号	单位	数量	单价	金额	税率	税额
*电工机械设备*初效器		台	-1	5085.50	-5085.50	13%	-661.12
合　计					¥-5085.50		¥-661.12

图 8-41　增值税专用发票

图 8-42　收据

货物或应税劳务、服务名称	规格型号	单位	数量	单价	金额	税率	税额
*信息技术服务*增值税防 伪税控技术维护费					188.68	6%	11.32
合　计					¥188.68		¥11.32

图 8-43　增值税专用发票

图 8-44 增值税专用发票

会计部门编号 001		出库单		NO 03302259			
仓库部门编号 001		2024 年 01 月 15 日					
编号	名称	规格型号	单位	出库数量	单价	金额	备注
1	白桃酒	12 度	箱	200			
2	荔枝酒	12 度	箱	200			
		合计		400			
生产车间或部门：生产一车间				仓库管理员：顾一萌			

图 8-45

业务 26：2024 年 1 月 15 日，因杭州突发暴雨，导致出现洪涝灾害，公司上月购进的原材料（适用 13% 增值税税率）受此影响，损失了 10%，金额共计 5 180.00 元。相关单据见图 8-46。

存货盘亏处理通知单

损失的材料，经查属于因受杭州突发暴雨，出现洪涝灾害导致，报经审批后计入营业外支出。

财务经理：沈涛

2024 年 01 月 15 日

会计主管：梁洁

图 8-46 存货盘亏处理通知单

业务27：2024年1月16日,收到(2021年9月1日公司将本市自有办公场地出租)浙江兰芳食品制造有限公司(统一社会信用代码：913301574192816168；地址、电话：杭州市上城区新湖大厦201室 0571-84035504；开户行及账号：中国工商银行青城路支行1602020888898762)2022年3月房租费82 000.00元,该办公楼于2015年建造,公司选择简易计税方法计税,已开具增值税普通发票一份,并在备注栏内注明"房屋坐落地址：杭州市上城区南山路23号"。相关单据见图8-47和图8-48。

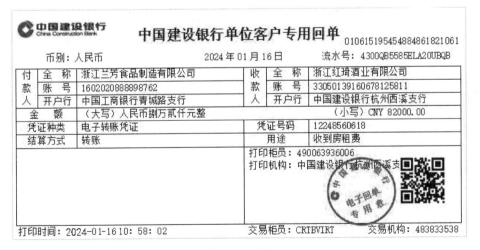

图 8-47　增值税专用发票

图 8-48　回单

业务28：2024年1月16日,公司进口一批葡萄酒,出口地离岸价格为34万元,境外运费及保险费共计2万元,海关于3月16日开具了海关进口专用缴款书(见图8-49)(进口环节的关税税率为 50%，葡萄酒消费税税率为 10%，假设相关款项已支付）。

GS01　　杭州　　海关　进口增值税　　专用缴款书　　（1802）电子支付

收入系统：　税务系统　　填发日期：2024年01月16日　　号码 No 422720211000008522—L02

收款单位	收入机关	中央金库		缴款单位或人	名称	浙江红琦酒业有限公司
	科目	进口增值税	预算级次 中央		账号	33050139160678125811
	收款国库	中国建设银行股份有限公司杭州分行（953252020690901019）			开户银行	中国建设银行杭州西溪支行

税号	货物名称	数量	单位	完税价格（¥）	税率（%）	税款金额（¥）
3917220000	葡萄酒	5	吨	600000.00	13%	78000.00
金额人民币（大写）柒万捌仟元整					合计（¥）	78000.00

申请单位编号	3206987002	报关单编号	230220121020021103	填制单位	收款国库（银行）
合同（批文）号	GS17260P	运输工具（号）	FORTUNE TRADER	中华人民共和国青岛大港海关 制单人 复核人	
缴款期限	2022 年 03 月 31 日前	提/装货单号	TMLID59500911		
备注					

从填发缴款书之日起限 15 日内缴纳（期末遇法定节假日顺延），逾期按日征收税款总额万分之五的滞纳金

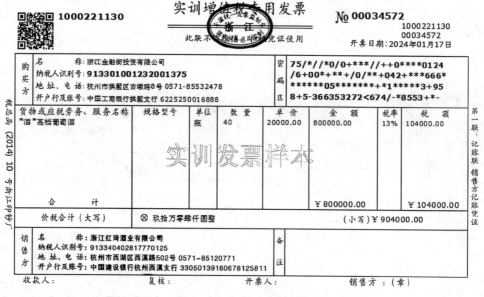

图 8-49　进口增值税专用缴款书

业务 29：2024 年 1 月 17 日，公司将进口的葡萄酒 60%用于生产高档葡萄酒。当月向浙江金融街投资有限公司（统一社会信用代码：913301001232001375；地址、电话：杭州市拱墅区古墩路 8 号 0571-85532478；开户行及账号：中国工商银行拱墅支行 6225250016888）销售高档葡萄酒一批，取得不含税销售额共计 800 000.00 元，已开具增值税专用发票一份。款项已通过银行转账收取。相关单据见图 8-50 和图 8-51。

实训增值税专用发票

1000221130　　№ 00034572

此联不作报销、扣税凭证使用　　1000221130　00034572

开票日期：2024年01月17日

购买方	名　　称：浙江金融街投资有限公司 纳税人识别号：913301001232001375 地 址、电 话：杭州市拱墅区古墩路8号 0571-85532478 开户行及账号：中国工商银行拱墅支行 6225250016888	密码区	75/*//*0/0+***//++0****0124 /6+00*+**+/0/**+042+***666* ******05*******+*1*****3+95 8+5-366353272<674/-*8553+*-

货物或应税劳务、服务名称	规格型号	单位	数量	单价	金额	税率	税额
*酒*高档葡萄酒		瓶	40	20000.00	800000.00	13%	104000.00
合　　计					¥800000.00		¥104000.00
价税合计（大写）	⊗ 玖拾万零肆仟圆整				（小写）¥904000.00		

销售方	名　　称：浙江红琦酒业有限公司 纳税人识别号：913340402817770125 地 址、电 话：杭州市西湖区西溪路502号 0571-85120771 开户行及账号：中国建设银行杭州西溪支行 33050139160678125811	备注	

收款人：　　复核：　　开票人：　　销售方：（章）

税总函（2014）10 号浙江印钞厂

第一联：记账联　销售方记账凭证

实训发票样本

图 8-50　增值税专用发票

业务 30：2024 年 1 月 17 日，公司委托杭州单森广告有限公司进行产品广告宣传，通过银行转账支付其广告费共计 120 000.00 元，取得增值税专用发票一份。相关单据见图 8-52 和图 8-53。

出库单

会计部门编号 001　　　　NO 03302260

仓库部门编号 001　　　　2024 年 01 月 17 日

编号	名称	规格型号	单位	出库数量	单价	金额	备注
1	高档葡萄酒		瓶	40			
合计				40			

第二联交财务

生产车间或部门：生产一车间　　　　仓库管理员：顾一萌

图 8-51　出库单

浙江增值税专用发票

3300191130　　抵扣联　　NO 55224014　　3300191130 55224014

开票日期：2024 年 01 月 17 日

购买方　名　　称：浙江红琦酒业有限公司
纳税人识别号：913340402817770125
地 址、电 话：杭州市西湖区西溪路 502 号 0571-85120771
开户行及账号：中国建设银行杭州西溪支行 33050139160678125811

密码区：03》21*&25*2/26-141\61 / 21350332132132100.-**6 / 23/031**212/-0313-03133 / 23203***/×055—03*2223

货物或应税劳务、服务名称	规格型号	单位	数量	单价	金额	税率	税额
*广告服务*广告费			1	113207.55	113207.55	6%	6792.45
合计					¥113207.55		¥6792.45

价税合计（大写）　⊗壹拾贰万圆整　　（小写）¥120000.00

销售方　名　　称：杭州华森广告有限公司
纳税人识别号：913301183429266799
地 址、电 话：杭州市萧山区市心中路 357 号 0571-87542959
开户行及账号：招商银行杭州萧山支行 1020571908548710619

备注：（杭州华森广告有限公司 913301183429266799 发票专用章）

收款人：　　复核：　　开票人：许芳芳　　销售方：（章）

图 8-52　增值税专用发票

浙江增值税专用发票

3300191130　　发票联　　NO 55224014　　3300191130 55224014

开票日期：2024 年 01 月 17 日

购买方　名　　称：浙江红琦酒业有限公司
纳税人识别号：913340402817770125
地 址、电 话：杭州市西湖区西溪路 502 号 0571-85120771
开户行及账号：中国建设银行杭州西溪支行 33050139160678125811

密码区：03》21*&25*2/26-141\61 / 21350332132132100.-**6 / 23/031**212/-0313-03133 / 23203***/×055—03*2223

货物或应税劳务、服务名称	规格型号	单位	数量	单价	金额	税率	税额
*广告服务*广告费			1	113207.55	113207.55	6%	6792.45
合计					¥113207.55		¥6792.45

银行付讫

价税合计（大写）　⊗壹拾贰万圆整　　（小写）¥120000.00

销售方　名　　称：杭州华森广告有限公司
纳税人识别号：913301183429266799
地 址、电 话：杭州市萧山区市心中路 357 号 0571-87542959
开户行及账号：招商银行杭州萧山支行 1020571908548710619

备注：（杭州华森广告有限公司 913301183429266799 发票专用章）

收款人：　　复核：　　开票人：许芳芳　　销售方：（章）

图 8-53　增值税专用发票

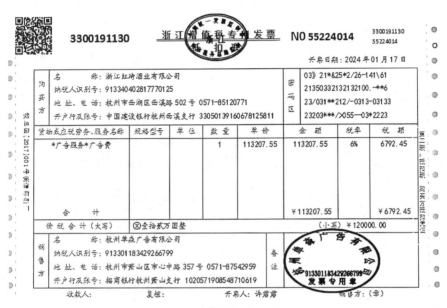

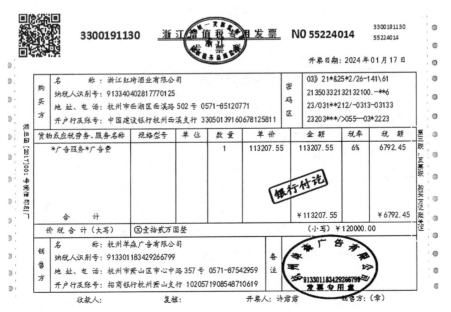

业务 31：2024 年 1 月 18 日，公司年初出借 50 万元给杭州春霖科技有限公司，今日收到 3 月资金占用费 10 000.00 元，开具收款收据一份（见图 8-54）。

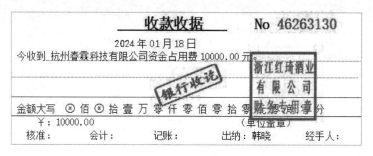

图 8-54 收据

业务 32：2024 年 1 月 18 日，公司为庆祝新研制的型号为 10 度的啤酒正式上线生产，总经理办公会决定将首批生产的 100 箱啤酒作为福利发放给职工个人，该啤酒为新产品，暂无市场售价。该啤酒成本为 42.00 元/箱，成本利润率为 10%，包装采用每箱 12 瓶，每瓶 500mL，每瓶重约为 500g。出库单见图 8-55。

会计部门编号 001		出库单			NO 03302261			
仓库部门编号 001			2024 年 01 月 18 日					
编号	名称	规格型号	单位	出库数量	单价	金额	备注	
1	啤酒	10 度	箱	100				
	合计			100				
生产车间或部门：生产一车间					仓库管理员：顾一萌			

图 8-55 出库单

业务 33：2024 年 1 月 18 日，公司直接向杭州逸夫中学捐赠款项 80 000.00 元，用于助学补助金。相关单据见图 8-56。

图 8-56 回单

业务 34：2024 年 1 月 19 日，公司向个人雷军销售 52 度白酒石冻春 10 箱，款项已通过现金收取，开具增值税普通发票一份。相关单据见图 8-57 和图 8-58。

图 8-57　增值税专用发票

会计部门编号 001		**出库单**		NO 03302262				
仓库部门编号 001			2024 年 01 月 24 日					
编号	名称	规格型号	单位	出库数量	单价	金额	备注	
1	石冻春	52 度	箱	10				
	合计			10				
生产车间或部门：生产一车间					**仓库管理员**：顾一萌			

图 8-58　出库单

业务 35：2024 年 1 月 20 日，公司接受浙江立华税务师事务所有限公司的税务咨询服务，取得增值税专用发票一份，共计支付服务费 101 500.00 元。相关单据见图 8-59 和图 8-60。

业务 36：2024 年 1 月 22 日，员工因违反公司制度产生的罚款 2 000.00 元，已通过现金收取。收款收据见图 8-61。

业务 37：2024 年 1 月 22 日，公司受杭州醇酒厂(统一社会信用代码：913301081619291965；地址、电话：浙江省杭州市江干区慕华街 45 号 0571-86689001；开户行及账号：中国工商银行杭州市城南支行 49122901045996129)委托加工粮食白酒一批，原辅材料均由委托方提供，收取含税加工费 50 000.00 元，已开具增值税普通发票一份，并为杭州醇酒厂代收代缴消费税 1 200.00 元。相关单据见图 8-62 和图 8-63。

3300191130　　浙江增值税专用发票　NO 95506868　　3300191130
95506868

开票日期: 2024 年 01 月 20 日

| 购买方 | 名　称: 浙江虹琦酒业有限公司
纳税人识别号: 91334040281777 0125
地址、电话: 杭州市西湖区西溪路 502 号 0571-85120771
开户行及账号: 中国建设银行杭州西溪支行 33050139160678125811 | 密码区 | 03》21*&25*2/26-141\61
21350332132132100.-**6
23/031**212/-0313-03133
23203***/X055-03*2223 |

货物或应税劳务、服务名称	规格型号	单位	数量	单价	金额	税率	税额
*鉴证咨询服务*税务咨询 服务费			1	95754.72	95754.72	6%	5745.28
合　计					￥95754.72		￥5745.28

| 价税合计 (大写) | ⊗壹拾万零壹仟伍佰圆整 | (小写) ￥101500.00 |

| 销售方 | 名　称: 浙江立华税务师事务所有限公司
纳税人识别号: 91330766290655 1991
地址、电话: 杭州市西湖区灵隐街道外 18 号 0571-88450809
开户行及账号: 上海浦发发展银行杭州和睦支行 952217463900018 | 备注 |

收款人:　　复核:　　开票人: 金子辰　　销售方: (章)

图 8-59　增值税专用发票

3300191130　　浙江增值税专用发票　NO 95506868　　3300191130
95506868

开票日期: 2024 年 01 月 20 日

| 购买方 | 名　称: 浙江虹琦酒业有限公司
纳税人识别号: 91334040281777 0125
地址、电话: 杭州市西湖区西溪路 502 号 0571-85120771
开户行及账号: 中国建设银行杭州西溪支行 33050139160678125811 | 密码区 | 03》21*&25*2/26-141\61
21350332132132100.-**6
23/031**212/-0313-03133
23203***/X055-03*2223 |

货物或应税劳务、服务名称	规格型号	单位	数量	单价	金额	税率	税额
*鉴证咨询服务*税务咨询 服务费			1	95754.72	95754.72	6%	5745.28
合　计					￥95754.72		￥5745.28

| 价税合计 (大写) | ⊗壹拾万零壹仟伍佰圆整 | (小写) ￥101500.00 |

| 销售方 | 名　称: 浙江立华税务师事务所有限公司
纳税人识别号: 91330766290655 1991
地址、电话: 杭州市西湖区灵隐街道外 18 号 0571-88450809
开户行及账号: 上海浦发发展银行杭州和睦支行 952217463900018 | 备注 |

收款人:　　复核:　　开票人: 金子辰　　销售方: (章)

图 8-60　增值税专用发票

图 8-61　收据

图 8-62　增值税专用发票

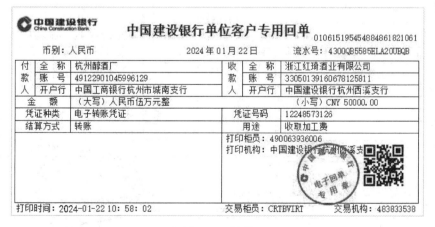

图 8-63　回单

业务 38：2024 年 1 月 23 日，收到杭州梦溪自来水有限公司开具的水费增值税专用发票一份，本月用水共计 5 200 吨，其中生产车间用水 3 220 吨，行政管理部用水 1 146 吨，销售部用水 534 吨，员工宿舍用水 300 吨（取得增值税专用发票先全额抵扣，如属于不得抵扣的金额再进行进项税转出处理）。相关单据见图 8-64 和图 8-65。

图 8-64　增值税专用发票

图 8-65　增值税专用发票

业务 39：2024 年 1 月 24 日，向浙江杭州柏盛百货商场(统一社会信用代码：913303245348934055；地址、电话：杭州市西湖区留下大街 15 号 0571-81207566；开户行及账号：中国工商银行杭州留下支行 6650394874008374)销售果酒一批，款项已通过银行转账收取，已开具增值税专用发票一份。相关单据见图 8-66～图 8-68。

1000221130　　实训增值税专用发票　　№ 00034573

浙江　　此联不作报销、扣税凭证使用

1000221130
00034573
开票日期：2024年01月24日

购买方	名称：浙江杭州柏盛百货商场 纳税人识别号：913303245348934055 地址、电话：杭州市西湖区留下大街15号 0571-81207566 开户行及账号：中国工商银行杭州留下支行 6650394874008374	密码区	72/*//*0/1+***//++0****0124 06+00*0/12015601*22+***666* ******0302****5/22**325<-67 4/1+79<57++4-*/<-94/09<6+<1

货物或应税劳务、服务名称	规格型号	单位	数量	单价	金额	税率	税额
*酒*白桃酒	12度	箱	100	165.00	16500.00	13%	2145.00
*酒*青梅酒	12度	箱	100	208.00	20800.00	13%	2704.00
*酒*荔枝酒	12度	箱	100	262.00	26200.00	13%	3406.00
合计					￥63500.00		￥8255.00
价税合计（大写）	⊗ 柒万壹仟柒佰伍拾伍圆整				（小写）￥71755.00		

销售方	纳税人名称：浙江红琦酒业有限公司 纳税人识别号：913340402817770125 地址、电话：杭州市西湖区西溪路502号 0571-85120771 开户行及账号：中国建设银行杭州西溪支行 33050139160678125811	备注	

收款人：　　复核：　　开票人：　　销售方：（章）

税总函（2014）10 号浙江印钞厂

第一联：记账联 销售方记账凭证

实训发票样本

图 8-66　增值税专用发票

会计部门编号 001　　**出库单**　　NO 03303512

仓库部门编号 001　　2024 年 01 月 24 日

编号	名称	规格型号	单位	出库数量	单价	金额	备注
1	白桃酒	12 度	箱	100			
2	青梅酒	12 度	箱	100			
3	荔枝酒	12 度	箱	100			
合计				300			

第二联交财务

生产车间或部门：生产一车间　　仓库管理员：顾一萌

图 8-67　出库单

中国建设银行 China Construction Bank

中国建设银行单位客户专用回单　　01061519545488486182l061

币别：人民币　　2024年01月24日　　流水号：4300QB5585ELA20UBQB

付款人	全称	浙江杭州柏盛百货商场	收款人	全称	浙江红琦酒业有限公司
	账号	6650394874008374		账号	33050139160678125811
	开户行	中国工商银行杭州留下支行		开户行	中国建设银行杭州西溪支行
金额		（大写）人民币柒万壹仟柒佰伍拾伍元整			（小写）CNY 71755.00
凭证种类		电子转账凭证	凭证号码		10112776355
结算方式		转账	用途		收到货款
			打印柜员：490063936006 打印机构：中国建设银行杭州西溪支行		

电子回单专用章

打印时间：2024-01-24 10：13：12　　交易柜员：CRTBVIRT　　交易机构：483833538

图 8-68　回单

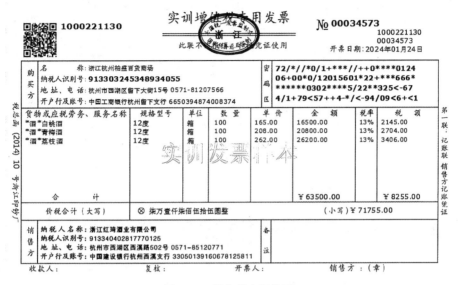

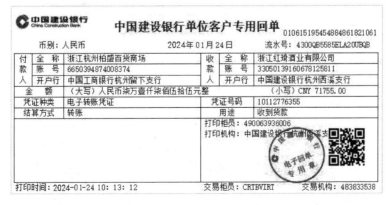

业务40：2024年1月25日,销售部职员安启泰出差归来,报销差旅费。相关单据见图8-69～图8-72。

图8-69　差旅费报销单

图8-70　增值税专用发票

注：购进国内旅客运输服务取得增值税电子普通发票的可抵扣进项税额,填写在"增值税纳税申报表附列资料(二)第8b和第10行"。

业务41：2024年1月25日,公司支付银行手续费480.00元。客户专用回单见图8-73。

业务42：2024年1月26日,公司向杭州译林烟酒专卖店(统一社会信用代码：913302394002303948,地址、电话：杭州市上城区环城东路23号 0571-83470888,开户行及账号：中国工商银行环城东路支行1202028838473)销售白酒一批。为及早收回货款,公司与杭州译林烟酒专卖店约定的现金折扣条件为：2/10,1/20,n/30,商品已发出,假定计算现金折扣时不考虑增值税。开具增值税专用发票一份。相关单据见图8-74和图8-75。

3300191130　浙江增值税专用发票　NO 91332018

3300191130
91332018

开票日期：2024年01月11日

购买方	名　　称：浙江虹琦酒业有限公司 纳税人识别号：91334040281777 0125 地址、电话：杭州市西湖区西溪路 502号 0571-85120771 开户行及账号：中国建设银行杭州西溪支行 33050139160678125811	密码区	03》21*&25*2/26-141\61 21350332132132100.-**6 23/031**212/-0313-03133 23203*** /）055-03*2223

货物及应税劳务、服务名称	规格型号	单位	数量	单价	金额	税率	税额
*生活服务*住宿费			1	241.51	241.51	6%	14.49
合　　计					￥241.51		￥14.49

价税合计（大写）　⊗贰佰伍拾陆圆整　　　　　　（小写）￥256.00

销售方	名　　称：金华照悦铤丽酒店 纳税人识别号：91330424457664 6389 地址、电话：金华市开发区宾虹路 81号 0571-84412056 开户行及账号：金华银行开发区支行 19122901045996029	各注	

收款人：　　　复核：　　　开票人：周块　　　销售方：（章）

图 8-71　增值税专用发票

机器编号：499098426207

浙江增值税电子普通发票

发票代码：033002100211
发票号码：86001212
开票日期：2024年01月11日
校验码：15529 84376 70628 86725

购买方	名　　称：浙江虹琦酒业有限公司 纳税人识别号：91334040281777 0125 地址、电话：杭州市西湖区西溪路 502号 0571-85120771 开户行及账号：中国建设银行杭州西溪支行 33050139160678125811	密码区	03》21*&25*2/26-141\61 21350332132132100.-**6 23/031**212/-0313-03133 23203***/）055-03*2223

货物及应税劳务、服务名称	规格型号	单位	数量	单价	金额	税率	税额
*运输服务*客运服务费		次	2	90.29	180.58	3%	5.42
合　　计					￥180.58		￥5.42

价税合计（大写）　⊗壹佰捌拾陆圆整　　　　　　（小写）￥186.00

销售方	名　　称：杭州滴滴出行科技有限公司 纳税人识别号：91330110MA2H0BC100 地址、电话：杭州市余杭区新城路 108号 305室 0571-88567952 开户行及账号：招商银行股份有限公司余杭支行 5719150716 1082	各注	

收款人：　　　复核：　　　开票人：杜壳　　　销售方：（章）

图 8-72　增值税专用发票

图 8-73　回单

图 8-74　增值税专用发票

会计部门编号 001		出库单			NO 03302263			
仓库部门编号 001			2024 年 01 月 26 日					
编号	名称	规格型号	单位	出库数量	单价	金额	备注	
1	石冻春	45 度	箱	50				
2	石冻春	50 度	箱	50				
3	石冻春	52 度	箱	30				
	合计			130				
生产车间或部门：生产一车间					仓库管理员：顾一萌			

图 8-75　出库单

业务 43：2024 年 1 月 27 日，公司通过银行转账支付浙江林森物流有限公司本月行政管理部门发生的快递费，共计 2 268.00 元，取得增值税专用发票一份。相关单据见图 8-76 和图 8-77。

图 8-76　增值税专用发票

图 8-77　增值税专用发票

业务 44：2024 年 1 月 27 日，公司将其西湖区文二路闲置的一间办公室出租给浙江三邦科技有限公司，该办公室为浙江红琦酒业有限公司 2013 年 8 月购入。合同约定租期三年，租期开始日为 2023 年 2 月 1 日，预收两个月租金 40 000.00 元。企业选择按照简易方法计税。相关单据见图 8-78。

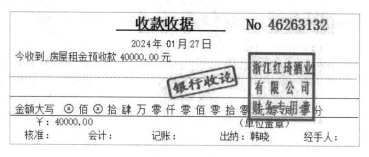

图 8-78　收据

业务 45：2024 年 1 月 29 日，从杭州市集果轩贸易有限公司购进葡萄 10 吨，取得增值税专用发票一份，商品已验收入库。相关单据见图 8-79～图 8-81。

图 8-79　增值税专用发票

业务 46：2024 年 1 月 30 日，因仓库保管不善，导致上月从一般纳税人企业购进的一批原材料(适用 13% 增值税税率)霉烂变质，该批原材料账面成本为 10 万元，其中运费成本为 1 万元(当地一般纳税人运输企业提供运输服务)，进项税额均已于上月抵扣。相关单据见图 8-82。

业务 47：2024 年 1 月 30 日，公司收到杭州译林烟酒专卖店本月 26 日的货款，共计 94 794.00 元。相关单据见图 8-83。

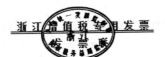

3300191130　　浙江增值税专用发票　　NO 59991033

3300191130
59991033

开票日期：2024年01月29日

购买方	名　　称：浙江虹琦酒业有限公司 纳税人识别号：91334040281777 0125 地 址、电 话：杭州市西湖区西溪路502号 0571-85120771 开户行及账号：中国建设银行杭州西溪支行 33050139160678125811				密码区	03》21*&25*2/26-141\61 213503321321321 00.-**6 23/031**212/-0313-03133 23203***/×055—03*2223	
货物或应税劳务、服务名称	规格型号	单位	数量	单价	金额	税率	税额
*水果*葡萄		吨	10	16800.00	168000.00	9%	15120.00
合　　计					¥168000.00		¥15120.00
价税合计（大写）	⊗壹拾捌万叁仟壹佰贰拾圆整				（小写）¥183120.00		
销售方	名　　称：杭州市集果轩贸易有限公司 纳税人识别号：91330151508279 6508 地 址、电 话：杭州市上城区新湖大厦201室 0571-84035504 开户行及账号：中国工商银行青城路支行 1602020888898762				备注		

收款人：　　复核：　　开票人：查超　　销售方：（章）

第三联：发票联　购买方记账凭证

图 8-80　增值税专用发票

入库单　　No 02221442

送货厂商：杭州市集果轩贸易有限公司

物料类别：☑原材料　□成品　☑其他　　2024年01月29日

品名/品牌	订单号	规格	数量	单位	单价	金额
葡萄			10	吨	16800.00	168000.00

主管：　　品管：　　仓库：　　送货人：王浩伟

图 8-81　入库单

存货盘亏处理通知单

盘亏的材料，经查因仓库保管不善导致。报经审批后计入管理费用。

财务经理：沈涛

2024年01月30日

会计主管：梁浩

图 8-82　存货盘亏处理通知单

业务48：2024年1月30日，公司收到上月杭州乐维烟酒专卖店未支付的货款，共计122 880.00元。相关单据见图8-84。

业务49：2024年1月31日，公司计提本月折旧。折旧计提表见图8-85。

业务50：2024年1月31日，公司计算本月应纳增值税及其附加税费。

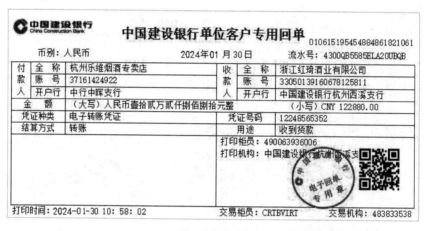

中国建设银行单位客户专用回单

中国建设银行 China Construction Bank　　0106151954548848618210611

币别：人民币　　2024年01月30日　　流水号：4300QB5585ELA20UBQB

付款人	全　称	杭州泽林烟酒专卖店	收款人	全　称	浙江红琦酒业有限公司
	账　号	1202028838473		账　号	33050139160678125811
	开户行	中国工商银行环城东路支行		开户行	中国建设银行杭州西溪支行
金　额		（大写）人民币玖万肆仟柒佰玖拾肆元整			（小写）CNY 94794.00
凭证种类		电子转账凭证	凭证号码		37161770918
结算方式		转账	用途		收到货款
			打印柜员：490063936006 打印机构：中国建设银行杭州西溪支行		
打印时间：2024-01-30 10：13：12			交易柜员：CRTBVIRT		交易机构：483833538

图 8-83　回单

中国建设银行单位客户专用回单

中国建设银行 China Construction Bank　　0106151954548848618210611

币别：人民币　　2024年01月30日　　流水号：4300QB5585ELA20UBQB

付款人	全　称	杭州乐维烟酒专卖店	收款人	全　称	浙江红琦酒业有限公司
	账　号	37161424922		账　号	33050139160678125811
	开户行	中行中晖支行		开户行	中国建设银行杭州西溪支行
金　额		（大写）人民币壹拾贰万贰仟捌佰捌拾元整			（小写）CNY 122880.00
凭证种类		电子转账凭证	凭证号码		12248565352
结算方式		转账	用途		收到货款
			打印柜员：490063936006 打印机构：中国建设银行杭州西溪支行		
打印时间：2024-01-30 10：58：02			交易柜员：CRTBVIRT		交易机构：483833538

图 8-84　回单

折旧计提表

单位：浙江红琦酒业有限公司　　2024年01月31日　　单位：元

科目	经理室	行政部	财务部	销售部	基本生产车间
自用资产折旧	4300.00	7850.00	2578.00	7543.00	
出租房屋折旧		5200.00			

图 8-85　折旧计提表

业务 51：2024 年 1 月 31 日，公司计算本月应纳消费税及其附加税费。

(3) 企业所得税业务资料

2023 年浙江红琦酒业有限公司企业所得税预缴 80 228.65 元，根据以下业务资料完成 2023 年度企业所得税汇算清缴纳税申报，资料参见表 8-3～表 8-17。

资料1：

表 8-3　利润表

编制单位：浙江红琦酒业有限公司　　　　2023 年 12 月　　　　　　　　　　单位：人民币元

项　目	本 月 数	本 年 累 计
一、营业收入	788 218.10	3 405 402.34
减：营业成本	304 115.09	1 607 844.34
税金及附加	18 666.68	113 626.40
销售费用	89 557.35	664 295.78
管理费用	106 008.78	495 675.88
研发费用		
财务费用	13 058.11	159 825.67
其中：利息费用		
利息收入		
资产减值损失	4 583.52	25 835.50
信用减值损失		
加：其他收益		
投资收益（损失以"－"号填列）	122 000.00	480 000.00
其中：对联营企业和合营企业的投资收益		
净敞口套期收益（损失以"－"号填列）		
公允价值变动收益（损失以"－"号填列）	10 000.00	10 000.00
资产处置收益（损失以"－"号填列）		
二、营业利润（亏损以"－"号填列）	384 228.57	828 298.77
加：营业外收入	67 800.00	1 413 990.65
减：营业外支出	88 500.00	228 000.00
三、利润总额（亏损总额以"－"号填列）	363 528.57	2 014 289.42
减：所得税费用	90 882.14	503 572.36
四、净利润（净亏损以"－"号填列）	272 646.43	1 510 717.06
（一）持续经营净利润（净亏损以"－"号填列）		
（二）终止经营净利润（净亏损以"－"号填列）		
五、其他综合收益的税后净额		
（一）不能重分类进损益的其他综合收益		
1. 重新计量设定受益计划变动额		
2. 权益法下不能转损益的其他综合收益		

项　　目	本　月　数	本年累计
3. 其他权益工具投资公允价值变动		
4. 企业自身信用风险公允价值变动		
……		
（二）将重分类进损益的其他综合收益		
1. 权益法下可转损益的其他综合收益		
2. 其他债权投资公允价值变动		
3. 金融资产重分类计入其他综合收益的金额		
4. 其他债权投资信用减值准备		
5. 现金流量套期储备		
6. 外币财务报表折算差额		

资料 2：

表 8-4　营业收入明细表

序号	收入项目	入账金额	备　注
1	白酒销售收入	1 386 520.18	
2	啤酒销售收入	1 002 130.50	
3	其他酒销售收入	661 330.06	
4	提供劳务收入	77 421.60	
5	出租办公楼收入	278 000.00	
	合计	3 405 402.34	

资料 3：

表 8-5　营业外收入明细表

序号	收入项目	入账金额	备　注
1	转让专利技术利得	1 055 863.20	
2	处置固定资产利得	88 127.45	
3	取得政府补助	250 000.00	
4	其他	20 000.00	
	合计	1 413 990.65	

注：

（1）转让"鲜醇 55 度白酒"酿造专利技术，取得转让收入 1 055 863.20 元，不考虑相关税费（其他数据 0 填列）。转让专利技术利得符合税收优惠条件。

（2）浙江红琦酒业有限公司取得政府补助收入100万元，将其计入递延收益，并按照不征税收入进行管理。2023年浙江红琦酒业有限公司将该资金中250 000.00元用于对企业创新创业人才的引进、培养和奖励，计入管理费用，同时从递延收益转至营业外收入250 000.00元。

（3）浙江红琦酒业有限公司于2023年12月取得对A公司40%的股权，支付价款60 000.00元，取得股权当日被投资单位净资产公允价值200 000.00元；浙江红琦酒业有限公司对该项投资采用权益法核算。

资料4：

表8-6 投资收益明细表

序号	收入项目	入账金额	备 注
1	国债利息收入	300 000.00	
2	股息（居民企业）	180 000.00	2022年7月1日直接投资浙江巴克酒业有限公司（统一社会信用代码：913310225671251402）300万元，占股5%，2023年12月26日浙江巴克酒业有限公司公布利润分配决定，浙江红琦酒业有限公司获得股利180 000.00元。
3	合计	480 000.00	

资料5：

浙江红琦酒业有限公司与杭州菲林教育科技有限公司签订了租赁协议，将其原先自用的一栋写字楼出租给杭州菲林教育科技有限公司使用，租赁期限开始日为2023年4月1日。2023年4月1日，该写字楼的账面余额为6 000 000.00元、累计折旧600 000.00元，公允价值为5 640 000.00元。2023年12月31日，该写字楼的公允价值为5 650 000.00元。假设浙江红琦酒业有限公司对该写字楼在租赁期间采用公允价值模式计量，不考虑相关税费。

资料6：

表8-7 营业成本明细表

序号	收入项目	入账金额	备 注
1	白酒销售成本	669 232.09	
2	啤酒销售成本	485 025.65	
3	其他酒销售成本	310 663.50	
4	提供劳务成本	34 807.10	
5	出租办公楼成本	108 116.00	
	合计	1 607 844.34	

资料7：

表 8-8 管理费用明细表

序号	收入项目	入账金额	备注
1	工资薪金	195 647.35	
2	基本社会保险费	35 785.68	
3	税务咨询费	7 856.00	
4	业务招待费	68 954.25	
5	折旧费	20 552.14	
6	办公费	11 478.35	
7	房租费	15 000.00	
8	差旅费	35 486.58	
9	包装费	14 500.25	
10	运输费	37 465.22	
11	保险费	25 897.56	
12	汽车维修费	27 052.50	
	合计	495 675.88	

注：

业务招待费中有 21 000.00 元（含税价）是浙江红琦酒业有限公司在 2022 年 9 月外购的商品用于交际应酬，且依据增值税的规定，这部分外购商品的增值税进项税额没有抵扣。

资料8：

表 8-9 销售费用明细表

序号	收入项目	入账金额	备注
1	工资薪金	328 725.62	
2	基本社会保险费	56 758.33	
3	广告费	66 852.00	
4	劳务费	53 500.00	
5	折旧费	47 658.98	
6	销售佣金	53 000.00	
7	差旅费	57 800.85	
	合计	664 295.78	

注：

（1）以前年度累计结转至本年的广告费扣除额为 15 500.00 元。

（2）2023 年 8 月与具有合法经营资格中介服务机构签订服务合同，合同上注明对方介绍给本公司 100 万元收入的劳务项目，本公司支付中介服务机构佣金 53 000 元。

资料9：

表 8-10　财务费用明细表

序号	收入项目	入账金额	备注
1	手续费	57 825.67	
2	利息支出	102 000.00	
	合计	159 825.67	

注：2023 年 3 月初经过批准向本公司职工(与本公司无关联关系)借入 6 个月的生产经营用资金 20 万元。公司与职工之间签订了借款合同,通过银行转账一次性支付该职工借款利息 10 000.00 元。2023 年金融企业同类贷款业务的利率为 6%。剩余利息支出为企业向某经批准从事信托投资业务的公司借款产生,同期同类贷款年利率为 8%。

资料10：

表 8-11　营业外支出明细表

序号	收入项目	入账金额	备注
1	捐赠支出	150 000.00	
2	违约金支出	50 000.00	
3	赞助支出	20 000.00	
4	罚没支出	8 000.00	
	合计	228 000.00	

注：

(1) 2023 年 3 月,浙江红琦酒业有限公司通过杭州市人民政府,捐赠用于脱贫攻坚目标的现金 100 000.00 元;2023 年 8 月,浙江红琦酒业有限公司通过杭州红十字会向灾区捐赠现金 50 000.00 元。

(2) 支付违反购销合同的违约金 50 000.00 元。

(3) 浙江红琦酒业有限公司 2023 年发生非广告性的赞助支出 20 000.00 元。

(4) 支付因违反政府规定被相关职能部门处罚的罚款 5 000.00 元;缴纳 2023 年税收滞纳金 3 000.00 元。

资料11：

表 8-12　资产减值情况表

项目	年初余额	本期计提	本期转回	年末余额
坏账准备	10 232.00	25 835.50		27 567.50

资料12：

2023 年,公司持有的固定资产和无形资产如表 8-13 所示,资产按企业会计准则进行核算,固定资产采用年限平均法计提折旧,净残值率为 5%,无形资产按 10 年摊销;折旧年限税法与会计一致。纳税申报按税收政策执行。

表 8-13　固定资产和无形资产

序号	资产	折旧摊销年限	资产原值	本年折旧	累计折旧
1	机器设备	10 年	2 561 000.00	434 756.85	1 003 457.89
2	与生产经营有关的器具工具家具	5 年	342 000.55	35 426.21	211 451.54
3	电子设备	3 年	74 500.00	15 240.26	48 576.58
4	房屋建筑物	20 年	6 780 000.00	205 847.35	3 304 160.41
5	无形资产——专利	10 年	1 060 000.00	105 241.74	515 486.62

资料 13：

表 8-14　职工薪酬明细表

序号	费用项目	账载金额	实际发生额	备注
1	工资支出	742 820.00	742 820.00	
2	福利费用支出	106 421.70	106 421.70	
3	职工教育经费支出	54 441.00	54 441.00	
4	工会经费	18 560.40	18 560.40	
5	基本社会保险支出	97 528.25	97 528.25	
6	住房公积金支出	56 569.20	56 569.20	
	合　计	1 076 340.55	1 076 340.55	

注：

（1）实际发生的工资支出符合税法规定；

（2）2023 年公司安置残疾人员 2 名，签订劳动合同并缴纳社会保险，符合税收优惠政策。公司共为残疾人员支付工资 23 058.00 元，职工福利费 9 800.00 元，社会保险费 4 652.00 元。

资料 14：

表 8-15　公司各年度盈利及亏损情况表

年度	盈利额或亏损额	备注
2020	224 538.99	
2021	−254 257.55	
2022	367 789.68	

2. 任务二：个人所得税操作案例

1）企业概况

（1）纳税人名称：杭州蓝贝杂志社有限公司。

（2）经济性质：有限责任。

（3）注册地址及电话号码：浙江省杭州市上城区解放路 96 号　0571-83145576。

（4）开户银行及账号：中国工商银行解放路支行　1202563180436453966。

（5）纳税人识别号（统一社会信用代码）：913302634526566424。

（6）主管税务机关：杭州市上城区税务局。

2）业务资料

杭州蓝贝杂志社有限公司成立于 2023 年 12 月 28 日，经营范围为期刊出版、广告等。目前现有境内人员 8 名，境外人员 3 名，财务人员王苗计算并发放员工的工资薪金、奖金等，以及扣缴个人所得税。

资料 1：

表 8-16　境内人员基础信息表

工号	姓名	性别	身份证号	联系电话	任职日期	任职受雇类型
001	张亮	男	330102×××06030231	13357647603	2024-01-01	雇员
002	王苗	女	320102×××08042744	17338551025	2024-01-03	雇员
003	贾欣	女	330102×××03162220	15378808922	2024-01-04	雇员
004	高峰	男	210102×××03073373	13954608467	2024-01-02	雇员
005	谢涛	男	320102×××07042216	17335890353	2024-01-01	雇员
006	施伟	男	330102×××03075536	15389700567	2024-01-04	雇员
007	罗婷	女	410102×××08076268	—	—	其他
008	李鑫	男	340102×××03076938	—	—	其他

资料 2：

表 8-17　2024 年 1 月工资薪金计算发放表

工号	姓名	应发工资合计	基本养老保险金	基本医疗保险金	失业保险金	代扣个人所得税	实发工资
001	张亮	10 265.00	623.00	308.22	32.65		
002	王苗	11 686.00	623.00	308.22	32.65		
003	贾欣	12 890.00	623.00	308.22	32.65		
004	高峰	9 600.00	623.00	308.22	32.65		
005	谢涛	8 000.00	623.00	308.22	32.65		
006	施伟	10 662.00	623.00	308.22	32.65		

注：

（1）张亮家庭情况：现居杭州，已婚（妻子：王玲；身份证号：330102×××0307786X），妻子也在杭州工作，育有一儿一女（儿子：张明明；身份证号：330102×××05064310；女儿：张小蕊；身份证号：330102×××08065683），儿子于 2023 年 9 月就读于钱江湾幼儿园；女儿于 2023 年 9 月进入民办小学杭州育才实验学校读六年级，子女教育张亮与妻子各按照 50% 进行扣除。

（2）王苗家庭情况：独生子女，需赡养父亲（父亲：王志国；身份证号：330102×××03071279；母亲：赵丽云；身份证号 500101×××02035009）。王苗于 2023 年 2 月购买了商业健康保险，并于 9 月份将保单凭证提交给公司财务人员，全年保险费为 3 600 元，税优识别码为

201600100003328201,保单生效日期2023年3月1日。

（3）贾欣家庭情况：单身,2022年9月贾欣开始攻读在职硕士研究生学历,预计2024年7月拿到学历证书;2024年1月5日,贾欣取得由浙江省杭州市人力资源社会保障部门颁发的出版专业技术人员职业资格证书,证书编号为M78647897。

（4）2021年9月,高峰和其父母共同出资购买了杭州市滨江区新浦街道六合路332号玫瑰园小区3-1-1206室住房一套,房屋产权证明及贷款合同均登记为高峰和其父母,房屋主贷款人为高峰的父亲。房屋所有权证编号：hz876362,公积金贷款50万元,贷款期限30年,贷款合同编号为01078016458022,自2021年9月13日首次偿还贷款;从杭州银行贷款50万元,贷款期限30年,贷款合同编号为01026916062455,自2021年9月13日首次偿还贷款。

资料3：

（1）1月,贾欣担任公司董事,取得董事费20 000元。

（2）1月,杭州蓝贝杂志社有限公司为员工王苗购买了一辆小汽车,价值25万元。

（3）1月,罗婷在杭州蓝贝杂志社举办的抽奖活动中抽到了一等奖,奖金是10 000元。

（4）1月,谢涛将自己的一套住房出租给杭州蓝贝杂志社有限公司使用,租期半年,当月取得不含税租金10 000元,另外支付准予扣除的其他税费30元,当月对住房进行简单修缮,发生修缮费用1 500元。

（5）1月,李鑫在杭州蓝贝杂志社有限公司发表一篇文章,取得收入10 000元。

资料4：

（1）外籍个人Amy(证照类型：外国护照;证照号码：W76892022;国籍：美国;出生国家：美国;性别：女;出生日期：1991.10.06;手机号码：13304308866;任职受雇从业类型：雇员;任职受雇从业日期：2024.01.02;涉税事由：任职受雇)在杭州蓝贝杂志社有限公司任职一名普通员工,同时也在美国任职。在中国无住所,预计2024年在境内居住时间不超过90天。

2024年1月,杭州蓝贝杂志社支付其工资25 000.00元,同时其所在外国企业支付工资折合人民币30 000.00元。2024年1月境内工作天数为20天(公历天数31天)。Amy首次入境时间：2023.01.09;预计离境时间：2023.03.30。

（2）法国居民Rae(证照类型：外国护照;证照号码：F88426823;国籍：法国;出生国家：法国;性别：男;出生日期：1984.06.12;手机号码：15288650788;任职受雇从业类型：雇员;任职受雇从业日期：2024.01.02;涉税事由：任职受雇)来华任杭州蓝贝杂志社有限公司的技术部经理,预计2024年在境内居住时间超过90天但不满183天。Rae首次入境时间：2024.01.01;预计离境时间：2024.04.30。

2024年1月,境内工作天数为31天(公历天数31天),杭州蓝贝杂志社支付其工资25 000.00元。

（3）2024年1月杭州蓝贝杂志社有限公司外聘Rita(证照类型：外国护照;证照号码：H06132244;国籍：美国;出生国家：美国;性别：女;出生日期：1987.11.13;任职受雇从业类型：其他;涉税事由：提供临时劳务)为杭州蓝贝杂志社有限公司进行审稿工作,取得收入30 000元。

注：非居民个人所得均不考虑税收协定享受。

8.2.2　模拟操作要求与指导

1．模拟操作要求

（1）根据任务一业务资料作会计分录。

（2）根据任务一业务资料填制增值税及其附加税费申报表的主表及其附表。

（3）根据任务一业务资料填制消费税及其附加税费申报表的主表及其附表。

（4）根据任务一业务资料填制企业所得税纳税申报表的主表及其附表。

（5）根据任务二业务资料计算蓝贝杂志社应预扣预缴的个人所得税。

2．模拟操作指导

（1）向学生讲解企业日常经济业务会计处理方法并指导其处理。

（2）向学生讲解涉税申报表填制方法并指导其填制。

（3）向学生讲解个人所得税计算方法并指导其计算。

注：

（1）本案例改编自浙江衡信教育科技有限公司税务实训平台教学案例-V3.8纳税实务综合申报实训教学案例01。

（2）案例业务所涉及的会计、税收法律法规政策截至2023年12月31日。

（3）计算结果以四舍五入方式保留两位小数。

8.2.3　模拟操作执行

模拟操作涉及的纳税申报表、财务报表见表 8-18～表 8-45，以供模拟操作时使用。

表 8-18　增值税及附加税费申报表

（一般纳税人适用）

根据国家税收法律法规及增值税相关规定制定本表。纳税人不论有无销售额，均应按税务机关核定的纳税期限填写本表，并向当地税务机关申报。

税款所属时间：自　年　月　日至　年　月　日　　　　填表日期：　年　月　日　　　　金额单位：元（列至角分）

纳税人识别号（统一社会信用代码）：□□□□□□□□□□□□□□□□□□□□　　　所属行业：

纳税人名称：		法定代表人姓名		注册地址		生产经营地址	
开户银行及账号			登记注册类型			电话号码	

	项　目	栏次	一般项目		即征即退项目	
			本月数	本年累计	本月数	本年累计
销售额	（一）按适用税率计税销售额	1				
	其中：应税货物销售额	2				
	应税劳务销售额	3				
	纳税检查调整的销售额	4				
	（二）按简易办法计税销售额	5				
	其中：纳税检查调整的销售额	6				
	（三）免、抵、退办法出口销售额	7			—	—
	（四）免税销售额	8			—	—
	其中：免税货物销售额	9			—	—
	免税劳务销售额	10			—	—

续表

项　目		栏次	一般项目		即征即退项目	
			本月数	本年累计	本月数	本年累计
税款计算	销项税额	11				
	进项税额	12				
	上期留抵税额	13			—	—
	进项税额转出	14				
	免、抵、退应退税额	15			—	—
	按适用税率计算的纳税检查应补缴税额	16				
	应抵扣税额合计	17＝12＋13－14－15＋16			—	—
	实际抵扣税额	18（如 17＜11，则为 17，否则为 11）				
	应纳税额	19＝11－18				
	期末留抵税额	20＝17－18			—	—
	简易计税办法计算的应纳税额	21				
	按简易计税办法计算的纳税检查应补缴税额	22			—	—
	应纳税额减征额	23				
	应纳税额合计	24＝19＋21－23				
税款缴纳	期初未缴税额（多缴为负数）	25				
	实收出口开具专用缴款书退税额	26			—	—
	本期已缴税额	27＝28＋29＋30＋31				
	① 分次预缴税额	28			—	—
	② 出口开具专用缴款书预缴税额	29			—	—
	③ 本期缴纳上期应纳税额	30				
	④ 本期缴纳欠缴税额	31				
	期末未缴税额（多缴为负数）	32＝24＋25＋26－27				
	其中：欠缴税额（≥0）	33＝25＋26－27			—	—
	本期应补（退）税额	34＝24－28－29				
	即征即退实际退税额	35	—	—		
	期初未缴查补税额	36			—	—
	本期入库查补税额	37			—	—
	期末未缴查补税额	38＝16＋22＋36－37			—	—
附加税费	城市维护建设税本期应补（退）税额	39			—	—
	教育费附加本期应补（退）费额	40			—	—
	地方教育费附加本期应补（退）费额	41			—	—

声明：此表是根据国家税收法律法规及相关规定填写的，本人（单位）对填报内容（及附带资料）的真实性、可靠性、完整性负责。

纳税人（签章）：　　　　年　月　日

经办人：
经办人身份证号：
代理机构签章：
代理机构统一社会信用代码：

受理人：
受理税务机关（章）：　　　受理日期：　　年　月　日

表8-19　增值税及附加税费申报表附列资料（一）

（本期销售情况明细）

税款所属时间：年　月　日至　年　月　日

纳税人名称：（公章）

金额单位：元（列至角分）

项目及栏次			开具增值税专用发票		开具其他发票		未开具发票		纳税检查调整		合计			服务、不动产和无形资产扣除项目本期实际扣除金额	扣除后	
			销售额	销项（应纳）税额	销售额	销项（应纳）税额	销售额	销项（应纳）税额	销售额	销项（应纳）税额	销售额	销项（应纳）税额	价税合计		含税（免税）销售额	销项（应纳）税额
			1	2	3	4	5	6	7	8	$9=1+3+5+7$	$10=2+4+6+8$	$11=9+10$	12	$13=11-12$	$14=13 \div (100\%+税率或征收率) \times 税率或征收率$
一、一般计税方法计税	全部征税项目	13%税率的货物及加工修理修配劳务	1													
		13%税率的服务、不动产和无形资产	2											—		
		9%税率的货物及加工修理修配劳务	3													
		9%税率的服务、不动产和无形资产	4											—		
		6%税率	5											—		
	其中：即征即退项目	即征即退货物及加工修理修配劳务	6	—	—	—	—	—	—	—	—	—		—	—
		即征即退服务、不动产和无形资产	7	—	—	—	—	—	—	—	—		—	—
二、简易计税方法计税	全部征税项目	6%征收率	8											—		
		5%征收率的货物及加工修理修配劳务	9a											—		
		5%征收率的服务、不动产和无形资产	9b													
		4%征收率	10											—		
	其中：即征即退项目	即征即退3%征收率的货物及加工修理修配劳务	11	—	—	—	—	—	—	—	—	—		—	—
		即征即退3%征收率的服务、不动产和无形资产	12	—	—	—	—	—	—	—	—		—	—
		预征率　　%	13a													
		预征率　　%	13b													
		预征率　　%	13c													
三、免抵退税		货物及加工修理修配劳务	14	—	—	—	—	—			—			—	—
		服务、不动产和无形资产	15	—	—	—	—	—			—		—	—
四、免税		货物及加工修理修配劳务	16	—	—	—	—	—			—			—	—
		服务、不动产和无形资产	17	—	—	—	—	—			—		—	—
		货物及加工修理修配劳务	18	—	—	—	—	—			—			—	—
		服务、不动产和无形资产	19	—	—	—	—	—			—		—	—

表 8-20　增值税及附加税费申报表附列资料(二)

(本期进项税额明细)

税款所属时间：年　　月　　日至　　年　　月　　日

纳税人名称：(公章)　　　　　　　　　　　　　　　　　金额单位：元(列至角分)

一、申报抵扣的进项税额

项　目	栏　次	份数	金额	税额
(一)认证相符的增值税专用发票	1=2+3			
其中：本期认证相符且本期申报抵扣	2			
前期认证相符且本期申报抵扣	3			
(二)其他扣税凭证	4=5+6+7+8a+8b			
其中：海关进口增值税专用缴款书	5			
农产品收购发票或者销售发票	6			
代扣代缴税收缴款凭证	7		—	
加计扣除农产品进项税额	8a	—	—	
其他	8b			
(三)本期用于购建不动产的扣税凭证	9			
(四)本期用于抵扣的旅客运输服务扣税凭证	10			
(五)外贸企业进项税额抵扣证明	11	—	—	
当期申报抵扣进项税额合计	12=1+4+11			

二、进项税额转出额

项　目	栏　次	税　额
本期进项税额转出额	13=14 至 23 之和	
其中：免税项目用	14	
集体福利、个人消费	15	
非正常损失	16	
简易计税方法征税项目用	17	
免抵退税办法不得抵扣的进项税额	18	

续表

项　　目	栏　　次	税　　额	
纳税检查调减进项税额	19		
红字专用发票信息表注明的进项税额	20		
上期留抵税额抵减欠税	21		
上期留抵税额退税	22		
异常凭证转出进项税额	23a		
其他应作进项税额转出的情形	23b		

三、待抵扣进项税额

项　　目	栏　　次	份数	金额	税额
(一)认证相符的增值税专用发票	24	—	—	—
期初已认证相符但未申报抵扣	25			
本期认证相符且本期未申报抵扣	26			
期末已认证相符但未申报抵扣	27			
其中:按照税法规定不允许抵扣	28			
(二)其他扣税凭证	29=30至33之和			
其中:海关进口增值税专用缴款书	30			
农产品收购发票或者销售发票	31			
代扣代缴税收缴款凭证	32	—		
其他	33			
	34			

四、其他

项　　目	栏　　次	份数	金额	税额
本期认证相符的增值税专用发票	35			
代扣代缴税额	36	—	—	

表 8-21 增值税及附加税费申报表附列资料（三）

（服务、不动产和无形资产扣除项目明细）

纳税人名称：（公章）

税款所属时间：　　年　　月　　日至　　年　　月　　日　　　　　　　　　　　金额单位：元（列至角分）

项目及栏次		本期服务、不动产和无形资产价税合计额（免税销售额）	服务、不动产和无形资产扣除项目				
			期初余额	本期发生额	本期应扣除金额	本期实际扣除金额	期末余额
		1	2	3	4＝2＋3	5（5≤1且5≤4）	6＝4－5
13%税率的项目	1						
9%税率的项目	2						
6%税率的项目（不含金融商品转让）	3						
6%税率的金融商品转让项目	4						
5%征收率的项目	5						
3%征收率的项目	6						
免抵退税的项目	7						
免税的项目	8						

表 8-22 增值税及附加税费申报表附列资料（四）

（税额抵减情况表）

纳税人名称：（公章）

税款所属时间： 年 月 日至 年 月 日

金额单位：元（列至角分）

一、税额抵减情况

序号	抵减项目	期初余额 1	本期发生额 2	本期应抵减税额 3=1+2	本期实际抵减税额 4≤3	期末余额 5=3-4
1	增值税税控系统专用设备费及技术维护费					
2	分支机构预征缴纳税款					
3	建筑服务预征缴纳税款					
4	销售不动产预征缴纳税款					
5	出租不动产预征缴纳税款					

二、加计抵减情况

序号	加计抵减项目	期初余额 1	本期发生额 2	本期调减额 3	本期可抵减额 4=1+2-3	本期实际抵减额 5	期末余额 6=4-5
6	一般项目加计抵减额计算						
7	即征即退项目加计抵减额计算						
8	合计						

表8-23 增值税及附加税费申报表附列资料（五）
（附加税费情况表）

纳税人名称：（公章）

税（费）款所属时间：　　年　月　日　至　　年　月　日　　　　　　　　金额单位：元（列至角分）

税（费）种		计税（费）依据			税（费）率(%)	本期应纳税（费）额	本期减免税（费）额		试点建设培育产教融合型企业		本期已缴税（费）额	本期应补（退）税（费）额
		增值税税额	增值税免抵税额	留抵退税本期扣除额			减免性质代码	减免税（费）额	减免性质代码	本期抵免金额		
		1	2	3	4	5=(1+2-3)×4	6	7	8	9	10	11=5-7-9-10
城市维护建设税	1											
教育费附加	2											
地方教育附加	3											
合计	4	—	—	—	—		—		—	—		

本期是否适用试点建设培育产教融合型企业抵免政策	□是 □否	
试点建设培育产教融合型企业	当期新增投资额	5
	上期留抵可抵免金额	6
	结转下期可抵免金额	7
可用于扣除的增值税留抵退税额使用情况	当期新增可用于扣除的留抵退税额	8
	上期结存可用于扣除的留抵退税额	9
	结转下期可用于扣除的留抵退税额	10

表8-24 增值税减免税申报明细表

税款所属时间:自 年 月 日至 年 月 日

金额单位:元(列至角分)

纳税人名称(公章):

一、减税项目

减税性质代码及名称	栏次	期初余额 1	本期发生额 2	本期应抵减税额 3=1+2	本期实际抵减税额 4≤3	期末余额 5=3-4
合计	1					
	2					
	3					
	4					
	5					
	6					

二、免税项目

免税性质代码及名称	栏次	免征增值税项目销售额 1	免税销售额扣除项目本期实际扣除金额 2	扣除后免税销售额 3=1-2	免税销售额对应的进项税额 4	免税额 5
合 计	7					
出口免税	8		—	—	—	—
其中:跨境服务	9		—	—	—	—
	10					
	11					
	12					
	13					
	14					
	15					
	16					

表 8-25 消费税及附加税费申报表

税款所属期：自　　年　月　日至　　年　月　日

纳税人识别号(统一社会信用代码)：□□□□□□□□□□□□□□□□□□□

纳税人名称：

金额单位：人民币元(列至角分)

项目 应税 消费品名称	适用税率		计量 单位	本期销售数量	本期销售额	本期应纳税额
	定额 税率	比例 税率				
	1	2	3	4	5	6=1×4+2×5
合计	—	—	—	—	—	

	栏次	本期税费额
本期减(免)税额	7	
期初留抵税额	8	
本期准予扣除税额	9	
本期应扣除税额	10=8+9	
本期实际扣除税额	11[10<(6-7)则为10,否则为6-7]	
期末留抵税额	12=10-11	
本期预缴税额	13	
本期应补(退)税额	14=6-7-11-13	
城市维护建设税本期应补(退)税额	15	
教育费附加本期应补(退)费额	16	
地方教育费附加本期应补(退)费额	17	

声明：此表是根据国家税收法律法规及相关规定填写的,本人(单位)对填报内容(及附带资料)的真实性、可靠性、完整性负责。

纳税人(签章)：　　　　年　月　日

经办人： 经办人身份证号： 代理机构签章： 代理机构统一社会信用代码：	受理人： 受理税务机关(章)： 受理日期：　　年　月　日

表 8-26 本期准予扣除税额计算表

应税消费品名称		项 目					合计
一、本期准予扣除的委托加工应税消费品已纳税款计算		期初库存委托加工应税消费品已纳税款	1				
		本期收回委托加工应税消费品已纳税款	2				
		期末库存委托加工应税消费品已纳税款	3				
		本期领用不准予扣除委托加工应税消费品已纳税款	4				
		本期准予扣除委托加工应税消费品已纳税款	5＝1＋2－3－4				
二、本期准予扣除的外购应税消费品已纳税款计算	（一）从价计税	期初库存外购应税消费品买价	6				
		本期购进应税消费品买价	7				
		期末库存外购应税消费品买价	8				
		本期领用不准予扣除外购应税消费品买价	9				
		适用税率	10				
		本期准予扣除外购应税消费品已纳税款	11＝(6＋7－8－9)×10				
	（二）从量计税	期初库存外购应税消费品数量	12				
		本期外购应税消费品数量	13				
		期末库存外购应税消费品数量	14				
		本期领用不准予扣除外购应税消费品数量	15				
		适用税率	16				
		计量单位	17				
		本期准予扣除的外购应税消费品已纳税款	18＝(12＋13－14－15)×16				
三、本期准予扣除税款合计			19＝5＋11＋18				

表 8-27 消费税附加税费计算表

本期是否适用小微企业"六税两费"减免政策 □是 □否

增值税小规模纳税人：□是 □否
增值税一般纳税人：□个体工商户 □小型微利企业

税（费）种	计税（费）依据 消费税税额 1	税（费）率（%）2	本期应纳税（费）额 3=1×2	减免性质代码 4	本期减免税（费）额 5	减免政策适用主体	适用减免政策起止时间 年 月 至 年 月	小微企业"六税两费"减免政策 减征比例（%）6	减征额 7=(3－5)×6	本期已缴税（费）额 8	本期应补（退）税（费）额 9=3－5－7－8
城市维护建设税											
教育费附加											
地方教育费附加											
合计	—	—		—			—				

表 8-28　中华人民共和国企业所得税年度纳税申报表封面

（A 类，2017 年版）

税款所属期间：　　年　月　日至　　　年　月　日

纳税人识别号（统一社会信用代码）：□□□□□□□□□□□□□□□□□□

纳税人名称：

金额单位：人民币元（列至角分）

　　谨声明：本纳税申报表是根据国家税收法律法规及相关规定填报的，是真实的、可靠的、完整的。

纳税人（签章）：

年　　月　　日

经办人：	受理人：
经办人身份证号：	受理税务机关（章）：
代理机构签章：	受理日期：　　年　月　日

国家税务总局监制

表 8-29　企业所得税年度纳税申报表填报表单

表单编号	表 单 名 称	是否填报
A000000	企业所得税年度纳税申报基础信息表	✓
A100000	中华人民共和国企业所得税年度纳税申报表（A类）	✓
A101010	一般企业收入明细表	☐
A101020	金融企业收入明细表	☐
A102010	一般企业成本支出明细表	☐
A102020	金融企业支出明细表	☐
A103000	事业单位、民间非营利组织收入、支出明细表	☐
A104000	期间费用明细表	☐
A105000	纳税调整项目明细表	☐
A105010	视同销售和房地产开发企业特定业务纳税调整明细表	☐
A105020	未按权责发生制确认收入纳税调整明细表	☐
A105030	投资收益纳税调整明细表	☐
A105040	专项用途财政性资金纳税调整明细表	☐
A105050	职工薪酬支出及纳税调整明细表	☐
A105060	广告费和业务宣传费等跨年度纳税调整明细表	☐
A105070	捐赠支出及纳税调整明细表	☐
A105080	资产折旧、摊销及纳税调整明细表	☐
A105090	资产损失税前扣除及纳税调整明细表	☐
A105100	企业重组及递延纳税事项纳税调整明细表	☐
A105110	政策性搬迁纳税调整明细表	☐
A105120	贷款损失准备金及纳税调整明细表	☐
A106000	企业所得税弥补亏损明细表	☐
A107010	免税、减计收入及加计扣除优惠明细表	☐
A107011	符合条件的居民企业之间的股息、红利等权益性投资收益优惠明细表	☐
A107012	研发费用加计扣除优惠明细表	☐
A107020	所得减免优惠明细表	☐
A107030	抵扣应纳税所得额明细表	☐
A107040	减免所得税优惠明细表	☐
A107041	高新技术企业优惠情况及明细表	☐
A107042	软件、集成电路企业优惠情况及明细表	☐
A107050	税额抵免优惠明细表	☐
A108000	境外所得税收抵免明细表	☐
A108010	境外所得纳税调整后所得明细表	☐
A108020	境外分支机构弥补亏损明细表	☐
A108030	跨年度结转抵免境外所得税明细表	☐
A109000	跨地区经营汇总纳税企业年度分摊企业所得税明细表	☐
A109010	企业所得税汇总纳税分支机构所得税分配表	☐

说明：企业应当根据实际情况选择需要填报的表单。

A000000   **表 8-30 企业所得税年度纳税申报基础信息表**

基本经营情况（必填项目）

101 纳税申报企业类型（填写代码）		102 分支机构就地纳税比例（%）	
103 资产总额（填写平均值，单位：万元）		104 从业人数（填写平均值，单位：人）	
105 所属国民经济行业（填写代码）		106 从事国家限制或禁止行业	□是 □否
107 适用会计准则或会计制度（填写代码）		108 采用一般企业财务报表格式（2019 年版）	□是 □否
109 小型微利企业	□是 □否	110 上市公司 是（□境内 □境外）	□否

有关涉税事项情况（存在或者发生下列事项时必填）

201 从事股权投资业务		□是	202 存在境外关联交易	□是
203 境外所得信息	203-1 选择采用的境外所得抵免方式		□分国（地区）不分项 □不分国（地区）不分项	
	203-2 新增境外直接投资信息		□是（产业类别：□旅游业 □现代服务业 □高新技术产业）	
204 有限合伙制创业投资企业的法人合伙人		□是	205 创业投资企业	□是
206 技术先进型服务企业类型（填写代码）			207 非营利组织	□是
208 软件、集成电路企业类型（填写代码）			209 集成电路生产项目类型 □130 纳米 □65 纳米 □28 纳米	
210 科技型中小企业	210-1 ＿年（申报所属期年度）入库编号 1		210-2 入库时间 1	
	210-3 ＿年（所属期下一年度）入库编号 2		210-4 入库时间 2	
211 高新技术企业申报所属期年度有效的高新技术企业证书	211-1 证书编号 1		211-2 发证时间 1	
	211-3 证书编号 2		211-4 发证时间 2	
212 重组事项税务处理方式	□一般性 □特殊性		213 重组交易类型（填写代码）	
214 重组当事方类型（填写代码）			215 政策性搬迁开始时间	＿年＿月
216 发生政策性搬迁且停止生产经营无所得年度		□是	217 政策性搬迁损失分期扣除年度	□是
218 发生非货币性资产对外投资递延纳税事项		□是	219 非货币性资产对外投资转让所得递延纳税年度	□是
220 发生技术成果投资入股递延纳税事项		□是	221 技术成果投资入股递延纳税年度	□是
222 发生资产（股权）划转特殊性税务处理事项		□是	223 债务重组所得递延纳税年度	□是
224 研发支出辅助账样式	□2015 版 □2021 版 □自行设计			

主要股东及分红情况（必填项目）

股东名称	证件种类	证件号码	投资比例（%）	当年（决议日）分配的股息、红利等权益性投资收益金额	国籍（注册地址）
其余股东合计	—	—			—

A100000 表 8-31　中华人民共和国企业所得税年度纳税申报表（A 类）

行次	类别	项　目	金　额
1	利润总额计算	一、营业收入（填写 A101010\101020\103000）	
2		减：营业成本（填写 A102010\102020\103000）	
3		减：税金及附加	
4		减：销售费用（填写 A104000）	
5		减：管理费用（填写 A104000）	
6		减：财务费用（填写 A104000）	
7		减：资产减值损失	
8		加：公允价值变动收益	
9		加：投资收益	
10		二、营业利润（1－2－3－4－5－6－7＋8＋9）	
11		加：营业外收入（填写 A101010\101020\103000）	
12		减：营业外支出（填写 A102010\102020\103000）	
13		三、利润总额（10＋11－12）	
14	应纳税所得额计算	减：境外所得（填写 A108010）	
15		加：纳税调整增加额（填写 A105000）	
16		减：纳税调整减少额（填写 A105000）	
17		减：免税、减计收入及加计扣除（填写 A107010）	
18		加：境外应税所得抵减境内亏损（填写 A108000）	
19		四、纳税调整后所得（13－14＋15－16－17＋18）	
20		减：所得减免（填写 A107020）	
21		减：弥补以前年度亏损（填写 A106000）	
22		减：抵扣应纳税所得额（填写 A107030）	
23		五、应纳税所得额（19－20－21－22）	
24	应纳税额计算	税率（25%）	
25		六、应纳所得税额（23×24）	
26		减：减免所得税额（填写 A107040）	
27		减：抵免所得税额（填写 A107050）	
28		七、应纳税额（25－26－27）	
29		加：境外所得应纳所得税额（填写 A108000）	
30		减：境外所得抵免所得税额（填写 A108000）	
31		八、实际应纳所得税额（28＋29－30）	
32		减：本年累计实际已缴纳的所得税额	
33		九、本年应补（退）所得税额（31－32）	
34		其中：总机构分摊本年应补（退）所得税额（填写 A109000）	
35		财政集中分配本年应补（退）所得税额（填写 A109000）	
36		总机构主体生产经营部门分摊本年应补（退）所得税额（填写 A109000）	
37	实际应纳税额计算	减：民族自治地区企业所得税地方分享部分：（□ 免征 □ 减征：减征幅度__ %）	
38		十、本年实际应补（退）所得税额（33－37）	

A101010 表 8-32　一般企业收入明细表

行次	项　　目	金　　额
1	一、营业收入(2＋9)	
2	(一)主营业务收入(3＋5＋6＋7＋8)	
3	1.销售商品收入	
4	其中:非货币性资产交换收入	
5	2.提供劳务收入	
6	3.建造合同收入	
7	4.让渡资产使用权收入	
8	5.其他	
9	(二)其他业务收入(10＋12＋13＋14＋15)	
10	1.销售材料收入	
11	其中:非货币性资产交换收入	
12	2.出租固定资产收入	
13	3.出租无形资产收入	
14	4.出租包装物和商品收入	
15	5.其他	
16	二、营业外收入(17＋18＋19＋20＋21＋22＋23＋24＋25＋26)	
17	(一)非流动资产处置利得	
18	(二)非货币性资产交换利得	
19	(三)债务重组利得	
20	(四)政府补助利得	
21	(五)盘盈利得	
22	(六)捐赠利得	
23	(七)罚没利得	
24	(八)确实无法偿付的应付款项	
25	(九)汇兑收益	
26	(十)其他	

A101020　　　　　　　　　表 8-33　一般企业成本支出明细表

行次	项　目	金　额
1	一、营业成本(2+9)	
2	（一）主营业务成本(3+5+6+7+8)	
3	1. 销售商品成本	
4	其中：非货币性资产交换成本	
5	2. 提供劳务成本	
6	3. 建造合同成本	
7	4. 让渡资产使用权成本	
8	5. 其他	
9	（二）其他业务成本(10+12+13+14+15)	
10	1. 销售材料成本	
11	其中：非货币性资产交换成本	
12	2. 出租固定资产成本	
13	3. 出租无形资产成本	
14	4. 包装物出租成本	
15	5. 其他	
16	二、营业外支出(17+18+19+20+21+22+23+24+25+26)	
17	（一）非流动资产处置损失	
18	（二）非货币性资产交换损失	
19	（三）债务重组损失	
20	（四）非常损失	
21	（五）捐赠支出	
22	（六）赞助支出	
23	（七）罚没支出	
24	（八）坏账损失	
25	（九）无法收回的债券股权投资损失	
26	（十）其他	

A104000

表 8-34 期间费用明细表

行次	项 目	销售费用	其中：境外支付	管理费用	其中：境外支付	财务费用	其中：境外支付
		1	2	3	4	5	6
1	一、职工薪酬		＊		＊	＊	＊
2	二、劳务费					＊	＊
3	三、咨询顾问费					＊	＊
4	四、业务招待费		＊		＊	＊	＊
5	五、广告费和业务宣传费		＊		＊	＊	＊
6	六、佣金和手续费						
7	七、资产折旧摊销费		＊		＊	＊	＊
8	八、财产损耗、盘亏及毁损损失		＊		＊	＊	＊
9	九、办公费		＊		＊	＊	＊
10	十、董事会费		＊		＊	＊	＊
11	十一、租赁费					＊	＊
12	十二、诉讼费		＊		＊	＊	＊
13	十三、差旅费		＊		＊	＊	＊
14	十四、保险费		＊		＊	＊	＊
15	十五、运输、仓储费					＊	＊
16	十六、修理费					＊	＊
17	十七、包装费		＊		＊	＊	＊
18	十八、技术转让费					＊	＊
19	十九、研究费用					＊	＊
20	二十、各项税费		＊		＊	＊	＊
21	二十一、利息收支	＊	＊	＊	＊		
22	二十二、汇兑差额	＊	＊	＊	＊		
23	二十三、现金折扣	＊		＊	＊		＊
24	二十四、党组织工作经费	＊	＊		＊	＊	＊
25	二十五、其他						
26	合计(1+2+3+…25)						

A105000 　　　　　　　表 8-35　纳税调整项目明细表

行次	项　目	账载金额	税收金额	调增金额	调减金额
		1	2	3	4
1	一、收入类调整项目(2＋3＋…＋8＋10＋11)	＊	＊		
2	（一）视同销售收入(填写 A105010)	＊			＊
3	（二）未按权责发生制原则确认的收入(填写 A105020)				
4	（三）投资收益(填写 A105030)				
5	（四）按权益法核算长期股权投资对初始投资成本调整确认收益	＊	＊	＊	
6	（五）交易性金融资产初始投资调整	＊	＊		＊
7	（六）公允价值变动净损益		＊		
8	（七）不征税收入	＊	＊		
9	其中：专项用途财政性资金(填写 A105040)	＊	＊		
10	（八）销售折扣、折让和退回				
11	（九）其他				
12	二、扣除类调整项目(13＋14＋…＋24＋26＋27＋28＋29＋30)	＊	＊		
13	（一）视同销售成本(填写 A105010)	＊		＊	
14	（二）职工薪酬(填写 A105050)				
15	（三）业务招待费支出				＊
16	（四）广告费和业务宣传费支出(填写 A105060)	＊	＊		
17	（五）捐赠支出(填写 A105070)				
18	（六）利息支出				
19	（七）罚金、罚款和被没收财物的损失		＊		＊
20	（八）税收滞纳金、加收利息		＊		＊
21	（九）赞助支出		＊		＊
22	（十）与未实现融资收益相关在当期确认的财务费用				
23	（十一）佣金和手续费支出(保险企业填写 A105060)				
24	（十二）不征税收入用于支出所形成的费用	＊	＊		＊
25	其中：专项用途财政性资金用于支出所形成的费用(填写 A105040)	＊	＊		＊
26	（十三）跨期扣除项目				

行次	项 目	账载金额	税收金额	调增金额	调减金额
		1	2	3	4
27	（十四）与取得收入无关的支出		*		*
28	（十五）境外所得分摊的共同支出	*	*		*
29	（十六）党组织工作经费				
30	（十七）其他				
31	三、资产类调整项目(32＋33＋34＋35)	*	*		
32	（一）资产折旧、摊销(填写 A105080)				
33	（二）资产减值准备金		*		
34	（三）资产损失(填写 A105090)	*	*		
35	（四）其他				
36	四、特殊事项调整项目(37＋38＋…＋43)	*	*		
37	（一）企业重组及递延纳税事项(填写 A105100)				
38	（二）政策性搬迁(填写 A105110)	*	*		
39	（三）特殊行业准备金(39.1＋39.2＋39.4＋39.5＋39.6＋39.7)	*	*		
39.1	1.保险公司保险保障基金				
39.2	2.保险公司准备金				
39.3	其中：已发生未报案未决赔款准备金				
39.4	3.证券行业准备金				
39.5	4.期货行业准备金				
39.6	5.中小企业融资(信用)担保机构准备金				
39.7	6.金融企业、小额贷款公司准备金(填写 A105120)	*	*		
40	（四）房地产开发企业特定业务计算的纳税调整额(填写 A105010)	*			
41	（五）合伙企业法人合伙人应分得的应纳税所得额				
42	（六）发行永续债利息支出				
43	（七）其他	*	*		
44	五、特别纳税调整应税所得	*	*		
45	六、其他	*	*		
46	合计(1＋12＋31＋36＋44＋45)	*	*		

A105010 表 8-36 视同销售和房地产开发企业特定业务纳税调整明细表

行次	项 目	税收金额	纳税调整金额
		1	2
1	一、视同销售（营业）收入（2＋3＋4＋5＋6＋7＋8＋9＋10）		
2	（一）非货币性资产交换视同销售收入		
3	（二）用于市场推广或销售视同销售收入		
4	（三）用于交际应酬视同销售收入		
5	（四）用于职工奖励或福利视同销售收入		
6	（五）用于股息分配视同销售收入		
7	（六）用于对外捐赠视同销售收入		
8	（七）用于对外投资项目视同销售收入		
9	（八）提供劳务视同销售收入		
10	（九）其他		
11	二、视同销售（营业）成本（12＋13＋14＋15＋16＋17＋18＋19＋20）		
12	（一）非货币性资产交换视同销售成本		
13	（二）用于市场推广或销售视同销售成本		
14	（三）用于交际应酬视同销售成本		
15	（四）用于职工奖励或福利视同销售成本		
16	（五）用于股息分配视同销售成本		
17	（六）用于对外捐赠视同销售成本		
18	（七）用于对外投资项目视同销售成本		
19	（八）提供劳务视同销售成本		
20	（九）其他		
21	三、房地产开发企业特定业务计算的纳税调整额（22—26）		
22	（一）房地产企业销售未完工开发产品特定业务计算的纳税调整额（24、25）		
23	1. 销售未完工产品的收入		*
24	2. 销售未完工产品预计毛利额		
25	3. 实际发生的税金及附加、土地增值税		
26	（二）房地产企业销售的未完工产品转完工产品特定业务计算的纳税调整额（28、29）		
27	1. 销售未完工产品转完工产品确认的销售收入		*
28	2. 转回的销售未完工产品预计毛利额		
29	3. 转回实际发生的税金及附加、土地增值税		

A105040

表 8-37　专项用途财政性资金纳税调整明细表

行次	项目	取得年度	财政性资金	其中：符合不征税收入条件的财政性资金 金额	其中：计入本年损益的金额	以前年度支出情况					本年支出情况		本年结余情况		
						前五年度	前四年度	前三年度	前二年度	前一年度	支出金额	其中：费用化支出金额	结余金额	其中：上缴财政金额	应计入本年应税收入金额
		1	2	3	4	5	6	7	8	9	10	11	12	13	14
1	前五年度														
2	前四年度					*									
3	前三年度					*	*								
4	前二年度					*	*	*							
5	前一年度					*	*	*	*						
6	本年					*	*	*	*	*					
7	合计(1+2+…+6)	*													

A105050

表 8-38 职工薪酬支出及纳税调整明细表

行次	项 目	账载金额 1	实际发生额 2	税收规定扣除率 3	以前年度累计结转扣除额 4	税收金额 5	纳税调整金额 6(1−5)	累计结转以后年度扣除额 7(2+4−5)
1	一、工资薪金支出			*	*			*
2	其中：股权激励			*	*			*
3	二、职工福利费支出				*			*
4	三、职工教育经费支出			*				
5	其中：按税收规定比例扣除的职工教育经费							
6	按税收规定全额扣除的职工培训费用				*			*
7	四、工会经费支出			*	*			*
8	五、各类基本社会保障性缴款			*	*			*
9	六、住房公积金			*	*			*
10	七、补充养老保险				*			*
11	八、补充医疗保险				*			*
12	九、其他			*	*			*
13	合计(1+3+4+7+8+9+10+11+12)			*				

A105060　　　　表 8-39　广告费和业务宣传费等跨年度纳税调整明细表

行次	项　目	广告费和业务宣传费	保险企业手续费及佣金支出
		1	2
1	一、本年支出		
2	减：不允许扣除的支出		
3	二、本年符合条件的支出(1-2)		
4	三、本年计算扣除限额的基数		
5	乘：税收规定扣除率		
6	四、本企业计算的扣除限额(4×5)		
7	五、本年结转以后年度扣除额 (3>6,本行=3-6；3≤6,本行=0)		
8	加：以前年度累计结转扣除额		
9	减：本年扣除的以前年度结转额 [3>6,本行=0；3≤6,本行=8 与(6-3)孰小值]		
10	六、按照分摊协议归集至其他关联方的金额 (10≤3 与 6 孰小值)		*
11	按照分摊协议从其他关联方归集至本企业的金额		*
12	七、本年支出纳税调整金额 (3>6,本行=2+3-6+10-11；3≤6,本行=2+10-11-9)		
13	八、累计结转以后年度扣除额(7+8-9)		

A105070

表 8-40　捐赠支出及纳税调整明细表

行次	项　目	账载金额	以前年度结转可扣除的捐赠额	按税收规定计算的扣除限额	税收金额	纳税调增金额	纳税调减金额	可结转以后年度扣除的捐赠额
		1	2	3	4	5	6	7
1	一、非公益性捐赠		*	*	*		*	*
2	二、限额扣除的公益性捐赠（3＋4＋5＋6）							
3	前三年度（　　年）	*		*	*	*		*
4	前二年度（　　年）	*		*	*	*		
5	前一年度（　　年）	*		*	*	*		
6	本年（　　年）		*				*	*
7	三、全额扣除的公益性捐赠		*	*	*	*	*	*
8	1.		*	*	*	*	*	*
9	2.		*	*	*	*	*	*
10	3.		*	*	*	*	*	*
11	合计（1＋2＋7）		*	*	*	*	*	*
附列资料	2015 年度至本年发生的公益性扶贫捐赠合计金额							

A105080

表 8-41 资产折旧、摊销及纳税调整明细表

行次	项　　目	账载金额			税收金额					纳税调整金额
		资产原值	本年折旧、摊销额	累计折旧、摊销额	资产计税基础	税收折旧、摊销额	享受加速折旧政策的资产按税收一般规定计算的折旧、摊销额	加速折旧、摊销统计额	累计折旧、摊销额	
		1	2	3	4	5	6	7(5−6)	8	9(2−5)
1	一、固定资产(2+3+4+5+6+7)									
2	(一)房屋、建筑物						*	*		
3	(二)飞机、火车、轮船、机器、机械和其他生产设备						*	*		
4	(三)与生产经营活动有关的器具、工具、家具等						*	*		
5	(四)飞机、火车、轮船以外的运输工具						*	*		
6	(五)电子设备						*	*		
7	(六)其他						*	*		
8	其中:享受固定资产加速折旧及一次性扣除政策的资产					*	*	*		*
9	(一)重要行业固定资产加速折旧(不含一次性扣除)					*	*	*		*
10	(二)其他行业研发设备加速折旧					*	*	*		*
10.1	(三)特定地区企业固定资产加速折旧(10.1+10.2)					*	*	*		*
10.2	1.海南自由贸易港企业固定资产加速折旧					*	*	*		*
11	2.横琴粤澳深度合作区固定资产加速折旧					*	*	*		*
11.1	(四)500万元以下设备器具一次性扣除(11.1+11.2)					*	*	*		*
	1.高新技术企业 2022 年第四季度(10—12 月)购置单价 500 万元以下设备器具一次性扣除					*	*	*		*

续表

行次	项目	账载金额			税收金额					纳税调整金额 9(2-5)
		资产原值	本年折旧、摊销额 1	累计折旧、摊销额 2	资产计税基础 4	税收折旧、摊销额 5	享受加速折旧政策的资产按税收一般规定计算的折旧、摊销额 6	加速折旧、摊销统计额 7(5-6)	累计折旧、摊销额 8	
11.2	2.购置单价500万元以下设备器具一次性扣除（不包含高新技术企业2022年第四季度购置）									*
12	（五）500万元以上设备器具折旧一次性扣除（12.1＋12.2＋12.3＋12.4）									*
12.1	其中:享受固定资产加速折旧及一次性扣除政策的资产折旧额大于一般折旧额的部分　购置单价500万元以上设备器具　1.最低折旧年限为3年的设备器具一次性扣除									*
12.2	2.最低折旧年限为4、5年的设备器具50%部分一次性扣除									*
12.3	3.最低折旧年限为10年的设备器具50%部分一次性扣除									*
12.4	4.高新技术企业2022年第四季度（10—12月）购置单价500万元以上设备器具一次性扣除									*
13	（六）特定地区企业固定资产一次性扣除（13.1＋13.2）									*
13.1	1.海南自由贸易港企业固定资产一次性扣除									*
13.2	2.横琴粤澳深合作区企业固定资产一次性扣除									*
14	（七）技术进步、更新换代固定资产加速折旧									*
15	（八）常年强震动、高腐蚀固定资产加速折旧									*
16	（九）外购软件加速折旧									*
17	（十）集成电路企业生产设备加速折旧									*

续表

行次	项目	账载金额			资产计税基础	税收金额				纳税调整金额
		资产原值	本年折旧、摊销额	累计折旧、摊销额		税收折旧、摊销额	享受加速折旧政策的资产按税收一般规定计算的折旧、摊销额	加速折旧、摊销统计额	累计折旧、摊销额	
		1	2	3	4	5	6	7(5－6)	8	9(2－5)
18	二、生产性生物资产(19＋20)						*	*		
19	(一)林木类						*	*		
20	(二)畜类						*	*		
21	三、无形资产(22＋23＋24＋25＋26＋27＋28＋29)						*	*		
22	所有无形资产 (一)专利权						*	*		
23	(二)商标权						*	*		
24	(三)著作权						*	*		
25	(四)土地使用权						*	*		
26	(五)非专利技术						*	*		
27	(六)特许权使用费						*	*		
28	(七)软件						*	*		
29	(八)其他						*	*		

续表

行次	项　目	资产原值	账载金额 本年折旧、摊销额	累计折旧、摊销额	资产计税基础	税收金额 税收折旧、摊销额	享受加速折旧政策的资产按一般规定计算的折旧、摊销额	加速折旧、摊销统计额	累计折旧、摊销额	纳税调整金额
			1	2	3	4	5	6	7(5−6)	8	9(2−5)
30	其中：享受无形资产加速折旧及一次性摊销政策的资产 （一）企业外购软件加速摊销										
31	（二）特定地区企业无形资产加速摊销（31.1＋31.2）										*
31.1	1.海南自由贸易港企业无形资产加速摊销										*
31.2	2.横琴粤澳深度合作区企业无形资产加速摊销										*
32	（三）特定地区企业无形资产一次性摊销（32.1＋32.2）										*
32.1	1.海南自由贸易港企业无形资产一次性摊销										*
32.2	2.横琴粤澳深度合作区企业无形资产一次性摊销										*
33	四、长期待摊费用（34＋35＋36＋37＋38）							*	*		
34	（一）已足额提取折旧的固定资产的改建支出							*	*		
35	（二）租入固定资产的改建支出							*	*		
36	（三）固定资产的大修理支出							*	*		
37	（四）开办费							*	*		
38	（五）其他							*	*		
39	五、油气勘探投资							*	*		
40	六、油气开发投资							*	*		
41	合计（1＋18＋21＋33＋39＋40）							*	*		
附列资料	全民所有制企业公司制改制资产评估增值政策资产							*			

A106000

表 8-42　企业所得税弥补亏损明细表

行次	项目	当年境内所得额	分立转出的亏损额	合并、分立转入的亏损额			弥补亏损企业类型	当年亏损额	当年待弥补的亏损额	用本年度所得额弥补的以前年度亏损额		年可结转以后年度弥补的亏损额
				可弥补年限5年	可弥补年限8年	可弥补年限10年				使用境内所得弥补	使用境外所得弥补	
		1	2	3	4	5	6	7	8	9	10	11	12
1	前十年度												
2	前九年度												
3	前八年度												
4	前七年度												
5	前六年度												
6	前五年度												
7	前四年度												
8	前三年度												
9	前二年度												
10	前一年度												
11	本年度												
12	可结转以后年度弥补的亏损额合计												

A107010 　　　　表 8-43　　免税、减计收入及加计扣除优惠明细表

行次	项　目	金　额
1	一、免税收入(2+3+9+…+16)	
2	（一）国债利息收入免征企业所得税	
3	（二）符合条件的居民企业之间的股息、红利等权益性投资收益免征企业所得税(4+5+6+7+8)	
4	1. 一般股息红利等权益性投资收益免征企业所得税(填写 A107011)	
5	2. 内地居民企业通过沪港通投资且连续持有 H 股满 12 个月取得的股息红利所得免征企业所得税(填写 A107011)	
6	3. 内地居民企业通过深港通投资且连续持有 H 股满 12 个月取得的股息红利所得免征企业所得税(填写 A107011)	
7	4. 居民企业持有创新企业 CDR 取得的股息红利所得免征企业所得税（填写 A107011)	
8	5. 符合条件的永续债利息收入免征企业所得税(填写 A107011)	
9	（三）符合条件的非营利组织的收入免征企业所得税	
10	（四）中国清洁发展机制基金取得的收入免征企业所得税	
11	（五）投资者从证券投资基金分配中取得的收入免征企业所得税	
12	（六）取得的地方政府债券利息收入免征企业所得税	
13	（七）中国保险保障基金有限责任公司取得的保险保障基金等收入免征企业所得税	
14	（八）中国奥委会取得北京冬奥组委支付的收入免征企业所得税	
15	（九）中国残奥委会取得北京冬奥组委分期支付的收入免征企业所得税	
16	（十）其他(16.1+16.2)	
16.1	1. 取得的基础研究资金收入免征企业所得税	
16.2	2. 其他	
17	二、减计收入(18+19+23+24)	
18	（一）综合利用资源生产产品取得的收入在计算应纳税所得额时减计收入	
19	（二）金融、保险等机构取得的涉农利息、保费减计收入(20+21+22)	
20	1. 金融机构取得的涉农贷款利息收入在计算应纳税所得额时减计收入	

续表

行次	项　　目	金　　额
21	2. 保险机构取得的涉农保费收入在计算应纳税所得额时减计收入	
22	3. 小额贷款公司取得的农户小额贷款利息收入在计算应纳税所得额时减计收入	
23	（三）取得铁路债券利息收入减半征收企业所得税	
24	（四）其他（24.1＋24.2）	
24.1	1. 取得的社区家庭服务收入在计算应纳税所得额时减计收入	
24.2	2. 其他	
25	三、加计扣除（26＋27＋28＋29＋30）	
26	（一）开发新技术、新产品、新工艺发生的研究开发费用加计扣除（填写A107012）	
27	（二）科技型中小企业开发新技术、新产品、新工艺发生的研究开发费用加计扣除（填写 A107012）	
28	（三）企业为获得创新性、创意性、突破性的产品进行创意设计活动而发生的相关费用加计扣除（加计扣除比例及计算方法：_____）	
28.1	其中：第四季度相关费用加计扣除	
28.2	前三季度相关费用加计扣除	
29	（四）安置残疾人员所支付的工资加计扣除	
30	（五）其他（30.1＋30.2＋30.3）	
30.1	1. 企业投入基础研究支出加计扣除	
30.2	2. 高新技术企业设备器具加计扣除	
30.3	3. 其他	
31	合计（1＋17＋25）	

表 8-44 符合条件的居民企业之间的股息、红利等权益性投资收益优惠明细表

A107010

行次	被投资企业	投资企业统一社会信用代码（纳税人识别号）	投资性质	投资成本	投资比例	被投资企业分配利润确认金额		被投资企业清算确认金额			撤回或减少投资确认金额						合计
						被投资企业做出利润分配或转股决定时间	依决定归属于本公司的股息、红利等权益性投资收益金额	分得的被投资企业清算剩余资产	被清算企业累计未分配利润和累计盈余公积应享有部分	应确认的股息所得	从被投资企业撤回或减少投资取得的资产	减少投资比例	收回初始投资成本	取得资产中超过收回初始投资成本部分	撤回或减少投资应享有被投资企业累计未分配利润和累计盈余公积	应确认的股息所得	
	1	2	3	4	5	6	7	8	9	10(8与9孰小)	11	12	13(4×12)	14(11-13)	15	16(14与15孰小)	17(7+10+16)
1																	
2																	
3																	
4																	
5																	
6																	
7																	
8	合计																
9	其中：直接投资或非H股股票投资																
10	股票投资—沪港通H股																
11	股票投资—深港通H股																
12	创新企业CDR																
13	永续债																

表 8-45 所得减免优惠明细表

A107020

行次	减免项目	项目名称	优惠事项名称	优惠方式	项目收入	项目成本	相关税费	应分摊期间费用	纳税调整额	项目所得额 免税项目	项目所得额 减半项目	减免所得额
		1	2	3	4	5	6	7	8	9	10	11(9+10×50%)
1	一、农、林、牧、渔业项目											
2												
3		小计	*	*								
4	二、国家重点扶持的公共基础设施项目											
5												
6		小计	*	*								
7	三、符合条件的环境保护、节能节水项目											
8												
9		小计	*	*								
10	四、符合条件的技术转让项目		*	*						*	*	*
11			*	*						*	*	*
12		小计	*	*								
13	五、清洁发展机制项目		*									
14			*									
15		小计	*	*								
16	六、符合条件的节能服务公司实施合同能源管理项目		*									
17			*									
18		小计	*	*								

续表

行次	减免项目	项目名称 1	优惠事项名称 2	优惠方式 3	项目收入 4	项目成本 5	相关税费 6	应分摊期间费用 7	纳税调整额 8	免税项目 9	减半项目 10	减免所得额 11(9+10×50%)
19	七、线宽小于130纳米（含）的集成电路生产项目											
20												
21		小计	*	*								
22	八、线宽小于65纳米或投资额超过150亿元的集成电路生产项目											
23												
24		小计	*	*								
25	九、线宽小于28纳米的集成电路生产项目		*									
26			*									
27		小计	*	*								
28	十、其他		*									
29		小计	*									
30			*	*								
31	合计	*	*	*								

参 考 文 献

[1] 全国税务师职业资格考试教材编写组.税法（Ⅰ）.北京：中国税务出版社,2023.

[2] 全国税务师职业资格考试教材编写组.税法（Ⅱ）.北京：中国税务出版社,2023.

[3] 盖地.税务会计学[M].15 版.北京：中国人民大学出版社,2023.